Dr. Peter Lambrou / Dr. George Pratt

Emotionales Selbstmanagement
Akupressur für die Gefühle

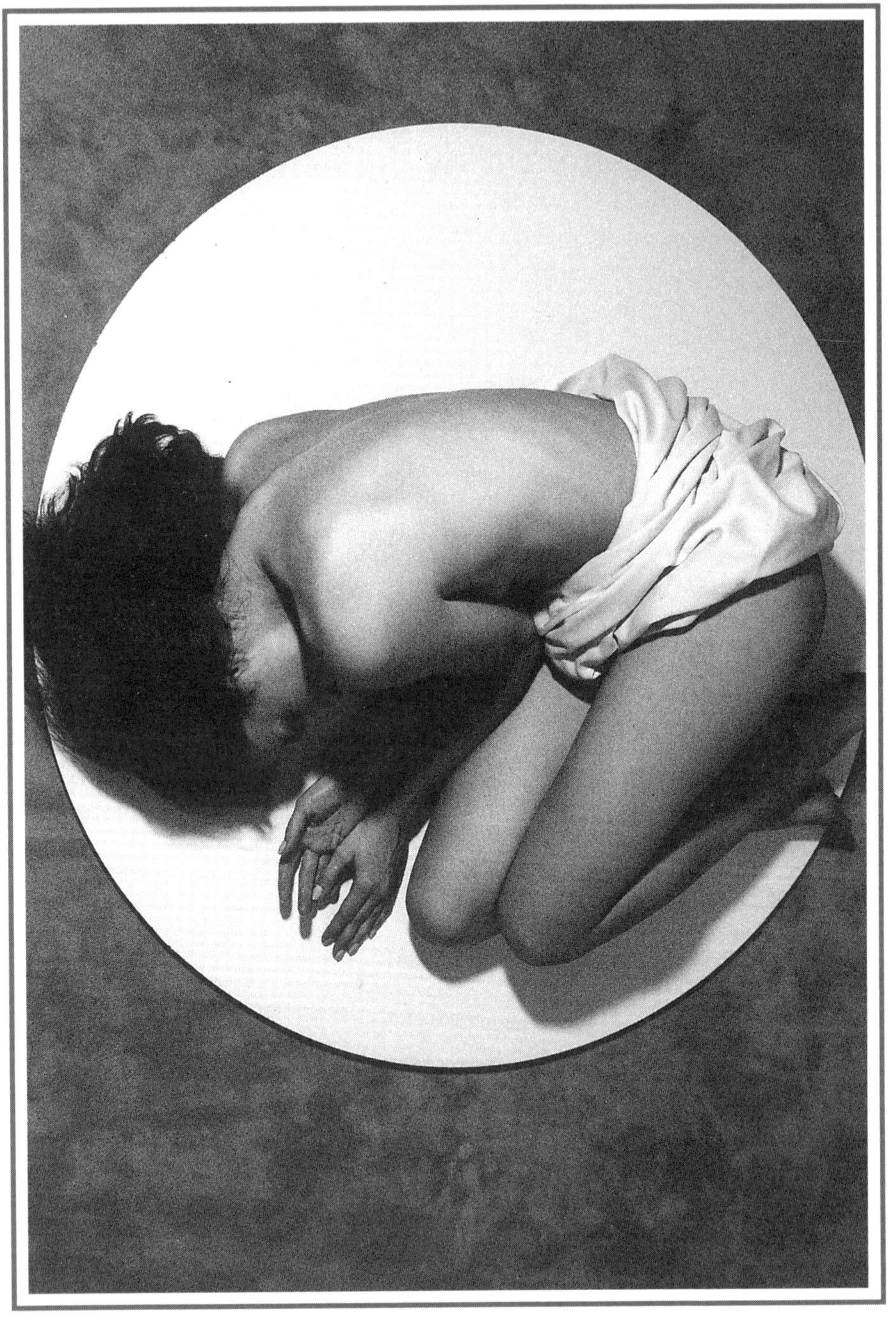

Dr. Peter Lambrou / Dr. George Pratt

Emotionales Selbstmanagement
Akupressur für die Gefühle

BEUST VERLAG

Dieses Buch ist unseren wunderbaren Familien gewidmet:
In Erinnerung an Peter P. Lambrou
Für Mary, Dottie, Brenden and Larissa Lambrou
Und für Sally, George Sen., Vonda und Whitney Pratt

Die Deutsche Bibliothek – Cip-Einheitsaufnahme

Lambrou, Peter:
Emotionales Selbstmanagement: Akupressur für die Gefühle /
Peter Lambrou / George Pratt – [Übers. aus dem Engl.:
Helmut Reuter]. – München : Beust, 2000.
tobe
Einheitssacht.: Instant emotional healing <dt.>
ISBN 3-89530-040-3

1. Auflage Oktober 2000

Titel der Originalausgabe: Instant Emotional Healing.
Zuerst erschienen bei Broadway Books, New York, USA.

Illustrationen: Johannes Langemann, München
Fotografie: Marshall Williams, San Diego; Florentine Schwabbauer, Volker Derlath, Hansjörg Künzel, München
Übersetzung: Helmut Reuter für GAIA Text, München
Lektorat: Dr. Eva Dempewolf für GAIA Text, München
Layoutdesign, Satz und Produktion: Gerhard Stoppe, GAIA Text, München
Umschlagdesign: Markus Härle für GAIA Text, München
Druck: Offizin Andersen Nexö, Leipzig

ISBN 3-89530-040-3

Printed in Germany

Inhalt

Danksagung

Als erstes wollen wir den Pionieren auf dem Gebiet der energetischen Psychologie von ihren Wurzeln bis zu ihren vielen Verzweigungen danken. Auf diesem Gebiet haben George Goodheart, John Diamond und Roger Callahan mit ihrer grundlegenden Arbeit den Rahmen gesteckt. Sie haben all jenen den Weg bereitet, die die von ihnen festgehaltenen Methoden und Theorien erforscht, erweitert und ausgebaut haben.

Margret McBride, unsere Literaturagentin, hat immer an dieses Vorhaben geglaubt. Sie hat uns Anregungen geliefert und uns durch das Labyrinth der Schwierigkeiten geführt, die auf dem Weg zur Veröffentlichung lagen. Sie und ihre Mitarbeiter, Donna DeGutis, Kris Sauer und andere, haben in wunderbarer Weise dazu beigetragen, dieses Buch durch die verschiedenen Stadien der Bearbeitung und darüber hinaus voranzubringen.

Beim Verlag Broadway/Random House möchten wir Bill Shinker danken, der von diesem Projekt überzeugt war, Bob Asahina, der es voranbrachte, Lauren Marino, die es während des gesamten Verfahrens unter ihrer Obhut hatte, Rebecca Holland für ihre umsichtige Hilfe bei den Grafiken und der Produktion, Ann Campbell, die sich um so viele Details kümmerte, und schließlich noch Robert Allen, Kathy Spinelli, Adrianna della Porta und vielen anderen, die das Buch auf seinem Weg gefördert haben.

Viele Mitglieder unserer Familie sowie Freunde und Kollegen haben uns mit Kommentaren, Ermutigungen und Ideen unterstützt, die dem Projekt zugute kamen und uns in vielfältiger Weise geholfen haben. Ein herzliches Dankeschön gilt Leigh und Tom Atkins, Brain Alman, Marcia und Greg Andrews, Sandra Bagley, Sheila und Paul Banko, Carol und Terry Bassett, Nancy und Chris Benbow, Beatrice Benjamin, Ken Blanchard, Cynthia Bolker, Sheldon Bowles, Scott Buchanan, Gregg Burnett, Dick Bayer, Stacy und Daniel Canfield, Gaetan Chevalier, Zang-He Cho, Becky, Dan, Jacob, Mathew und Luke Cinadar, Melinda Clements, Steve Cobb, Linda Comer, Deane und Doris Dana, Steve und Maureen Dime, Steve Doyne, Brad Eli, Rich Elrod, Scott Finley, Sandy Flynn, Susan Frazar, Fred Gallo, Susan Gawlinski, Julie Gildred, Terry Gopadze, Rebecca und David Grudermeyer, Nancy und David Haller, Sue Hannible, John Hinsey, Robert Howes, Kathy und Ron James, Susan Jerome, Kitty und Dirk Kingma, Margaret Knight, Kathy und Cliff Koerner, Errol Korn, Lacey Kinelowech, Pat Kyle, Tammy und Milton Lambrou, Marylin Lauer, Bruce Lipton, Judy Liu, Nancy

Maher, Margie Dana-Mattingly, Gerald McCracken, Mark Meader, Susana Mendez, Cheri und Todd Morgan, Mary Morgan, Mary Jo Mundahl, Mike Nagle, Pam Nathan, Erika Novak, Barbara und K. D. Nyegaard, John Osborne, Audrey Phillips, Karen, Savid, Grace und Audrey Pike, Steve Pinterics, Pam Polcyn, Ophelia, Floyd, Sandra, Kenny, Kyle und Whitney Prater, Pat, David, Chad, Ginger und Jill Pratt, Patti Quint, Shyla Roberts, Greg Rizzi, Adrienne Rogers, Stu Schrieber, Greg Smith, Stan Silbert, Cindy Simunec, Liza Siegel, Benjamin Spock, Ken Squires, Kay Talley, Toni Thomas und Marshall Williams.

Für ihre Geduld und Ermutigung und die liebevolle Hilfe, als sie zusätzliche Verantwortung übernahmen, während wir soviel Energie auf die Fertigstellung dieses Buches verwandten, verdienen unsere Frauen, Dottie Lambrou und Vonda Pratt, besondere Anerkennung.

Unserer Dank gilt zudem Greg Nicosia, der sein Wissen, seine Erfahrung und seine schöpferische Kraft so großzügig weitergab und dazu beitrug, unsere Fähigkeiten auszubauen und unser Verständnis und unsere Fertigkeiten auf dem Gebiet der energetischen Psychotherapie zu erweitern. Greg ist mehr als nur ein Psychologe, er ist ein echter Heiler. Das Engagement und die Hingabe, mit der er anderen hilft, sind für alle, die ihn kennen, eine Inspiration. Gregs Bereitschaft, seine Ideen offen mitzuteilen und unser Manuskript zu kommentieren, wissen wir aufrichtig zu schätzen.

Unserer Herausgeberin, Laura Torbet, danken wir sehr für die Zusammenarbeit; sie schrieb unser Manuskript um, arrangierte es neu, gab den Abschnitten Gestalt, die dringend einer Struktur bedurften, glättete die Worte und hauchte unseren Fallbeispielen literarisches Leben ein. Und als sei das nicht allein schon ein ungeheurer Beitrag gewesen, steuerte Laura auch noch ihr Wissen aus dem graphischen Bereich bei: Sie entwarf und prüfte die graphischen Teile des Buches, die für die Erklärung der Feinheiten unserer Methoden so wertvoll sind. Wir wissen ihre literarische und visuelle Kreativität, deren Mischung das Ganze so gut lesbar und verständlich werden ließ, in höchstem Maß zu schätzen. Und so wichtig ihre Fähigkeiten für die Gestaltung des Buches waren, so sehr machten ihr Humor und ihre Professionalität unsere Zusammenarbeit zu einem Vergnügen. Danke, Laura.

Dank gebürt natürlich auch dem Team des Beust Verlags, dem einfühlsamen Übersetzer Helmut Reuter, der akribischen Lektorin Dr. Eva Dempewolf, dem Designer Gerhard Stoppe und Verleger Joachim Beust, der sich sofort für eine deutsche Ausgabe begeistern ließ und bis zuletzt die Produktion im Detail begleitete.

Einführung

Eingangs zunächst einmal einige Informationen über uns und unsere Arbeit – damit Sie wissen, wer Sie durch dieses Buch und seine Lektionen geleitet:

Wir sind als Psychologen im herkömmlichen Sinn ausgebildet, stammen aus dem Mittleren Westen der USA und sehen uns heute an vorderster Front aufregender und umstrittener neuer Therapieformen, die außerordentlich vielversprechend sind.

Das war nicht immer so. Zu Beginn unserer Berufspraxis stützten wir uns beide auf die eingeführten Verfahren der Verhaltenspsychotherapie und der kognitiven Therapie. In der Praxis waren wir jedoch immer offen für neue Ideen, die dazu beitragen konnten, die emotionalen Nöte unserer Klienten zu heilen – insbesondere für Techniken, die die Selbständigkeit fördern und den therapeutischen Prozeß beschleunigen. Schon lange bevor wir uns kennenlernten, waren wir beide überzeugte Verfechter der Hypnose. George arbeitet seit fast einem Vierteljahrhundert als klinischer Psychologe mit eigener Praxis und hat sich auf Psychotherapie und Verbesserung des Leistungsvermögens spezialisiert. Viele Jahre bevor die Hypnose zu einem geläufigen Therapieverfahren wurde, brachte er sie Ärzten, Zahnärzten und Psychologen bei. Zusammen mit seinem Kollegen, dem Gastroenterologen Dr. Errol Korn, verfaßte er sowohl Lehrbücher über Hypnose als auch Videofilme für die klinische Ausbildung.

Peter, der eigentlich als professioneller Autor angefangen hatte, wurde zum begeisterten Anhänger der Selbsthypnose, als er nach einem Weg suchte, mit seinem Streß zurechtzukommen. Arbeitsüberlastung hatte bei ihm zu »Zähneknirschen« und Schmerzen geführt, die den Anfang eines Kiefergelenksyndroms signalisieren können. Er schrieb sich also für einen Kurs über Selbsthypnose zur Streßbewältigung ein, und eine wachsende Freundschaft mit dem Dozenten führte dann sogar zur Zusammenarbeit bei einem Buch. Dieses Projekt mit dem Hypnosespezialisten Dr. Brian Alman (der übrigens auch gemeinsam mit George ein Buch geschrieben hat) brachte Peter Anfang der achtziger Jahre zur klinischen Psychologie.

Schon kurz nachdem uns unser gemeinsamer Kollege Dr. Alman miteinander bekannt gemacht hatte, arbeiteten wir gemeinsam an einem Buch über Selbsthypnose und beruflichen Erfolg. Inzwischen sind fünfzehn Jahre vergangen, und unser privates und berufliches Leben ist in vielfacher Hinsicht verflochten. Wir betreiben gemeinsam eine private Praxis und gehören zum Mitarbeiterstab des Scripps Memorial Hospital in La Jolla, Kalifornien. Außerdem unterrichten wir beide an der University of California und anderen Ausbildungsstätten.

Da wir unsere Ausbildung wie gesagt nach herkömmlichen Methoden absolvierten, haben wir uns Therapieformen, die von der herkömmlichen Psychologie nicht eingehend erforscht und/oder bestätigt waren, anfangs eher zögerlich und mit einer gewissen Vorsicht genähert. Andererseits waren wir immer von einer grundlegenden Verbindung zwischen Körper und Geist überzeugt und haben psychologische und emotionale Heilverfahren dementsprechend auch unter diesem Gesichtspunkt betrachtet. Dabei gehörte die Hypnosetherapie zu den ersten wirkungsvollen Instrumenten, die wir einsetzten, und in den letzten zehn Jahren konnten wir mit dem von der Psychologin Francine Sharpiro entwickelten Therapieverfahren EMDR (*Eye Movement Desensitization and Reprocessing*, etwa: Desensibilisierung und Neuorientierung durch Augenbewegung) überraschende Therapieerfolge erzielen.

Keine der von uns angewandten Behandlungsmethoden reicht jedoch an die schnelle und durchschlagende Wirkung des Emotionalen Selbstmanagements (ESM) heran, das wir Ihnen in diesem Buch vorstellen wollen. ESM ist eine von mehreren Therapieformen, die kognitive Ansätze aus dem Westen mit fernöstlichen Akupressurmethoden kombinieren und heute in aller Regel unter dem Begriff »Gedankenfeld-Therapie« zusammengefaßt werden. Die Gedankenfeld-Therapie, die wir in den Kapiteln zwei und drei dann auch näher erläutern werden, ist eine Synthese der Arbeiten mehrerer Forscher, klinischer Psychologen und Theoretiker.

Unsere Arbeit mit dieser neuartigen Methode zur Auflösung hemmender emotionaler Störungen hat gezeigt, daß in einem therapeutischen Umfeld eine Heilungsquote von 95 Prozent möglich und erreichbar ist. Für unsere Klienten heißt das, daß wir nicht nur zeitweilig ihre Symptome lindern, sondern daß wir sie dauerhaft von ihrem Leiden befreien können – besonders dann, wenn sie unter zurückliegenden Traumata oder Phobien litten.

Dabei können die in diesem Buch vorgestellten Methoden nicht nur störende Gefühlszustände abbauen – man kann mit ihnen die ganze Bandbreite der im Leben auftretenden Streßfaktoren behandeln! Sie beeinflussen körperliche Probleme positiv und verbessern die individuelle Leistung und Effektivität. Und ESM vermag Menschen aus allen Bevölkerungskreisen und in allen Lebensbereichen zu helfen. Das fängt bei Fragen der Kindererziehung an und reicht bis zu Beziehungsproblemen oder Reden in der Öffentlichkeit. *Emotionales Selbstmanagement* ist mehr als nur ein Selbsthilfebuch – es ist das Fundament für eine neue Art, das eigene Leben und die seelische, geistige und körperliche Leistungsfähigkeit auf allen Gebieten optimal zu gestalten.

Vom Skeptiker zum absoluten Fan

Als wir anfingen, mit diesen Therapien zu arbeiten, waren wir zunächst selbst skeptisch. Wir konnten uns einfach nicht vorstellen, daß ein so einfaches und rasches Verfahren derart wirksam sein sollte. Bei Hypnose und EMDR hatten wir gesehen, was uns als eine schnelle Auflösung emotionaler Leiden erschien. Auf die unmittelbaren und erfreulichen Ergebnisse, die wir durch die Gedankenfeld-Therapie erzielten, waren wir jedoch in keinster Weise vorbereitet.

Anfangs fragten wir Klienten, die sich wegen einer Hypnosebehandlung an uns wandten, ob sie bereit wären, etwas Neues auszuprobieren. Obwohl unsere Beschreibung der Methode (selbst Leuten, die schon Erfahrungen mit Hypnose oder EMDR hatten) vielleicht abwegig erschien, waren sie in der Regel aufgeschlossen und bereit, »alles auszuprobieren, was vielleicht helfen könnte«. Zehn Minuten später sagten sie dann: »Unglaublich, aber mein Problem ist weg!«

Anfangs waren wir ebenso erstaunt wie unsere Klienten, die sofort, hier in unseren Räumen, Ergebnisse sahen. Wir zwickten uns, um uns zu vergewissern, daß wir nicht träumten oder uns etwas vorgaukelten. In der Welt der Psychotherapie ist eine so schnelle Hilfe nämlich leider selten. Oft vermag die Psychologie sogar nichts weiter, als die Menschen effektiver leiden zu lassen. Nie zuvor in unserer beruflichen Laufbahn hatten wir so viele dankbare Klienten mit so wunderbaren Erfolgsgeschichten! Über viele dieser Erfolge werden Sie hier etwas lesen.

Unsere Praxismitarbeiter, Doktoranden und auch die Kollegen vom Psychologenstab am Scripps Memorial Hospital reagierten ungläubig auf diese neuen Techniken. Es ist nicht verwunderlich, daß viele unserer Kollegen, Ärzte wie Psychologen, starke Zweifel hegten und das auch offen zugaben. Wir fanden uns mit ihrem gutmütigen Spott über unsere »Wunderkur« ab – bis sie sie selbst ausprobierten. Oft mußten wir ihnen gut zureden: »Probieren Sie es doch einfach mal«, sagten wir, »es dauert nur zehn Minuten, nicht länger als ein Plausch mit einem Freund.« Oder wir ermunterten sie, die Therapie auf die Probe zu stellen. »Das ist Ihre Chance, uns zu widerlegen. Was haben Sie schon zu verlieren?« Ein befreundeter Arzt, der aufgeregt war, weil er bald als Sachverständiger vor Gericht auftreten mußte, ließ sich widerwillig dazu herab, das Verfahren auszuprobieren. Er staunte, als seine Angst binnen fünf Minuten vollkommen verflogen war. »Wahnsinn«, erklärte er, »und ich habe dieses Energie-Zeug immer für absoluten Blödsinn gehalten.« Mittlerweile hat er mit unserer Methode weitere Probleme in Angriff genommen, und auch seine Frau und seine beiden Söhne waren bei uns. Heute behandeln wir viele früher skeptische Ärzte und andere Leute aus Heilberufen, und wir bilden sie auch aus.

Nachdem sich der unglaubliche Erfolg innerhalb der therapeutischen Gemeinschaft herumgesprochen hat und die schnelle und sichere Wirkung dieser Methoden bekannter geworden ist, schicken andere Therapeuten oft schwierige Patienten und »Therapieversager« zu uns.

Als mich Suzanne auf Empfehlung eines anderen Therapeuten, der nicht wußte, wie er ihr noch hätte helfen können, in meiner Praxis aufsuchte, stöhnte ich innerlich auf. Es gab kaum ein Problem, das Suzanne *nicht* hatte. Wo sollte ich anfangen? Ich fragte sie, ob sie mit Hilfe von ESM etwas Bestimmtes angehen wollte, und sie erwähnte ihre Autobahnphobie. »Ich wäre gern wieder in der Lage, auf der Autobahn zu fahren«, erklärte sie. Suzanne hatte zehn Jahre zuvor einen Unfall gehabt, bei dem sie von einem schweren Sattelschlepper von der Fahrbahn gedrängt worden war. Der Beinbruch und das gebrochene Schlüsselbein waren längst verheilt, aber seit diesem Tag war es ihr unmöglich, ohne Panikattacken auf der Autobahn zu fahren. Überhaupt vermied sie es nach Möglichkeit, das Auto zu benutzen. Wenn es wirklich nicht anders ging, fuhr sie mit dem Wagen über Nebenstraßen – eine ernsthafte Einschränkung in ihrem Leben.

Obwohl wir angesichts der Schwere und der Menge weiterer Probleme nicht viel Hoffnung auf Erfolg hatten, wandte ich die Behandlungssequenz für Traumata an. In deren Verlauf schätzte Suzanne ihren Angstpegel auf verschiedenen Stufen des Weges ein. Tatsächlich ließ ihre Furcht mit jedem Schritt nach und war innerhalb von fünfzehn Minuten ganz und gar verschwunden! Sie wunderte sich, konnte aber noch immer nicht glauben, daß sie nicht wieder von Panik heimgesucht würde, sobald sie auf der Straße war.

Als nächstes arbeitete ich mit Suzanne daran, das Fahren auf der Autobahn mit positiven Gedanken zu verbinden. Dazu wählten wir eine Variante des Verfahrens, mit dem wir ihr Problem zum Verschwinden gebracht hatten. Sie suchte sich den

Satz aus: »Ich genieße es, auf der Autobahn zu fahren«, obwohl er ihr vollkommen abwegig vorkam. Während der Heimfahrt rief mich Suzanne von ihrem Handy aus an und berichtete mir, daß es ihr großartig gehe. »Ich hatte ganz vergessen, was für ein tolles Gefühl es ist, wenn man schnell und bequem auf der Autobahn unterwegs ist. Ich danke Ihnen.«

Geschichten wie diese und die hunderter anderer Menschen, die uns anriefen oder schrieben, um uns ihre Verblüffung und ihren Dank zu übermitteln, haben uns veranlaßt, dieses Buch zu schreiben.

ESM wirkt Wunder bei weit verbreiteten Ängsten und den oftmals tief verwurzelten emotionalen Problemen, die zwar unterhalb der Schwelle für professionelle Hilfe liegen, aber dennoch hinderlich sind und die Lebensqualität beträchtlich einschränken können. Es ist ein wirksames Instrument für die Behandlung störender Angewohnheiten und Phobien und auch hervorragend für Kinder geeignet.

Außerdem kann ESM andere Behandlungsmethoden wie Hypnose und kognitive Therapie unterstützen – es schaltet Störungen aus, die dem Betroffenen den Zugang zu Informationen, Emotionen, Gedanken und Erinnerungen versperren, und hilft ihm, das Vermeidungsverhalten zu überwinden, das eine Heilung verhindert. Sobald jemand wieder klar denken kann, ist er auch imstande, tiefsitzende Traumata und störendes Verhalten aufzulösen.

Natürlich gibt es gewisse Einschränkungen. So können und sollen diese Methoden bei gravierenden Problemen, ernsten körperlichen Beschwerden, Drogenabhängigkeit, Eßstörungen und schweren Erkrankungen wie Schizophrenie, Depressionen und manisch-depressiven Störungen qualifizierte ärztliche Hilfe nicht ersetzen. Der psychische Anteil von Abhängigkeitserscheinungen läßt sich natürlich mit ESM-Verfahren lindern, doch können darüber hinaus andere Behandlungsansätze notwendig werden. Während die Technik in diesen Fällen regelmäßig wiederholt werden muß, scheint sich das Problem von Zwangshandlungen allerdings mit der Zeit zu bessern. Die Behandlungen wirken länger nach, und das Zwangsverhalten klingt ab. Gerade bei der Behandlung von Zwangsneurosen und Abhängigkeitssymptomen scheint die Fähigkeit, das Verfahren bei sich selbst anwenden zu können, als ein entscheidender Faktor für den Erfolg.

Ein paar Hintergrundinformation zu ESM

Gedankenfeld-Therapie ist der Sammelbegriff für eine Reihe von Verfahren, die aus verschiedenen Gebieten zusammengeführt wurden und auf dem beruhen, was Albert Einstein ursprünglich als die Körpersysteme der »Schwachen Energien« bezeichnet hat. Diese Therapien basieren auf dem Verständnis der aus dem Osten überlieferten Körpermeridiane und auf der Art und Weise, wie die Gedanken-Energiefelder mit dem Körper interagieren – wo sich Energie, Gedanken und Emotionen überschneiden. In dieser Hinsicht verstehen wir Emotionen als Ergebnis der von unseren Gedanken erzeugten elektromagnetischen Energie und der (damit verbundenen) im Körper stattfindenden elektrischen und chemischen Veränderungen.

Im Rahmen unserer Arbeit in der Klinik beteiligen wir uns an der Entwicklung und Anwendung gefahrloser Methoden und Techniken, die den Menschen helfen, ihre Leiden zu lindern oder zu beseitigen. Wie alle verantwortungsbewußten Therapeuten neigen wir normalerweise zu Therapien, die ungefährlich und wirksam sind – um die Erklärung kümmern wir uns später. Gerade Therapien im Bereich der Gedankenenergie entwickeln sich zudem kontinuierlich weiter, während wir noch daran arbeiten, ihre Funktionsweise zu erklären.

Unter Therapeuten gewinnt die Gedankenfeld-Therapie beständig neue Anhänger. Die Zahl der Teilnehmer an Workshops und öffentlichen Vorträgen – die von uns angebotenen eingeschlossen – nimmt rasch zu. In unserer eigenen Praxis haben wir mittlerweile mehr als 15 000 Behandlungen mit wiederholbaren und zuverlässigen Ergebnissen durchgeführt! Das Prinzip des Emotionalen Selbstmanagements fügt sich perfekt in das Modell des Energiesystems von Körper und Geist ein. Bei der Entwicklung von ESM haben wir der zugrundeliegenden Gedankenfeld Therapie jedoch einige neue Elemente hinzugefügt, die deren Wirkung zusätzlich verstärken. Wir gehen davon aus, daß in den nächsten zehn Jahren auch viele andere Therapieformen die Grundlagen der Gedankenfeld-Therapie übernehmen werden, die ihrerseits ja ein Zweig der sogenannten energetischen Psychologie ist. Energetische Therapien werden sich zu einem Standardverfahren für Heilberufe, Sportler, Unternehmensberater, Trainer und Lehrer entwickeln – für alle eben, die optimale Leistungsfähigkeit anstreben. Sie werden in weitem Umfang verfügbar sein, den Menschen beim Abbau von Blockaden helfen und ihnen ein glücklicheres, gesünderes und produktiveres Leben ermöglichen.

Emotionales Selbstmanagement – ein Überblick

Wir haben das Buch in vier Abschnitte gegliedert. Teil 1 stellt eine breite Palette der vielen Anwendungsmöglichkeiten des Emotionalen Selbstmanagements vor und zeigt, wie man es erlernt. In Kapitel zwei untersuchen wir den begrifflichen Rahmen, auf dem ESM beruht, und diskutieren die paradigmatische Blindheit, die uns daran hindert, die uns zur Verfügung stehenden Informationen sinnvoll anzuwenden. Kapitel drei erläutert die faszinierenden Entdeckungen und energetischen Theorien, die hinter ESM stehen, und versucht zu erklären, wie es funktioniert. Hier lernen Sie die Übung zum Atemgleichgewicht sowie die grundlegenden Techniken des »Klopfens« auf die Akupressurpunkte, die bei den meisten Verfahren benutzt werden. Die Übung zur Korrektur von Polaritätsstörungen, der erste Schritt bei der Behandlung spezieller emotionaler Probleme, wird in Kapitel vier vorgestellt.

Im Mittelpunkt der emotionalen Schnellheilung steht die wirksame Steuerung unserer Emotionen. Deshalb befassen wir uns in Teil 2 mit der Rolle der Gefühle in unserem Leben. Wir schauen uns an, was emotionale Gesundheit überhaupt bedeutet, wie Gefühle blockieren und aus dem Gleichgewicht geraten und wie wir es schaffen können, sie in den Griff zu bekommen. Sie erhalten eine Anleitung, Emotionen richtig zu bestimmen – denn das ist ein wichtiger erster Schritt, wenn man die ESM-Anleitungen bei sich selbst anwenden will. Mit Hilfe der Skala persönlichen Leidensdrucks (SPL) lernen Sie, ihre emotionale Belastung genau zu messen. Dazu erfahren Sie, wie man mit den verschiedenen »Schichten« von Gefühlen umgeht, die der Reihe nach auftauchen. Für jedes Gefühl gibt es in Kapitel neun dann eine entsprechende Anleitung. Am Ende finden Sie noch den »Rapid Relaxer«, eine schnelle Entspannungshilfe.

In Teil 3 kommen wir zum Kern der Sache: zu den emotionsspezifischen ESM-Anleitungen. Kapitel acht begleitet Sie Schritt für Schritt durch die Techniken und vermittelt Ihnen alles, was Sie für die Eigenanwendung wissen müssen. Hier lernen Sie alle übrigen Akupressurpunkte kennen. Außerdem erklären wir in diesem Kapitel, wie Sie Schwierigkeiten diagnostizieren und Korrekturen vornehmen können, sollten Sie keinen unmittelbaren Erfolg spüren. Und Sie erfahren, wo Sie gegebenenfalls Hilfe finden. In Kapitel neun kommen wir zu den 28 emotionsspezifischen Behandlungsanleitungen, jede auf einer eigenen Seite, damit man sie im Bedarfsfall jederzeit schnell bei der

Hand hat. Kapitel zehn liefert Einzelheiten zu der Fünfstufigen Atemübung, dem passenden Mittel gegen Polaritätsstörungen, die den Erfolg jeder Behandlung erschweren können.

Teil 4 beginnt mit einem Kapitel über Anwendungen von ESM zur Steigerung von Leistungsfähigkeit und schöpferischer Kraft. Kapitel zwölf befaßt sich mit Nachbehandlung und »Instandhaltung«. Hier finden Sie Tips, wie man mit Hilfe von ESM den Zustand bestmöglicher emotionaler Gesundheit beibehält. Dazu kommen Anregungen zur optimalen Anwendung dieser Techniken. Kapitel dreizehn stellt ein paar äußerst wirksame Wege vor, ESM bei Kindern einzusetzen. Das Buch endet mit einem Ausblick auf die Zukunft von ESM und der energetischen Therapien überhaupt.

Da neue Erkenntnisse über die Funktionen von Gehirn und Körper unseren Horizont immerfort erweitern, werden auch ständig neue Anwendungen für energetische Therapien entwickelt. Die Methoden der Gedankenfeld-Therapie drängen sich regelrecht zur Selbstanwendung auf, und doch gab es bis jetzt keine Literatur, die diese einfachen Techniken entsprechend allgemeinverständlich erläutert und Hilfe zur Selbsthilfe gibt. Aus diesem Grund haben wir dieses Buch verfaßt: Damit die Menschen überall Zugang zu diesen verblüffenden, ebenso einfachen wie wirkungsvollen Methoden erlangen.

Es würde uns nicht wundern, wenn dieses Verfahren und andere energetische Therapien für Menschen mit emotionalen Beschwerden Anfang des neuen Jahrtausends dieselbe Rolle spielten wie Aspirin bei körperlichen Schmerzen zu Beginn des zwanzigsten Jahrhunderts.

Anmerkung: Obwohl wir uns in diesem Buch zumeist als »wir« äußern, wird in einzelnen Falldarstellungen auch das Fürwort »ich« verwendet.

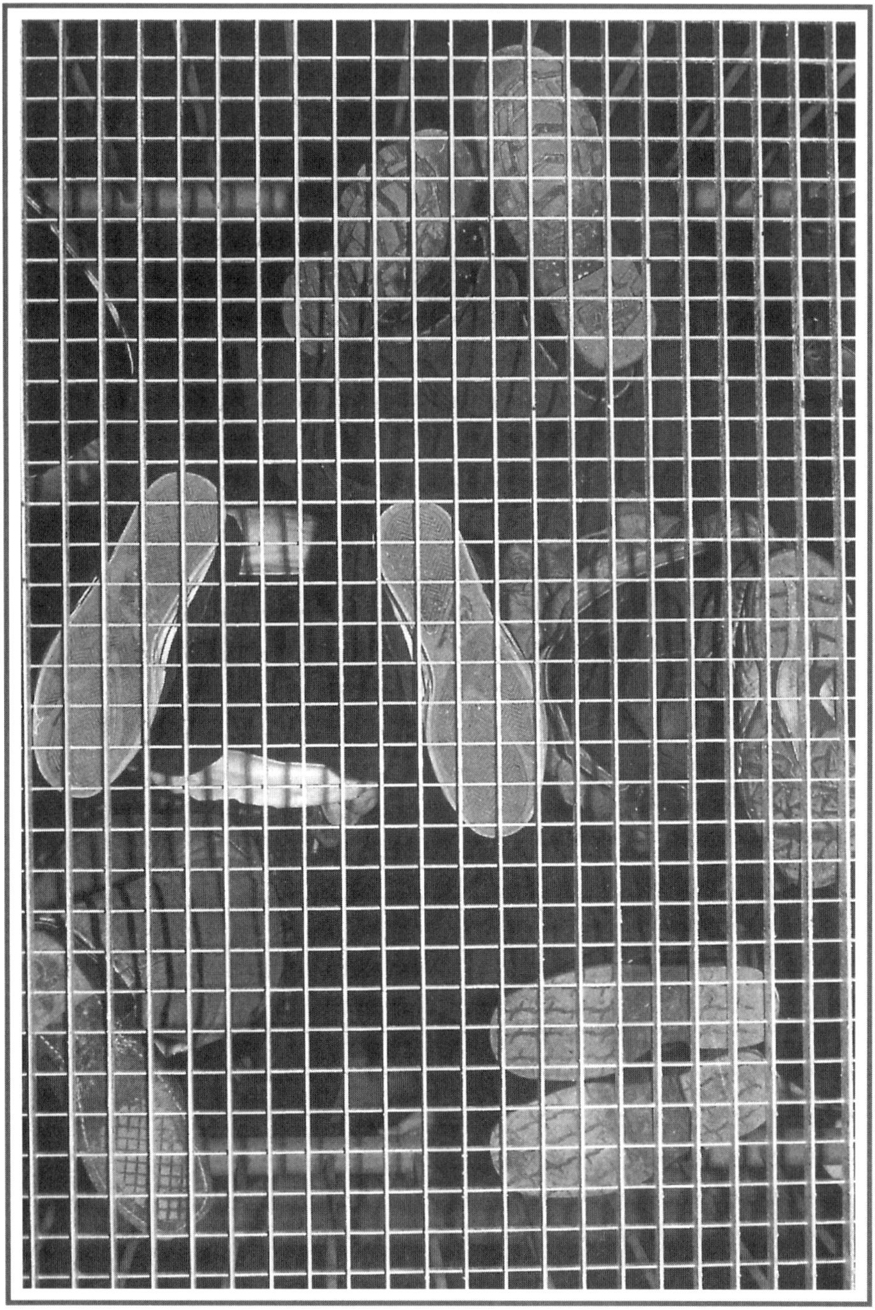

Teil 1

Was ist Emotionales Selbstmanagement?

1 Wie durch Zauberei

Ein Vietnam-Veteran, den Schuldgefühle quälen, weil er einziger Überlebender und Zeuge war, als seine Gruppe in einem brutalen Dschungelgefecht getötet wurde.

Ein Student im Abschlußsemester, der verzweifelt ist, weil die Beziehung zu seiner Freundin auseinandergegangen ist, und Angst hat, daß er beim Examen scheitert.

Ein bekannter Footballspieler, der seine Leistung im Spiel verbessern möchte.

Eine eifersüchtige Vierjährige, die ihren kurz zuvor adoptierten Bruder als Bedrohung erlebt.

Ein höchst erfolgreicher sechzigjähriger Angestellter, der unter einer dunklen Wolke der Depression lebt, seit er mit sechzehn durch einen unglücklichen Zufall seinen besten Freund erschoß.

Eine Frau, die eine Operation gefährlich lang hinauszögert, weil sie sich zu sehr vor dem Eingriff fürchtet.

Ein junge Anwältin, die wegen der Schlamperei ihres Freundes an die Decke geht.

Ein Mann mit einer Vorgeschichte von Panikattacken, der fürchtet, bei seiner bevorstehenden Hochzeit mit seinem Vater konfrontiert zu werden, zu dem er schon vor Jahren den Kontakt abgebrochen hat.

Was haben diese scheinbar so verschiedenen Menschen gemein? Sie alle, manche nach langen Jahren des Leidens, erfuhren durch ESM eine unmittelbare und dauerhafte Befreiung von ihren Beschwerden.

Wahre Geschichten über ESM

Seine Ängste, seine Traurigkeit auf der Stelle überwinden zu können oder sich einfach im Alltag entspannter und ausgeglichener zu fühlen: Diese Vorstellung kommt Ihnen zu schön vor, um wahr zu sein? Nun, wir meinen genau das, was die Untertitel dieses Buches versprechen. Wenn Sie die vorgestellten Fertigkeiten beherrschen, werden Sie *sofort* (oft schon innerhalb einer Sitzung) in der Lage sein, langjährige, störende Probleme aus Ihrer Vergangenheit in den Griff zu bekommen: den Kummer nach einer Scheidung, die Phobie, auf Autobahnen zu fahren, oder den unterschwelligen Ärger über einen geplatzten Geschäftsabschluß. Sie werden über eine ganze Reihe von Hilfsmitteln verfügen, mit denen sich der täglich anfallende Streß besser bewältigen läßt: der Stau auf dem Weg zur Arbeit, der nörgelnde Chef, der Umbau Ihrer Küche, Ihre Angst, mit dem Geld nicht auszukommen, oder der Bammel vor dem Vortrag, den Sie nächste Woche halten sollen. Sie werden belastbarer sein, produktiver arbeiten, und Ihre Leistungsfähigkeit wird merklich steigen.

Sofortige Stärkung emotionaler Intelligenz? Sofortige Befreiung von Ängsten, von Ärger und Eifersucht und von Phobien? Eine gewagte Behauptung fürwahr. Aber alle am Anfang des Kapitels erwähnten Personen sind in unserer Praxis erfolgreich behandelt worden – normalerweise innerhalb von ein bis drei Sitzungen. Damit Sie eine Vorstellung von der breiten Vielfalt emotionaler Probleme bekommen, auf die sich ESM anwenden läßt, stellen wir Ihnen nachfolgend einige Fälle aus unserer Praxis vor, angefangen bei kleineren Störungen bis hin zu schweren Traumata. (Zum Schutz unserer Klienten haben wir Namen und einige Details verändert.)

Fast drei Wochen nachdem er aus der Gewalt seiner Entführer entkommen war, war Gunther immer noch in sich gekehrt und verängstigt. Als er in meiner Praxis auftauchte, wirkte er wie ein gebrochener junger Mann, der sich mit hochgezogenen Schultern und aufgestelltem Kragen in seiner Lederjacke zu verstecken suchte. Seine Augen wanderten ruhelos im Raum umher. Im Schlaf wurde er von Alpträumen gepeinigt, und er konnte das Haus nicht verlassen, ohne in kalten Schweiß auszubrechen. Für die ganze Familie war es ein schreckliches Martyrium gewesen. Natürlich sorgten sich alle um Gunther, während sie mit den Kidnappern die Modalitäten für die Übergabe des beträchtlichen Lösegelds aushandelten. Als Gunther mich aufsuchte, hatte ich bereits seine Mutter und seine Schwester mit Erfolg gegen Streß und Schlaflosigkeit behandelt. »Wie oft muß ich herkommen?« fragte er. »Ich weiß nicht, wie oft ich es schaffe, wiederzukommen.« Zuerst dachte ich, Gunther sei so durcheinander, daß er sich Sorgen über die Kosten machte, die seiner Familie entstehen würden. Doch dann wurde mir klar, daß er furchtbare Angst hatte, erneut entführt zu werden. Als ich ihm erklärte, alles, was ihn jetzt so aufrege, würde in einer Stunde, wenn er wieder ginge, verschwunden sein, glaubte er mir nicht. Verständlich.

Wir arbeiteten uns rasch durch das Verfahren gegen Traumata, wobei wir Behandlungsschritte für besonders schreckliche Erinnerungen aus der Zeit seiner Gefangenschaft wiederholten. Er erinnerte sich an den Tag, als ihn seine alkoholisierten Entführer fesselten und ihm die Augen verbanden, ehe sie ihn im Kofferraum eines Autos viermal an jeweils andere Orte brachten. Auch der Morgen, an dem sie glaubten, Gunthers Familie wolle sie austricksen, und ihm deshalb drohten, ihn auf der Stelle umzubringen, fiel ihm wieder ein.

Am Ende der Sitzung hatte sich Gunthers ganzes Benehmen verändert. War er zuvor steif und wachsam gewesen, saß er jetzt entspannt in seinem Stuhl. Zum ersten Mal schaffte er es, über sein Martyrium zu sprechen, ohne daß sich sein Herzschlag beschleunigte. Obwohl er noch immer bedrückt erschien, lächelte er und bedankte sich bei mir.

Als Gunther dann ein paar Tage später in meine Praxis kam, schien er wie ausgewechselt. Er war wieder der selbstbewußte und bekannte Banker, der Pläne für ein neues großes Projekt schmiedete. Seit der ersten Behandlung hatte er keine Alpträume mehr. Er erzählte, daß es ihm nach den Wochen der Versteinerung, die er im Anschluß an seine Befreiung aus der Gefangenschaft durchlebt hatte, endlich möglich gewesen war zu weinen. In den letzten Tagen hatte er viele Stunden mit seiner Familie geredet und alle Einzelheiten seiner Geiselhaft geschildert, und sie hatten ihm von ihrer Angst um sein Leben berichtet, als es so aussah, als wäre die Übergabe des Lösegelds gescheitert.

Gunther und seine Familie hatten noch einiges an therapeutischer Arbeit vor sich. Wir arbeiteten noch drei weitere Sitzungen miteinander, in denen die verschiedenen Schichten von Schuld, Angst und Wut an die Oberfläche kamen. Doch

Gunther war wieder er selbst. Er war nicht mehr in Gefühlen und Erinnerungen gefangen, gegen die er mit seinem Bewußtsein allein nicht hatte angehen können.

* * *

Ein Geschäftsfreund schickte uns seine Sekretärin, damit wir ihr helfen sollten. In drei Jahren hatte Amanda es nicht geschafft, über die Trennung von ihrem Freund hinwegzukommen, der sie wegen einer anderen sitzengelassen hatte. Sie mußte zwanghaft an ihn denken und fand es beinahe unmöglich, sich auf ihre Arbeit zu konzentrieren. (Das war auch der Grund, weshalb ihr Chef die Behandlung empfohlen hatte.) Sie traf sich mit niemandem und schlief schlecht, weil sie immer wieder von ihrer verlorenen Liebe träumte. Im Verlauf des letzten Jahres hatte sie sich mehr und mehr zurückgezogen und war immer depressiver geworden. Kurz gesagt: Amanda litt ganz massiv an gebrochenem Herzen.

Ich brachte Amanda bei, selbst in einer einfachen Reihenfolge auf einige spezifische Akupressurpunkte zu klopfen, während sie sich auf ihr Problem konzentrierte (was für sie ja nun wirklich kein Problem darstellte). Dabei konnte ich regelrecht zusehen, wie Amandas Angstpegel fiel und sich ihre Kiefermuskulatur entspannte. Nach wenigen Minuten sagte sie: »Ich komme mir vor, als wäre mir eine schwere Last von der Seele genommen. Drei Jahre lang habe ich es nicht geschafft, an etwas anderes zu denken als an ihn.«

Am nächsten Tag rief Amanda an und erzählte mir, daß sie sich noch immer so gut fühlte wie in der Praxis. Außerdem hatte sie zum ersten Mal seit langer Zeit wieder richtig gut geschlafen. Eine Woche später rief sie erneut an und erklärte: »Ich kann es kaum glauben. Ich habe das Gefühl, wieder richtig zu leben. Ich weiß nicht, was da passiert ist, aber inzwischen denke ich ganz anders über ihn als früher. Ich kann jetzt tatsächlich nicht mehr begreifen, warum ich so besessen war. Danke, daß Sie mir geholfen haben, wieder ein eigenes Leben zu führen.«

* * *

Marisa wurde von ihrer Mutter zu mir gebracht, weil sie ängstlich war und sich davor fürchtete, woanders als zu Hause zu schlafen. Jedesmal, wenn sie bei einer Freundin übernachten sollte, wurde sie nervös. Bei Einbruch der Dunkelheit begann sie sich zu fürchten und rief ihre Eltern an, damit sie sie wieder abholten. Für eine Zwölfjährige war das ziemlich peinlich. Marisa war sich sicher, daß sich ihre Freundinnen hinter ihrem Rücken über sie lustig machten.

Als ich Marisa das Verfahren gegen Angst erklärte, begann sie zu lachen und gab mir die Note »Eins-plus«, während wir der Reihe nach auf die Akupressurpunkte klopften. Wir machten rasch Fortschritte, und ich zeigte ihr einen Spezialpunkt, den sie behandeln konnte, sobald irgendwelche Probleme auftauchten. Am Ende lächelte Marisa und sagte zu ihrer Mutter: »Es macht mir überhaupt nichts mehr aus, daran zu denken.« Einen Moment lang wirkte sie unsicher, aber dann verkündete sie: »Dieses Wochenende möchte ich zu den Ambers.«

Ich zeigte Marisas Mutter auch noch, welche Techniken sie bei ihrem kleinen Sohn anwenden konnte, der zu schreien begann, als sie die Praxis verließen, und nicht mehr zu beruhigen war. In der folgenden Woche rief sie mich an und teilte mir mit, daß ihre Tochter problemlos auswärts übernachtet hatte und daß sie beide kaum glauben könnten, daß das Problem so schnell verschwunden sei.

* * *

Joleen hatte unter anderem schreckliche Angst vorm Fliegen, aber nun plante sie, Verwandte in Übersee zu besuchen. Als sie in meiner Praxis ankam, war sie in kalten Schweiß gebadet. Ihre Panik war so schlimm, daß sie nicht einmal in der Lage war, die Flugtickets in ihrer Handtasche aufzubewahren. Ihr Ehemann, der im Wartezimmer saß, hatte sie an sich genommen. Joleen stellte Fragen über Fragen und verlangte Erklärungen über die Behandlung, ehe sie mich damit anfangen ließ. Am Ende beruhigte sie sich aber und erlaubte mir, die Techniken gegen Flugangst anzuwenden. Als ihre Angst schwand, zeigte sich ein Ausdruck von Verwunderung auf ihrem Gesicht. Sie wollte die Ergebnisse überprüfen. »Kann ich rausgehen und die Tickets holen?« fragte sie. Sie ging ins Wartezimmer, um sie sich von ihrem Mann geben zu lassen, und kam strahlend zurück. »Das ist wirklich erstaunlich. Schauen Sie, mir geht es gut. Eben noch haben mir diese Tickets eine solche Angst eingejagt. Sie fühlten sich an, als stünden sie unter Strom.«

Ein paar Wochen später rief mich Joleen an und sagte mir, daß der Transatlantikflug direkt angenehm gewesen sei. Sie erzählte auch, daß sie von einem Todesfall in der Familie erfahren habe und daß der Rückflug trotz dieser belastenden Nachricht ebenso angstfrei verlaufen sei wie der Hinflug.

* * *

Ben hatte es sein Leben lang nicht geschafft, Tabletten zu schlucken, was für einen Gewichtheber und Gesundheitsfanatiker wie ihn ein echtes Problem darstellte. Mit seinen fünfunddreißig Jahren würgte der Ingenieur an jeder noch so kleinen Pille und drohte daran zu ersticken. Er mußte entweder versuchen, Vitamine und Medikamente in flüssiger Form aufzutreiben, oder er war gezwungen, sie zeitraubend zu zermahlen und aufzulösen, worauf sie häufig ekelhaft schmeckten.

Als Ben in die Praxis kam, war er bereit, die Therapie auszuprobieren: Er hatte einen Liter Wasser und eine Anzahl Flaschen mit Vitamintabletten verschiedener Größe dabei. Nachdem er das Verfahren zur Konzentration des Denkens und die Klopfsequenz absolviert hatte, starrte Ben die Vitaminfläschchen an und erklärte: »Ich glaube, jetzt kann ich eine schlucken.« Er legte eine Pille auf die Zunge und nahm einen Schluck Wasser aus der Plastikflasche. Er hielt das Wasser für einen Moment im Mund und dazu die Luft an, als wolle er sich wie früher darauf einstellen, würgen zu müssen. Dann schluckte er. Die tiefen Falten der bösen Vorahnungen zwischen seinen Brauen glätteten sich; er grinste. »Das ging ganz leicht«, sagte er. »Ich hatte nicht das Gefühl, zu ersticken, und nichts hat mir die Kehle zugeschnürt. Ich kann es jetzt.« Bens Selbstvertrauen wuchs, nachdem er unter meinen Augen noch weitere »Testpillen« schluckte. Zwei Wochen später rief er an und teilte mir mit, daß er seine Vitamine jetzt problemlos in Tablettenform einnehmen könne.

* * *

Sandy, erfolgreiche Mitarbeiterin einer Softwarefirma, verzehrte sich wegen der Verhandlungen um das Sorgerecht für ihre Kinder vor Ärger und Frust. Eine wahnsinnige Wut auf ihren Ex-Mann machte es ihr unmöglich, zu einer vernünftigen Lösung zu kommen. Selbst ihr Anwalt meinte, sie vergeude ihr Geld, und das Ausmaß ihrer Wut hielte sie davon ab, mit realistischen Erwartungen an die Sache heranzugehen. Der Anwalt war es übrigens auch, der Sandy dazu überredete, unsere Praxis aufzusuchen.

Sandy wußte nicht, was auf sie zukam, erklärte aber, sie sei darauf vorbereitet, daß ich ihr ihre Wut lediglich ausreden wolle. Statt dessen fragte ich sie, ob sie bereit sei, ein neues Verfahren auszuprobieren, mit dessen Hilfe sie sich gelassener und wohler fühlen würde. Mit Augenverdrehen gab sie zu verstehen, daß sie resigniert hatte und sich nicht besonders viel davon versprach. Während ich ihre Polaritätsstörung korrigierte, war Sandy immer noch skeptisch. Bei jedem Schritt des Verfahrens erklärte sie: »Wie soll das wohl helfen können?« Ich fragte, ob sie eine Veränderung spürte. Sie zuckte mit den Schultern und meinte, sie sei sich nicht sicher, erlaubte mir aber weiterzumachen. Man könnte sagen, Sandy wollte das alles nur hinter sich bringen; sie rechnete nicht mit einer Besserung. Ich wandte daraufhin das Verfahren gegen Ärger an, was sieben Minuten dauerte. Sandy erlebte eine gewisse Erleichterung, als ihre Wut nachließ. Dann aber tauchten zu ihrer Überraschung Schuldgefühle auf, weil sie so viel Zeit bei der Arbeit zubrachte; Schuldgefühle, weil sie sich nicht mehr um ihren Sohn kümmerte. Wir machten also mit der Technik gegen Schuldgefühle weiter. Als auch diese verschwanden, kamen Sandys Kummer und die Kränkung wegen der Zurückweisung durch ihren Mann hoch. Im Verlauf der Sitzung behandelten wir Schicht um Schicht all die quälenden Emotionen, die von dem ursprünglichen Ärger und der Wut überdeckt gewesen waren.

Ein paar Tage später rief mich ihr Anwalt an und sagte: »Ich weiß nicht, was Sie mit Sandy angestellt haben, aber als ich sie getroffen habe, war sie ein anderer Mensch – ganz gelassen und in der Lage, sich in einer Weise auf den Prozeß um das Sorgerecht einzulassen, wie es früher undenkbar gewesen wäre. Sie war zwar traurig über die Situation, aber die Verhandlungen verliefen ungleich produktiver als alle vorherigen.«

Zehn erstaunliche Tatsachen über ESM

Wir haben Ihnen noch viel mehr Geschichten zu erzählen. Aber vorher wollen wir Ihnen erst einmal zehn erstaunliche Aussagen über das Verfahren vorstellen, das wir Emotionales Selbstmanagement (ESM) nennen:

1. *ESM funktioniert bei praktisch jedem emotionalen Problem* – und ganz nebenbei auch noch gegen Jetlag, verstopfte Nase, Schluckauf und das Prämenstruelle Syndrom (PMS).
2. *ESM funktioniert bei praktisch allen Problemen mit der Leistungsfähigkeit*, angefangen bei Prüfungen über das Reden in der Öffentlichkeit bis hin zum verbesserten Golf- und Tennisspiel.
3. *ESM ist ein Werkzeug für die Eigentherapie.* Man braucht dazu keinen Therapeuten.
4. *Die Anwendung der Verfahren dauert zwischen fünfzehn Sekunden und fünfzehn Minuten.* Wenn Sie damit fertig sind, ist das Problem oft für immer verschwunden.

5. *ESM ist vollkommen ortsunabhängig.* Sie können es überall anwenden, ohne irgendwelche Geräte oder Ausrüstung.
6. *Sie brauchen niemals darüber zu sprechen, was Ihnen Kummer bereitet.* Ihre Privatsphäre bleibt gewahrt.
7. *Sie müssen weder den Grund noch die Wurzel des Problems kennen.* ESM funktioniert auch dann, wenn Sie nicht wissen, wo die Gefühle herkommen, die Sie belasten.
8. *Die ESM-Verfahren wirken auch bei Kindern, sogar bei Kleinkindern.* Und Sie können ESM Ihren Freunden und Kollegen beibringen.
9. *ESM wirkt zuverlässig und in vorhersagbarer Weise.* Wenn Sie sich die Technik aneignen und korrekt anwenden, werden Sie auch Ergebnisse sehen.
10. *ESM hat keinerlei gefährliche Nebenwirkungen.* Durch diese Verfahren ist noch nie jemand zu Schaden gekommen.

Wir wundern uns selber immer noch über die Wirksamkeit von ESM. Obwohl wir zusammengenommen über fast vierzig Jahre klinische Erfahrung verfügen, hat bisher nichts so unmittelbare und überzeugende Ergebnisse erbracht wie ESM. Wir hatten die Methode erst eine Woche angewandt, als es bereits unserer Sekretärin auffiel: »Sie müssen aufhören, die Leute so schnell gesund zu machen«, meinte sie »Das ist direkt geschäftsschädigend. Die meisten Patienten kommen nur ein- oder zweimal zu Ihnen. Was geht da vor?«

ESM hat unsere Praxis radikal verändert. Natürlich wenden wir je nach Problem immer noch eine Vielzahl von Verfahren an – kognitive Therapie, Hypnose und andere herkömmliche Methoden, dazu aber sowohl EMDR als auch ESM-Techniken. Wir setzen zudem unsere Arbeit mit Klienten fort, die unter ernsten und komplexen Störungen leiden. Diese Leute müssen natürlich über längere Zeiträume hinweg kommen. Inzwischen ist unser Klientendurchsatz jedoch sehr hoch, und eine wachsende Zahl konsultiert uns nur zwischen ein und vier Mal.

Trotzdem gibt es eine Warteliste. Wenn Menschen von dieser erstaunlichen und schnellen Selbsthilfe-Therapie erfahren, wollen sie sie umgehend selber ausprobieren. Einige kommen nur zögernd und mit wenig Hoffnung, ihre vielleicht schon seit Jahren bestehenden Probleme lösen zu können. Aber wenn sie dann die an ein Wunder grenzende Wirkung erleben, wollen sie gleich *alle* ihre angestauten Probleme, die großen wie die kleinen, behandelt haben. Und bald fragen sie: »Sagen Sie, können Sie nicht auch etwas für mein Golfspiel tun?« (Das können wir. Siehe Kapitel elf.) Anschließend schicken sie ihre Frauen und Freunde und Kinder zu uns. Ehrlich gesagt, wir sind froh über unseren raschen Patientendurchsatz.

Obwohl wir es nun schon so lange praktizieren, finden wir ESM nach wie vor aufregend. Es ist faszinierend, wenn unsere Klienten ohne die Probleme aus der Praxis gehen, die sie in manchen Fällen jahrelang daran gehindert haben, ihr Leben froh und zuversichtlich zu meistern. Es ist ein großartiges Gefühl, diese lebensverändernden Fähigkeiten zu vermitteln und zu beobachten, wie Menschen sich ein für allemal von sinnlosem Schmerz und überflüssigem Leiden verabschieden. Wie sie nach so vielen Jahren wieder sie selbst – und glücklich! – sein können.

Warum sind wir nicht glücklich?

Das Streben nach Glück wird zu den Grundrechten gezählt, aber für viele Menschen bleibt es unerreichbar. Wir wollen glücklich sein. Wir wenden einen großen Teil unseres Lebens, unserer Zeit und Energie und unserer finanziellen Mittel auf und tun alles erdenkliche, um das Glück zu finden. Doch immer wieder entzieht es sich. Oft sind wir ängstlich, verärgert, von unserem Beruf frustriert. Wir langweilen uns in unserer Partnerschaft, beneiden aber andere. Wir sind es leid, uns abzumühen, rackern uns aber weiterhin ab. Und wir sind enttäuscht, weil alles so gekommen ist, wie es nun mal ist. Wir haben hart gearbeitet. Unseren Freunden und Familien gegenüber verhalten wir uns nach Kräften so, wie es sich gehört. Doch selbst dort kommt es zu Problemen, Auseinandersetzungen und Enttäuschungen. Das neue Auto, die Kreuzfahrt, die neue Gesichtscreme, die Saisonkarten für die Bundesliga oder die Oper – nichts davon hat es geschafft, uns glücklich zu machen. Aber was uns am meisten frustriert: Selbst jahrelange Psychotherapie und Dutzende von Selbsthilfebüchern haben kaum mehr bewirkt, als das Leben ein klein bißchen erträglicher zu machen.

Wir alle wollen unser Potential ausschöpfen. Aber wir sind vom Weg abgekommen oder haben ihn nie gefunden, und unsere Träume rücken in immer weitere Ferne. Wir fühlen uns ohnmächtig, etwas zu verändern, und sind nicht imstande, unser Leben so einzurichten, wie uns das einmal vorschwebte. Deshalb geben wir uns mit dem halben Leben zufrieden, einem blaßen Abklatsch dessen, was wir uns eigentlich erwartet und erhofft hatten.

Das emotionale Gleichgewicht

Wenn wir in unsere Probleme verstrickt sind, bemerken wir oft nicht, daß wir trotz unseres Strebens nach Glück in alten, verhärteten Mustern feststecken – in alten Überzeugungen, alten Denk- und Verhaltensweisen, alten Verletzungen, alten Erinnerungen –, die unseren bewußten Wunsch nach einem glücklichen und beschwerdefreien Leben unbewußt unterhöhlen. Wir sind unserer Vergangenheit ausgeliefert. Die festgefahrenen Muster und Überzeugungen unserer Lebensgeschichte sind wie ein Anker im Schlamm des Meeresgrundes, der jede unserer Bewegungen hemmt. Wir sind nicht im Gleichgewicht und reagieren aus Gewohnheit und Angst, anstatt souveräne Entscheidungen zu treffen. Und wenn wir vielleicht noch nicht völlig festsitzen, bremst uns doch die mächtige Unterströmung.

Unsere Emotionen unterscheiden uns von den meisten anderen Lebewesen und sind ein ebenso wichtiger Bestandteil unserer »Intelligenz« wie unsere intellektuellen Fähigkeiten. Mit seinem an den IQ – den Intelligenzquotienten – angelehnten Begriff des »EQ« vergleicht der Psychologe und Autor Daniel Goleman die emotionale mit der kognitiven Intelligenz. Sind unsere Emotionen nicht im Gleichgewicht, kommt dasselbe heraus, wie wenn unser Gehirn nicht richtig arbeitet: Wir begehen Dummheiten und sind unproduktiv.

Alle Organismen sind bestrebt, gesund zu bleiben und ihr Gleichgewicht aufrechtzuerhalten. Arbeitet der Organismus richtig, lösen sich aufsteigende intensive Gefühle nach einer Weile von selbst wieder, wodurch Ruhe einkehrt und sich ein neues Gleichgewicht einstellt. Wir werden wütend und regen uns auf, aber dann zieht der Sturm ab, und wir beruhigen uns wieder. Wenn wir eine Schlange entdecken, steigt unser Adrenalinspiegel. Dann schaltet sich der Verstand ein, wir merken, daß sie harmlos ist, und atmen wieder normal. Wenn wir im Stau festsitzen, werden wir nervös, weil wir zu spät zu der Sitzung kommen werden. Dann reden wir uns ein, daß wir ja doch nichts ändern können, und regen uns wieder ab.

Manchmal aber hält die Verstimmung an. Wir ärgern uns, daß unsere Tochter ihr Zimmer schon wieder nicht aufgeräumt hat, und rennen tagelang mit einer Wut im Bauch herum, ohne mit ihr über unsere Frustration reden zu können. Wir können nicht im Wald spazierengehen, weil unser Herz beim bloßen Gedanken an einen freilaufenden Rottweiler wild zu schlagen beginnt und uns die Hände vor Angst feucht werden. Und wenn wir frustriert sind, weil wir uns durch den zähflüssigen Berufsverkehr quälen mußten, können wir uns noch so sehr zur Ruhe zwingen: Wir kommen schlapp und geschafft im Büro an.

Starke, anhaltende Emotionen, die nicht verschwinden wollen, zehren uns auf. Sie rauben uns die Energie, die wir ansonsten dazu verwenden könnten, Freude am Leben zu haben. Sie färben auf unsere zwischenmenschlichen Beziehungen ab und untergraben unsere Leistungsfähigkeit. Wir wollen nicht mehr aus der Haut fahren, eifersüchtig oder starr vor Angst sein, aber trotz bester Absichten sind wir offensichtlich unfähig, mit diesen Gewohnheiten zu brechen. Wie eine Melodie, die uns nicht mehr aus dem Kopf geht, stecken die automatischen Reaktionsmuster in unserem Geist und in unserem Körper fest. Anscheinend ausweglos, drehen sie sich wie eine Schallplatte ständig im Kreis. Immer mit derselben Botschaft, immer die gleiche Reaktion hervorrufend, immer bereit, uns quasi hinterrücks zu überfallen. Wie Marionetten sind wir in diesem Teufelskreis gefangen.

Gedankenenergie-Therapien gehen davon aus, daß diese emotionalen Endlosschleifen in das Energiesystem von Geist und Körper eingebettet sind. Wann immer diese Erfahrung aktiviert wird – und sei es nur ein winziger Aspekt davon, ein Gedanke, ein Bild oder ein Geräusch –, übermannt uns die Erinnerung an das Gesamterlebnis, mitsamt allen unangenehmen und störenden Empfindungen und körperlichen Symptomen. Eine Frau, die eine Vergewaltigung erlebt hat, kann beim Anblick eines jeden Mannes, der wie ihr Vergewaltiger ein gestreiftes Hemd trägt, in Panik verfallen. Für einen Vietnam-Veteranen klingt eine zuschlagende Tür vielleicht wie eine hinter ihm einschlagende Granate. Der ärgerliche Gesichtsausdruck unseres Lebenspartners ruft uns das ganze Ausmaß der Mißbilligung unserer Eltern vor Augen. Traumatische emotionale Erlebnisse, die nicht aufgelöst wurden, können sich in Ängstlichkeit, feuchten Händen und Herzrasen, Alpträumen oder zwanghaftem Grübeln äußern.

Rettung durch ESM

Richtig gesteuerte Energie ist produktiv – Energie, deren Gleichgewicht gestört ist, wird für uns und unsere Umgebung hingegen zu einer Belastung. Emotionales Selbstmanagement setzt solche emotionalen »Endlosschleifen« frei, läßt die Energie wieder ungehindert fließen und den Körper damit zu seinem natürlichen körperlichen und emotionalen Gleichgewicht zurückkehren. Wir gehen davon aus, daß Körper und Geist ein zusammenhängendes, intelligentes und umfassend kommunizierendes System sind. Nun hat man herausgefunden, daß bestimmte Akupunkturpunkte mit bestimmten Emotionen verbunden sind, und deshalb gehört es zu den bei ESM angewandten Techniken, auf emotionspezifische Energiemeridiane des Körpers zu klopfen. Das funktioniert ganz ohne weitere Hilfsmittel: Wie bei der Akupressur, einer ähnlichen Technik, werden keine Nadeln benötigt! Sie müssen nur, während Sie eine Klopfsequenz durchführen, aktiv an ihre Beschwerden denken, in manchen Fällen auch spezielle Vorsätze wiederholen. Durch das Klopfen wird dem System an der richtigen Stelle und zum richtigen Zeitpunkt Energie zugeführt – nämlich dann, wenn man sich das Problem vor Augen führt –, was es ermöglicht, die Blockade oder die Störung zu lösen. Die Energie des ESM-Verfahrens baut festgefahrene Vorstellungen ab, läßt das natürliche Gleichgewicht und die Energien wieder fließen. So kommt es zu einer unmittelbaren Erleichterung. Sie fühlen sich augenblicklich besser – der sprichwörtliche Stein ist Ihnen von der Seele gefallen.

Ein weiteres Grundprinzip der Gedankenenergie-Therapien besagt, daß der Körper – wie eine Batterie oder ein Magnet – eine bestimmte Polarität besitzt, sozusagen einen Nord- und einen Südpol hat. Durch Streß und viele andere Umstände kann sich unsere Polarität umkehren, was eine Heilung behindert, selbst wenn wir uns nach Kräften um Veränderung bemühen. Wie bei einem falsch angeschlossenen elektronischen Gerät sind dann auch bei uns selbst die ganz normalen Funktionen beeinträchtigt. Eine solche Polaritätsstörung kann sich auf das Denken, das Fühlen und das Verhalten auswirken. Mit den ESM-Übungen korrigieren Sie diese hemmenden Polaritätsstörungen, ehe Sie auf spezielle emotionale Probleme eingehen.

Eine vollständige ESM-Behandlung bezeichnen wir hier als *Behandlungssequenz.* Doch bevor wir zu den vollständigen Behandlungsanleitungen des achten Kapitels kommen, werden wir Sie mit all den Hilfsübungen vertraut machen, die Sie für die Selbstanwendung brauchen.

Durch das ESM-Verfahren wird weder Ihr Wissen über das Problem verändert, noch werden damit zusammenhängende angemessene Emotionen beseitigt. Es schaltet lediglich irrationale Gedanken aus, nicht aber den natürlichen Selbstschutz. Wenn Sie mit ESM zum Beispiel Ihre Höhenangst kurieren, besteht keine Gefahr, daß Sie anschließend von einer Klippe springen.

Gina litt unter einer derartigen Höhenangst, daß sie die Wochenenden nicht mit ihrem Freund verbringen konnte, weil der in der Freizeit am liebsten Bergtouren machte. Doch schon einen Tag, nachdem wir Gina behandelt hatten, kletterte sie mit ihm auf einen steilen Bergrücken. »Es war ein phantastischer Tag«, erzählte sie später. »Ich fand es einfach überwältigend, auf diesem Berggipfel zu stehen und auf den See hinunterzuschauen. Fünfzehn Jahre lang war ich nicht in der Lage gewesen, solche Touren mitzumachen. Wir standen auf einem mit einem Seil gesicherten Aussichtspunkt, und ich habe mich total wohl gefühlt. Als ich aber versuchte, über das Seil zu steigen, bekam ich sofort Angst, bis ich wieder einen sicheren Standort hatte. Ich glaube, ich habe immer noch eine gesunde Angst und werde bestimmt nichts Tollkühnes unternehmen.«

Die Schnelligkeit, mit der ESM Probleme löst, gibt vielen unserer Klienten Rätsel auf. Dabei ist ESM kein Wundermittel. Es bringt nur ganz einfach deshalb sofortige Erleichterung, weil es den Teufelskreis der emotionalen Reaktionskette beendet und so die seit langem bestehende Störung aufhebt. Die Endlosschleife ist unterbrochen. Das Problem löst sich auf, ganz egal ob es nun seit einem Tag oder einem Jahrzehnt bestanden hat: Nur weil sie schon ewig besteht, ist eine Störung nämlich keineswegs stärker. Es kommt uns bloß so vor, weil sie fixer Bestandteil unseres Lebens geworden ist und wir uns ein freieres Dasein schon gar nicht mehr vorstellen können.

Man kann eine solche Blockade mit einem Felsblock im Fluß vergleichen. Das Wasser umströmt den Felsen zwar, aber er erzeugt Turbulenzen und verlangsamt die Strömung. Entfernt man ihn, fließt das Wasser wieder ungehindert und ruhig dahin. ESM beseitigt die Felsbrocken, die den ungestörten Fluß Ihrer emotionalen Energie beeinträchtigen.

Sie machen wohl Witze!

Vielleicht sagen Sie jetzt: »Auf meine Meridiane klopfen? Gedankenenergie? Sie machen wohl Witze.« Also, wir machen keine Witze, aber wir können gut verstehen, wie seltsam sich alles anhört. ESM ist ein ungewöhnlicher, neuer Ansatz, der ziemlich weit abseits der Schubladen traditioneller Wissenschaft liegt. Leute, die Probleme damit haben, daß eine solche Behandlung funktionieren kann, unterliegen einem sogenannten Paradigmen-Problem: In ihrem Weltverständnis gibt es keine Möglichkeit, Dinge wie ESM zu erklären. Oft blenden Menschen aus, was nicht in ihre Weltsicht paßt.

Trifft dies auch in Ihrem Fall zu, trösten Sie sich damit, daß Sie keineswegs allein sind. Vielen unserer Klienten fiel es anfangs schwer, die Ergebnisse zu glauben – sogar dann, wenn sie gerade selbst positive Erfahrungen mit ESM gemacht hatten. Sie besaßen einfach kein Bezugssystem, mit dem sie es hätten verstehen können. Aber jetzt sagen sie: »Ich kann gar nicht glauben, daß es so gut funktioniert. Warum habe ich nichts davon gewußt?« Diese paradigmatische Blindheit erklärt übrigens auch, warum die energetischen Therapien noch nicht auf den Titelseiten zu finden sind – noch nicht.

Dies wird sich mit zunehmendem Verständnis und wachsenden Erfahrungen garantiert ändern. Es ist noch gar nicht so lange her, da waren wir selbst noch im »Sie-machen-wohl-Witze«-Stadium, und manchmal wundern wir uns auch heute noch, wie schnell ESM wirkt.

Schöne neue Welt

Wir haben uns daran gewöhnt, daß große Veränderungen, neue Entwicklungen und umwälzende Technologien in unserer schnellebigen Welt mit dem Tempo einer E-Mail kommen und gehen. Die Welt wächst zusammen, die Entfernungen schrumpfen, und der Osten trifft sich tatsächlich mit dem Westen. Wenn bereits ältere Mitbürger sich mit T'ai Chi lockern und der Buddhismus in Amerika den Titel des *Time Magazine* erobert, dann ist gewiß, daß die alten Glaubensgrundsätze ausgedient haben. Immer mehr Menschen haben den Glauben an die »Wunder« der westlichen Schulmedizin mitsamt ihren explodierenden Kosten verloren und suchen nun Hilfe in alternativen oder ergänzenden Therapien. Es sind gebildete – und aufgeschlossene – Leute, die darauf gedrängt haben, daß alternative Behandlungsverfahren anerkannt werden. Und sie geben inzwischen mehr Geld für diese Anwendungen aus als für herkömmliche Behandlungsmethoden. Heute erleben wir, wie Heilkräuter, Biofeedback und diverse Massagetherapien immer breitere Akzeptanz finden. (Natürlich soll es – welche Schande für den Berufsstand – immer noch Mediziner geben, die selbst die Wirkung von Vitaminen für die Gesundheit und das Wohlbefinden nicht anerkennen.) Die Chiropraktik zum Beispiel, ein weiterer ergänzender Ansatz zur Heilung und Linderung, mußte einigen Spott ertragen, ehe sie sich einen Platz in der klinischen Praxis erobern konnte. Heute freilich wird sie sogar von den meisten Krankenversicherungen bezahlt.

Wir alle sind Leuten wie Dr. Herbert Benson, Dr. Deepak Chopra, Dr. Norman Cousins, Dr. Andrew Weil, Dr. Carolyn Myss, Dr. Ernest Rossi, Dr. Larry Dossey, Dr. Dr. Norman Shealey, Dr. Joan Borysenko, Dr. Bernie Siegel und vielen anderen zu Dank verpflichtet. Ihre Forschungen und Bücher haben Millionen von Menschen an die Heilungs- und Gesundheitsansätze herangeführt, die auf der Verbindung von Körper und Geist aufbauen. 1997 hat das Staatliche Gesundheitsinstitut der USA der Akupunktur als Behandlungsverfahren gegen Schmerzzustände und Übelkeit endlich grünes Licht gegeben. Mittlerweile wird diese, ebenfalls in das Energiesystem der Meridiane eingreifende Therapie in allen traditionellen Kliniken angewandt und auch von traditionell orientierten Versicherungsträgern erstattet. Die einst umstrittene EMDR-Methode hat ihre Wirksamkeit in kontrollierten Studien erweisen können und wird von den Medien entsprechend beachtet. Und je mehr Anerkennung derartige Therapien in der breiten Öffentlichkeit gewinnen, desto größer werden auch die Chancen der Gedankenenergie-Therapien, auf denen ESM aufbaut.

ESM steht an vorderster Front eines vollkommen neuartigen Heilungsansatzes, der Elemente der kognitiven Therapie mit den neuesten Erkenntnissen zur ganzheitlichen Behandlung verknüpft. Das reicht bis zu den Theorien über die Schwachen Energien, Elektromagnetismus, Polarität, Neuropeptid-Ketten, Akupunktur und Quantenphysik. Sie müssen die theoretischen Grundlagen von ESM nicht verstehen oder daran glauben. Die Methode funktioniert unabhängig davon, ob jemand an sie glaubt oder nicht. Um Radio zu hören, brauchen Sie schließlich auch nicht zu wissen, was es mit Rundfunktechnik auf sich hat.

Trotzdem gibt es eine Reihe guter Gründe, warum Sie wissen sollten, wie und weshalb ESM funktioniert. Erstens ist die Information an sich faszinierend: Sie erweitern Ihr Bewußtsein ohne irgendwelche Drogen. Und zweitens, und das ist der wichtigste Grund: Wenn Sie verstehen, wie ESM arbeitet, werden Sie der Methode zutrauen, daß Sie Ihnen helfen kann. Damit wächst ihre Wirksamkeit noch weiter, weil wir Methoden, die mit unserer Weltsicht übereinstimmen, bereitwilliger anwenden. In den Kapiteln zwei und drei erfahren Sie alles über die Theorien, die hinter ESM stehen. Haben wir Ihr Interesse geweckt?

Das richtige Rüstzeug

Selbstmanagement ist der Schlüssel zu emotionalem Wohlbefinden, und ESM ist das wirksamste Instrument zur Steuerung von Gefühlen, das wir je kennengelernt haben. ESM löst emotionale Blockaden, die unsere Gefühle daran hindern, ihr Gleichgewicht zu finden, und uns so davon abhalten, unsere Emotionen intelligent und schöpferisch einzusetzen. Wenn Sie ESM-Verfahren erst einmal erlernt und erfolgreich gegen einige Ihrer Probleme angewandt haben, werden Sie sich zutrauen, mit allen Stolpersteinen fertigzuwerden, die Ihnen das Leben in den Weg legt. Für Sie gibt es kein sinnloses Leiden mehr, und Sie werden sich nie mehr schutzlos den Unbilden des Daseins ausgeliefert fühlen. Allein schon das Gefühl, mehr Kontrolle über das eigene Leben zu haben, steigert zudem das subjektive Wohlbefinden. Tauchen nämlich Probleme auf, oder der Streß kehrt zurück, können Sie sich innerhalb von Minuten selbst behandeln.

Sie werden feststellen, daß Sie mit Hilfe dieser Verfahren ein Fundament von Selbstvertrauen und emotionaler Stabilität aufbauen, das Ihr Leben reibungsloser ablaufen läßt. Und sobald es gelingt, die emotionalen Beschwerden, die aus den Alltagsproblemen erwachsen, zu verringern oder ganz auszuschalten, werden Sie klarer und produktiver denken können.

Als gutes Beispiel hierfür möchten wir Ihnen eine junge Frau vorstellen, die zu uns kam, als sie gerade das zweite Staatsexamen hinter sich hatte. Sie konnte sich nicht auf ihre Arbeit konzentrieren und schlief schlecht, weil sie sich Sorgen machte, ob sie bestanden hatte. Sie wußte nicht, wie sie die zwei Monate überstehen sollte, bis die Ergebnisse bekanntgegeben würden. Unmittelbar nach der Behandlung in unserer Praxis – Sekunden danach! – meinte sie: »Also wissen Sie, ich verstehe nicht, warum ich nicht schon früher darauf gekommen bin. Es ist ja nicht das erste Mal. Ich kann es einfach auf sich beruhen lassen. In zwei Monaten weiß ich, wie ich abgeschnitten habe. Also werde ich einfach nicht mehr daran denken, genau wie beim letzten Mal. Es bringt absolut nichts, mir Sorgen zu machen.« Warum war sie noch zehn Minuten zuvor nicht in der in Lage gewesen, das zu sagen? Weil sie von einer verschlüsselten emotionalen Endlosschleife daran gehindert wurde, klar zu denken! Kaum war die Störung verschwunden, konnte sie auf Informationen zugreifen, die ihr vorher nicht zugänglich gewesen waren.

Kurze Gebrauchsanleitung

Zunächst möchten wir Ihnen versichern, daß alle ESM-Techniken vollkommen ungefährlich sind. Sie können keinerlei Schaden anrichten, ob Sie nun die Anleitungen ungenau ausführen, das Verfahren auf ein falsch diagnostiziertes Problem anwenden, eine Übung ausführen, die Sie nicht brauchen, oder ob Sie sie zu oft anwenden. Kann man etwa zuviel Gemüse essen? Ihr Körper strebt nach Ruhe und Ausgeglichenheit. Wie ein Aufziehspielzeug, bei dem der Mitnehmer leer weiterdreht, wenn Sie die Feder überspannen, besitzen auch wir so etwas wie einen eingebauten Schutzmechanismus. Wenn Sie das Verfahren nach unseren Empfehlungen durchführen, werden Sie (und zwar praktisch auf der Stelle!) eine Wirkung spüren. Dazu kommt, daß die Methoden nahezu idiotensicher sind. Sie müssen sie nicht perfekt durchführen, damit sie funktionieren.

Doch hier liegt auch der Haken: Die Techniken selbst können zwar in kurzer Zeit Erfolge bringen, aber wir raten Ihnen trotzdem dringend, ein bißchen Zeit zu investieren und sie richtig zu lernen. Weil diese Fertigkeiten etwas gänzlich Neues, Ungewohntes sind, muß man sie schon etwas einüben, um sie beherrschen zu können. Denken Sie nur daran, wie es war, als Sie das letzte Mal etwas Neues erlernt haben – Golf, Tennis, Nähen oder auch Italienisch. Selbst bei denkbar einfachen Tätigkeiten und Handgriffen dürften Sie sich anfangs recht ungeschickt angestellt haben. Haben Sie also Geduld mit sich selbst, und gehen Sie mit realistischen Erwartungen an die Sache heran.

Vielleicht haben Sie dieses Buch gekauft, weil Sie ein dringendes Problem haben und sich *auf der Stelle* Hilfe erhoffen. Wir zeigen Ihnen Übungen zur Wiederherstellung des Atemgleichgewichts und zur schnellen Entspannung, die Sie unabhängig vom übrigen Inhalt des Buches rasch und jederzeit durchführen können. Aber auch wenn Sie versucht sein sollten, gleich bis zu den Übungsanleitungen durchzublättern, möchten wir Ihnen dringend ans Herz legen, zuerst alles zu lesen, damit Sie mit den theoretischen Grundlagen von ESM vertraut werden und die Abläufe korrekt erlernen. Wir möchten nämlich, daß Sie schon beim ersten Anlauf mit ESM durchschlagenden Erfolg erzielen. Außerdem verschaffen Sie sich mit dem Lernprozeß als solchem die beste Grundlage. Je besser Sie beim ersten Versuch mit ESM vorbereitet sind, desto größer sind Ihre Aussichten auf ein unmittelbares Erfolgserlebnis. Verbauen Sie sich also nicht Ihre Chancen, indem Sie zu rasch weiterkommen wollen. Es zahlt sich aus, etwas mehr Zeit aufzuwenden und sich zunächst noch etwas in Geduld zu üben.

Möglicherweise kommt es Ihnen bei der Ausführung der ESM-Techniken ein bißchen blöd vor, auf sich herumzuklopfen und Selbstgespräche zu führen (und gelegentlich auch noch mit den Augen zu rollen und zu summen!). Denken Sie daran, daß Ihnen niemand zuzusehen braucht; kein Mensch muß erfahren, was Sie gerade tun. Und sobald Sie Ergebnisse sehen, wird Ihnen das Verfahren sicher nicht mehr dämlich vorkommen. Mit ein wenig Übung werden Sie imstande sein, alles schnell und lautlos und damit praktisch überall durchzuführen. Wir selbst wenden EMS auf vielfältige Weise an, um emotionale Spannungen abzubauen und möglichst leistungsfähig zu bleiben, sogar beim Spiel und zum Vergnügen. Trotzdem werden Sie uns wahrscheinlich nicht dabei erwischen, daß wir auf der Straße auf uns herumklopfen.

Wenn Sie wissen wollen, ob man die in diesem Buch besprochenen Erfolge auch außerhalb eines klinischen Umfelds erzielen kann: Ja, das ist möglich. In der Klinik können wir zwar alle bedeutsamen Faktoren aus der Lebensgeschichte unserer Klienten einbeziehen und verfügen über einige ausgeklügelte Diagnoseverfahren für die Probleme, die gelöst werden müssen. Außerdem haben Klienten durch eine Kombination verschiedener Anwendungen manchmal bessere Aussichten auf eine vollständige Heilung. So ist es zum Beispiel in manchen Fällen wichtig, daß die Betroffenen erzählen, was ihnen widerfahren ist. Eine Frau, die kurz zuvor mit ansehen hatte müssen, wie ihr Mann ermordet wurde, mußte ihre Erlebnisse erst vollständig mitteilen, ehe sie die ESM-Verfahren anwenden konnte. Manchmal setzen wir ESM auch ein, um andere Behandlungsansätze wie Hypnose oder EMDR zu unterstützen.

Aber es gibt auch jede Menge Klienten, denen wir beibringen, das Verfahren bei sich selbst anzuwenden – und sie berichten von vergleichbaren Erfolgen. Wir haben sogar telefonisch mit Menschen gearbeitet, die wir nie zu Gesicht bekamen. Andere haben sich die Technik mit Hilfe von Tonkassetten oder schriftlichen Anleitungen angeeignet. Es scheint keine Rolle zu spielen, wie jemand EMS lernt: Die Methode funktioniert in allen Fällen.

ESM-Techniken lassen sich in allen Lebensbereichen – bei Arbeit, Spiel, Sport und sogar in der Liebe – nutzen und bei jedem anwenden, von Ihrem Ehegespons bis zum Steuerberater. Sie werden feststellen, daß Sie mit Hilfe von ESM gelassener werden und mit allen Wechselfällen des Lebens besser zurechtkommen. Auch Kinder mögen die Methode und lassen sie nicht nur über sich ergehen. Normalerweise sind Kinder nicht sehr begeistert, wenn sie zum Psychologen sollen. Sobald sie aber ESM ausprobieren – und insbesondere dann, wenn wir ihnen anhand von Muskeltests (dazu mehr im zweiten Kapitel)

»beweisen«, daß es funktioniert, sind sie baff vor Staunen. Gerade Heranwachsende finden das Ganze »cool«. Schließlich baut es einen ja auch auf, wenn man spürt, wie Selbstkontrolle und Unabhängigkeit zunehmen. Dazu macht es Spaß und bringt Abwechslung; man sitzt nicht nur herum und quatscht, sondern vollbringt etwas von Bedeutung.

Wir möchten Ihnen in diesem Buch alles Nützliche vermitteln, das wir in unserer Praxis sowie beim Unterricht und in der Forschung selber gelernt haben. Betrachten Sie uns einfach als Trainer. Wir wollen Ihnen nämlich nicht nur Methoden und Techniken beibringen, sondern Sie auch ermutigen und anspornen, emotionales Wohlbefinden anzustreben. Wir sind sicher, daß Sie mit Hilfe von ESM für sich einen Weg zu persönlicher Freiheit und individuellem Glück finden werden.

2 Grundlagen und Entwicklungsgeschichte

Wie ESM entstanden ist

Um 1960 hätte man auf die Frage nach dem Land mit der bedeutendsten Uhrenmanufaktur garantiert geantwortet: »die Schweiz«. Die Eidgenossen waren damals schon seit mehr als einem Jahrhundet führend und stellten drei Viertel der weltweiten Produktion her.

Mitte der sechziger Jahre entdeckte der Ingenieur eines Schweizer Uhrenfabrikanten, daß bestimmte Kristalle mit konstanter Frequenz zu schwingen beginnen, wenn man eine schwache elektrische Wechselspannung anlegt. Als ihm klar wurde, daß die Frequenz so konstant und zuverlässig war, daß man sie zur Zeitmessung verwenden konnte, machte er seine Vorgesetzten darauf aufmerksam.

»Hat es Zahnräder als Übersetzung?« wollten die Herren aus der Chefetage wissen. »Oder eine Zentralfeder? Lager?« Seine Entdeckung hatte keinerlei Ähnlichkeit mit irgendeinem Zeitmeßgerät, das sie kannten. Sie waren so sicher, daß sich kein Mensch für ein derart absonderliches Gerät interessieren würde, daß sie die Idee nicht einmal patentieren ließen.

Wenig später führte besagter Ingenieur seine Erfindung auf einem eigenen Messestand vor. Hunderte von Menschen gingen desinteressiert an seinem kleinen Tisch vorbei. Zwei Besucher aber blieben stehen und fragten nach: ein Mitarbeiter der amerikanischen Firma Texas Instruments und einer von der Seiko Corporation aus Japan. Der Rest ist, wie man so schön sagt, Geschichte: Mitte der siebziger Jahre war der Marktanteil der Schweiz bei Uhren auf zehn

Prozent geschrumpft. Zehntausende von Schweizer Uhrmachern mußten sich eine neue Beschäftigung suchen.

Was war geschehen? Es war zu einem Paradigmenwandel gekommen – einer Änderung im Verständnis der Funktionsgrundlagen. Die Schweizer Uhrmacher waren in ihrer überholten Weltsicht gefangen und nicht in der Lage gewesen, diese neue Perspektive für ihr Produkt zu begreifen.

Die Unfähigkeit, über den Tellerrand unserer Vorurteile (denn um nichts anderes handelt es sich letzten Endes) hinauszublicken, hat bei der Übernahme neuer Ideen schon immer eine Schlüsselrolle gespielt. Als die Gebrüder Wright begannen, ihre Flugapparate vorzuführen, lachten die Zuschauer über die seltsamen Kisten, die über die grünen Hänge von Kitty Hawk glitten und holperten. Wissenschaftler jener Zeit meinten, die Maschinen wären bestenfalls unpraktisch, vielleicht sogar nur ein Ulk. Selbst Militärs, die sich die Sache ansahen, konnten keine Verwendungsmöglichkeit für die schwerfälligen Apparate erkennen. Der New Yorker *Herald* verspottete die beiden Fahrradmechaniker, und der angesehene *Scientific American* machte sich über ihre Behauptung lustig, eine Maschine, die schwerer als Luft sei, könne fliegen.

Zum Glück hat jede Ära ihre kühnen Tüftler und Theoretiker, die sich trauen (und zutrauen!), Unerforschtes, ja sogar Irrationales zu erkunden, um eine rationale Erklärung für Dinge zu finden, die bislang als rätselhaft und geheimnisvoll galten. Viele neue Erfindungen und Technologien – vom Rad über die Verbrennungsmaschine bis hin zum Mikrochip – haben unser Leben verändert. Doch ihre Entdecker und Förderer ernteten bei Zeitgenossen allzuoft nichts als Spott und Hohn.

Eine Krise der Schwachen Energien

Entdeckungen, die sich auf Formen Schwacher Energie (jene kaum nachweisbaren, schwer zu messenden Energien, mit denen wir es bei ESM zu tun haben) beziehen, mußten einen steinigen Weg zurücklegen, ehe man sie als legitim anerkannte. Um 1840 wurde dem deutschen Wissenschaftler Karl Reichenbach – er hatte als erster Paraffinöl als Brennstoff isoliert – eine junge Frau vorgestellt, die anscheinend in der Lage war, ein Magnetfeld oder genauer gesagt etwas wahrzunehmen, das er später als »Lebenskräfte« bezeichnete. Er fand noch vier weitere Frauen, die über ähnliche Fähigkeiten verfügten.

Ein Zeitgenosse Reichenbachs, der schottische Chirurg James Braid, kam freilich zu dem Schluß, daß diese Frauen lediglich einer hypnotischen Suggestion unterlegen waren. Da diese Erklärung für die Menschen der Zeit verständlicher war, wurden Reichenbachs Untersuchungen als unwahr abgetan.

Etwa fünfzig Jahre später experimentierte der englische Arzt Walter Kilner mit den kurz zuvor entdeckten Röntgenstrahlen und verwendete einen speziellen Blaufilter vor einem lichtempfindlichen Film. Dabei fand er eine ungewöhnliche Strahlung um lebende Menschen, die er, um sich von dem Hokuspokus der Okkultisten und dem belasteten Begriff »Aura« abzusetzen, als »die Atmosphäre des Menschen« bezeichnete.

Ein Rezensent, der sein Buch *The Human Atmosphere* in der Januarausgabe des *British Medical Journal* von 1912 besprach, schlußfolgerte allerdings, Dr. Kilner sei es nicht gelungen, »für uns überzeugend darzulegen, daß seine Aura realer ist als der Dolch, den Macbeth als Vision erblickte.« Kilner gab seinen Posten in der führenden Universitätsklinik Londons auf und zog sich in eine private Kleinstadtpraxis zurück, die er zusammen mit seinem Bruder betrieb.

Dr. Wilhelm Reich erging es um nichts besser. Seine Forschungen zur »Bioenergetik« brachten ihm die seltene Auszeichnung ein, daß seine Bücher gleich zweimal verboten wurden: Erst waren es die Nazis, die ihn 1930 verdammten, weil er Jude und Kommunist war und – das war wohl sein größter Fehler – zuviel über Sex und Orgasmen sprach.

Reich ging ins Exil nach Amerika, wo er mit der These Furore machte, eine von ihm »Orgon« genannte Energie sei im gesamten Universum in allen Lebensformen verbreitet. Reich kam schnell in Verruf, weil er seine Patienten in einen sogenannten »Orgon-Akkumulator« steckte, einen zimmergroßen Behälter, von dem er behauptete, er würde ihre lebenswichtige Orgonenergie steigern. Auch hier waren es letztlich aber wohl die sexuellen Anklänge, die das Faß zum Überlaufen brachten. In den fünfziger Jahren verbot die zuständige Gesundheitsbehörde der USA (FDA) zunächst das Gerät mit der Begründung, es sei medizinisch nutzlos oder sogar schädlich. (Damals schien die FDA eine Art wissenschaftlicher Hexenjagd zu betreiben, ähnlich den gleichzeitigen Anhörungen des Kommunistenjägers McCarthy.) Dann setzte sie auch seine Bücher auf den Index und untersagte sämtliche Verweise auf seine Arbeit – ein Verbot, das bis 1960 bestehen blieb.

Im Rußland der sechziger Jahre hatte der Wissenschaftler Semjon Kirlian inzwischen eine Kamera erfunden, die eine von lebendem Gewebe ausgehende Energie zu zeigen schien, wenn sich dieses Gewebe in der Nähe von Stromkreisen mit hoher Frequenz und Spannung befand. Seine Aufnahmen enthüllen ein faszinierendes Muster elektrischer Energiestrahlung, die auf der Photoplatte wie eine, nun ja, wie eine *Aura* erscheint.

Der vielleicht unglaublichste Aspekt von Kirlians Arbeit ist als »Phantomblatt-Effekt« bekannt: Ein frisch gepflücktes normales Pflanzenblatt zeigt ein charakteristisches Strahlungsmuster, bei dem flammenähnliche Lichterscheinungen vom Rand des gesamten Blattes und des Stengels auszugehen scheinen. Stirbt das Blatt, verschwindet die Erscheinung.

Jetzt aber kommt das wirklich Erstaunliche: Schneidet man einen Teil des Blattes ab und fotografiert den Rest, *zeigt die Fotografie auch die fehlenden Teile des Blattes.* Da Kirlians Arbeiten weitgehend unbekannt blieben, wurden seine Forschungen nicht weitergeführt. Immerhin gibt es hier eine gute Nachricht: Kirlian erhielt zwar keinen Nobelpreis, wurde aber immerhin auch nicht den Wissenschaftshaien zum Fraß vorgeworfen oder der Lächerlichkeit preisgegeben. Kritiker tun seine Arbeit lediglich als »nicht besonders wichtig« ab.

Im dritten Kapitel werden wir neue Beweise erörtern, die darauf hindeuten, daß diese sogenannten Schwachen Energieformen in Wahrheit sehr wohl wichtig und auch unheimlich wirkungsvoll sind.

Geht die Wissenschaft voran, oder hinkt sie hinterher?

Die Unfähigkeit der Menschen, ein neues Paradigma selbst dann nicht begreifen zu können, wenn sich damit bislang unerklärliche Phänomene erklären ließen, hat die Forschung stets stark behindert. Die derzeit herrschenden Ansichten machen viele Wissenschaftler blind für Wahrheiten, die außerhalb ihres Bewußtseinshorizonts liegen – selbst wenn sie diese unmittelbar vor Augen haben. Die Annalen von Wissenschaft und Technik sind voller »falscher Vorhersagen« und in Mißkredit gebrachter Forscher:

- ✗ 1893 wurde in Berlin der Arzt Carl Schilk vom Publikum eines medizinischen Kongresses ausgelacht, als er die Möglichkeit einer örtlichen Betäubung erwähnte.
- ✗ 1899 wandte sich Charles Dowell, der Chef des amerikanischen Patentamts, mit einem dringenden Ersuchen an den Präsidenten Grover Cleveland: »Es ist schon alles erfunden. Wir sollten das Patentamt schließen.« Er muß ziemlich

fest davon überzeugt gewesen sein, denn Bürokraten, die freiwillig ihre Stelle streichen wollen, dürften auch damals schon die Ausnahme gewesen sein.

- ✗ Robert Milliken, der 1923 den Nobelpreis für Physik erhielt, erklärte, »es ist völlig unwahrscheinlich, daß der Mensch je ein Atom spalten können wird.«
- ✗ Und noch 1977 war Kenneth Olsen, der Präsident und Gründer der Digital Equipment Corporation, davon überzeugt, daß »es für keinen einzigen Menschen einen Grund gibt, einen Computer bei sich zu Hause zu haben.«

Paradoxerweise sind Wissenschaftler und Forscher, die doch bei der Erkundung neuer Entdeckungen an vorderster Front stehen müßten, oft am wenigsten dafür gerüstet. Vermutlich sind es gerade das umfassende Wissen und die peniblen Untersuchungsmethoden, zu der ihre Arbeit sie verpflichtet, die sie daran hindern, etwas zu sehen, das nicht in ihr Weltbild paßt. Wissenschaftliche Arbeit beruht auf der Fähigkeit, Beobachtungen zu machen, Variablen herauszuarbeiten und solche Beobachtungen dann unter gleichen Bedingungen zu wiederholen. Die Messung ist der heilige Gral der Wissenschaft. Viele Wissenschaftler halten sich sogar noch etwas darauf zugute, diesem engstirnigen Denken anzuhängen. Nach ihrer Auslegung kommt es darauf an, alles mit den vorhandenen Hypothesen in Einklang zu bringen, gleichgültig, wie schnell sich unser Wissenshorizont durch neue Entwicklungen und Vorstellungen erweitert. Zahlreich sind die Skeptiker, die ihre Karriere auf einer starren, verknöcherten Haltung aufbauen und sich weigern, vielversprechende neue Entdeckungen auch nur zu erwägen.

Die Biowissenschaften, und das ist die traurige Wahrheit, hinken der Kurve der allgemeinen Wissensentwicklung um siebzig Jahre hinterher. Mit der Untersuchung der Energiephänomene und des Bewußtseins halten sich viele Wissenschaftler aber nicht nur deswegen zurück, weil diese Themen nicht in ihr Denksystem passen, sondern weil sie sich (noch) nicht genau messen lassen. In ihrer Borniertheit wollen sie einfach nicht zugeben, daß es so etwas wie Bewußtsein oder Selbstwahrnehmung gibt, das außerhalb des Gehirns existiert. Sie sind nicht willens und fähig zu erkennen, daß die Beobachtungen der Quantenphysik vielleicht auch einen Teil des menschlichen Verhaltens erklären könnten.

Nun ist es nicht so, daß neue Entdeckungen niemals in die Praxis umgesetzt würden, noch ehe man sie verstanden hat. Es gibt nämlich sehr wohl eine Reihe häufig verordneter Medikamente, bei denen die Bibel der Arzneimittel, die

Physicians Desk Reference (vergleichbar der *Roten Liste* in Deutschland), vermerkt: »Wirkmechanismus unbekannt«. So waren die schmerzstillenden und fiebersenkenden Eigenschaften des Aspirins, *der* Wunderdroge der fünfziger Jahre, viele Jahrzehnte lang ein Rätsel. Und wir verstehen auch heute noch nicht, auf welche Weise einige der gängigen Antidepressiva die Symptome lindern. Medikamente an sich befinden sich jedoch innerhalb des wissenschaftlichen Paradigmas, weshalb es den einschlägigen Ämtern offensichtlich leichter fällt, ein Arzneimittel zuzulasssen, das zu wirken scheint, auch wenn ungeklärt bleibt, wie seine Wirkung zustandekommt.

Zweifellos gibt es uns Rätsel auf, wenn das Unbekannte mit Instrumenten erforscht wird, die jenseits des anerkannten Verständnisrahmens arbeiten. Ganz zu schweigen davon, daß für hypothetische Forschung, die nicht quantifizierbar ist, nur selten Mittel zur Verfügung stehen. Hierzu merkte der zum Science-Fiction-Autor avancierte Physiker John Campbell jr. an: »Falls es nur dann Wissenschaft gibt, wenn entsprechende technische Verfahren und logische Querverbindungen vorhanden sind, kann der Wissenschaftler nicht mit dem Unbekannten, dem noch nicht logisch verknüpften, umgehen. Wie die Logik ist auch die Wissenschaft notwendig, aber nicht zureichend.« Wir brauchen Ihnen gewiß nicht zu sagen, wie vieles, was wir einst für Science-Fiction hielten, mittlerweile Realität geworden ist.

Die Psychologie wird salonfähig

Neue psychologische Behandlungsmethoden und Forschungserkenntnisse sind stets auf Skepsis gestoßen. Die Psychologie als Erforschung menschlichen Denkens, Fühlens und Verhaltens wird halb als Kunst, halb als Wissenschaft angesehen – obwohl mancher einwenden wird, daß nur sehr wenig Wissenschaft beteiligt sei. Sicherlich ist der Kampf der Psychologie um Anerkennung teilweise darauf zurückzuführen, daß das menschliche Bewußtsein nur schwer zu messen ist. Anders als die Medizin, die sich auf vereinheitlichte Verfahren stützt und deren Dosierungen bei der Behandlung genau meßbar und leicht wiederholbar sind, können psychologische Aussagen mit dem üblichen Instrumentarium der Wissenschaft nur schwer untersucht werden. Auf der Bühne der menschlichen Gefühle verfehlt man mit standardisierten Methoden oft das Eigentliche, mit dem eine Behandlung erst wirklich erfolgreich wird.

Heute erscheint die Vorstellung, Jahre auf einer Couch zu verbringen und die Quelle seiner psychischen Leiden ans Licht zu holen, eher kurios, aber zur vorletzten Jahrhundertwende war das absolut radikal – oder vollkommen abwegig. So altmodisch uns die Methoden Sigmund Freuds heute auch vorkommen – zu seiner Zeit war er ein echter Pionier, der seinen Ruf aufs Spiel setzte, um gesellschaftliche Schranken aufzubrechen. In den letzten zwanzig Jahren sind schnellere und wirksamere Verfahren (einschließlich raffinierter pharmazeutischer Lösungen) für die Behandlung psychischer Probleme aufgekommen. Prozac, EMDR und die Gedankenfeld-Therapie würden Freud vermutlich den Atem verschlagen. Aber er war ein unerschrockener und umfassend gebildeter Denker. In seinen späten Schriften sagte er sogar voraus, daß die Psychologie mit zunehmenden Kenntnissen über den Geist und die Funktionen des Körpers eines Tages überflüssig werden würde.

Wo kommt dieses Paradigma eigentlich her?

Jeder von uns betrachtet die Welt durch seine ganz persönliche Brille, und die Eigenschaften und das Blickfeld dieser Brille bestimmen, was wir von der Welt sehen und wissen können. Diese Brille ist unser persönliches Paradigma.

Diese Paradigmen sind nicht angeboren, sondern anerzogen. Zunächst und vor allem werden sie durch die Kultur vermittelt, in der wir, regional und global gesehen, leben. Sie stellen die gesammelten Einstellungen und Überzeugungen dessen dar, was Dr. Carolyn Myss als unseren »(Volks-)Stamm« bezeichnet hat. Was Sie glauben, wie die Welt funktioniert, unterscheidet sich von dem, was Ihr Urgroßvater geglaubt hat, und auch von dem, was jemand glaubt, der in den Regenwäldern Borneos lebt. Sie, Ihr Urgroßvater und die Frau oder der Mann aus Borneo haben sehr unterschiedliche Erklärungen für, sagen wir, ein Flugzeug, einen Computer oder einen Fruchtbarkeitsfetisch. Ein Kind, das in einer tiefreligiösen Familie aufwächst, die regelmäßig in die Kirche geht, deutet Erfahrungen anders als die Kinder der Atheisten im Haus nebenan. Quäker und Hindus besitzen ein jeweils anderes Verständnis der Welt, eine buchstäblich andere Perspektive.

Die Art, wie Sie die Welt um sich herum wahrnehmen, wird tiefgreifend von dem beeinflußt, was Ihre Familie glaubt und wie sie handelt. Wenn Ihre Eltern immer besorgt waren, daß ihnen oder Ihnen etwas zustoßen könnte, dürften Sie zu der Überzeugung gekommen sein, die Welt sei ein ausgesprochen unsicherer Ort; vielleicht leben Sie in einem Zustand ständiger Furcht und Ängstlichkeit. Wurden Unstimmigkeiten in Ihrer Familie mit Geschrei und Gebrüll ausgetragen, liegt es nahe zu glauben, daß Wut die einzige funktionierende Taktik ist. Vielleicht vermeiden Sie deshalb Ihr ganzes Leben lang jede intime Beziehung. Ist Ihre Kindheit dagegen glatt und heiter verlaufen, vertrauen Sie wahrscheinlich darauf, daß die Welt im großen und ganzen in Ordnung ist.

Natürlich reagiert nicht jeder gleich auf Erziehung, Umgebung oder den Klassenrowdy. Ihr persönliches Paradigma spiegelt nämlich nicht nur Ihre Kultur, Familie und Lebenserfahrung wider, sondern auch, wie Sie Ihre Umgebung aufgrund Ihres einzigartigen Charakters verstehen und auf sie reagieren. Unsere Offenheit für Neues beeinflußt unseren Blick auf die Welt. Untersuchungen haben gezeigt, daß manche Menschen von Natur aus wagemutiger und weniger konservativ sind als andere – und damit auch offener, etwas Neues auszuprobieren.

Dabei kann es uns bereits überwältigen und erschöpfen, mit dem schnellen Wandel unserer Zeit überhaupt Schritt zu halten. Wer hat nicht schon das Gefühl gehabt, hinterherzuhecheln und vielleicht gerade noch mitzukommen? Es gibt so viele Informationen und Nachrichten aus so vielen Quellen, so viele neue Produkte und so viele neue Bereiche der Technik, daß man nicht mehr weiß, wo anfangen. Und die Geschwindigkeit des Wandels nimmt immer noch weiter zu.

Der Slogan der Welt, in der wir leben, lautet »schneller, neuer, besser«, und es gibt niemanden, der wirklich alles erfassen könnte. Es ist eine Welt der Spezialisten, in der jeder versucht, einen kleinen Ausschnitt des gewaltigen Wissens zu bewältigen. Jeder muß die Entscheidung treffen, auf welches Gebiet er sich spezialisieren und wie weit er es dabei bringen will. Versuchen wir, alle neuen Filme zu sehen? Jedes neue Restaurant auszuprobieren, über das wir eine Kritik lesen? Immer den Tennisschläger aus dem allerneuesten Verbundmaterial zu kaufen, weil er angeblich unser Spiel verbessert? Versuchen wir es mit der brandaktuellsten Mixtur gegen das Altern? Machen wir jedes Upgrade unserer Computersoftware mit? Beschaffen wir uns immer wieder ein schnelleres Modem oder das neueste Modell einer digitalen Videokamera?

Angesichts dieser wahren Informationsflut erscheint es manchen Menschen am einfachsten, wenn sie aufhören, mithalten zu wollen, und nur noch auf der Stelle treten. Sie hören keine andere Unterhaltungsmusik als Benny

Goodman; sie kaufen keinen Computer und lernen auch nicht damit umzugehen; sie haben es gerade noch geschafft, die Gesprächstherapie anzuerkennen – für andere.

Was die Psychologie angeht, herrscht in unserer Gesellschaft ein gewisses »Sofort«-Paradoxon: Wir haben es immer eilig, und so verlangen wir Fastfood und Erkältungsmittel, die auf der Stelle wirken. Man bietet uns die neue Brille »in einer Stunde« und den Ölwechsel »in zehn Minuten« an, und wir bezahlen mit Bargeld, das wir unmittelbar aus dem Automaten ziehen. Wir verehren die Geschwindigkeit. Doch auf dem Gebiet der menschlichen Gefühle glauben wir immer noch irgendwie daran, daß es Zeit braucht, sie zu bewältigen. Ohne Fleiß, so meinen wir, kein Preis. Die bloße Vorstellung einer emotionalen Sofortheilung ist suspekt.

Vor hundert Jahren war es eine brauchbare Entscheidung, auf der Stelle treten zu wollen. Das Leben ging gemächlicher vor sich, und die Leute mußten nicht viel von großen Umschwüngen wissen oder neue Fertigkeiten sofort beherrschen. Hier und heute aber ist es nicht mehr möglich, die Erde als Scheibe zu betrachten. Wir haben die ganze weite Welt vor Augen. Und auf die eine oder andere Weise müssen wir damit Schritt halten. Der Trick dabei ist nur, herauszufinden, wo es sich lohnt, mitzuhalten. Wenn Sie alle Ihre persönlichen Potentiale ausschöpfen wollen, müssen Sie die Augen offen halten und alles, was es gibt, ansehen. Nur dann können Sie die richtige Wahl treffen.

Scheuklappen sind schädlich

In der klinischen Praxis erleben wir immer wieder, wie die neuen energetischen Theorien des ESM die liebgewordenen Anschauungen unserer Klienten in Frage stellen. So kommt es beispielsweise vor, daß eine Klientin nach Anwendung der hier vorgestellten Technik eine sehr positive Wirkung erlebt. Bei einer telefonischen Nachfrage oder ihrem nächsten Besuch in unserer Praxis räumt sie ein, daß ihr Problem verschwunden ist – sie berichtet, daß sie nicht mehr wütend oder ängstlich oder eifersüchtig ist. Aber seit unserem letzten Gespräch mit ihr hat sie die Überzeugung gewonnen, die Besserung sei auf etwas anderes als die Behandlung zurückzuführen – obwohl sie zugibt, daß sie sich sofort danach besser gefühlt hat. Doch sie sagt vielleicht: »Ich glaube, daß mir etwas anderes geholfen hat.«

Manche Klienten sind der Meinung, es ginge ihnen besser, weil sie ihr Problem mit einem Freund besprochen hätten – obwohl sie das vorher schon oft getan hatten, ohne daß eine Besserung eingetreten wäre. Oder sie kommen zu dem Schluß, sie fühlten sich einfach deshalb besser, weil eine gewisse Zeit vergangen sei – obwohl sie bis dahin jahrelang gelitten hatten. Andere stellten sich vor, sie verdankten ihre Besserung einer hypnotischen Beeinflussung durch uns. Oder daß sie durch ESM von ihren Gefühlen abgelenkt würden und *wegen dieser Ablenkung* eine Linderung verspürten. Manche, die sich seit Jahren erstmals besser fühlten, wurden den Eindruck nicht los, es sei »reiner Zufall« gewesen. Doch am meisten überraschten uns diejenigen, die mit einem äußerst ernsten Leidensdruck antraten, später aber erzählten, es sei ja »von Anfang an kein so großes Problem« gewesen.

Einige der Antworten zeugen von beträchtlichem Einfallsreichtum. Warum dieser Aufwand? Weil wir alle bemüht sind, unsere Erfahrungen mit Sinn zu versehen, gleichzeitig aber an unserem bequemen Bezugssystem festhalten wollen. Dr. Roger Callahan, einer der Gründer der Gedankenfeld-Therapie, bezeichnet dies als »Gipfelproblem«: Zwischen dem, was wir wissen (dem einen Gipfel), und dem, was wir erfahren (dem anderen Gipfel), besteht keine Verbindung.

Wir geben zu, daß die Voraussetzung, auf der das Emotionale Selbstmanagement aufbaut, rational schwer faßbar ist. Wie könnte unsere »Polarität« umgekehrt werden? Kann es einen Sinn ergeben, daß man seine Höhenangst für immer loswird, nur weil man sich auf den Körper klopft und dabei an seine Angst denkt? Natürlich nicht. Es paßt einfach nicht in unser Weltbild.

Niemand versteht vollkommen, wie und weshalb ESM funktioniert, obwohl es Theorien, Hypothesen und stützende Beweise in großer Zahl gibt.

Ihre Vorstellung davon, wie es in der Welt zugeht, hat eine starke Wirkung. Wir laden Sie ein, weiterzulesen, um ESM kennenzulernen und die Methoden zu testen. Denken Sie dabei aber bitte an das Paradigmenproblem und bewahren Sie sich Ihre Aufgeschlossenheit. Wenn Sie dieses Problem nicht sehen, glauben Sie vielleicht, ESM sei nicht für die Veränderung verantwortlich, und wenden es künftig möglicherweise nicht mehr an – was immens schade wäre, weil Sie sich damit viele Möglichkeiten verbauen.

Der Weg zu ESM

Das Konzept der emotionaler Heilung ist in den letzten Jahrzehnten ein gutes Stück vorangekommen. Die herkömmliche Gesprächstherapie, die sich darauf konzentrierte, die Wahrnehmung des Betroffenen klarer zu machen, ist einer breiten Skala von Therapien gewichen, die sowohl Körper als auch Geist ansprechen: von kognitiven und verhaltenstherapeutischen Ansätzen bis hin zu Biofeedback, Hypnose und EMDR. Akupunkteure, Homöopathen, Psychologen und eine wachsende Anzahl traditionell ausgebildeter Ärzte, die mit den Energiesystemen des Körpers arbeiten, wissen, daß körperliche und emotionale Symptome miteinander verknüpft und oft ineinander verwoben sind. Wir werden hier auf die Verbindung von Körper und Geist nicht ausführlicher eingehen, da viele der im ersten Kapitel genannten Autoren und Forscher das schon sehr beredt getan haben. Wenn Sie jedoch Zweifel haben, ob Körper und Geist bei Ihnen in direkter Verbindung stehen, sollten Sie folgendes bedenken: Sind Sie noch nie vor Sorgen krank gewesen? Läuft Ihnen nicht das Wasser im Mund zusammen, wenn Sie an ein Stück Apfelkuchen denken? Ist es nicht schon vorgekommen, daß Sie während einer rührenden Filmszene ein paar Tränen verdrückt haben? Weiterer Kommentar erübrigt sich wohl. Sehen wir uns also den Weg an, der zur Gedankenfeld-Therapie und den neuen energetischen Therapien führt, die auch ESM einschließen.

Kognitive Therapie

Die Kognitive Therapie hat sich in den letzten dreißig Jahren zu einer der Hauptstützen der Psychotherapie entwickelt. Sie geht davon aus, daß unsere Gedanken, selbst wenn sie uns nicht bewußt sind, unseren Gefühlsreaktionen vorausgehen. Indem wir unsere Gedanken kontrollieren, können wir also störende emotionale Muster verändern. Der Kognitiven Theorie zufolge stammen unsere »automatischen« Gedanken aus grundlegenden Einstellungen, die wir am Rand unseres Bewußtseins halten. Diese wiederum haben sich aus unseren innersten Überzeugungen entwickelt, die vom Augenblick der Geburt an aus unseren Wechselbeziehungen mit unserer Umgebung, mit anderen und mit uns selbst erwachsen sind. Die mächtigsten dieser Überzeugungen setzten sich als tief verwurzelte Reaktionsmuster schon sehr früh im Leben in uns fest. Die Kognitive Therapie bemüht sich darum, die negativen Gedanken zu ändern und so einen Wandel bei schädlichen Verhaltensweisen herbeizuführen. ESM greift die aus der Kognitiven Therapie stammende Verwendung von gedachten Vorsätzen auf, um Veränderungen einzuleiten. Im fünften Kapitel können Sie mehr über die Kognitive Therapie erfahren.

Biofeedback

Biofeedback macht sich die Erkenntnis zunutze, daß körperliche Vorgänge geistig zu beeinflussen sind. Damit können Menschen lernen, Streß- und Schmerzsymptome zu kontrollieren und körperliche Reaktionen buchstäblich mit der Kraft ihrer Gedanken und ihres Bewußtseins zu verändern. An Biofeedback ist vor allem bemerkenswert (und das hat wahrscheinlich dazu beigetragen, daß es von der vorherrschenden Medizin akzeptiert wird), daß diese Methode die Wechselwirkung von Körper und Geist in bestimmten Bereichen tatsächlich aufspüren und messen kann. Yogis und Menschen mit Erfahrungen in der Meditation betrachten diese Wechselwirkung schon seit Jahrtausenden als Gewißheit. Mit Hilfe von Elektroden, die die elektrische Leitfähigkeit der Haut messen, können die Betreffenden ihre körperlichen Reaktionen auf einem Bildschirm verfolgen und lernen, diese körperlichen Erscheinungen mittels ihrer Gedanken zu steuern. Der Myograph mißt die elektrischen Spannungen von Muskelkontraktionen, mit dem Enzephalographen werden Gehirnaktivitäten aufgezeichnet, und die so ermittelten Meßwerte geben dem Patienten die Möglichkeit, körperliche Reaktionen zu verfolgen und zu beeinflussen.

Hypnose

Auch die Hypnose, mit der wir selbst seit Jahrzehnten arbeiten, mußte lange um Anerkennung als legitimes therapeutisches Verfahren ringen. In Amerika wurde sie erst in den fünziger Jahren als regulärer Studiengang an medizinischen Hochschulen eingeführt. Mit dieser Methode wird eine suggestive Verhaltensanweisung im Unbewußten verankert, während Körper und Geist des Klienten sich in einem Zustand höchster Aufmerksamkeit befinden. In diesem Zustand ist die Kritikfähigkeit des Betroffenen gegenüber Suggestionen reduziert, während seine Aufnahmefähigkeit erhöht ist. Hypnose ist mit streng wissenschaftlichen Methoden schwer zu erforschen, weil sie am effizientesten arbeitet, wenn man die Behandlung möglichst individuell auf den jeweiligen Klienten zuschneidet. In eine Norm gepreßt, verliert die Hypnose die auf das Individuum bezogenen feinen Unterschiede, mit denen diese Behandlung erst voll wirksam wird.

In unserer Praxis setzen wir nach wie vor auf Hypnose, sofern es zweckmäßig erscheint. Auch die ESM-Techniken verwenden einige der Visualisierungs- und Vorstellungselemente der Hypnose. Interessanterweise kamen Klienten, die im klinischen Umfeld keine besonders guten Erfolge mit Hypnose erzielt hatten, bei der Anwendung von Selbsthypnose-Techniken zu guten Resultaten. Zurückgezogenheit und eigene Kontrolle über das Verfahren scheinen auch beim Ansprechen auf EMS und den damit erzielbaren Erfolgen eine wesentliche Rolle zu spielen.

EMDR

Von Hypnose haben die meisten Menschen zumindest eine gewisse Vorstellung. Die Methode der Desensibilisierung und Neuorientierung durch Augenbewegung (EMDR) ist dagegen erst seit kurzem außerhalb der Fachwelt bekannt geworden. Diese sehr eindrucksvolle Technik, die wir in den vergangenen Jahren mit großem Erfolg angewandt haben, arbeitet ganz anders, als sich das die meisten Menschen bei klinischen Verfahren vorstellen. Obwohl die Wirkungsweise von EMDR noch immer nicht vollständig aufgeklärt ist, hat es seine erstaunliche Effizienz bei der Auflösung emotionaler Probleme, insbesondere beim Posttraumatischen Streßsyndrom, bewiesen. Durch Granateneinschlag traumatisierte Kriegsveteranen, Opfer von Vergewaltigungen und Mißbrauch sowie Überlebende von Natur- und anderen Katastrophen haben mit EMDR schnelle und anhaltende Linderung erfahren, oft sogar in Fällen, bei denen zahlreiche andere Therapien einschließlich Hypnose versagt hatten. Auch zur Linderung alltäglicher emotionaler Störungen ist EMDR geeignet.

Bei diesem Verfahren werden die Klienten aufgefordert, sich auf die verstörende Erfahrung zu konzentrieren – auf Bilder, körperliche Empfindungen und Gedanken. Der Therapeut bewegt dabei seine Hand vor den Augen des Klienten hin und her, während dieser der Hand mit den Augen folgt. Aus Gründen, die wir noch nicht vollständig verstehen, scheinen diese Seitwärtsbewegungen eine Neubearbeitung der dem Leiden zugrundeliegenden Ereignisse, Umstände oder Wahrnehmungen zu fördern. Manchmal werden bei einer EMDR-Behandlung auch andere Techniken eines Seitenwechsels einbezogen: Töne werden abwechselnd dem rechten und dem linken Ohr vorgespielt, oder man klopft abwechselnd auf beide Körperseiten.

In der zweiten Phase von EMDR geht es darum, anstelle des negativen Denkens, das mit dem Leiden verbunden war, positive Gedanken einzuführen. Hat jemand beispielsweise ein Erdbeben erlebt, könnte er so von der Vorstellung »Ich bin verwundbar« abkommen und statt dessen bewußt realisieren, daß die Gefahr vorüber ist: »Ich bin in Sicherheit, es geht mir gut.«

Dr. Francine Shapiro erklärt die Wirkung damit, daß eine »neurale Endlosschleife« unterbrochen wird, die sich während des traumatisierenden Ereignisses eingefahren hat und eine vollständige Verarbeitung der emotionalen Störung verhinderte. EMDR scheint einen natürlichen Mechanismus in Gang zu setzen, der diesen Teufelskreis durchbricht und es dem Klienten ermöglicht, schwierige Lebensereignisse zu integrieren und zu überwinden. Der Gedanke an die Ereignisse kann ihm dann nichts mehr anhaben.

Überzeugt hat uns neben der schnellen Wirkung von EMDR nicht zuletzt auch die Tatsache, daß man innerhalb weniger Wochen statt (wie bei traditionellen Therapieverfahren) erst nach Monaten erkennt, ob man überhaupt Fortschritte macht. Für ESM haben wir aus dieser Technik übernommen, wie man sein Leiden selbst einschätzt und den eigenen Glauben an positive Gedanken bewertet.

EMDR ist weitgehend durchstrukturiert. Seine einheitlichen Methoden bieten sich also für Vergleichsstudien an. In den meisten Bereichen, die sich mit psychischer Gesundheit befassen, erkennt man EMDR mittlerweile als brauchbare Methode an. Innerhalb der wissenschaftlichen Gemeinschaft befindet es sich natürlich noch immer im Stadium der Fragwürdigkeit. Trotzdem ist EMDR hinsichtlich seiner wissenschaftlichen Legitimität den Gedankenenergie-Therapien um mindestens zehn Jahre voraus.

Ein wenig begangener Weg ... bis jetzt

Damit wären wir also bei der Gedankenfeld-Therapie. Sie schließt Energieformen ein, die jenseits unseres Verständnisses der Körper/Geist-Mechanismen liegen, außerhalb der Paradigmen von Physiologie und Neurologie.

Die heutige Anwendung von Therapien auf der Basis Schwacher Energien begann etwa um 1975, und wir verdanken sie den vereinten Anstrengungen dreier Männer: des Chiropraktikers George Goodheart, des Psychiaters John Diamond und des Psychologen Roger Callahan.

Dr. Goodheart entwickelte die Grundlagen und Techniken der angewandten Kinesiologie. Hierbei wird die Muskulatur manuell getestet – ein faszinierender, scheinbar magischer Weg, die innere Weisheit des Körpers zu erschließen. Um zu erkennen, wie das zur Gedankenfeld-Therapie paßt, sollten wir uns ansehen, wie diese Muskeltests funktionieren.

Beim manuellen Muskeltest stellt sich der Klient üblicherweise mit nach vorne ausgestrecktem Arm, Handfläche nach unten, vor den Therapeuten. Nun hält der Klient den Arm in dieser Stellung »fest«, und der Therapeut übt gegen seinen Widerstand Druck auf das Handgelenk aus. Damit »liest« er die Kraft des Patienten ab. Während der Therapeut nun weiterhin auf das Handgelenk drückt, fordert er den Klienten auf, sich an einem Körperteil zu berühren, von dem er annimmt, er sei vielleicht die Ursache von Problemen; der Klient kann auch eine Substanz in der Hand halten, die möglicherweise seiner Gesundheit schadet. Solange alles in Ordnung ist, setzen die meisten Menschen dem abwärts gerichteten Druck auf ihr Handgelenk erheblichen Widerstand entgegen. Sobald jedoch etwas nicht stimmt, werden ihre Muskeln schwach. Bei einem störenden Gedanken oder einer für diesen Menschen giftigen Substanz gibt die Armmuskulatur dem Druck des Therapeuten fast augenblicklich nach.

Für viele Chiropraktiker, Ernährungswissenschaftler und Homöopathen ist angewandte Kinesiologie mittlerweile zu einem Standard-Diagnoseverfahren geworden. Der Muskeltest ist ein einzigartiges Mittel, um direkte Informationen über Körper und Geist zu gewinnen. Obwohl das Verfahren in orthodoxen Medizinerkreisen nach wie vor in Frage gestellt wird, hat es sich als äußerst zuverlässig bewährt.

Die Gedankenenergie-Therapien verwenden dieselbe »Verdrahtung« wie die Akupunktur: die Meridiane, ein kompliziertes Netz winziger Bahnen, die elektrische Energie leiten. In ausgedehnten Untersuchungen des Meridiansystems hat Dr. Diamond Möglichkeiten entwickelt, die in der Akupunktur verwendeten Punkte äußerlich anzuregen und damit ein emotionales Gleichgewicht zu erreichen. Mit Hilfe des Muskeltests konnte er eine Reihe von Akupunkturpunkten ausmachen, die mit bestimmten Gefühlen verknüpft sind. Diese wurden dann zu den Stellen, auf die man bei den hier angesprochenen Gedankenenergie-Therapien klopft.

Die Entdeckung des Psychologen Roger Callahan, daß mit Hilfe des Muskeltests verborgene selbstzerstörerische Gedanken (er nennt sie »psychologische Umkehrungen«) enthüllt werden können, stellt einen entscheidenden Schritt in der Gedankenfeld-Therapie dar. Sagt beispielsweise jemand: »Ich möchte glücklich sein«, sollte man erwarten, daß sein Arm beim Muskeltest ziemlich stark ist, da ja wohl jeder Glück anstrebt. Überraschenderweise zeigen jedoch manche Menschen bei dieser Aussage ein schwaches Testergebnis, was auf mangelnde Übereinstimmung zwischen dem (bewußt) Gesagten und der (unbewußten) Botschaft des Körpers schließen läßt. Dr. Callahan fand heraus, daß der manuelle Muskeltest geeignet ist, Blockaden aufzuspüren, die man auch als »inneren Zwiespalt« bezeichnen könnte.

Als nächster Schritt folgte seine Entdeckung, daß die selbstzerstörerischen Muster korrigiert werden können. Ruft man sich nämlich das Energiefeld negativer Gedanken ins Bewußtsein, während man durch Klopfen gleichzeitig einen speziellen Akupunkturpunkt anregt, *kehrt* sich der negative Effekt *um*! Und fertig ist die Gedankenfeld-Therapie.

Mittlerweile gibt es eine Vielzahl von Kombinationstechniken, die auf dem Meridiansystem beruhen und kognitive Ansätze einbeziehen. Dazu gehören Acu-Power, Emotional Freedom Techniques, Energy Diagnostics, Thought Energy Synchronisation Therapy, und jetzt auch das Emotionale Selbstmanagement (ESM). (Bei den allgemeinen Hinweisen am Ende des Buches finden Sie nähere Einzelheiten über die verschiedenen Ansätze.)

Dr. Callahan, der sich bei seiner Arbeit zunächst darauf konzentrierte, Phobien zu beseitigen, hielt massivem Druck seitens der Amerikanischen Psychologenvereinigung und anderer traditioneller Berufsverbände, in denen er Mitglied gewesen war, stand. Für seine Entdeckung, daß sich die Umkehrung bewußter Vorsätze auf psychische Prozesse auswirkt, gab es in den bekannten Modellen der Psychologie keinerlei Vorbilder. Doch Umkehrungen der Polarität, wie wir das nennen, sind ein Grundstein der Gedankenfeld-Therapie. Im vierten Kapitel zeigen wir Ihnen eine Übung, mit der Sie Polaritätsstörungen korrigieren können – eine wichtige Voraussetzung zur Klärung emotionaler Probleme.

Für das Verfahren, das wir als Emotionales Selbstmanagement bezeichnen, haben wir Elemente der Gedankenenergie-Therapien übernommen und angepaßt. Wir wenden den Muskeltest an, um die tieferliegenden Überzeugungen – die Polaritätsstörungen – unserer Klienten zu testen und so die Behandlung genau abstimmen zu können. Zudem ermöglicht dieser Test, durch Versuch und Irrtum die Wirksamkeit der gefühlsspezifischen »Klopfsequenzen« in unseren Behandlungsanleitungen zu überprüfen.

Anders als die meisten energetischen Therapien wird ESM von Ihnen selbst angewandt. Eine vollständige Behandlungsanleitung beginnt stets mit einer Übung zum Atemgleichgewicht, bei der die Polarität des Körpers ausgerichtet wird. Es folgt eine Übung zur Polaritätsumkehrung, die alle möglichen verkehrten Gedanken anspricht. Um während des Vorgangs das Gedankenfeld anzuregen, bauen wir darüber hinaus Visualisierungs- und Vorstellungsmethoden aus der Hypnose ein und wenden die Konzentrationstechnik aus der Kognitiven Therapie an. Zudem sind ein wenig Summen und Zählen sowie Augenbewegungen zur Aktivierung der linken bzw. rechten Gehirnhälfte integriert. Sie sehen: Wir haben aus vielen Methoden das jeweils beste ausgewählt. Da wir glauben, daß alle Systeme unseres Körpers miteinander kommunizieren, ist es unser Ziel, sie auch alle in den Heilprozeß einzubeziehen. Mit ESM bekommen Sie die ganze Palette.

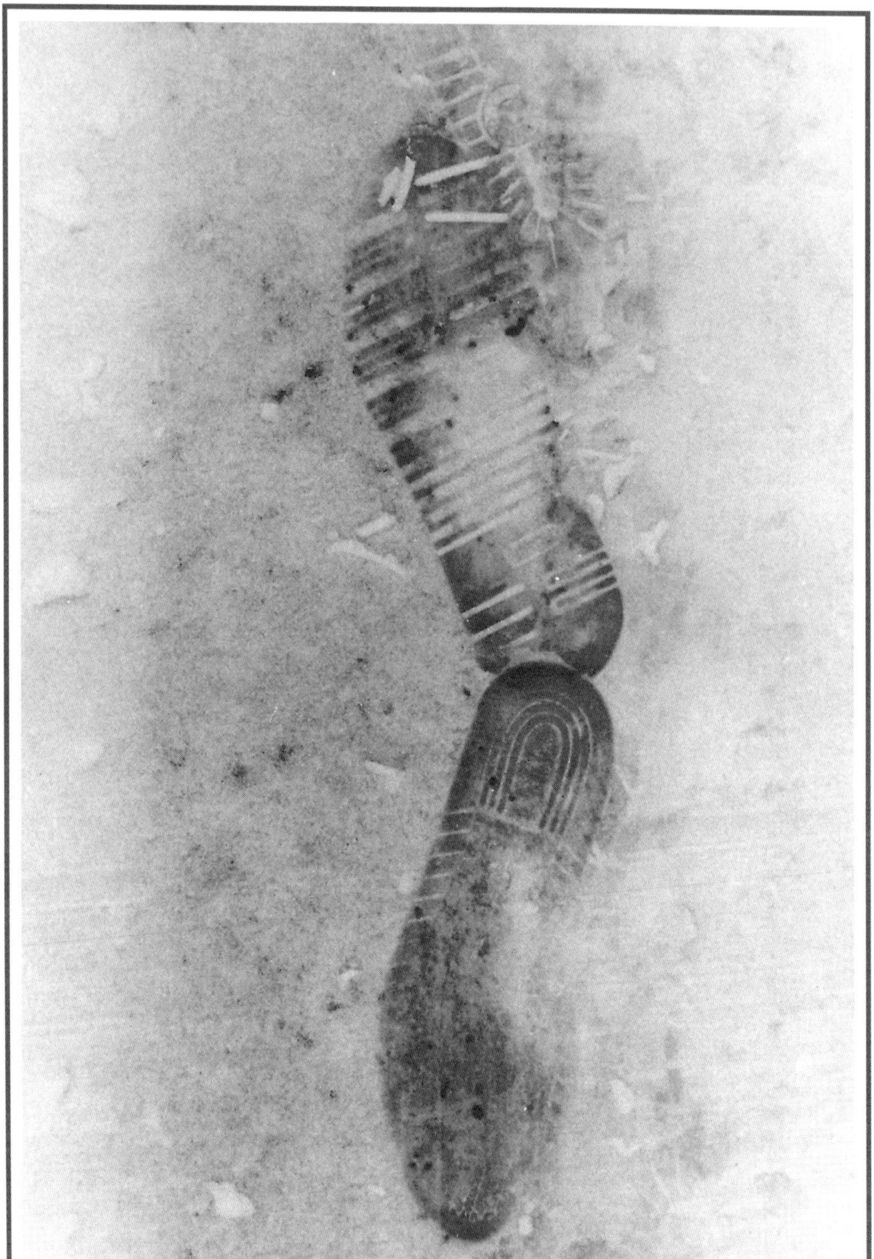

3 ESM auf der energetischen Ebene

Was Wissenschaft und Gesundheitsfürsorge angeht, leben wir in aufregenden Zeiten. Da unsere Fähigkeiten zur Gewinnung, Speicherung und Analyse von Daten ständig zunehmen, hören wir fast täglich von neuen Entdeckungen. Informationen werden weltweit und ohne Zeitverzögerung ausgetauscht. Wir erfahren zunehmend mehr über unsere Welt, und daraus erwächst ein detailliertes Bild unserer biologischen Funktionen. Entdeckungen auf so verschiedenen Gebieten wie Neurologie, Raumfahrt, Arzneimittelkunde, Ingenieurwissenschaften oder Quantenphysik erweitern unser Verständnis des Universums.

Man könnte es mit einem riesigen Puzzle vergleichen, das den ganzen Kosmos darstellt und bei dem immer größere Ausschnitte zusammenwachsen und an die richtige Stelle gesetzt werden. Natürlich haben wir noch lange nicht alle Teile. Viele Geheimnisse entziehen sich unserem Zugriff. Selbst die Entschlüsselung des menschlichen Genoms, eine umfangreiche, komplizierte und erstaunliche Leistung, ist nur der Ausschnitt eines weitaus größeren Puzzles. Der Blick nach innen, auf die chemischen Fragen der Genetik, bietet ein ebenso komplexes Bild wie die Betrachtung der fernen Galaxien draußen im Weltall. Immerhin befinden sich bereits so viele Puzzleteile am richtigen Ort, daß wir allmählich eine Vorstellung vom Gesamtentwurf bekommen, vom subatomaren bis zum kosmischen Bereich, von der globalen bis zur persönlichen Perspektive.

Es ist faszinierend zu sehen, wie jede neue Erkenntnis, die sich an die richtige Stelle fügt, zu unserem Verständnis des Ganzen und der übrigen Einzelteile beiträgt. Viele neue, aber auch alte, neu bewertete Beobachtungen erfordern, daß wir unsere Wahrnehmungen in immer neuem Licht betrachten. Hier kommt einem ein aufgeschlossener Geist zugute. Je größer der Bildschirm, auf dem man die Welt betrachtet, desto besser erkennt man die sich überschneidenden Informationen und Querverbindungen.

Aus Gründen der Übersichtlichkeit werden wir uns hier auf diejenigen Teile des Puzzles beschränken, die uns verstehen helfen, wie die Gedankenenergie-Therapien und ESM funktionieren. Einige Bestandteile von ESM haben wir bereits besprochen: die Verbindung von Körper und Geist, die Arbeitsweise des Gehirns und die kognitive Psychologie. Doch ESM gründet sich vor allem auf die Schwachen Energieformen, die schwer nachzuweisen und zu messen sind und deshalb bislang nicht in das Allerheiligste der Wissenschaft eingelassen wurden. Wir finden das Ganze nicht zuletzt deshalb so aufregend, weil es hier noch so vieles Unbekannte zu entdecken gibt.

Tatsache ist: *ESM funktioniert.* Wir glauben, einige der Gründe dafür zu kennen, und diese wollen wir im folgenden mit Ihnen gemeinsam erkunden. Forschungsergebnisse und Entdeckungen aus verschiedenen Disziplinen scheinen Hinweise auf die Funktionsmechanismen von ESM zu geben. Schauen wir uns einige dieser Hypothesen und Spekulationen an. Vielleicht gewinnen Sie dann wie wir den Eindruck, daß sich hier immer neue Verständnisfenster öffnen. Jeder Zugang liefert uns ein anderes Prisma, durch das sich ein anderer Aspekt desjenigen Phänomens betrachten läßt, das allem zugrundeliegt: *der Energie.*

Sind Sie bereit umzudenken?

Stellen Sie sich vor, wir leben in einem Meer von Energien. So wie ein Fisch nicht weiß, daß er sich im Wasser befindet, sind auch wir uns oft der Kräfte nicht bewußt, die uns umgeben – der Wellen und Teilchen atomarer Größenordnung, der thermischen, chemischen und elektromagnetischen Energien. Unsere Spezies ist darauf programmiert, wie eine Art Radiostation einige dieser Energien zu empfangen. Andere Arten mit anderer physiologischer und biochemischer Ausstattung sind auf andere Frequenzen abgestimmt und für andere Energien empfänglich. Sowohl bewußt als auch unbewußt stimmen wir Menschen uns auf die in unserem Wellenbereich verfügbaren Energien ein und wenden sie an – oft ohne ihre Anwesenheit oder Wirkung zu erkennen.

Natürlich stehen uns immer auch Energien zur Verfügung, von denen wir keinen Gebrauch machen. Manchmal aus Unwissenheit: Wir haben keine Ahnung, daß eine Information verfügbar ist, oder sind so konditioniert, daß wir sie als unwichtig abtun. Dabei hält uns die Weigerung, etwas zu glauben, davon ab, Kraftquellen anzuzapfen, die wir sonst zu unserem Vorteil nutzen könnten. Ein bekanntes Beispiel ist die Unfähigkeit oder Ablehnung, Vorahnungen, Intuition bzw. das berühmte »Gefühl im Bauch« zu nutzen. Sie alle können immens wertvolle Informationsquellen sein – wenn wir wissen, wie sie zu erschließen und zu verwenden sind.

Das Verständnis der Einheit von Körper und Geist hat zu wirkungsvollen neuen Methoden geführt, körperliche und psychische Krankheiten zu heilen; dazu gehören Biofeedback, Kognitive Therapie und Hypnose. Und das zunehmende Verständnis für die Funktionsweise der Schwachen Energien bringt uns zu den energetischen Therapien. Da draußen gibt es mächtige Energien, die wir nicht umfassend nutzen, obwohl wir jederzeit über sie verfügen könnten. Dabei ist es keineswegs so, daß wir nicht die richtige Ausrüstung besitzen. Wir haben unseren Empfänger nur nicht auf sie eingestellt.

Die richtige Einstellung

Energetische Therapien sind so alt wie die überlieferte Geschichte. Seit mehr als 5000 Jahren gibt es Kulturen, deren Heilverfahren das Verständnis der Energiesysteme des Körpers einschlossen und für die es wichtig war, mit diesen Energien zu arbeiten. Die Vorstellung eines Energiegleichgewichts ist die Grundlage fast aller Heilsysteme auf der Welt. Die westliche Medizin spricht von Homöostase, dem Zustand, in dem die Körpersysteme in einem andauernden Gleichgewicht sind. In der traditionellen chinesischen Medizin konzentrieren sich die Ärzte vor allem darauf, das »Chi«, also die Energie, ins Gleichgewicht zu bringen, und in der Tradition des Ayurveda heißt das Ganze »Prana«. Deepak Chopra sagt dazu: »Die Lebensenergie, das Prana, wird von einem Vata genannten ›Wind‹ durch den Körper transportiert... Wenn Prana Vata aus dem Gleichgewicht gerät, bricht das gesamte System zusammen.« Für das Verständnis von Heilung stehen diese Energiessyteme, unter welchem Namen auch immer, also seit langem im Mittelpunkt. Sind wir im Westen die letzten, die ihren Wert und ihre Wirkung erkennen?

Im Laufe der letzten Jahrzehnte wurden Instrumente entwickelt, mit denen man der Arbeitsweise des Gehirns auf den Grund zu kommen hofft. Die Kartierung unseres wichtigsten Organs ist zwar bei weitem noch nicht abgeschlossen, aber es liegen überzeugende Belege vor, daß das Gehirn der Sitz unserer Persönlichkeit und für unseren Realitätssinn zuständig ist. Der Neurochirurg Richard Restak weist darauf hin, daß »kein Lebewesen, einschließlich uns Menschen, je eine andere ›Wirklichkeit‹ erkennen kann als jene Darstellungen, die unser Gehirn erzeugt«. Was nichts anderes heißt als daß unser Wissen auf das beschränkt ist, was wir mit unseren Instrumenten – einschließlich unseres Gehirns – messen können.

Doch in unserer Weltsicht ist das Gehirn nicht der einzige Sitz des menschlichen Bewußtseins. Nach unserem Dafürhalten sind Informationen nämlich nicht nur im Gehirn gespeichert, sondern vielmehr in einem *Energiefeld* enthalten. Wir müssen uns dieses Energiefelds nicht zwangsläufig bewußt sein, um von ihm beeinflußt zu werden. Schulmedizin und wissenschaftliche Forschung haben die Rolle, die kaum nachweisbare elektrische und elektromagnetische Energien spielen, weitgehend nicht zur Kenntnis genommen.

Die Schwachen Energien der Gedanken existieren in einem Bereich jenseits der meßbaren biochemischen und bioelektrischen Energieformen. Dagegen können wir die *Auswirkungen* der Gedankenenergie aber sehr wohl messen. Untersuchungen von Dr. Larry Dossey haben gezeigt, daß Heilung durch Gebete vermittelt werden kann, selbst wenn diese über große Entfernungen hinweg erfolgen und sich auf Menschen beziehen, die von diesen Gebeten nichts wissen. Mittlerweile erkennen manche Krankenhäuser den heilenden Wert des therapeutischen Handauflegens an und bilden Krankenschwestern in seiner Anwendung aus. Man hat wiederholt parapsychologische Effekte – Hellsehen (die Fähigkeit, Ereignisse zu sehen, ehe sie stattfinden) und Präkognition (die Fähigkeit, etwas zu wissen, bevor es eintritt) – nachgewiesen, auch wenn das von der etablierten Wissenschaft weitgehend ignoriert wird. Mit anderen Worten: Ein spezifisches Feld der Gedankenenergie können wir zwar noch nicht messen oder untersuchen, solange es nicht im neuralen System angekommen ist. Aber wir können die Wirkungen der Gedankenenergie belegen.

Elektromagnetische Einflüsse

Einige Energieformen verstehen wir besser als andere, was gewöhnlich bedeutet, daß wir sie nachweisen und messen können. Viele kennen das Elektroenzephalogramm (EEG), mit dem die Gehirnaktivität gemessen wird. Fachleute können hier Alpha- (Entspannung), Beta- (Wachzustand), Theta- und Delta-Wellen (Unbewußtes) unterscheiden und mit jeweils unterschiedlichen Bewußtseinsebenen verbinden. In diesem Augenblick, während Sie dieses Buch lesen (vorausgesetzt, wir haben es geschafft, nicht einschläfernd zu wirken), befindet sich Ihr Bewußtsein wahrscheinlich im Beta-Zustand.

Diese Gehirnwellen lassen sich in etwa mit dem Mittelwellen-Frequenzband vergleichen. Wir können seinen ganzen Frequenzbereich erkennen und mit einem Präzisionsgerät (einem Radioempfänger) bestimmte Frequenzen einstellen. So ähnlich wie Alpha- oder Beta-Wellen unterschiedliche Aktivitätszustände anzeigen, überträgt jede Frequenz – wir nennen sie auch »Radiosender« – unterschiedliche Informationen: Rock, Pop, Klassik, Sport oder Nachrichten.

Energetische Therapien betrachten Gedanken als greifbare Aspekte der Wirklichkeit, die vorhanden sind und irgendwann auch katalogisiert werden können – genau wie man heute schon manche Gehirnaktivitäten optisch darstellt und aufzeichnet. Was unsere Instrumente (noch) nicht können, ist die weitere Zerlegung dieses Beta-Frequenzbands, um damit die speziellen elektromagnetischen Frequenzen der *verschiedenen Arten* von Gedanken zu messen: Ärger und Trauer etwa, Glück und Angst. Die Wirksamkeit der Gedankenenergie-Therapien, bei denen die Körpermeridiane mit bestimmten Emotionen verknüpft werden, zeigt aber, daß diese Wechselwirkung zwischen den Gedankenenergien und den elektromagnetischen Energien des Meridiansystems tatsächlich existiert. Diese Wechselwirkung ist vermutlich auch der Grund, weshalb Emotionen oder emotionale Störungen bestehen bleiben. Mit anderen Worten: Man nimmt an, daß Gefühle durch den Einfluß der Gedankenenergie auf das Meridiansystem zustandekommen. Und jede Gedankenart scheint in einer bestimmten Frequenz zu schwingen und deshalb auf bestimmte Meridiane zu wirken.

Von starken negativen Gefühlen erzeugte Gedankenfelder setzen das System offenbar einem Schock aus, der Meridiane blockiert. Die Energie eines solchen Gedankenfelds ist dann wie in einer Falle gefangen und bildet eine emotionale Endlosschleife, die weder entweichen noch sich auflösen kann. Wann immer diese Gedankenschleife reaktiviert wird, selbst durch Anstöße, die nur sehr entfernt mit der ursprünglichen Erfahrung oder Emotion zu tun haben, erlebt man die ganze verschlüsselte Erinnerung erneut als unangenehme und störende Empfindung im ganzen Körper.

Die Gedankenenergie-Therapien ihrerseits bringen nun die Energiekanäle wieder ins Gleichgewicht und nehmen dadurch unseren Gedanken die Kraft, negativ auf die Körperchemie einzuwirken und uns so zu behindern. Ein Beispiel: Wenn Sie daran denken, wie man Sie kürzlich in einer Autoreparaturwerkstatt übers Ohr gehauen hat, verspannen oder verkrampfen Sie sich vielleicht, Sie haben wieder eine Wut im Bauch, werden rot, und Ihr Urteilsvermögen trübt sich, wie das oft bei Ärger der Fall ist. Solange Sie nicht an diesen Vorfall denken, geht es Ihnen jedoch gut. Der Gedanke selbst hat folglich etwas an sich, das körperliche und psychische Symptome auslöst.

Normalerweise verblaßt die Erinnerung an einen solchen Vorfall mit der Zeit, die emotionale Energie verflüchtigt sich, und der Körper kehrt allmählich in einen gesunden Gleichgewichtszustand zurück. Wenn Ihnen das Ereignis später wieder einfällt, hat es nicht mehr die Kraft, Sie zu behindern. Ist aber Ihr Energiesystem blockiert und der Ärger kann sich nicht auflösen, ist Ihr Lebensweg also mit Vorfällen unaufgelöster Wut gepflastert, dann wird dieses Ereignis noch auf die anderen draufgepackt. Die Verletzung bleibt im System gefangen und wird weiterschwelen, manchmal über Jahre hinweg. Genau auf solche Unterbrechungen des Meridiansystems zielen die ESM-Verfahren.

Die Kognitive Therapie beruht auf der Annahme, daß unsere Gefühle durch Gedanken beeinflußt werden und daß wir, sofern es uns gelingt, unsere Gedanken zu kontrollieren und zu ändern, unsere Emotionen und schließlich auch unser Verhalten ändern können. Dieser Ansatz kann ebenso wie ein Arzneimittel oder eine Verhaltenstherapie erfolgreich sein, aber ESM wählt einen direkteren Weg. Wir wollen den Unterschied mit einer Analogie erläutern: Sind die Abflußrohre in Ihrer Wohnung nicht mehr richtig frei, können Sie das Problem des Rückstaus zum Beispiel dadurch lösen, daß Sie den Wasserverbrauch drosseln und etwa auf den Einsatz des Geschirrspülers verzichten oder die Toilettenspülung nicht benutzen, während jemand duscht. Doch die bessere Lösung wäre natürlich, die Verstopfung zu beseitigen.

Genau das leisten die ESM-Verfahren. Sie entfernen Blockaden und erweitern das Meridiansystem auf seine normale Kapazität, was es der »eingesperrten« Energie ermöglicht, wieder frei zu fließen. Man nimmt an, daß die Gedankenenergie-Therapien mit dem gestörten elektromagnetischen Feld in Wechselwirkung treten und dem gefühlsspezifischen Meridian durch direkte Anregung zusätzliche Energie zuführen: mit dem Klopfen oder dem Reiben bestimmter Akupunkturpunkte eben. Gleichzeitig wiederholt man bestimmte Vorsätze, mit denen die Gedankenenergie-Felder aktiviert werden. Die Kombination aus Klopfen und den willentlich erzeugten Feldern wirkt ausgleichend auf die Meridianenergien und hebt dadurch die Blockade der störenden Emotionen auf.

Akupunktur und das System der Meridiane

Die Vorstellung, daß der Körper über einen unsichtbaren Strom von Energien verfügt, ist ein fundamentaler Lehrsatz der traditionellen chinesischen Medizin. Obwohl Akupunkteure mit körperlichen Symptomen arbeiten, trennen sie den Körper nicht vom Geist, sondern gehen vielmehr davon aus, daß sie gleichzeitig die emotionale Seite bearbeiten. Es ist erwiesen, daß Schmerzsignale durch die Stimulation bestimmter Akupunkturpunkte blockiert werden können. Traditionellerweise werden zwar Nadeln zur Anregung dieser Punkte verwendet, doch lassen sie sich auch durch Wärme, Massage, direkte elektrische Reizung und durch Klopfen stimulieren. Bei uns blieb das Anwendungsgebiet der Akupunktur über lange Zeit ziemlich eingeschränkt. Man konzentrierte sich vorwiegend auf die Linderung körperlicher Schmerzen. Doch unabhängig von der jeweiligen Erkrankung oder der Art der Unterbrechung heilt sich der Körper stets selbst, sobald das Chi wieder fließen kann. Der berühmte Arzt Albert Schweitzer hat dazu einmal angemerkt: »Die besten Erfolge haben wir, wenn wir dem inneren Heiler in unseren Patienten seine Arbeit tun lassen.«

Akupunkturpunkte besitzen einzigartige Eigenschaften. Unter anderem weicht ihre elektrische Leitfähigkeit von der des umliegenden Gewebes ab. Gewöhnlich ist der elektrische Widerstand an diesen Punkten erheblich geringer als in der Haut der Umgebung. Der Widerstand normaler trockener Haut beträgt zwischen 200 000 und 2 Millionen Ohm (der Maßeinheit für den elektrischen Widerstand). An einem Akupunkturpunkt liegt der Wert beträchtlich niedriger, nämlich zwischen 1 000 und 50 000 Ohm. Die traditionelle chinesische Medizin kennt mehr als 360 solcher Punkte; einige Akupunkturmodelle gehen sogar von etwa 1 500 Punkten aus. ESM nutzt jedoch nur fünfzehn davon.

Wieso aber wirkt es, wenn man mit den Fingern auf einen Akupunkturpunkt klopft? Nun, es hat zum Teil sicher mit dem sogenannten piezoelektrischen Effekt zu tun: Versetzt man bestimmte Kristalle mechanisch in Schwingung, entsteht durch Verschiebungen im Kristallgitter elektrische Ladung – manche Gasanzünder arbeiten nach diesem Prinzip. Beim Klopfen auf die Akupunkturpunkte dürfte das in den Knochen enthaltene Kalzium die für den piezoelektrischen Effekt verantwortlichen Mineralkristalle zur Verfügung stellen.

Die Kartierung des Meridiansystems

Das Meridiansystem verläuft quer zu allen Systemen der herkömmlichen westlichen Medizin: Nerven-, Kreislauf- und Lymphsystem. Bis vor kurzem war die Existenz dieses Geflechts pure Spekulation, ein fast nur metaphorisches Netz Schwacher Energien. Mittlerweile häufen sich jedoch die Beweise für seine Existenz. So entdeckte der koreanische Wissenschaftler Kim Bong Han vor einigen Jahrzehnten, daß die Meridiane ein Netz von Mikrotubuli darstellen. Bei der Untersuchung von Kaninchen und Hunden fand er heraus, daß die Wände von Venen und Arterien sowie die Umgebung und das Gewebe verschiedener Organe von einem ausgedehnten Netzwerk solcher Mikrotubuli (ihr Durchmesser beträgt 0,5 Mikron, ein menschliches Haar zum Vergleich 1,5 Mikron) durchzogen sind. Außerdem stellte er fest, daß in diesen Röhrchen ein reichhaltiges Gemisch aus DNS, RNS und einer Vielfalt von Neuropeptiden und anderen Botenstoffen zirkuliert, von denen man weiß, daß sie auch das Gehirn durchströmen.

Weitere physikalische Beweise für die Meridiane lassen sich auf Fotografien finden, die von 1985 bis 1986 an einer Pariser Universitätsklinik aufgenommen wurden. Damals injizierten die Ärzte Jean-Claude Darras und Pierre de Vernejoul radioaktive Isotope des Elements Technetium in Meridianpunkte und in Vergleichspunkte außerhalb davon. Mit einem verblüffenden Ergebnis: Innerhalb der Meridiane ist ein zusammenhängender Fluß erkennbar, der ihrem bekannten Verlauf folgt, während sich der Marker in allen anderen Fällen regellos im Gewebe rund um den Injektionsort verteilt.

Seit einiger Zeit existieren nun auch Geräte, mit denen sich die Meridian-Aktivität messen läßt. Der von Dr. Hiroshi Motoyama, dem Gründer des Californian Institute for Human Sciences, entwickelte Meridianlokalisator (ML) etwa mißt die elektrische Leitfähigkeit der Meridiane: Der ML gibt Akupunkturpunkten an Finger- und Zehenspitzen Niederspannungsimpulse, aus denen sich der Fluß des Chi errechnen läßt. Weicht der Energiefluß in einem Meridian von den erwarteten Werten ab, hat etwas die Meßwerte verzerrt. So könnten beispielsweise negative Emotionen den freien Fluß der elektromagnetischen Energie behindern. Mittlerweile arbeitet man daran, den ML zu einem echten Diagnoseinstrument weiterzuentwickeln.

Der Physiker Zang-Hee Cho von der University of California in Irvine, dem die Erfindung des Prototyps eines Positron-Emissionstomographen (EMT) zugeschrieben wird, war auch ein Pionier der Magnetresonanztomographie (MRT). Nachdem er Probleme einer Rückenverletzung durch Akupunktur lindern konnte, fing er – echter, ewig fragender Wissenschaftler – an, mit Hilfe der MRT zu erforschen, wie Akupunktur funktioniert. Tatsächlich gelang es ihm, die Wirkung einer Akupunkturbehandlung nachzuweisen: Nach der Nadelung des kleinen Zehs kam es zu einem verstärktem Blutzufluß im Gehirn – obwohl keine direkte Nerven-, Blut- oder andere Verbindung bestand.

Die Ergebnisse Dr. Chos liefern einen weiteren wissenschaftlichen Beweis, daß es Energiesysteme gibt, die die Ärzte anderer Kulturen seit Jahrtausenden nutzen. Dr. Cho weitet seine Forschungen aus, um die Wirkungen der Akupunktur auf Gehirnfunktionen noch besser verstehen zu lernen.

Polarität und das elektromagnetische Feld

Bestimmt erinnern Sie sich aus dem Physikunterricht an den Versuch, bei dem sich Eisenfeilspäne unter dem Einfluß eines Magneten entlang der polar ausgerichteten Feldlinien anordnen. Nun, bei uns Menschen ist das ähnlich: Wir sind polarisiert. Bereits in den vierziger Jahren des zwanzigsten Jahrhunderts entdeckte Harold Saxton Burr, Professor an der Medizinischen Fakultät von Yale, daß alle Lebewesen elektrisch polarisiert sind, und zwar sowohl zwischen oben und unten als auch zwischen links und rechts. Andere Forscher, die Dr. Burr nachfolgten, fanden heraus, daß bestimmte Organe eine Nord/Süd-Polarisierung besitzen, und daß die Polarität bei einer Gruppe von Brustkrebs-Patientinnen in achtzig Prozent der Fälle umgekehrt war. Was diese Befunde bedeuten, ist noch immer nicht vollständig aufgeklärt.

Einer zentralen Aussage der Gedankenfeld-Therapie zufolge besitzt der Körper eine Polarität, einen positiven und negativen Pol ähnlich einer Batterie oder den beiden Polen eines Magneten. Eine Umkehrung der normalen Polarität kann sich auf das Denken, die Gefühle und das Verhalten auswirken.

Für eine Umkehrung der Polarität können viele, ganz unterschiedliche Faktoren verantwortlich sein. Jedenfalls hat sie nichts mit unserem Willen oder anderen bewußten Vorgängen zu tun. Die Ursachen können beispielsweise in Umwelteinflüssen wie bestimmten Chemikalien oder der elektromagnetischen Strahlung eines Fernseh- oder Computerbildschirms liegen. Auch bestimmte Nahrungsmittel und Streßsituationen können eine Rolle spielen, zudem können Polaritätsstörungen anderer auf uns »abfärben«. Bei der magnetischen oder elektrischen Induktion verursacht ein elektrisch geladener Gegenstand, der an einem anderen leitfähigen Gegenstand entlangbewegt wird, in diesem eine Art elektrischer Resonanz. Wir alle haben schon erlebt, daß uns die Depression eines anderen verstimmt hat, daß uns die Angst eines Mitmenschen in Aufregung versetzt oder gute Laune ansteckend wirkt. Sigmund Freud hat vor langer Zeit einmal festgestellt, daß ängstliche Menschen von der Anwesenheit eines ruhigen Therapeuten profitieren. Wir sind davon überzeugt, daß er hier einen Aspekt der induktiven Eigenschaften des menschlichen Elektromagnetismus beobachtet hat.

Aber warum sind wir so empfänglich für elektromagnetische Felder? Der Geobiologe Joseph Krichvink und seine Kollegen am Caltech-Institut haben eine andere Erklärungsmöglichkeit gefunden: Magnetit ist eine kristalline Form von Eisen und reagiert sowohl auf das Erdmagnetfeld als auch auf elektromagnetische Felder. Man weiß, daß Tiere, die weiträumig navigieren und wieder an den Ausgangspunkt zurückfinden können – zum Beispiel Brieftauben und Lachse –, erhebliche Magnetit-Konzentrationen besitzen. Beim Menschen findet man es vorwiegend in der Zirbeldrüse, die mitten im Gehirn liegt. Bislang ist nicht bekannt, welche Funktion das Magnetit hat, doch irgendeinem Zweck wird es sicher dienen. Möglicherweise hängt es ja damit zusammen, daß wir von Magnetfeldern beeinflußt werden können.

Planetare Polsprünge

Daß es im planetaren Maßstab zu Umkehrungen der Polarität kommen kann, ist allgemein bekannt. Forschungsergebnisse lassen den Schluß zu, daß sich die Polarität der Erde im Lauf ihrer Geschichte mindestens sechsmal umgekehrt hat. Bei einer Konferenz am Geophysikalischen Observatorium der Columbia University stellte Dr. James Hayes im Jahre 1971 seine Befunde zu den Polsprüngen der Erde vor. Seine Untersuchung von Bohrkernen aus Meeressedimenten hatte ergeben, daß winzige Staubpartikel, die zuerst auf das Wasser und anschließend auf den Meeresboden absinken, eine faszinierende Geschichte erzählen. Einige dieser Teilchen enthalten Magnetit. Wenn sie sich tief im Ozean ablagern, verhalten sie sich wie winzige Kompaßnadeln, die sich nach den Feldlinien des Erdmagnetfelds ausrichten. Und diese Ausrichtung liefert uns die Geschichte der Polarität des irdischen Magnetfelds. Hayes entdeckte, daß sich die Umkehrungen in Zeiträumen von etwa 10 000 Jahren vollziehen, zwischen denen allerdings Jahrmillionen relativer Stabilität liegen.

Anhand abgelagerter Skelettschalen fand Hayes außerdem heraus, daß es unter den Radiolarien (Kieselalgen) im Meer mehrmals zu »Massensterben« gekommen sein muß, die zeitlich mit den Umkehrungen der Polarität zusammenfallen. Einer dieser Polsprünge liegt in der Periode, in der die Dinosaurier ausstarben.

Einer Theorie zufolge kommt es zu Umkehrungen der Polarität, wenn das Erdmagnetfeld sehr schwach ist. Nun kann ein abgeschwächtes Magnetfeld die Erde nur unzureichend vor Sonnenwind und der intensiven Strahlung schützen, was zum Aussterben einer großen Zahl von Tier- und Pflanzenarten führt. Neuesten wissenschaftlichen Erkenntnissen zufolge heißt es zwar, der Einschlag eines Meteoriten habe zum Aussterben der Dinosaurier geführt, doch die Vorstellung von einem abgeschwächten Erdmagnetfeld stellt eine plausible Alternative dar. Denkbar ist natürlich auch, daß beide Ereignisse in etwa den gleichen geologischen Zeitraum fallen.

Untersuchungen zeigen, daß das Erdmagnetfeld derzeit schwächer wird, was sich auf Lebewesen in vielfacher Hinsicht schädlich auswirken könnte – in Form von Verhaltensänderungen, Beeinträchtigung der Fortpflanzung und Schädigung des Nachwuchses. Dr. Robert Becker (er hat das elektromagnetische Stimulationsverfahren zur Verbesserung des Knochenwachstums in der orthopädischen Chirurgie entwickelt) und andere haben erforscht, wie sich elektrische Felder auf tierische Zellen auswirken, und herausgefunden, daß man die Heilung geschädigten Gewebes oder von Nerven fördern kann, wenn es gelingt, am Ort der Verletzung eine schwache negative Polarität zu erzeugen.

Solcherlei Spekulationen über die Auswirkungen der planetaren Polarität und die Beobachtungen über die Polarität bei Heilungsverläufen machen verständlich, was eine Umkehrung der Polarität beim elektromagnetischen Feld eines Menschen bewirken kann. Hat sich die energetische Polung eines Menschen umgekehrt, kann das einen kognitiven und emotionalen Wandel und Verhaltensänderungen behindern. Eine Korrektur dieser Störung läßt sich mit Hilfe des manuellen Muskeltests sofort feststellen.

Die Professorin Valerie Hunt von der University of California in Los Angeles hat mit einem spektrographischen Verfahren gezeigt, daß Menschen auf elektromagnetische Felder empfindlich reagieren können. Ihr Labor verfügt über einen speziellen Raum, in dem sich elektromagnetische und magnetische Umgebungsenergie steuern lassen. Wurde empfindsamen Menschen wie zum Beispiel Heilern in diesem Raum die magnetische Energie (ME) entzogen, berichteten sie, daß ihre geistigen und körperlichen Fähigkeiten nachließen und ihre Ängstlichkeit zunahm. Steigerte man hingegen die ME über die normalen Werte hinaus, berichteten die Versuchspersonen, daß sie sich wohl fühlten, sehr zuversichtlich waren und positive Erregung und körperliches Wohlbefinden verspürten.

Blieb die elektrische Strahlung in dem Raum auf normalem Niveau, während die Magnetfelder reduziert wurden, erlebten die Betreffenden beträchtliche Koordinationsstörungen. Sie hatten Schwierigkeiten mit dem Gleichgewichtssinn und sogar bei einfachen Aufgaben wie dem Berühren der Nase mit einem Finger. War das Magnetfeld dagegen stärker als normal, berichteten sie von verbessertem Gleichgewicht und optimierter Koordination; die Versuchspersonen konnten sich beispielsweise steiler vornüberbeugen, ohne umzufallen. Solche Befunde zeigen, daß uns die elektromagnetischen und magnetischen Felder in unserer Umgebung körperlich und emotional beeinflussen, und zwar positiv genauso wie negativ. Eines ist jedenfalls sicher: Über die Wirkungen von EM-Feldern gibt es noch ungeheuer viel zu lernen.

Die Moleküle der Gefühle

Einen anderen Weg der physiologischen Wirkung von Gefühlen beschreibt Dr. Candace Pert, Professor an der Geogetown University: Er widmet sich der Erforschung der chemischen Verbindungen und Moleküle, die für die Aktivierung der komplexen körperlichen Reaktionen auf emotionale Erregung verantwortlich sind. Dieser »elektrochemische Pfad« verläuft über das limbische System, den Teil des Gehirns, der einlaufende Informationen in emotionale Impulse umsetzt und sie über die Nebennieren und das autonome Nervensystem in den Körper weiterleitet. Dabei werden bestimmte Hirnzellen aktiviert, die komplexe Aminosäuren und eine Kaskade von Peptiden und Neuropeptiden ausschütten, die ihrerseits mit verschiedenen Bereichen des Körpers kommunizieren. Wenn bestimmte Nervenzellen feuern, setzen sie spezifische Neuropeptide frei, die dann im ganzen Körper an Rezeptoren andocken, mit denen körperliche Vorgänge gesteuert werden. Diese aus Aminosäuren aufgebauten Neuropeptide können bestimmte, an den Gefühlen und am Verhalten beteiligte biologische Vorgänge an- oder abschalten. Dr. Pert nennt sie entsprechend »die Moleküle der Gefühle«.

Auf der Ebene der Zellen stellen positiv und negativ geladene Neuropeptide das Verbindungsglied für den Informationsaustausch zwischen Blut, Lymphsystem und Verdauung dar. Polaritätsänderungen auf Zellebene sind für die Aufnahme von Stoffen durch die Zellwände verantwortlich. Auch hier treffen wir wieder auf die Polarität, auf positive und negative Ladungen in den Nervenimpulsen an der Hautoberfläche.

Eine weitere Bestätigung für die Polarität im menschlichen Organismus liefert die Magneto-Enzephalographie (MEG), ein relativ neues Verfahren, mit dem man die sehr schwachen Magnetfelder elektrischer Gehirnaktivitäten messen kann. Die Technik befindet sich zwar noch im Entwicklungsstadium, aber bereits jetzt vermag die raffinierte Elektronik der MEG die Polarität der Gehirntätigkeit zu einem bestimmten Zeitpunkt festzustellen. Dies wiederum könnte eines Tages dabei helfen, die Mechanismen zu erklären, mit denen die Gedankenenergie auf Umkehrungen der Polarität wirkt.

Diese theoretischen Modelle stehen keineswegs in Widerspruch zu den Gedankenenergie-Therapien. Doch in der molekularen Betrachtungsweise von Gefühlsereignissen fehlt die Erklärung für den ersten Schritt: Wie die Nervenzellen durch Gedankenenergie aktiviert werden, damit sie die chemischen Botenstoffe für den Körper herstellen. Wir müssen also die Kaskade der Neuropeptide zurückverfolgen und uns ansehen, was das Neuron dazu gebracht hat, zu feuern und damit das erste Peptid zu erzeugen. Dr. Pert weist auf ein sehr interessantes Phänomen hin, das vielleicht einen Hinweis liefern könnte: Die Rezeptoren einer Nervenzelle schwingen mit einer bestimmten Frequenz. Wenn jedoch ein Neurotransmitter an einem Rezeptor andockt, ändert sich die Frequenz. Auf der energetischen oder Schwingungsebene geht also etwas vor sich. Wir sind der Ansicht, daß die in den Meridianen fließende Energie bestimmte Zellen anregt, die Produktion der Neuropeptide einzuleiten.

Nach unserer Auffassung existiert eine Wechselwirkung zwischen den Gedankenenergien und dem Meridiansystem, bei der eine Elektronenkaskade ausgelöst wird. Diese veranlaßt bestimmte Nerven zu feuern, was wiederum elektrische und chemische Signale im ganzen Körper hervorruft. Schwingen die Energie der Meridiane und der Gedanken in übereinstimmenden Frequenzen, wird das Elektronengleichgewicht nicht beeinträchtigt. Dieser Erklärungsvorschlag beruht auf den Theorien der Quantenphysik sowie auf Versuchen, die mit der Gedankenenergie durchgeführt wurden.

In der Welt der Quanten

Die Quantenphysik gibt uns noch eine andere Möglichkeit an die Hand, die Auswirkungen von Gedanken auf Schwache Energiefelder zu betrachten. Die Regeln aus der gegenständlichen Welt, der Makrowelt, gelten auf der Ebene der Quanten nämlich durchaus nicht immer.

Energiefelder enthalten keine »Materie« im herkömmlichen Sinn: Sie enthalten *Information.* Doch die materielle Welt wird von diesen Feldern beeinflußt, so wie Eisenfeilspäne von Magnetfeldern beeinflußt werden und alle Gegenstände, ob belebt oder unbelebt, der Wirkung von Gravitationsfeldern unterliegen. Obwohl diese Felder selbst unsichtbar sind, können wir ihre Wirkung sehen.

Die Quantenphysik besagt, daß Energie und Materie äquivalent sind und ineinander überführt werden können. Einstein hat das in der bekannten Formel $E = mc^2$ ausgedrückt. Energie kann sowohl in Wellen- als auch in Teilchenform existieren. Eine Welle läßt sich als Energie in Bewegung bezeichnen, während ein Teilchen einen gewissen Raum einnimmt. Zu den faszinierendsten Aspekten der subatomaren Welt gehört, daß man den Zustand eines Elektrons schon allein dadurch beeinflußt, daß man es beobachtet. Seine Masse und Dichte werden durch die Beobachtung verändert, und wir können nicht mehr vorhersagen, an welchem Ort seiner Umlaufbahn es sich anschließend befinden wird. Sobald wir ein Elektron anschauen, läßt sich nicht mehr vorhersagen, was mit ihm geschehen wird. Wo wird es als nächstes auftauchen? Und je kleiner die Gegenstände, desto größer der Einfluß des Betrachters auf das Ergebnis. Vergessen Sie aber nicht, daß dies nur für die Ebene der Quanten gilt: Der Stuhl in Ihrem Wohnzimmer wird sich nicht verändern, egal wie lange Sie ihn anstarren. Könnte es aber nicht trotzdem sein, daß allein die Beobachtung unserer Gedanken den Schlüssel darstellt, der zu einer Veränderung führt? Genau darauf könnte auch die Kognitive Psychologie beruhen.

Ein Versuch des Professors William Tiller von der Stanford University führt uns lebendig vor Augen, wie stark sich ein vorsätzlicher Gedanke auf Materie auswirken kann: Dr. Tiller baute einen empfindlichen elektrischen Kondensator, der sich schon bei einer sehr kleinen elektrischen Beeinflussung entlud. Nun stellte sich tatsächlich heraus, daß normale Menschen – ohne besondere Fähigkeiten – eine Entladung des Kondensators ganz allein dadurch auslösen konnten, daß sie ihre Gedanken auf diesen Vorsatz konzentrierten. Der Einfluß dieser bewußten Gedanken auf den Kondensator war außerordentlich stark. Allein durch die Absicht wurde der Kondensator dazu gebracht, sich innerhalb weniger Minuten einige tausendmal zu entladen. Richtete dieselbe Versuchsperson ihre Gedanken auf etwas anderes, passierte hingegen gar nichts: Der Kondensator entlud sich nicht. Dr. Tiller fand auch heraus, daß es zwar hilfreich, aber keineswegs notwendig war, die Leute ihre Hand in die Nähe des Kondensators halten zu lassen. Selbst wenn sie sich in größerer Entfernung befanden oder den Kondensator nicht sehen konnten, war es möglich, ihn zur Entladung zu bringen.

Wie Information durch »dünne Luft« weitergeleitet wird, ist ein weiteres Rätsel, das von der Quantenphysik erhellt wird. Wie »reisen« unsere Gedanken von einem Ort zum anderen – von unserem Gehirn zu unseren emotionalen Reaktionen, von unserem Geist in unseren Körper? Legen sie dabei eine Art Weg von A nach B zurück? Auf subatomarem Niveau kann etwas von einem Ort zum anderen gelangen, ohne zwischendurch irgendwo sein zu müssen. Das Beispiel der Elektronen, die von einer Kugelschale des Atoms auf eine andere »springen« können, wie das der Nobelpreisträger Niels Bohr theoretisch postulierte, ist der klassische »Quantensprung«. Nach den Regeln der Quantenphysik kann man nie wissen, wo ein beobachtetes Elektron als nächstes auftauchen wird, sondern nur Wahrscheinlichkeiten angeben. Die Vorstellung physikalischer Vorhersagbarkeit verflüchtigt sich auf der Ebene der Quanten.

1997 wurde die bereits bekannte Tatsache, daß Photonen (subatomare »Lichtteilchen«) ohne Zeitverzug über große Entfernungen miteinander kommunizieren können, durch eine bemerkenswerte wissenschaftliche Beobachtung bestätigt. Forscher der Universität Innsbruck leiteten Photonen durch eine optische Vorrichtung, mit der ein Lichtstrahl aufgespalten werden kann. Mit dieser Vorrichtung teilten sie die Photonen eines Atoms und leiteten sie dann in verschiedene Richtungen. Kehrten die Forscher den Spin eines der beiden »verschränkten« Photonen um, so änderte sich auch der Spin des anderen Photons, das sich in beträchtlicher Entfernung von dem ersten befand. Es wurde also Information ohne zeitliche Verzögerung von einem Ort zum anderen transportiert – ein Beweis für einen sogenannten »nichtlokalen« Effekt: Ein Ereignis an einem bestimmten Ort kann sich – anscheinend quer durch Raum und Zeit – auf ein Ereignis an anderer Stelle auswirken.

Damit scheint klar, daß Gedanken unabhängig von physiologischen Reizen oder außerhalb einer Reaktion auf unsere äußere oder innere Umgebung existieren. Wir können vorsätzlich einen Gedanken erzeugen, der nichts mit unserem Überleben zu tun hat oder lediglich dem Schema von Reiz und Reaktion folgt. Unsere menschliche Fähigkeit, abstrakt zu denken, ist nicht einfach ein Nebenprodukt biochemischer Vorgänge, wie uns manche Wissenschaftler glauben machen wollen. Keinesfalls ist »alles in unserem Kopf«. Der Gedanke, den Sie eben haben, was immer es sein mag, ist integraler Bestandteil Ihres ganzen Wesens und existiert durch Sie hindurch und um Sie herum. Die Quantenphysik erklärt, wie das möglich ist.

Mutator-Gene

Bislang vermag keine einzelne Theorie alle Fragen zum Organismus des Menschen zufriedenstellend zu beantworten. Das auf »DNS-Blaupausen« beruhende mechanistische Erklärungsmodell etwa ist für das Verständnis biologischen Verhaltens vollkommen unzulänglich.

Die Theorie der Genetik behauptet, daß die Gene unveränderlich festgelegt sind. Der darwinistischen Theorie zufolge können Gene sich nur im Lauf der Zeit verändern, wobei Zufallsereignisse in der Umgebung Mutationen auslösen. Wenn diese Mutationen lebensfähig sind oder die Überlebensfähigkeit der Art verbessern, bleibt das Merkmal bestehen. Wenn nicht, stirbt es wieder aus.

Doch 1988 wurden bei Forschungen des Genetikers John Cairns an der Harvard School of Public Health Bakteriengene entdeckt, die gezielt auf Umweltfaktoren reagieren. Diese Entdeckung von Mutator-Genen, die andere Gene beeinflussen können, stellte eine echte Revolution dar, denn sie läuft letztlich darauf hinaus, daß ein Organismus seine eigene genetische Ausstattung verändern kann. Lebewesen müssen also nicht auf Zufallsmutationen warten, um sich anpassen und überleben zu können. Unter Streß *können sie aus eigenem Antrieb mutieren* und andere Gene veranlassen, sich zu verändern und damit besser auf neue Umweltbedingungen zu reagieren. Diese Entdeckung ist unglaublich aufregend. Sie bedeutet, daß Gene keine vorherbestimmten, fixen Baupläne besitzen, sondern allein durch die *Absicht* zur Veränderung verwandelt werden können. Kein Wunder, daß die Paradigmenpolizei, wie der Wissenschaftsjournalist Richard Milton manche verknöcherten Forscher nennt, von den Ergebnissen Dr. Cairns' und anderer, die seine Experimente wiederholt haben, nicht gerade begeistert war. Doch Dr. Cairns' Beobachtungen werden von dem Molekularbiologen Alexander Rich und seinen Kollegen gestützt, die 1999 Beweise für die von ihnen so genannten »Editor-Moleküle« der RNS vorlegten. Diese könnten das genetische Material sein, das eine selbstgesteuerte Veränderung möglich macht.

Dr. Cairns' Entdeckung erlaubt uns aber noch einen weiteren Einblick in die Gedankenenergien: Sie weist nämlich darauf hin, daß ein Bewußtsein tätig ist, eine absichtsvolle Intelligenz, die auf nicht nachweisbare Informationsquellen reagiert. Mutator-Gene könnten erklären, wie Bakterien so schnell Resistenzen gegen Antibiotika entwickeln und wie diese Mutationen anscheinend gleichzeitig bei Bakterien in aller Welt auftreten. Da stellt sich die Frage: »Wie wird die Information übertragen?«

Morphische Felder

Hierzu haben wir eine spannende Theorie: Vielleicht übertragen Bakterien die Information ja mittels der von dem englischen Biochemiker Rupert Sheldrake sogenannten morphischen Felder synchron über die ganze Welt. Die in diesen Feldern enthaltene Information drückt sich möglicherweise selbst in genetischen Veränderungen aus. Professor Sheldrake, der in Cambridge forscht und lehrt, stellte die Theorie auf, daß jeder Organismus von einem morphischen oder formgebenden Feld umgeben ist, das Informationen über seine Form und seine Funktion enthält. Es könnte den Katalysator für manche Gedankenaktivität abgeben und sogar am Gedächtnis und anderen Arten der Informationsspeicherung beteiligt sein. Sheldrake nennt als Beispiel, wie Spinnen einer bestimmten Art instinktiv wissen, wie die komplizierten Netze zu weben sind, ohne daß sie je Gelegenheit hatten, andere Tiere ihrer Spezies dabei zu beobachten.

Besser als jede andere Theorie erklären die morphischen Felder auch das bemerkenswerte Verhalten einer bestimmten Kuckucksart. Diese Vögel schmuggeln ihre Eier in die Nester anderer Vogelspezies, von denen die jungen Kuckucke dann ausgebrütet und aufgezogen werden. Obwohl sie nicht zusammen mit anderen Vögeln ihrer Art aufgewachsen sind, ziehen sie schließlich unabhängig voneinander zu einem anderen Kontinent weiter, wo sie andere Kuckucke treffen und sich mit ihnen zu größeren Gruppen zusammenschließen. Woher wissen sie, wo sie hinfliegen müssen?

Und woher wissen die DNS-Moleküle, wenn ein Salamander ein Glied einbüßt, so genau, wo der Körperteil verlorengegangen ist? Wo ist die Information gespeichert, die die Zellen veranlaßt, neue Knochen, Nerven, Blutgefäße und Hautgewebe zu bilden und letztlich genau das zu regenerieren, was nötig ist, aber kein bißchen mehr? Diese Aufgabe ist bedeutend komplizierter als der Verschluß einer Wunde oder die Reparatur eines gebrochenen Knochens. Die Behauptung, all diese Informationen seien in den Genen enthalten, ist bestürzend unzulänglich.

Dr. Sheldrake glaubt, daß wir das Gehirn möglicherweise in der falschen Richtung betrachten. In seinem Modell verhält sich das Gehirn als Empfänger und Umsetzer der im morphischen Feld unserer Spezies enthaltenen Information. Das Gehirn ist demnach eher Verbindungsglied im Informationsprozeß als selbst Generator von Information. Es könnte ein Empfangsorgan sein, das Information aufnimmt und umsetzt – auch Informationen, die jenseits unserer fünf Sinne liegen. Es geht also um Feinabstimmung.

Wenn das schwer begreifbar erscheint, könnte das folgende Szenario weiterhelfen: Stellen Sie sich eine Welt vor, in der es keine Instrumente gibt, mit denen sich Radiowellen einer unbekannten Quelle aufspüren lassen. Wir hätten aber Radios (nehmen Sie einfach an, sie seien eine Gabe Gottes oder der Natur), kleine Kästchen, die verschiedene Töne hervorbringen, wenn man an einem Wählknopf dreht. In dieser Welt würden Wissenschaftler höchstwahrscheinlich die Radios untersuchen, um herauszufinden, wie die Kästchen all diese Töne erzeugen.

Da wir nichts von den unsichtbaren und nicht zu messenden Radiosignalen wissen, könnten wir zu dem Schluß kommen, daß alle Programme von den *Radiogeräten* hervorgebracht werden. Wissenschaftler, die die Apparate untersuchten, könnten schlußfolgern, daß elektrische Energie in die Mikrochips und Oszillatoren fließt und wieder herauskommt und in die Lautsprecher mündet. Die Forscher würden völlig zurecht feststellen, daß vom Radio eine elektrische Frequenz in das Verstärkersystem geleitet wird und am Ende in den Lautsprechern ankommt, wo die elektrische Energie in Töne umgewandelt wird, die wir als Musik oder Sprache deuten.

Stellen Sie sich nun vor, daß es zu den Grundfunktionen des Gehirns gehört, Informationen des morphischen Felds zu empfangen und diese dann in neurale und chemische Reaktionen umzusetzen. Der unsichtbare Rundfunksender stünde dann für das morphische Feld, das Radio für unser Gehirn.

Mit den morphischen Feldern läßt sich einiges erklären, das die Genetik unbeantwortet läßt. Es ist im Grunde nichts anderes als ein Informationsfeld, das aus unbekannten Energieformen besteht und Informationen über eine bestimmte Spezies enthält, die es dieser zur Verfügung stellt. Der Salamander, die Spinne und der Kuckuck können die Existenz morphischer Felder belegen. Auf der theoretischen Ebene erklären diese Felder erheblich mehr als mechanische oder genetische Modelle.

Vielleicht trägt das morphische Feld auch dazu bei, die emotionalen Endlosschleifen zu lagern oder aufzuzeichnen, die so große Schäden in unserem Gefühlsleben anrichten. Wenn ein Gedanke aufkommt, der mit einer bestimmten emotionalen Schleife verbunden ist, erzeugt er gleichzeitig die entsprechende Störung im Meridiansystem und aktiviert so die vollständige Gefühlsreaktion. Das ist wie bei einem Hologramm, wo sich aus einem kleinen Bruchteil das gesamte Bild rekonstruieren läßt.

Wie Dr. Paul Ekman, Professor für Psychologie an der University of California in San Francisco, in seinen Untersuchungen über die Vielfalt menschlicher Ausdrucksformen herausfand, spürten Menschen, die ein Gefühl wie zum Beispiel Traurigkeit vortäuschten, indem sie die dazugehörige Miene aufsetzten, tatsächlich etwas von der vorgespielten Emotion. Es war, als trüge der Gesichtsausdruck etwas von der Information, ein Bruchstück des Gefühlszustandes, der dadurch reaktiviert wurde – möglicherweise über die holographische Information, die im morphischen Feld gespeichert ist. Dr. Antonio Damasio, Neurologe an der University of Iowa, berichtet von dem Fall einer Opernsängerin, die angab, es koste sie ungeheure Anstrengung, sich von den extremen Gefühlen der von ihr dargestellten Personen abzugrenzen. Bei einer Aufführung von Tschaikowskis *Pique Dame* hatte sie sich während einer furchterregenden Szene einmal so sehr mit ihrer Rolle identifiziert, daß sie schreckliche Angst bekam.

Die Existenz der morphischen Felder könnte uns auch Einsichten in die Funktionsweise der Kognitiven Therapie liefern. Diese Therapie geht von der Annahme aus, daß wir mit einer Änderung unseres Denkens auch unser Verhalten ändern können. Sie kann aber nicht erklären, wie dieser Wandel im Denken eine emotionale Veränderung auslöst oder wie die Gedanken mit dem Körper interagieren. Es wäre durchaus denkbar, daß der hereinkommende Reiz mit den Informationen reagiert, die im morphischen Feld des Betreffenden gespeichert sind. Dr. Sheldrake würde sagen, dieses morphische Feld wird von der Ausrichtung aller anderen Individuen einer Spezies beeinflußt. Oder anders ausgedrückt: Jede Art verfügt über angeborene, vorprogrammierte Reaktions- und Verhaltensmöglichkeiten. Das einlaufende Signal – es ist bei jedem Individuum einzigartig – tritt dann mit diesen vorhandenen Mustern in Wechselwirkung. In diesem Vorgang ist eine Grundüberzeugung verschlüsselt.

Die morphischen Felder haben eine geradezu unheimliche Ähnlichkeit mit dem von C.G. Jung beschriebenen kollektiven Unbewußten, einem Informationsfeld, das von allen gemeinsam erzeugt wird und allen zugänglich ist. Jung hätte dieses Konzept innerhalb einer Nanosekunde verstanden.

Einfache Antworten gibt es nicht

Wir haben eine Reihe, wie wir finden faszinierender Hinweise auf die Funktionsabläufe von Gefühlen und energetischen Therapien vorgestellt. Und wir haben uns nach Bindegliedern zwischen Elektromagnetismus und Akupunktur, Neuropeptid-Kaskaden und morphischen Feldern, Quantentheorie und Kognitiver Therapie umgesehen. Diese unterschiedlichen Theorien und Beobachtungen mögen nur lose miteinander verknüpft sein. Trotzdem bilden sie die Grundlage für das Verständnis dieser ungemein komplexen Struktur – wie Gedankenenergie mit den elektromagnetischen Frequenzen des Körpers reagiert und dabei emotionale Störungen hervorrufen kann.

Die Funktionsweise der Gefühle läßt sich nicht mit einer einzigen Theorie erschöpfend darstellen. Obwohl neue Entdeckungen ständig mehr Licht in das rätselhafte Dunkel bringen, gibt es nach wie vor keine »allumfassende« Theorie, die alle beobachtbaren Wirkungen von ESM und anderen energetischen Therapien erklären würde. Tatsache ist aber, daß diese Methoden zur

Auflösung emotionaler Störungen funktionieren – auch wenn wir letztlich nicht wissen, wie und warum.

Sind Ihre Energien allmählich erschöpft von all diesen theoretischen Erörterungen? Dann probieren Sie gleich einmal die folgende Übung zum Atemgleichgewicht aus. Sie bringt das Energiesystem Ihres Körpers wieder ins Gleichgewicht und verbessert es.

Übung zum Atemgleichgewicht

Die angemessene Ausrichtung der Polarität des Körpers ist ein Schlüssel zur emotionalen Gesundheit. Diese Übung zum Atemgleichgewicht beruht auf einer zweitausend Jahre alten Meditationsübung. Sie ist eine bewährte und elementare Methode, Ängste abzubauen, und bringt gleichzeitig die Polung des Körpers wieder ins Gleichgewicht. Wir haben Elemente der Visualisierung und der Vorsatzbildung hinzugefügt, um wirklich alle Systeme in den Prozeß einzubeziehen und seine Wirkung noch zusätzlich auszuweiten.

Physiologisch gesehen ist der Mensch entlang seiner Längsachse symmetrisch. Abgesehen von bestimmten Organen, die nicht paarweise vorhanden sind (Magen, Milz, Leber, Bauchspeicheldrüse), passen linke und rechte Körperseite spiegelbildlich aufeinander. Die elektrische Polarität des Körpers verläuft sowohl über seine Nord-Süd- als auch seine Ost-West-Achse: Wir könnten es auch als positiv/negativ, oben/unten oder links/rechts bezeichnen. Die Haltung, die wir bei der Übung zum Atemgleichgewicht einnehmen, korrigiert die Gesamtbalance der Körperpole. Diese Übung ist zugleich der erste Schritt aller emotionsspezifischen Behandlungsverläufe. Im vierten Kapitel lernen Sie dann, wie Sie auch eine Umkehrung der Polarität Ihrer *Gedanken* korrigieren können.

Die Übung zum Atemgleichgewicht dauert etwa zwei Minuten. Die Abbildungen sollen Ihnen dabei helfen, die richtige Körperhaltung zu finden. Sobald Sie diese eingenommen haben, sollten Sie sich entspannen und ohne Anstrengung atmen. Am besten ist für die Übung ein Stuhl mit gerader Lehne geeignet, aber sie läßt sich auch im Liegen oder Stehen durchführen.

1 Kreuzen Sie Ihren linken Knöchel vor den rechten Knöchel.

2 Strecken Sie beide Arme gerade nach vorne aus.

3 Legen Sie Ihren rechten Arm auf Höhe des Handgelenks über den linken.

4 Setzen Sie die Drehbewegung fort, bis Ihre Hände vor der Brust liegen. Jetzt haben Sie die Mittellinie Ihres Körpers mit Händen, Armen und Beinen überkreuzt.

5 Drehen Sie die Hände in Richtung auf die Magengrube.

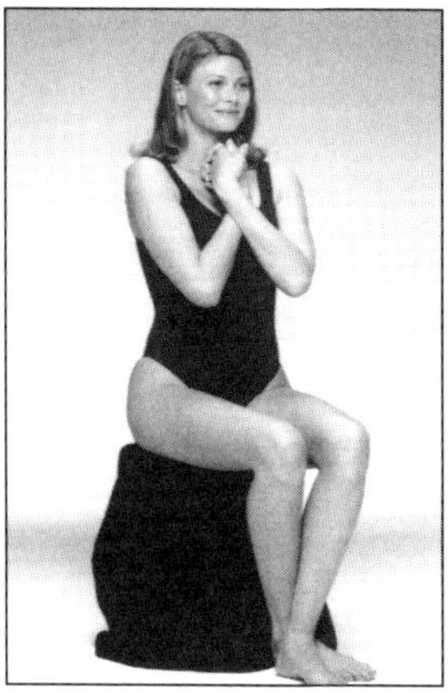

6 Drehen Sie die Handflächen so, daß sie zueinander zeigen. Verschränken Sie die Finger.

Anmerkung: Wenn es für Sie angenehmer ist, können Sie auch den rechten Knöchel vor den linken und das linke Handgelenk über das rechte legen. Wichtig ist nur, die ganze Anordnung jeweils umzukehren.

Sobald Sie die richtige Position eingenommen haben, atmen Sie durch die Nase ein, während die Zungenspitze den Gaumen berührt. Wenn Sie anschließend durch den Mund wieder ausatmen, liegt die Zunge jedoch auf dem Mundboden.

Konzentrieren Sie sich auf eine Vorstellung von Gleichgewicht, zum Beispiel auf die Ausgewogenheit von Körper und Geist oder einfach auf das Wort »Gleichgewicht«. Stellen Sie sich gleichzeitig ein Bild vor, das Ausgewogenheit symbolisiert – vielleicht eine Balkenwaage, eine Wippe oder einen Menschen, der auf einem Bein balanciert. Atmen Sie während der Übung, die etwa zwei Minuten dauert, unverkrampft weiter. Machen Sie sich keine Sorgen, wenn Sie den Gedanken oder das Bild nicht ständig festhalten können; falls Ihre Gedanken abschweifen, kommen Sie einfach wieder darauf zurück. Sollte es Ihnen schwerfallen, mit geschlossenen Augen zwei Minuten abzuschätzen, können Sie einmal die Atemzüge mitzählen, die Sie in fünfzehn Sekunden tun, und diesen Zyklus dann achtmal wiederholen.

Höchstwahrscheinlich fühlen Sie sich nach dieser Übung überraschend entspannt und klar im Kopf. Sie eignet sich wunderbar als Start in den Tag, und Sie können sie jederzeit anwenden, wenn Sie einmal nicht ganz auf der Höhe sind. Durch die Arbeiten des Harvard-Professors Herbert Benson und anderer wissen wir, daß langsames, tiefes Atmen eine Entspannungsreaktion auslöst. Diese Übung polarisiert darüber hinaus aber auch die elektromagnetische Energie des Körpers. Ist Ihr Körper bereits korrekt ausgerichtet, umso besser. Falsch machen können Sie mit dieser Übung jedenfalls nichts. Das mindeste, was passiert, ist, daß Sie sich entspannter fühlen werden und dafür gesorgt haben, daß die elektromagnetische Energie Ihres Körpers wieder richtig fließt. Jetzt sind Sie bereit für die nächste Ebene der Korrektur Ihrer Gedanken- und Körperenergien: die Umkehrung der Polarität.

4 Energieausrichtung: Wir korrigieren Polaritätsstörungen

Dieses Kapitel zielt darauf ab, Sie richtig »anzuschließen«, so daß Ihre (bewußten) Absichten mit Ihren (unbewußten) Gedanken übereinstimmen. Nach den Theorien über Gedankenenergie werden unsere Vorsätze, etwas zu verändern und negative Gefühle aufzulösen, blockiert, wenn sich die Polarität unserer Gedanken umkehrt. Nun hat Dr. Robert Callahan ja gezeigt, daß diese Störungen korrigiert werden können. Unsere Übung zur Polaritätsumkehrung zeigt Ihnen, wie das geht.

Im dritten Kapitel haben wir die Übung zum Atemgleichgewicht vorgestellt, mit der Sie die elektromagnetische Polarität des Körpers ausrichten können. Jetzt geht es darum, die Polarität Ihrer Gedanken zu ordnen. Die Übung zur Polaritätsumkehrung ist Bestandteil jeder ESM-Behandlung und Grundlage für die Durchführung aller emotionsspezifischen Klopfsequenzen. Wenn die Polarität Ihrer unterschwelligen Überzeugungen und Gedanken nicht stimmt, kann das Verfahren nicht funktionieren. In unserer klinischen Praxis haben wir festgestellt, daß sich etwa vierzig Prozent aller emotionalen Probleme einer Auflösung widersetzten, weil die Polarität umgekehrt war. Nach deren Korrektur verschwanden manche Probleme von allein.

Es könnte durchaus an diesen Störungen der Polarität liegen, wenn Therapien, die eigentlich erfolgreich sein sollten, nicht oder nur teilweise oder nur für begrenzte Zeit anschlagen. Und sie könnte auch erklären, weshalb medikamentöse Behandlungen manchmal nicht wirken. Unterschwellige Polaritätsstörungen behindern wahrscheinlich die Wirksamkeit aller Behandlungen.

Innere Widersprüche

Polaritätsstörungen haben eine starke Sogwirkung. Fast jeder kennt das Gefühl, seine gute Vorsätze selber zu boykottieren. Wir nehmen uns vor, weniger zu essen, mehr Sport zu treiben oder ordentlicher und pünktlicher zu sein. Doch wenn es dann darauf ankommt, die gute Absicht in die Tat umzusetzen, geraten wir irgendwie auf Abwege. Eben hatten wir uns noch *ein für allemal* vorgenommen, jeden Tag spazierenzugehen... und wenn wir das nächste Mal daran denken, ist es Zeit, ins Bett zu gehen, ohne daß wir weiter gekommen wären als bis zum Kühlschrank. Irgendwie haben wir die ganze Pralinenschachtel leergefuttert, ehe uns wieder einfällt, daß wir eigentlich Diät halten wollten. Genau dann, wenn unser Verhalten mit unseren Vorsätzen in Einklang stehen sollte, ist es mit uns durchgegangen. Diese Art von Eigensabotage findet auf vielfältige Weise statt.

Leslies Fall gibt ein gutes Beispiel dafür ab, wie der Verstand das eine sagen kann, während der Körper auf einer anderen Wellenlänge arbeitet. Leslie hatte mehrere Jahre in einer instabilen und zeitweilig miserablen Beziehung gelebt und erkannt, daß ihr Freund alles andere als ein Mann zum Heiraten war. Ihr Verstand wußte, daß die Beziehung nicht funktionierte, doch ihre Gefühle hinderten sie daran, etwas zu unternehmen. Sie fürchtete sich davor, allein zu sein, sie fürchtete sich davor, verletzt zu werden, und sie hatte Angst vor der Zukunft: All das machte es ihr einfach unmöglich, ihn zu verlassen. Sie hatten den Eindruck, in allem genau das Gegenteil dessen zu tun, was gut für sie gewesen wäre. Jedesmal, wenn sie daran dachte, Carl zu verlassen, wurde sie von der Angst vor der Einsamkeit überrollt.

Kaum hatte Leslie die Übung zur Polaritätsumkehrung absolviert, wurde sie ruhiger und entspannter. Es hatte sich eindeutig etwas verändert. Daraufhin arbeiteten wir uns durch die Klopfsequenz gegen Enttäuschung, da die Enttäuschung über Carl bei ihr schmerzliche Gefühle auslöste. Doch schon nach wenigen Minuten wurde klar, daß Leslie die Beziehung nicht zuletzt deswegen aufrechterhalten hatte, weil sie nicht zugeben wollte, daß es ein Fehler gewesen war, sich überhaupt mit ihm zusammenzutun. Mit Hilfe der Sequenz gegen Schuld bearbeiteten wir diese Gefühle. Als nächstes nahm sie ihre Zukunftsangst ins Visier und wandte die Formeln gegen Ängste und Besorgnis an.

Es war, als würden nacheinander die alten Farbschichten eines Gebäudes abgetragen. Jede war von anderer Farbe, und mit jeder wurden neue Gefühlstönungen der Vergangenheit freigelegt. Nach etwa zwanzig Minuten war Leslies Belastungswert, den sie bei der Vorstellung, allein leben zu müssen, auf unserer Skala persönlichen Leidensdrucks (SPL) auf 10 geschätzt hatte, auf etwa 3 abgesunken. Nach weiteren Polaritätskorrekturen und einer zusätzlichen Klopfrunde fiel ihr SPL-Wert auf 0. Leslie wußte, daß sie nach wie vor einige wichtige Entscheidungen zu treffen hatte. Doch jetzt war sie in der Lage, Optionen ins Auge zu fassen, die sie vorher überhaupt nicht wahrgenommen hatte. Diese Klarheit gab ihr die Kraft, im Leben mit neuer Energie und neuen Zielen voranzugehen.

Wir verstehen nicht, weshalb und wie diese Umkehrungen unserer Absichten zustandekommen. Wir meinen, das zu tun, was wir vorhatten, aber irgendwie geraten wir ins Straucheln. Schon eine Korrektur der Polarität des Denkens und des Körpers kann den Streß in gewissem Umfang lindern oder ein Gefühl von Entspannung vermitteln. Nach ihrer Sitzung erklärte Leslie, sie könne nun klar über ihre Zukunft nachdenken. Ein paar Monate darauf verließ sie Carl und begann ein neues Leben. Der Bruch sei nicht leicht für sie gewesen, berichtete sie uns später, doch sie fühle sich weit stärker und habe ihr Leben und ihre Gefühle im Griff.

Was für gute Vorsätze haben Sie?

Leslies Geschichte sagt uns viel über einen wichtigen Bestandteil von ESM, nämlich den bewußten Vorsatz. Mit einem Vorsatz fokussieren wir unser Denken; er gibt uns die Möglichkeit, die Gedankenenergie für unsere Ziele nutzbar zu machen. Aber wenn unsere bewußten Gedanken ihr Ziel erreichen und die gewünschte Wirkung haben sollen, müssen wir zuerst eventuell im Weg liegende Blockaden beseitigen. Dazu dient die Übung zur Polaritätsumkehrung.

Leslies Geschichte führt uns auch vor, daß unterschwellige Umkehrungen nicht bewußt sein müssen. Wir nehmen die verborgenen Saboteure nicht immer wahr. Bewußt denken wir, daß wir glücklich sein wollen, oder daß es gut für uns wäre, wenn wir unseren Streß überwinden könnten. Dabei nehmen wir verborgene Störungen, die in unserem Geist und unserem Körper lauern und ein anderes Ergebnis erwarten lassen, vielleicht gar nicht wahr. Diese verborgenen Botschaften hindern uns daran, zu bekommen, was wir wollen, oder zu tun, was wir uns vorgenommen haben.

Natürlich können sich Polaritätsstörungen auch von selber korrigieren. Wenn das Leben normal verläuft, kommt das häufig vor. Wir denken über unsere Probleme nach, besprechen sie mit Freunden, verarbeiten sie vielleicht in unseren Träumen. Häufig reicht es sogar, wenn einige Zeit vergeht und der ursprüngliche Anlaß in Vergessenheit gerät. Um auch diejenigen loszuwerden, die sich festgesetzt haben, bedienen wir uns der Übung zur Polaritätsumkehrung.

Die zwölf Polaritätsthemen

Es gibt zwölf Standard-Polaritätsumkehrungen. Eine zielt ganz allgemein auf die Gesamtheit, eine richtet sich auf das Ureigene einer ganz persönlichen Umkehrung, und die restlichen zehn konzentrieren sich auf jeweils ein spezielles Thema oder Motiv. Durch Versuch und Irrtum haben wir herausgefunden, daß die folgenden zwölf Themen so gut wie alle unbewußten Beweggründe abdecken, die unser Leben unterhöhlen:

1. Allgemein – diese Umkehrung wird bei vielen ESM-Verfahren als eigenständige Übung eingesetzt; sie betrifft die Gesamtheit unseres Lebens, alles, woraus es sich zusammensetzt
2. Beibehaltung – halten wir das Problem fest oder lassen wir es los
3. Zukunft – hier wird gefragt, ob das Problem fortdauert
4. Berechtigung – behandelt die grundlegende Frage, ob wir es verdienen, das Problem zu überwinden
5. Eigene Sicherheit – bezieht sich auf die Frage, ob eine Lösung des Problems ein Risiko für uns darstellt
6. Sicherheit anderer – schätzt ab, welches Risiko es für andere bedeuten könnte, wenn wir unser Problem überwinden
7. Erlaubnis – betrifft die Frage, ob wir glauben, das Recht zu haben, das Problem zu überwinden
8. Genehmigung – konzentriert sich darauf, ob wir es uns selbst gestatten, das Problem zu überwinden
9. Notwendigkeit – betrifft unsere Fähigkeit, das Nötige zur Überwindung des Problems zu tun

10. Eigener Nutzen – schätzt ab, ob es uns nützt, das Problem zu überwinden
11. Fremder Nutzen – schätzt ab, ob es anderen nützt, wenn wir das Problem überwinden
12. Ureigenes – berücksichtigt ureigene persönliche Blockaden oder Aspekte

Eine Polaritätsstörung des unterschwelligen Lebensthemas läßt sich korrigieren, indem man einen bestimmten Meridianpunkt stimuliert und gleichzeitig zwei einander widersprechenden Gedanken (einer positiven Aussage zur Selbstakzeptanz und einer negativen Formulierung des Themas) nachhängt. Ist dieser Themenbereich nicht verkehrt, bleibt die Polarität in der korrekten Ausrichtung, denn der Körper ist von Natur aus bestrebt, sein Gleichgewicht aufrechtzuerhalten. Will man also ein Thema korrigieren, das *nicht* verkehrt ist, *kommt es auch nicht zu einer Umkehrung.* Es besteht keinerlei Risiko, etwas zu verschlimmern. Das System in seiner unendlichen Weisheit repariert nichts, das keiner Reparatur bedarf.

Auch wenn bei Ihnen sicher nicht in jedem Lebensthema eine unterschwellige Umkehrung vorliegt, sollten Sie vorbeugend alle zwölf Möglichkeiten korrigieren. Die ganze Übung dauert nur ein paar Minuten.

Bewußte Vorsätze

Wenn Sie die Übung zur Polaritätsumkehrung durchführen, beklopfen oder reiben Sie spezielle Akupunkturpunkte und wiederholen dabei dreimal eine Aussage, die mit dem entsprechenden Polaritätsthema zu tun hat. Wir bezeichnen dies als bewußte Vorsätze. Diese Aussagen ähneln den sogenannten Beteuerungen, positiven Aussagen zu gesteckten Zielen oder dem angestrebten Selbstbild. Allerdings gibt es einen entscheidenden Unterschied: Beteuerungen berücksichtigen nicht die fortdauernde unterschwellige Negativität, in der das Problems wurzelt. Und deshalb funktionieren sie nicht immer.

Viele Menschen sind überzeugt, sie müßten Beteuerungen nur ständig wiederholen, damit sich etwas verändere. Wenn sie sie nur laut und oft genug aussprechen oder aufschreiben, würde es schon funktionieren. Doch leider landen die Leute mit Beteuerungen oft in einer Sackgasse. In gewisser Weise erkennen sie diesen inneren Widerspruch sogar. »Ich kann nicht sagen, daß ich es verdiene, meine Schuldgefühle zu überwinden«, räumen sie ein. »Ich glaube einfach nicht daran.« Und sie haben recht. Mit Wünschen allein erreicht man nämlich gar nichts, und wenn Sie eine Beteuerung ständig wiederholen, kann es sogar sein, daß Sie den Graben, in dem der unterschwellige negative Gedanke im Kreis läuft, noch vertiefen. Andererseits können Sie sagen: »Ich akzeptiere mich ganz und gar so, wie ich bin, auch wenn ich es vielleicht nicht verdient habe, meine Schuldgefühle zu überwinden.« Das macht einen großen Unterschied. Mit dem »auch wenn ich« bringen Sie die nagenden Zweifel im Hintergrund zum Verstummen. Bewußte Vorsätze machen es möglich, daß Sie Ihre Absicht äußern und sich dabei selbst akzeptieren. Diese Aussagen sind eher in der Lage, mit der inneren Wahrheit in Resonanz zu treten. Sie sind keine Lügen und kein Mißklang.

Polaritätsstörungen haben nichts mit unseren bewußten Überzeugungen zu tun. Unserem bewußten Verstand können sie sogar widersinnig erscheinen. Wir können tatsächlich glauben, daß wir es verdienen, unsere Probleme zu überwinden. Die bewußten Vorsätze gleichen diese verborgenen Widersprüche aus und erkennen an, daß wir unbewußt Schwierigkeiten haben, den positiven Teil der Aussage zu glauben. Indem wir die positive Aussage nun aber mit dem negativen Thema verknüpfen und gleichzeitig klopfen, um die blockierte Energie in Fluß zu bringen, ermöglichen wir es der Umkehrung, sich selbst zu korrigieren. Das »auch wenn ich« bildet eine Brücke zwischen positiven und negativen Aspekten, zwischen Bewußtem und Unbewußtem, zwischen den polaren Gegensätzen. Es gleicht das Positive wie das Negative aus.

Mit bewußten Vorsätzen bauen wir eine »verbale Polarität« unserer Absichten auf, die in jede Aussage entgegengesetzte Gedanken einschließt. Das heißt, jede Aussage enthält polare Absichten – einen Nord- und einen Südpol. Die Übung richtet die Polarität unserer Gedanken an dem jeweiligen Polaritätsthema aus.

Selbstachtung ist unerläßlich für Gesundheit und Wohlbefinden. Nur wenn wir uns selbst mögen, sind wir in der Lage, Veränderungen durchzusetzen. Dies läßt sich gut mit der Schwerelosigkeit im All illustrieren: Wenn die Astronauten in der Raumstation oder der Raumfähre in der Mitte der Kabine schweben, können sie mit Armen und Beinen beliebig rudern, ohne vom Fleck zu kommen. Haben sie dagegen Kontakt zu einer festen Konstruktion wie einer Wand, können sie sich abstoßen und problemlos die Position wechseln. Selbstakzeptanz ist der feste Grund, den wir brauchen, um zu persönlichen Veränderungen fortschreiten zu können.

Bewußte Vorsätze implizieren bereits den Gedanken an die Handlung. Sie drücken aus, was wir erreichen wollen: Wir wollen uns – ungeachtet aller negativen Einflüsse – voll und ganz akzeptieren. Letztlich läuft die Übung zur Polaritätsumkehrung auf immer dieselbe Botschaft hinaus: »Ich nehme mich an, wie ich bin, was immer auch sein mag!«

Gedanken auf Abwegen

Wir sind überzeugt, daß emotionale Störungen von der elektromagnetischen Energie der Gedanken verursacht werden. Gewöhnlich ist die Störung nur präsent, wenn der negative Gedanke aktiv ist. Solange er nicht vorhanden ist, geht es uns gut. Deshalb funktioniert Ablenkung. Deshalb flüchten wir uns in alle möglichen Aktivitäten, nur um nicht ständig von unseren Problemen behelligt zu werden. Wenn wir das, was uns stört, jedoch nicht irgendwann anpacken, hilft am Ende keine Ablenkung mehr – keine noch so großen Mengen Alkohol oder Drogen, keine Kauforgie, kein aggressives Hanteltraining. Wir brauchen dann immer noch mehr.

Während der Polaritätsumkehr und überhaupt jeder ESM-Übung müssen Sie Ihre Gedanken fokussieren. Fokussierte Gedanken schwingen in Ihrem gesamten System nach. Wie bei Gitarrensaiten entsteht durch diese Resonanz Fülle und Tiefe. Versammelte Gedanken verstärken unsere Vorsätze, reichern das Energiefeld an und vergrößern seine Wirkung. Wandern Ihre Gedanken zu weit von dem Problem ab, haben Sie nicht genug Energie, um ein Gedankenfeld erzeugen zu können.

Es sagt sich leicht, daß es wichtig ist, unsere Gedanken an unseren Absichten auszurichten. Doch angesichts all der Energie und der Gefühle, die uns das tägliche Leben abverlangt, haben wir einfach nicht genug Zeit oder Stehvermögen, uns auf unsere Absichten zu konzentrieren. Die Aussagen, die Sie machen, während Sie auf die Akupunkturpunkte klopfen, sind eine wirksame Methode, Ihre Gedanken zu konzentrieren. Schon die dreimalige Wiederholung der Aussage reicht aus, das entsprechende Gedankenfeld aufzubauen. Dazu müssen Sie nicht einmal glauben, was Sie sagen. Selbst wenn Sie eine gewisse Begeisterung oder Überzeugung nur vortäuschen, verstärkt das die Wirkung der Behandlung. Allein die Abfolge der Bewegungen wird dem System Energie zuführen. Wichtiger als der Wortlaut Ihrer Aussage ist, daß Sie ernsthaft gewillt sind, Ihr Problem zu lösen. Ihr aufrichtiger Wunsch, daß es Ihnen besser gehen soll, ist der mächtige Ausdruck einer tieferen Tendenz hin zum inneren Gleichgewicht, zur Heilung und zur fortdauernden emotionalen Stabilität.

Richtlinien für Einsteiger

Beim Erlernen der Übung zur Polaritätsumkehrung werden Sie sich zunächst sehr allgemein ausdrücken und einfach sagen: »meine Probleme«. Wenn Sie die Übung später als Teil einer emotionsspezifischen ESM-Behandlungssequenz ausführen, sprechen Sie dann aber gezielt die Emotion an, um die es geht. Sie sagen zum Beispiel: »meine Wut« oder »meine Höhenangst« oder »meine Eifersucht auf Anna«. Im neunten Kapitel werden Sie sehen, daß auch in die Klopfsequenzen gewisser Anleitungen bestimmte bewußte Vorsätze eingebaut sein können.

Während Sie auf die vorgesehenen Punkte klopfen oder sie reiben, wiederholen Sie jeden Vorsatz dreimal. Wir haben herausgefunden, daß unweigerlich ein mit der Aussage verbundenes Gedankenfeld erzeugt wird, sofern man die Erklärung mindestens dreimal wiederholt. Damit haben Sie diesen Gedanken fokussiert und ihm Energie übertragen.

Die Worte der zwölf bewußten Vorsätze, die Sie während der Übung zur Polaritätsumkehrung äußern, haben nichts Magisches an sich. Wichtig sind die damit verbundenen Vorstellungen. Wir haben einfach die Erfahrung gemacht, daß diese strukturierte Folge von Polaritätsumkehrungen fast alle Problempunkte abdeckt. Sobald Sie etwas Erfahrung mit ESM haben, können Sie die Aussagen gerne umformulieren, damit sie für Sie stimmen. Vielleicht finden Sie »verdienen« das falsche Wort für Ihren Fall. Oder Sie glauben, »Sicherheit« sei kein Thema, das Sie betrifft. Doch für den Augenblick sollten Sie auf uns hören und sich an die Anweisungen halten.

Wiederholen Sie die Aussagen zunächst einfach so, wie sie dastehen. Worte haben Macht, und Sie verwenden Worte, um bestimmte Gedanken zu organisieren und hervorzubringen. In diesem Stadium könnte zuviel Wortklauberei die Wirksamkeit der Übung beeinträchtigen. Schließlich sind die Polaritätsumkehrungen so entscheidend für das ganze Verfahren, daß eine einzige verbliebene falsche Polung die ganze Sequenz sabotieren kann. Und wir wollen doch, daß Sie schon beim ersten Anlauf mit ESM Erfolg haben.

Sobald Sie dann mit diesen Verfahren vertraut sind, werden Sie feststellen, daß der Prozeß sehr flexibel gestaltet werden kann. Schon bald werden Sie wie ein echter Profi damit umgehen und maßgeschneiderte Vorsätze formulieren, die mit genau dem Gefühl in Resonanz treten, das Sie ansprechen wollen. Im achten Kapitel finden Sie einige Vorschläge dazu.

Eine Anmerkung zum Polaritätszusammenbruch

Ein Thema müssen wir noch kurz ansprechen, das mit der Polarität zusammenhängt: Während unserer klinischen Praxis sind wir im Zuge vieler tausend ESM-Behandlungen gelegentlich auf Menschen gestoßen, die einen »Polaritätszusammenbruch« aufweisen. Sie scheinen entweder gar keine nachweisbare Polarität zu besitzen, oder sie ist so chaotisch wie ein hoffnungsloses Durcheinander von Gabeln und Löffeln, die kreuz und quer in eine Schublade herumliegen. Ein solcher Zusammenbruch ist zwar selten, kann aber verhindern, daß Sie die erwarteten Ergebnisse erzielen. Im neunten Kapitel liefern wir Ihnen Erklärungen für Polaritätszusammenbrüche und Wege, sie zu korrigieren.

Klopflektion 1

Sie werden nun lernen, wie man auf die Punkte der ESM-Meridiane klopft. Dieses Klopfverfahren ist Bestandteil aller ESM-Anleitungen mit Ausnahme des Atemgleichgewichts, und da Sie es zum ersten Mal durchführen, geben wir Ihnen ein paar Hinweise.

Vorweg sei gesagt, daß es ein breites Spektrum wirksamer Klopftechniken gibt. Obwohl wir unseren Klienten vorführen, wie es geht, und ihnen die Übungen im Verlauf der Verfahren vormachen, entwickeln viele einen ganz persönlichen Klopfstil.

Für die meisten Menschen scheint das Klopfen mit zwei Fingern (in der Regel Zeige- und Mittelfinger) angenehm und wirksam zu sein. Damit ist auch sichergestellt, daß Sie den Zielpunkt abdecken. An bestimmten Punkten, besonders in der Achselhöhle, am Rippenpunkt und dem Handrückenpunkt, verwenden manche sogar drei oder vier Finger. Auf diese Weise kann man einfach nicht danebenklopfen. Wenn Sie die Übung zur Polaritätsumkehrung das erste Mal durchführen, sollten Sie eher kräftig klopfen. Sobald Sie Zutrauen zu dem Verfahren gewonnen haben, können Sie weniger Kraft einsetzen. Welche Hand Sie benutzen, spielt keine Rolle, und es steht Ihnen frei, während des Verfahrens jederzeit die Hand zu wechseln. Die meisten Punkte sind paarweise vorhanden, nur unter der Nase (UN) und unter der Lippe (UL) liegt je ein Einzelpunkt.

Ungefähr vier Schläge pro Sekunde sind angemessen und für die meisten Menschen angenehm. (Drei Schläge gehen auch, aber weniger sollten es nicht sein: Hier scheint die untere Schwelle der Wirksamkeit zu liegen. Wenn Sie übertreiben und es auf mehr als sechs Schläge pro Sekunde bringen, sollten Sie sich vielleicht besser als Schlagzeuger bewerben. In unserem Zusammenhang ist es nicht dienlich.) * Pro Punkt 7-10x

Nachfolgend zeigen wir Ihnen die drei Klopfpunkte für die Übung zur Polaritätsumkehrung. Die übrigen Punkte werden Sie dann im fünften und achten Kapitel kennenlernen.

NLR-Punkt: Er wird als einziger massiert und nicht beklopft. Der Neurolymphatische Reflexpunkt (NLR) liegt oberhalb des Herzens, etwa zehn Zentimeter von der Mittellinie des Körpers entfernt. Er ist in der Regel weicher als das umliegende Gewebe. Tasten Sie dieses Gebiet ab, bis Sie eine weiche Stelle spüren. Diese massieren Sie kreisförmig mit drei oder vier Fingern, etwa einmal pro Sekunde, auswärts zur Schulter und abwärts zum Herzen hin. Üben Sie dabei beständigen Druck aus, so als wollten Sie Öl tief in diese Stelle einmassieren.

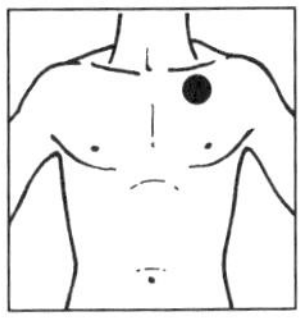

Unter der Nase (UN): Klopfen Sie mit einem oder zwei Fingern genau in die Mitte zwischen Nase und Oberlippe.

Unter der Lippe (UL): Klopfen Sie mit einem oder zwei Fingern unmittelbar unterhalb der Unterlippe genau auf die Kinnmitte.

Übung zur Polaritätsumkehrung (PU)

Fangen Sie stets mit der Übung zum Atemgleichgewicht an, um die Polung des Körpers auszurichten. Setzen Sie sich dann bequem hin und klopfen oder massieren Sie den angegebenen Punkt, während Sie den jeweiligen Vorsatz dreimal aufsagen. Es spielt keine Rolle, wie schnell oder wie langsam Sie sprechen: Verlassen Sie sich einfach auf Ihr Gefühl.

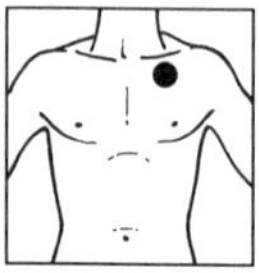

PU Allgemein. *Massieren Sie dabei den NLR-Punkt.*
Bewußter Vorsatz: »Ich nehme mich ganz und gar an, auch mit all meinen Problemen und Unzulänglichkeiten.«

PU Beibehaltung. *Massieren Sie dabei den NLR-Punkt.*
Bewußter Vorsatz: »Ich nehme mich ganz und gar an, auch wenn ich dieses Problem behalten will.«

PU Zukunft. *Klopfen Sie dabei auf den Punkt unter der Nase.*
Bewußter Vorsatz: »Ich nehme mich ganz und gar an, auch wenn ich das Problem künftig weiter haben werde.«

PU Berechtigung. *Klopfen Sie dabei auf den Punkt unter der Lippe.*
Bewußter Vorsatz: »Ich nehme mich ganz und gar an, auch wenn ich es nicht verdient habe, dieses Problem zu überwinden.«

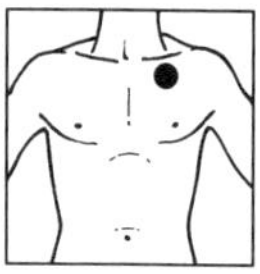

PU Eigene Sicherheit. *Massieren Sie dabei den NLR-Punkt.*
Bewußter Vorsatz: »Ich nehme mich ganz und gar an, auch wenn es ein Risiko für mich bedeutet, dieses Problem zu überwinden.«

PU Sicherheit anderer. *Massieren Sie dabei den NLR-Punkt.*
Bewußter Vorsatz: »Ich nehme mich ganz und gar an, auch wenn es ein Risiko für andere bedeutet, wenn ich dieses Problem überwinde.«

PU Erlaubnis. *Massieren Sie dabei den NLR-Punkt.*
Bewußter Vorsatz: »Ich nehme mich ganz und gar an, auch wenn es mir nicht möglich ist, dieses Problem zu überwinden.«

PU Genehmigung. *Massieren Sie dabei den NLR-Punkt.*
Bewußter Vorsatz: »Ich nehme mich ganz und gar an, auch wenn ich es mir nicht gestatte, das Problem zu überwinden.«

PU Notwendigkeit. *Massieren Sie dabei den NLR-Punkt.*
Bewußter Vorsatz: »Ich nehme mich ganz und gar an, auch wenn ich nicht das Nötige tue, um dieses Problem zu überwinden.«

PU Eigener Nutzen. *Massieren Sie dabei den NLR-Punkt.*
Bewußter Vorsatz: »Ich nehme mich ganz und gar an, auch wenn es nicht gut für mich ist, das Problem zu überwinden.«

PU Fremder Nutzen. *Massieren Sie dabei den NLR-Punkt.*
Bewußter Vorsatz: »Ich nehme mich ganz und gar an, auch wenn es nicht gut für andere ist, wenn ich dieses Problem überwinde.«

PU Ureigenes. *Massieren Sie dabei den NLR-Punkt.*
Bewußter Vorsatz: »Ich nehme mich ganz und gar an, auch wenn mich eine ureigene Blockade daran hindert, das Problem zu überwinden.«

Lassen Sie die Übung zur Polaritätsumkehrung für sich arbeiten

Im Anschluß an diese Übung fühlen Sie sich wahrscheinlich entspannt und vielleicht sogar müde und schläfrig. Manche Leute gähnen, wenn sie die Aussagen lesen – vielleicht nicht nur, weil es sie entspannt, sondern weil sie die Wiederholungen so langweilig finden! Frauen, die unter den Stimmungsschwankungen des Prämenstruellen Syndroms (PMS) leiden, verspüren oft eine sofortige Stimmungsaufhellung. Auch bei Männern, die leicht niedergeschlagen sind, kann das übrigens an zyklischen Umschwüngen der Körperchemie liegen, die zu zeitweiligen Polaritätsstörungen führen.

Die Übungen zum Atemgleichgewicht und zur Polaritätsumkehrung dienen der Vorbereitung auf die eigentlichen Klopfsequenzen. Zudem haben sie aber auch einen bleibenden Wert für Ihren Alltag, denn Sie können mit ihnen Ihr emotionales Gleichgewicht aufrechterhalten.

In bestimmten Situationen raten wir dazu, eine oder mehrere Umkehrungen (in der Regel die PU Allgemein) einige Wochen lang als Teil eines Behandlungsprogramms auszuführen. Das zwölfte Kapitel enthält Vorschläge, wie Sie diese Übung in ein regelmäßiges ESM-Erhaltungsprogramm einbauen können. Anfangs dürfte es Ihnen bereits helfen, die Übung zum Atemgleichgewicht und anschließend die Allgemeine Polaritätsumkehrung täglich durchzuführen (das dauert insgesamt nicht länger als vier Minuten!).

An dieser Stelle grummeln Sie wahrscheinlich: »Aber ich dachte, ESM sollte *sofort* Wirkung zeigen.« Lesen Sie weiter und lernen Sie weiter. Die Anweisungen kommen Ihnen vielleicht deshalb kompliziert vor, weil wir Ihnen alles vermitteln möchten, was wir den Klienten in unserer Praxis persönlich geben können. Aber die eigentlichen Übungen dauern wirklich nur ein paar Minuten. Die Linderung Ihrer emotionalen Leiden verläuft in Stufen. Haben Sie den Schlüssel, der Ihr Problem aufschließt, erst einmal umgedreht, werden Sie die ersehnte Erleichterung praktisch unverzüglich spüren.

Teil 2

Die Gefühle verstehen

5 ESM: Das Mittel gegen festgefahrene Emotionen

Stellen Sie sich eine Welt ohne Gefühle vor, einen Ort ohne Liebe, Wut oder Furcht. In diesem seltsamen Land würde keiner bei einem Fußballspiel mitfiebern. Genauer betrachtet würde wohl überhaupt niemand irgend etwas spielen, weil man kein Vergnügen am Spielerischen oder am Wettbewerb empfände. Eiskrem wäre eine fade Angelegenheit, Kunst existierte nicht. Und Geschichten? Keinem fiele ein, welche zu erzählen, denn es gäbe ja weder Spannung noch verwickelte Liebschaften. Es fehlte das Vergnügen am Sex, an der Arbeit, es fehlte jegliches Begehren, jeder Anreiz, etwas zu erschaffen. Es gäbe keine Träume, Erfahrungen bedeuteten rein gar nichts. Wie gut, daß wir nicht in dieser Welt leben!

Emotionen sind grundlegender Bestandteil unseres Menschseins. Unser Leben ist von Gefühlen durchtränkt: Das reicht von der entspannten Zufriedenheit bei der Unterhaltung mit einem guten Freund bis zur leise brodelnden Frustration in der Warteschlange an der Kasse im Supermarkt, wenn wieder ausgerechnet vor uns jemand mit Scheck bezahlen will oder eine EC-Karte nicht funktioniert. Es gibt praktisch keine Gedanken und keine Erfahrungen, die nicht mit Gefühlen einhergehen – ob wir sie nun bewußt wahrnehmen oder nicht.

Wir Menschen verfügen über eine eindrucksvolle Skala von Emotionen. Dr. Paul Ekman zufolge gibt es allein mehr als hundert unverwechselbare Gesichtsausdrücke, die jeweils eigene, genau umschriebene Gefühlszustände widerspiegeln. Man trifft sie in praktisch jeder Kultur auf der ganzen Welt an. Die reiche Vielfalt der Emotionen ist ein Kennzeichen der menschlichen Existenz.

Unsere Gedanken, Sinne und Gefühle bilden die unendlich bunten und vielfältigen Facetten des Bewußtseins, aus denen unser Leben gesponnen ist. Dabei dienen uns Emotionen gleich in mehrfacher Hinsicht. Auf der elementarsten Ebene ermöglichen sie uns das Überleben: Furcht warnt uns vor Gefahren und läßt uns kämpfen oder fliehen. Wut liefert den Antrieb, unter schwierigen Umständen durchzuhalten. Und die sexuelle Begierde sichert die Arterhaltung.

Über das nackte Überleben hinaus spielen Gefühle eine zentrale Rolle bei der Erhaltung der Gesundheit, der Sicherheit und des Wohlbefindens. Sie geben entscheidende Hinweise auf unsere Persönlichkeit, unser Verhalten, unsere Bedürfnisse und auf die Qualität unserer Beziehungen und Erfahrungen. Sie bringen uns dazu, Dinge in Angriff zu nehmen, uns zu entwickeln und zu lernen. Selbst die Emotionen, die wir üblicherweise »negativ« nennen, erfüllen eine natürliche und nützliche Funktion: Frust, Ungeduld, Ekel und Ärger können uns zu produktivem Handeln anspornen. Ängstlichkeit und Reizbarkeit zeigen uns, wann wir uns zu sehr ins Zeug gelegt haben, und können uns mahnen, alles ein wenig langsamer anzugehen. Durch Einsamkeit können wir zu einem tieferen Verständnis unserer selbst gelangen. Trauer hilft uns, einen Verlust zu überwinden. Schuldgefühle lassen uns ehrlich bleiben. Erst unser ganz persönlicher Satz emotionaler Reaktionen macht uns zu einem eigenständigen Individuum. Gefühle bilden einen entscheidenden Bestandteil unserer sogenannten Persönlichkeit. Ohne unsere Emotionen wären wir nicht wir selbst.

Dennoch war unsere Kultur lange Zeit geneigt, »rationale« Gedanken für wertvoller und »aufgeklärter« zu halten als unsere Gefühle. Letzere werden oft als chaotisch betrachtet, sie »sind uns im Weg«, wenn es darum geht, richtige Entscheidungen zu treffen. Vermutlich war die Vergötterung der Vernunft ja eine natürliche Begleiterscheinung der menschlichen Entwicklung: Wir merkten, daß wir uns unserer Umgebung bemächtigen konnten, und begannen zu verstehen, wie die Welt und der Verstand funktionieren. Doch darüber haben wir die ungeheuer positive Rolle der Emotionen in unserem Leben vergessen. Denn so großartig war das Zeitalter der Vernunft nun ja bekanntlich auch wieder nicht.

Auf die Gefühle kommt es an

Heute wissen wir um das komplizierte Zusammenspiel zwischen Fühlen und Denken. Wir verstehen, daß es für unser Leben ebenso wichtig ist, unsere Emotionen ins Spiel zu bringen wie unseren Intellekt. Bereits im neunzehnten Jahrhundert stellte der Psychologe William James fest: »Das Ideal ist sicher eine Verbindung aus Mathematiker und Dichter, aus Leidenschaft und Askese, aus Begeisterung und Genauigkeit«. Und gegen Ende des von High-Tech geprägten zwanzigsten Jahrhunderts hob der Schriftsteller Daniel Goleman erneut den Wert hervor, der »im Tanz von Fühlen und Denken« liegt. »Die emotionale Fähigkeit steuert unsere Augenblicksentscheidungen«, schrieb er, »wobei sie Hand in Hand mit dem rationalen Verstand arbeitet und das Denken selbst ermöglicht – oder unmöglich macht.«

Dr. Goleman nennt unser Vermögen, Gefühle zu steuern und gezielt einzusetzen, »emotionale Intelligenz« – eine Fähigkeit, die es uns erlaubt, schneller zu lernen, erfolgreich Karriere zu machen, lebendigere Beziehungen aufzubauen und sich einer besseren Gesundheit zu erfreuen. Goleman zufolge umfaßt die emotionale Intelligenz Eigenschaften wie Selbstwahrnehmung, Impulskontrolle, Altruismus, Selbstmotivation, Empathie und die Fähigkeit zu lieben. Nur wenn wir lernen, unsere Emotionen zu steuern und sie in allen Aspekten unseres Lebens ins Spiel zu bringen, machen wir umfassenden Gebrauch von unseren Anlagen.

Besonders betont Goleman die Fähigkeit unserer Emotionen, rationales Denken zu ermöglichen oder zu verhindern. Wer kennt das nicht: Wenn unsere Gefühle ins Schleudern geraten, sind wir nicht mehr in der Lage, einen klaren Gedanken zu fassen. Viele Probleme hätten wir überhaupt nicht, würden wir unsere Emotionen intelligent einsetzen. Wir wären nicht verletzt und gekränkt und würden auch anderen nicht wehtun. Aber warum sind unsere Gefühle so anfällig und unausgewogen, daß sie uns manchmal mehr schaden als nützen? Wenn wir sehen, wie unser Glück und unsere ureigensten Interessen durch unsere Gefühle unterminiert werden, gibt uns das Rätsel auf. Warum reagieren wir auf eine Art und Weise, die eindeutig nicht in unserem Interesse ist oder uns und die Menschen in unserer Umgebung unglücklich macht?

Es gibt keine schlechten Emotionen

Die Angemessenheit unserer Reaktionen vermittelt entscheidende Hinweise auf unsere emotionale Intelligenz. Es gibt keine falschen Emotionen, es gibt nur das falsche Ausmaß eines Gefühls zur falschen Zeit. Aristoteles hat es folgendermaßen ausgedrückt: »Jeder kann wütend werden – das ist nicht schwer. Aber es ist schwer, bei der richtigen Person, im rechten Maße, zur rechten Zeit, zur passenden Gelegenheit und in angemessener Weise ärgerlich zu werden.«

Unproduktive Gefühle können in der Liebe, bei der Arbeit und in den familiären Beziehungen zu mangelnder Kommunikation führen und uns unfähig machen, Probleme zu bearbeiten und zu lösen. Beziehungen bessern sich, wenn es uns gelingt, über andere nachzudenken und auf sie zu reagieren, ohne von unseren Gefühlen »überwältigt« zu werden. Wenn uns unsere Gefühle übermannen, reagieren wir, ohne unseren Verstand einzuschalten. Gelingt es uns, unsere Gefühle besser zu steuern, können wir störende Emotionen auflösen. Das macht es uns möglich, klarer zu denken und unsere emotionale Intelligenz für klügere Entscheidungen einzusetzen.

Ist unsere Meinung über uns selbst oder unsere Welt aus den Fugen geraten, neigen wir zu übertriebenen Reaktionen. Nur weil wir zum Beispiel vergessen haben, eine Flasche Milch einzukaufen, sind wir wütend und fluchen und beschimpfen uns: »Was bin ich doch für ein Idiot!« Vor zwanzig Jahren haben wir einer Freundin nicht die Wahrheit gesagt, als es um eine andere Frau ging, und in uns nagt noch heute der Gedanke: »Ich bin ein niederträchtiger Schuft.« Seit man uns damals in der vierten Klasse nicht in die Fußballmannschaft gewählt hat, sind wir überzeugt, daß uns die anderen für unfähig halten. Deshalb haben wir stets Stellen angenommen, die weit unter unseren Fähigkeiten lagen – nur um niemals mehr das Gefühl haben zu müssen, den Anforderungen nicht zu genügen. Obwohl wir einen guten Job, ein Sparkonto und nicht zuletzt auch noch das soziale Netz haben, befürchten wir ständig, als mittelloser Penner in der Gosse zu landen.

Emotionale Intelligenz

Jeder Mensch verfügt über eine angeborene, mehr oder weniger ausgeprägte emotionale Intelligenz. Normalerweise setzen wir emotionale Informationen so routiniert für unsere Entscheidungen ein, daß wir uns dessen kaum bewußt werden. Auch wenn wir glauben, vollkommen rational und praktisch zu entscheiden, ist immer eine emotionale Komponente beteiligt. Der Erfolg unserer Entscheidungen hängt davon ab, wie wir rationales und logisches Denken mit Hilfe emotionaler Reaktionen modifizieren, informieren und ausbalancieren. Unsere Vorahnungen und das »Gefühl im Bauch« liefern den emotionalen Beitrag. Magen und Darm, wo dieses »Aus-dem-Bauch-heraus-Handeln« buchstäblich herkommt, sind evolutionär gesehen vielleicht das erste Gehirn gewesen, das wir hatten. Der Magen besitzt ähnliche Rezeptoren für Neurotransmitter wie das Gehirn, und primitivere Lebewesen nehmen einen erheblichen Teil der Welt über den Magen wahr. Menschen mit emotionaler Intelligenz vertrauen ihrer Intuition. Sie betrachten sie als natürlichen Bestandteil jeder Entscheidungsfindung. *Wirklich* kluge Leute pflegen ihre intuitiven Fähigkeiten. Sie beziehen alle Informationen ein, an die sie herankommen, und dazu gehören eben auch die körperlichen Reaktionen.

Antonio Damasio, Professor für Neurologie an der University of Iowa, hat zusammen mit Kollegen ein Experiment durchgeführt, das zeigen sollte, wie wichtig der Einsatz der emotionalen Intelligenz für Entscheidungen ist. Die Risiken und Belohnungen, die in Alltagsentscheidungen enthalten sind, wurden in dem Experiment durch ein Glücksspiel simuliert. Die Hälfte der Versuchspersonen waren Menschen, die Schäden an den Frontallappen (dem Bereich des Gehirns, der das Denken ermöglicht) erlitten hatten. Ihre Fähigkeit, emotionale Informationen sinnvoll zu verarbeiten, war beeinträchtigt. Die emotionale Ausstattung der anderen Hälfte wurde als »normal« beurteilt.

Jeder Spieler erhielt 2000 Dollar in realistisch aussehendem Spielgeld und die Anweisung, möglichst wenig zu verlieren und möglichst viel zu gewinnen. Das Spiel bestand darin, daß jeder Spieler jeweils eine Karte von einem von vier Kartenstapeln aufzudecken hatte. Auf jeder Karte war vermerkt, welchen Betrag der Spieler gewonnen hatte oder als Bußgeld zahlen mußte.

Was die Spieler jedoch nicht wußten: Das System der Gewinne und Bußgelder folgte einem bestimmten Muster. Zwei der Kartenstapel waren so präpariert, daß die Spieler jeweils kleine Gewinne und Bußgelder zogen. Die anderen beiden Stapel enthielten zwar hohe Gewinne, aber auch erheblich höhere Geldstrafen. Mit den beiden ersten Stapeln konnten die festgesetzten Ziele des Spiels also auf Dauer weit besser erreicht werden.

Dr. Damasio und seine Mitarbeiter fanden nun heraus, daß die Versuchspersonen, bei denen die Frontallappen geschädigt waren, anscheinend nicht imstande waren, erfolgreich auf dieses System einzugehen. Um einzugrenzen, was das Urteilsvermögen dieser Teilnehmer trübte, maßen sie bei allen den Hautwiderstand, der mit emotionaler Erregung in Verbindung gebracht wird. Es zeigte sich, daß es *nach* guten Entscheidungen und *nach* dem Aufdecken teurer Strafkarten in beiden Gruppen zu emotionaler Erregung kam.

Im weiteren Verlauf des Spiels jedoch begannen die Teilnehmer, deren Gehirn keine Schädigungen aufwies, bereits eine emotionale Erregung zu spüren, *bevor* sie eine Karte von einem der Stapel abheben wollten, die wahrscheinlich eine Bußgeldkarte bereithielten. Diese vorwegnehmende Erregung stieg mit der Dauer des Spiels an. Die gespeicherten emotionalen Informationen beeinflußten offenbar die Entscheidung, von welchem Stapel sie die nächste Karte nehmen würden. Die Teilnehmer mit Gehirnschädigung konnten diese emotionale Information nicht weiterverarbeiten. Selbst wenn sie wußten, welche Stapel wahrscheinlich schlechte Karten bereithielten, war es ihnen vor der Entscheidung offenbar emotional gleichgültig, welchen Stapel sie wählten. Sie konnten die integrierenden, vergleichenden und ordnenden Eigenschaften dieser Information nicht nutzen. Dieser Versuch liefert weitere Beweise, daß es einen biologischen Vorteil mit sich bringt, wenn man Zugang zu emotionalem Wissen hat; es dient unserem Wachstum und unserem Erfolg.

Querverbindungen

Unsere Gedanken und Gefühle sind nicht in getrennten Gebieten angesiedelt, sondern tauschen ihre Informationen in der Regel aus. Unsere Gefühle beeinflussen also unser Denken und umgekehrt. Sollten Sie daran irgendwelche Zweifel haben, brauchen Sie nur für einen Augenblick die Augen zu schließen und sich eine erfreuliche Erinnerung ins Gedächtnis zu rufen: Die lustigste Party Ihres Lebens, die Umarmung eines geliebten Menschen, den Geschmack Ihres Leibgerichts. Sie lächeln? Sie fühlen sich gut? Dann beeinflussen Ihre Gedanken offensichtlich Ihre Emotionen.

Wenn unsere Gedanken und Gefühle synchron arbeiten, wirkt sich das natürliche Auf und Ab unserer Reaktionen auf alle Aspekte unserer Erfahrung und alle unsere Entscheidungen aus. Die meisten Menschen finden einen Weg, ihre Emotionen zu steuern, ihre Erlebnisse zu verstehen und nutzbar zu machen. Wenn uns etwas Unerfreuliches widerfährt, denken wir darüber nach. Vielleicht greifen wir gleich zum Telefon und bereden es in allen Einzelheiten mit jemandem, der uns nahesteht. Für manche ist es hilfreich, ein Tagebuch zu führen. Vielleicht malen oder musizieren wir, um unsere Gefühle zu erkunden. Oder wir laufen ein paar Kilometer. Möglicherweise verarbeiten wir das Ereignis im Traum, oder wir stellen es uns sogar bewußt vor, bis wir an einen Punkt kommen, wo es uns nicht länger stört. Es gibt viele Möglichkeiten, das Gefühl zu bekommen, die Wechselfälle des Lebens meistern und unsere Erfahrungen angemessen in unser Weltbild integrieren zu können. Gelingt es uns, den Schritt von der Erregung zum Annehmen zu tun, können wir größtmöglichen Nutzen aus dem Erlebnis ziehen und alles Überflüssige ablegen: unproduktive Überzeugungen, störende emotionale und körperliche Reaktionen und selbstverständlich auch unangemessene Verhaltensweisen.

Leider läuft das nicht immer so ab. Manchmal ist ein Erlebnis so verstörend, vielleicht so tief in alten, unverarbeiteten emotionalen Verletzungen verwurzelt, daß wir es nicht abschütteln können. Diese Gefühle bleiben dann in einer emotionalen Endlosschleife gefangen, die sich regelmäßig abspult, sobald wir an den Vorfall denken oder in irgendeiner Weise daran erinnert werden.

Wenn Lee während der Nacht ein Geräusch hört, ist er vor Angst wie gelähmt. Automatisch denkt er: »Da ist jemand im Haus«, auch wenn dieser Schluß durch nichts gerechtfertigt ist. Die Türen sind abgeschlossen, er lebt in einer Wohngegend, wo normalerweise keine Einbrüche vorkommen, und vom Hund seines Nachbarn, der beim kleinsten Anlaß bellt, ist nichts zu hören.

Wodurch wird dieses störende Verhaltensmuster in Gang gesetzt? Lee ist in einem schwierigen Viertel aufgewachsen. Schießereien und Raubüberfälle waren an der Tagesordnung. Sein Schulweg und sogar der Aufzug zu seiner Wohnung waren voller Gefahren. Nächtliche Geräusche waren eine Warnung, in Deckung zu gehen. Dort, wo Lee aufwuchs, war Angst eine intelligente Reaktion.

Jetzt ist sie das nicht mehr. Dennoch führt jeder noch so schwache oder anscheinend unverhältnismäßige Auslöser, der die traumatisierenden Umstände seiner Kindheit heraufbeschwört, zwangsläufig dazu, daß Lee die Welt als unberechenbar und unsicher erlebt. Seine Erfahrungen haben ihm die Grundüberzeugung vermittelt, daß ihm jederzeit etwas Schlimmes zustoßen kann. Er zeigt eine übersteigerte Wachsamkeit und ist ständig auf der Hut, da er sich unentwegt in Gefahr glaubt. Obwohl Lee bewußt ist, daß seine Angst vor einem Eindringling übertrieben und absolut irrational ist, kann er dieses verselbständigte Muster aus bohrenden und unproduktiven Gedanken anscheinend nicht durchbrechen.

Ein im Kreis verlaufender, eingeschlossener Gedanke kann so hartnäckig sein, daß er Ihnen nicht mehr aus dem Kopf geht. Manchmal gibt es nichts, was Sie von Ihren vergifteten Gedanken ablenken könnte: Keine Arbeit oder sportliche Betätigung, kein Essen oder Trinken, soviel es auch sein mag. Sie haben Schwierigkeiten, zu essen und/oder zu schlafen, Sie arbeiten unproduktiv und benehmen sich auch mal daneben, weil Sie einfach geistesabwesend sind. Manchmal ist es gar nicht so einfach, unsere Gedanken im Griff zu behalten.

Endstation Streß

Auf einer bestimmten Ebene erzeugen unsere unproduktiven emotionalen Reaktionen als Endprodukt Streß. Streß an sich ist nicht unbedingt schlecht. Er kann uns motivieren: Ohne Streß würden wir vielleicht ewig im Bett liegenbleiben und wenig zustandebringen. Lediglich große Mengen von schlecht gesteuertem, negativem Streß verursachen Probleme. Unsere Streßbelastung ist eine Kombination aus kulturellen und persönlichen Faktoren. Was den kulturellen Anteil angeht, sind wir oft von den unablässigen Zwängen des modernen Lebens überfordert – der Geschwindigkeit des technologischen Wandels, der ständig wachsenden Zeit, die wir darauf verwenden müssen, auf dem laufenden zu bleiben, dem Gefühl, nie fertig zu werden und unmöglich alles schaffen zu können, was wir uns vorgenommen haben. Dem Gefühl, daß der Tag nicht ausreicht, um alles zu erledigen, was zu tun ist. Man kann sich nur schwer des Eindrucks erwehren, daß alles zu schnell geht und wir am Wegrand zurückbleiben. Und all das kommt zu den emotionalen Bürden, die wir mit uns herumtragen, hinzu.

Die Wut, die sich heute wie eine Epidemie ausbreitet, ist ein Nebenprodukt der angesammelten und unaufgelösten Streßbelastungen des modernen Lebens. Wir haben uns so an die aufdringlichen Bilder von Gewalt im Fernsehen gewöhnt, daß wir kaum mehr auf sie reagieren. Die Zeitungen sind voll mit Nachrichten über Schießereien, Straßenkrawalle, willkürliche Gewaltakte, Bandenkriege und Schüler, die ihre Mitschüler oder Lehrer mit automatischen Waffen abknallen. Filme gründen ihren Erfolg auf Gewaltszenen in Zeitlupe oder reißerische Spezialeffekte. Hemmungslose Wut wird zur Norm verklärt. Dr. Ekman meint dazu: »Wenn in vorgeschichtlicher Zeit jemand einen plötzlichen Wutanfall hatte und für ein paar Sekunden wünschte, jemanden umzubringen, war das nicht so leicht zu bewerkstelligen – heute dagegen geht es.« Denn heute verfügen wir über die Technik, unsere Gefühle augenblicklich in die Tat umzusetzen.

Informationsüberflutung kann uns dazu bringen, auf unsere Erlebnisse nicht mehr angemessen oder überlegt zu reagieren. In gewisser Weise führt sie dazu, daß wir – ähnlich den hirngeschädigten Versuchspersonen in Dr. Damasios Untersuchung – unsere emotionale Intelligenz nicht mehr steuern und umfassend einsetzen können. Irrationales oder impulsives Verhalten ohne Rücksicht auf die Folgen ist oft ein Nebenprodukt von überschießendem, unzulänglich bewältigtem Streß.

Es ist lehrreich zu sehen, wie unterschiedlich Menschen auf Streß reagieren. Nehmen wir an, zwei Autofahrer werden in einen Unfall verwickelt; keiner ist schuld, und keiner erleidet eine Verletzung. Dennoch entwickelt einer eine intensive Angst vor dem Autofahren, der andere nicht. Was zu der unterschiedlichen Reaktion führt, ist nicht klar. Jeder scheint den Unfall anders verarbeitet zu haben: Es könnte sein, daß das Erlebnis bei beiden über verschiedene »Schaltkreise« lief: Beim einen gelangte es nie über den primitiven Teil des Gehirns hinaus, der nur Kämpfen oder Flüchten kennt, und kam nie im Neokortex an, wo es der Vernunft zugänglich gewesen wäre. Bei demjenigen, der eine Phobie gegen das Autofahren entwickelte, lag die Toleranzschwelle für Streß irgendwie – angeboren oder sozialisationsbedingt – niedriger, und der vorhandene Mechanismus zum Abbau der intensiven Emotionen des Unfalls hat nur unzulänglich funktioniert.

Am 17. Januar 1994 wurde Northridge, ein Vorort von Los Angeles, durch ein Erdbeben zerstört. Im Umkreis von 20 Meilen verursachte es umfangreiche Schäden an Straßen, Gebäuden und anderen Einrichtungen. Das Beben hatte eine Stärke von 6,7 und kostete 51 Menschen das Leben, dazu kamen mehr als 9 000 Verletzte und Sachschäden in Milliardenhöhe. Die große Mehrheit der Überlebenden führte ihr Leben ganz normal weiter. Sie bauten ihre Häuser wieder auf oder zogen vielleicht in eine andere Gegend. Es macht ihnen nicht sehr viel aus, über das Erdbeben zu sprechen. Das gilt aber leider nicht für alle.

Das Beben von Northridge dauerte fünfzehn Sekunden, aber für einige Menschen hörten seine Erschütterungen niemals auf. Jamie war eine von ihnen. Das Haus von Jamie und ihrem Ehemann Allan wurde stark in Mitleidenschaft gezogen und brach teilweise zusammen. Dabei erlitt Allan ein paar kleinere Schnittwunden. Er war zwar traurig und frustriert wegen der Schäden, doch das hatte keine bleibenden Nachwirkungen. Bei Jamie verlief es anders. Obwohl sie körperlich unverletzt geblieben war, hatte sie schreckliche Angst, zurückzukehren und den Schaden zu begutachten. Selbst aus sicherem Abstand konnte sie keinen

Blick auf das Haus werfen, ohne in Schweiß auszubrechen und starkes Herzklopfen zu bekommen. Da Jamie durch ihr Trauma behindert war, mußte Allan allein zurückgehen, um zu retten, was zu retten war, und das Haus wieder aufzubauen. In den Monaten nach dem Beben wurde Jamies Leiden ständig schlimmer. Es ging so weit, daß sie keine Stelle des Ortes mehr aufsuchen konnte, der Spuren des Erdbebens trug. Am Ende zog sie dann zu ihrer Mutter, die 50 Meilen entfernt wohnte.

Jamie war in einen psychischen Zustand geraten, der als akute posttraumatische Belastungsreaktion bezeichnet wird. Dabei handelt es sich um eine Reihe von Symptomen, die nach einem Trauma bestehenbleiben und die sozialen und familiären und Beziehungen stören – Schlaflosigkeit, Angstzustände, Gedächtnisverlust sowie das Gefühl, das Ereignis erneut zu erleben, Vermeidungsverhalten und andere Auswirkungen, die das Alltagsleben teils beträchtlich behindern. Jamie blieb in dem Erdbeben gefangen. Glücklicherweise lassen sich Traumata dieses Typs mit ESM sehr gut behandeln. Als Jamie schließlich in unsere Praxis kam, konnten wir sie davon befreien.

Warum aber entwickelt sich eine so überwältigende Reaktion wie die von Jamie überhaupt, und warum verschwindet sie nicht im Lauf der Zeit? Darauf gibt es keine eindeutige Antwort. Der Lerntheorie zufolge könnte es ausreichen, einer bestimmten Situation einmal völlig ausgeliefert zu sein – insbesondere bei Menschen, die bereits eine gewisse Angstbereitschaft zeigen. Dieses Konzept mag für bestimmte dysfunktionale Verhaltensweisen wie Vermeidungsverhalten zutreffen. Es kann aber nicht die breite Skala störender Symptome erklären, die zum Teil selbst dann auftreten, wenn keinerlei Reize aus dem auslösenden Ereignis vorliegen. Es scheint, als wäre ein bestimmter Prozeß, der eine Auflösung der Emotionen ermöglicht, blockiert, was eine Aufarbeitung des Erlebten verhindert. Der bloße Gedanke an das Trauma reicht dann aus, Angstsymptome hervorzurufen. Francine Shapiro, die Entdeckerin von EMDR, hat eine Theorie entwickelt, weshalb Menschen in einer emotionalen Reaktion verhaftet bleiben, wenn diese schon längst nicht mehr produktiv ist: Wie Goleman und Damasio erkennt Shapiro die anpassungsfördernde Rolle starker negativer Emotionen, da sie uns zum Beispiel einprägen, wie wir Gefahren vermeiden können. Shapiro glaubt nun, daß unsere informationsverarbeitenden Systeme eine natürliche Methode bereitstellen, belastende Ereignisse zu integrieren und damit unser geistiges und körperliches Gleichgewicht zu bewahren und uns angemessen funktionieren zu lassen. Sie ist jedoch auch davon überzeugt, daß starke emotionale Ereignisse diese natürlichen Mechanismen überfordern können, was dann dazu führt, daß die Verarbeitung in unserem Nervensystem quasi »steckenbleibt«.

Die posttraumatische Belastungs- oder Streßreaktion bildet das eine Ende einer kontinuierlichen Reihe von Symptomen. Schon der banalste Vorfall kann eine emotionale Endlosschleife in Gang setzen, die – wie das Sandkorn für das Wachstum einer Perle – der Keim ist, an den sich weitere Erfahrungen anlagern. Jeder Mensch ist einzigartig, und jeder ist auf einem anderen Weg dorthin gelangt, wo er sich heute befindet. Was dem einen keine Ruhe läßt, stellt für einen anderen überhaupt kein Problem dar. Ein ansonsten furchtloser, ja tollkühner Rennfahrer kann schreckliche Angst davor haben, einer Frau seine Liebe zu gestehen. Ihren Kindern gegenüber tritt eine Mutter vielleicht mit Bestimmtheit auf, fürchtet sich aber davor, in der Öffentlichkeit zu sprechen. Ob wir nun auf die Kritik eines Kollegen übermäßig reagieren oder den Zahnarztbesuch ständig hinausschieben: Wir halten daran fest, in unproduktiver Weise auf Lebensereignisse zu reagieren.

Kognitive Therapie: Was habe ich mir nur dabei gedacht?

Wenn wir unangepaßte Reaktionen ändern wollen, müssen wir uns in einem ersten Schritt bewußt machen, was wir fühlen. Das ist leichter gesagt als getan. Vor allem als Kinder haben wir die natürliche Tendenz, Gefühle zu unterdrücken, die zu schmerzlich sind, als daß wir sie ertragen könnten, oder für die man uns bestrafen oder sich über uns lustig machen könnte. Wenn man unsere Gefühle wiederholt mißachtet oder nicht anerkennt, begraben wir sie. Am Ende nehmen wir ihre Anwesenheit nicht einmal mehr bewußt wahr – obwohl unser Verhalten unsere innersten Empfindungen natürlich weiterhin verrät.

Außerdem müssen wir einen Sinn dafür entwickeln, wann unsere Gefühle angemessen und hilfreich sind und wann nicht. Einer, der seinen Chef in einem Wutausbruch schlägt, verhält sich eindeutig unangemessen: Er kann seine Emotionen nicht steuern, vielmehr kontrollieren *sie ihn*. Wann immer die Art oder Intensität unserer emotionalen Reaktion nicht den Umständen entspricht, benehmen wir uns »daneben«. Manche Menschen erleben aufkommende Gefühlswallungen als körperliches Unwohlsein – verspannte Muskulatur, Herzrasen, Atemnot. Bei anderen äußern sie sich in Form von Schmerzen, Bedrückung oder beunruhigenden Gedanken. Als Folge davon kommt man dann möglicherweise nicht aus dem Bett oder verspürt den unkontrollierbaren Drang, Geld auszugeben. Vielleicht fühlen wir uns lustlos und träge, mies, überempfindlich, neben der Spur und gereizt.

Manchmal scheint zwischen unseren Gedanken und unseren Gefühlen keinerlei Verbindung zu bestehen. Der Kopf sagt dies, und der Körper sagt etwas anderes – so als wären die chemischen und elektrischen Boten des Gehirns durcheinandergeraten. Wir wissen zum Beispiel, daß die Person, mit der wir eine Beziehung angefangen haben, nicht gut für uns ist, doch wir treffen uns weiter mit ihr. Oder wir wollen unbedingt auf ein neues Auto sparen, verschleudern aber unablässig unser Geld für nutzlosen Krempel. Wir fühlen uns von einem überkritischen und pflichtvergessenen Freund mißbraucht, doch wir sprechen ihn nie darauf an und scheinen irgendwie unfähig, uns von ihm zu lösen.

Wie viele Therapien will uns die Kognitive Therapie dabei helfen, unsere Emotionen zu steuern, indem sie die Ursprünge unseres Überzeugungssystems herausarbeitet und es dahingehend umprogrammiert, daß es produktiver arbeitet. Eines der Grundprinzipien der Kognitiven Therapie lautet, daß unsere Gedanken unseren Gefühlen vorausgehen. Daraus folgt, daß wir unsere Gefühle in demselben Maß im Griff haben können wie unsere Gedanken. Die Kognitive Therapie baut auf den Arbeiten des Psychologen Albert Ellis und des Psychiaters Aaron Beck auf und besagt, daß die Art, wie wir über ein Ereignis denken – wie wir es deuten –, festlegt, wie wir es emotional erleben. Wenn wir unsere Gedanken darüber ändern, ändert sich also auch die entsprechende Gefühlsreaktion.

Nehmen wir zum Beispiel eine Frau, die schreckliche Angst vor Hunden hat, weite Umwege in Kauf nimmt, um ihnen aus dem Weg zu gehen, und ständig nach Fluchtwegen Ausschau hält, für den Fall, daß sie trotzdem angegriffen wird. Im Laufe der Therapie könnte die Frau vielleicht herausfinden, daß sie vor langer Zeit einmal von einem bissigen Hund angefallen wurde. Ein Therapeut der Kognitiven Schule würde ihr zudem raten, sich einmal bewußt ihre aktuellen Erfahrungen anzusehen. Gemeinsam könnten sie ihre Reaktion auf einen Hund untersuchen, der ihr gerade an diesem Tag Angst eingejagt hat. Hat er böse geknurrt? Nicht wirklich, eher gewinselt. Bedeutete er eine echte Bedrohung? Nein, er war hinter einem Zaun. Wie kommen Sie dann darauf, würde der Therapeut nun fragen, daß der Hund eine Gefahr darstellt? Er würde der Frau helfen, ihre Erfahrung vernünftig zu bewerten, und sie so dazu bringen, ihre Vorstellung von der doch eher unwahrscheinlichen Gefährdung durch Hunde zu ändern. Gelingt es ihr, diese neue Einschätzung von Hunden zu verstärken, wäre sie beim nächsten Zusammentreffen mit einem bellenden Hund imstande, die Situation rational zu bewerten. Dank dem neuen Bewußtsein, daß *dieser* Hund keine Gefahr darstellt, könnte sie ruhig bleiben.

Im Kampf mit den Grundüberzeugungen

Die Kognitive Therapie ändert also unsere emotionalen Reaktionen, indem sie unsere Grundüberzeugungen ändert. Diese bilden sich aus unseren frühen Erfahrungen mit der Umwelt. In der Jugend lernen wir den Umgang mit unseren Gefühlen und Reaktionen auf die Welt durch eine ganze Reihe von Instanzen, die uns sozialisieren und informieren – Kindergarten, Schule, Kirchen und heutzutage natürlich das Trommelfeuer der Medien. Unsere ersten Prägungen empfingen wir freilich zu Hause, durch das Vorbild und die Anleitung unserer Eltern, die ihrerseits von ihren Eltern und aus ihrem eigenen Leben gelernt hatten. All diese Erfahrungen deuten wir entsprechend unserer Reife, unserem Charakter und unseren Lebensumständen. Alles, was wir von Geburt an erleben, formt die Grundüberzeugungen, die unsere Verhaltensmuster beeinflussen. Selbst früheste Erfahrungen – erlebt in einem Alter, in dem wir noch wenig Möglichkeiten haben, sie zu verstehen und uns nicht bewußt an sie erinnern – prägen uns stark. Und noch etwas: Bei der Ausbildung unserer Grundüberzeugungen ist nicht so sehr entscheidend, *was* tatsächlich geschehen ist, sondern wie *wir* es erlebt haben.

Die Grundüberzeugungen sind eine Art inneres Lehrbuch, das wir unbewußt heranziehen, um unsere Reaktionen festzulegen. Aus ihnen entspringen all jene eingefleischten, automatischen Denkmuster, die unsere Reaktionen auf alltägliche Ereignisse bestimmen. Dabei löst das automatische Denken unsere Reaktionen so schnell aus, daß wir oft nur das Gefühl bemerken und gar nicht den Gedanken, der es angestoßen hat.

Viele unserer automatischen Reaktionen sind ausgesprochen intelligent. Angesichts neuer Situationen und Herausforderungen hilft uns die (unbewußte) Erinnerung – wie wir uns bei vergleichbaren Erfahrungen in der Vergangenheit gefühlt haben –, in der Gegenwart spontan die richtigen Entscheidungen zu treffen. Würden wir nicht über ein System verfügen, das uns hilft, die Ereignisse unseres Alltags zu verarbeiten, müßten wir jedesmal ganz von vorn beginnen. Ich habe meine Eltern angelogen, und sie sind sehr verärgert. Darf ich das noch einmal tun? Da macht jemand ein bekümmertes Gesicht. Was bedeutet das, und was soll ich tun? Ist es auch wahr, wenn jemand sagt, daß er mich mag? Wie kann ich das wissen? Gespeicherte Reaktionsmuster kommen einem da sehr zugute.

Die Umstellung des Denkens durch die Kognitive Therapie ist nichts für Schwächlinge. Die Art und Weise, in der jemand über ein Problem denkt, allein durch schiere Willenskraft – gewissermaßen mechanisch – zu verformen, könnte man mit dem Biegen von Stahl vergleichen. Kognitive Therapie ist harte Arbeit – aber sie funktioniert. Sie nimmt den unproduktiven Gedanken und biegt ihn langsam, aber sicher so, daß er eine andere Form annimmt. Man verändert seine Störung, weil man den Denkprozeß verwandelt hat. Doch leider bergen automatisches Denken und störendes Verhalten ein gewisses Rückfallrisiko. Es ist nicht einfach, unseren Emotionen mit Vernunft zu kommen, eingefahrene Denkschleifen schlichtweg abzuweisen. Sie führen nämlich sozusagen ein Eigenleben und verschwinden nicht einfach, wenn man es ihnen sagt.

Wenn man es recht überlegt, ist schon die Vorstellung, seinen Gefühlen mit Vernunft kommen zu wollen, ein Widerspruch in sich. Natürlich kann man etwas erreichen, wenn man sich anstrengt. Wenn man sich ernsthaft und entschlossen darum bemüht, das verquere Denken auszumerzen und es durch produktivere Gedanken zu ersetzen, gelingt es einem am Ende vielleicht, den Auslöser der emotionalen Reaktion zu umgehen. Doch unterschätzen Sie die Gefühle nicht. Sie sind mächtig. Wer auf diesem Weg vorwärtskommen will, muß sich ständig darauf konzentrieren. Und wer hat heute dazu schon die nötige Zeit, Ausdauer und Entschlußkraft?

Alex, der dreiundfünfzigjährige Geschäftsführer eines Reisebüros, arbeitete fast drei Jahre lang mit einem Therapeuten der Kognitiven Schule, um seine zwanghafte Angst vor Krankheiten und die lähmende Überzeugung, an einem unerkannten schweren Leiden erkrankt zu sein, in den Griff zu bekommen. Bei Alex handelt es sich nicht um einen schlichten Hypochonder, denn er hat tatsächlich einige Gesundheitsprobleme. Er leidet an einem sogenannten Klick-Syndrom, das die Herzleistung vermindert, und an einer Überlastung der Lendenwirbelsäule.

Alex verbringt viel Zeit bei Ärzten – etwa acht Besuche pro Monat – und läßt sich wegen seiner Symptome und Befürchtungen untersuchen. Sein Hausarzt bezeichnet ihn bereits als »Stammkunden«. Doch niemand findet bei Alex irgend etwas Ernstes. Seine einzige wirkliche Gesundheitsstörung besteht darin, daß sein Leben von chronischer Besorgnis beherrscht wird – was auf Dauer allerdings zuverlässig dafür sorgen dürfte, daß er irgendwann wirklich krank wird.

Die Herausforderung für Alex (und seinen Therapeuten) läuft darauf hinaus, daß er lernen muß, sich *angemessen* um seine Gesundheit zu sorgen. Er muß unterscheiden lernen, was ein legitimer Grund zur Besorgnis ist, und welche Anteile seiner Ängste für ihn schädlich sind. Es gehörte zu seiner Therapie zu lernen, auf seine automatischen Reaktionsmuster zu achten. Gewissenhaft beobachtete und notierte er seine Reaktionen, bis es ihm möglich war, seine kognitiven Störungen zu erkennen. Plötzlich verstand er, wie er Informationen verdrehte, damit sie in sein Wahrnehmungsschema paßten. Sobald ihm aber bewußt wurde, wie er die Wirklichkeit verbog, war Alex imstande, aufbauendere und realistischere Feststellungen zu formulieren, die den negativen Gedanken Kontra boten. Er lernte, sich seinen Negativismen zu widersetzen und die spürbaren Zeichen seiner Gesundheitsprobleme rational zu betrachten.

Das war harte Arbeit. Er mußte täglich seine Gedanken, Stimmungen und sein Verhalten überprüfen. Ständig sollte er sich sein Denken vor Augen führen, um so zu durchschauen, wie es ihn in die Irre führte, Und gleichzeitig galt es, seine Ängste durch positive Gedanken zu ersetzen. Er mußte lernen, nicht wegen jedem Schmerz oder Schluckauf in Panik zu geraten. Als Alex zu uns kam, ging es ihm schon deutlich besser, aber seine Bemühungen kamen ihm manchmal wie ein Ersatzzwang vor, und gelegentlich hatte er den Eindruck, eine aussichtslose Schlacht zu schlagen.

Nach den ersten Muskeltests in unserer Praxis zeigte sich klar, daß er an einem Polaritätszusammenbruch litt, was fast jede Therapie behindert hätte. Als erstes mußten wir also den Zusammenbruch mit der Fünfstufigen Atemübung beenden. Anschließend machten wir uns an die Korrektur seiner Polaritätsstörungen. Durch regelmäßige Korrektur der Umkehrungen und die Anwendung der Behandlungssequenz gegen Angst gelang es Alex, seine nervenzermürbende Besorgnis besser in den Griff zu bekommen und am Ende ganz zu überwinden.

ESM: Einsatz mit voller Kraft

Sobald wir gelernt haben, unseren Gefühlen zu vertrauen und sie als eine verläßliche Informationsquelle ansehen, fahren wir auch unsere emotionale Intelligenz ein Stück weit nach oben. Leider haben nicht alle Menschen das Glück, gute Vorbilder und eine ungetrübte Kindheit gehabt zu haben oder über ein unverwüstliches Naturell zu verfügen. Etwas zu ändern und vergangene Verletzungen und Erlebnisse zu überwinden, erfordert vollen Einsatz. Doch je weiter wir das vorantreiben und negative Denkmuster durch positive ersetzen, desto mehr nimmt auch unsere emotionale Kompetenz zu. Wir gewinnen eine klare Optik, durch die wir diejenigen Erfahrungen zu deuten vermögen, auf deren Hilfe wir uns verlassen können. Wir sind nicht mehr so leicht erregbar, nicht mehr auf Gedeih und Verderb unseren Kurzschlußreaktionen ausgeliefert.

Ein wichtiger Schritt in diesem Prozeß besteht darin, die Muster loszuwerden, die uns veranlassen, unproduktiv und selbstzerstörerisch zu reagieren. Das ist harte Arbeit, wie jeder bestätigen kann, der Jahre in einer Therapie verbracht hat. Doch ESM ist ein starker Verbündeter bei diesem Wagnis. Der große Vorteil des Emotionalen Selbstmanagements besteht darin, daß es stark genug ist, auch seit langem bestehende emotionale Endlosschleifen spontan aufzubrechen. ESM ist so etwas wie eine sofort wirkende Kognitive Therapie. Johns Geschichte ist ein gutes Beispiel dafür, was wir meinen.

Einen Tag, nachdem sie von einem Besuch bei seiner Familie zurückgekehrt waren, konsultierten mich John und seine Frau Trisha. Sie waren kaum eingetreten, als Trisha wie ein leerer Luftballon auf ihrem Stuhl zusammensackte. John hätte man eher anbinden müssen; er rannte in der Praxis hin und her, schimpfte lauthals über seine Familie und hatte sozusagen Schaum vor dem Mund. Sein Gesicht war gerötet, die Schultern hochgezogen. Er sah aus, als würde er gleich einen Herzanfall bekommen. Der Besuch bei seinen Eltern war das übliche Fiasko gewesen, eines in einer langen, fast endlosen Geschichte unerfreulicher und frustierender Familientreffen.

Ich hätte John am liebsten gleich mit ESM-Techniken behandelt, damit er seinen Herzanfall nicht bei mir in der Praxis bekam. Aber weil er so wütend und erregt und so sicher war, daß man ihm nicht helfen konnte, konnte ich ihn nicht einmal dazu bewegen, sich zu setzen und zuzuhören.

Also fragte ich Trisha, ob sie zufällig irgendwelche Ängste oder Phobien hätte. »Klaustrophobie«, antwortete sie wie aus der Pistole geschossen. »So schlimm, daß ich nicht mit geschlossenen Autofenstern fahren kann.« Sie gestand, daß sie diese Angst sogar in meiner Praxis spürte. Wir arbeiteten also die Behandlungsanleitung gegen Klaustrophobie durch, was nur ein paar Minuten dauerte. Sie empfand sofort Erleichterung. Das Gefühl, eingeschlossen zu sein, war weg.

John ließ immer noch Wut und Frustration über seine Familie ab, aber den Umschwung bei Trisha konnte er trotzdem nicht übersehen. Ich erklärte, ich könne ihm vermutlich auch bei seiner Wut helfen, auf die gleiche Art, wie ich Trisha bei ihrer Klaustrophobie geholfen hätte.

Das Großartige bei ESM ist unter anderem, daß man nicht auf dem Problem herumreiten oder genau wissen muß, wo es herkommt. Das war gerade bei John ein Vorteil, weil es ihn bereits verrückt machte, sich mit dem Problem befassen zu müssen. John stimmte der Behandlung, die ebenfalls kurz war, also schließlich zu. Er hörte auf zu schimpfen, und zu meiner Erleichterung wurde schon bald auch seine Gesichtsfarbe wieder normal.

Er war jetzt ruhig und entspannt und setzte sich neben seine Frau. »Wie fühlen Sie sich?« fragte ich. Ohne daß ich ihn irgendwie dazu auffordern mußte, äußerte er eine höchst erstaunliche Einsicht: »Wissen Sie, mir ist klar, daß ich sie nicht ändern kann. Ich kann nur daran arbeiten, daß ich mich selbst besser fühle.« Diese Einsicht und dieses Bewußtsein – sein klares Denken in einer Angelegenheit, die ihn jahrzehntelang umgetrieben hatte – kamen ihm nach einer zehnminütigen Behandlung! Nachdem seine Wut ausgeschaltet war, war seine Sicht der Welt ganz neu strukturiert und hatte ein neues Gleichgewicht gefunden. Trisha stand vor Staunen der Mund offen. »Ist er zwischendurch von Außerirdischen entführt worden?« fragte sie lachend. »Wegen seiner Familie ist er eigentlich immer auf hundertachtzig. Ich habe ihn noch nie so ruhig erlebt, wenn er von ihnen geredet hat.«

Das Tolle an ESM ist, daß es mit festgefahrenen störenden Mustern und Reaktionen kurzen Prozeß macht. Menschen, die in der Vergangenheit ein Trauma erlebt haben, vermeiden es vielleicht, sich auf diese Erinnerung zu konzentrieren, weil es zu schmerzlich wäre. Dieser vermeintliche Selbstschutz hält sie aber davon ab, herauszufinden, was sie anders hätten machen können oder wie die Situation künftig zu vermeiden wäre. Bei ESM müssen Sie sich nicht mit den Einzelheiten ihres Erlebnisses auseinandersetzen. Nach einer ESM-Behandlung ist es dagegen oft viel leichter für die Menschen, sich dem vergangenen Ereignis zu stellen und es zu verarbeiten. Und daraus zu lernen.

So, wie ESM arbeitet, spielen die Art oder der Ursprung der Störung keine Rolle. Sie könnte auf einer früheren Fehlschaltung oder auf einer angeborenen Empfindsamkeit beruhen. Es könnte sich aber genausogut um erworbene Überempfindlichkeiten, Persönlichkeitsmerkmale oder auch Erziehungs- oder biosoziale Faktoren handeln. Der Unterschied liegt nicht so sehr darin, wie es geschah, sondern wie wir eingreifen. Wir arbeiten nicht daran, die hartnäckigen Gedanken selbst zu verändern. Wir beseitigen vielmehr die Störung im Energiefluß des Körpers, die die Negativa gefangenhält und den physiologischen Reiz liefert, der zu emotionalen Leiden führt. Wir machen den Weg frei, auf dem sie uns verlassen können.

Die ESM-Verfahren ermöglichen den freien Fluß der Körperenergie, des Chi. Besteht die Störung fort, können wir bestimmte Gefühle nicht vollständig bearbeiten. ESM löst den Stau sofort auf und setzt die negative emotionale Ladung frei; es öffnet die Schleusen für die eingesperrten Energien, die nun frei fließen können und dafür sorgen, daß sich das Ungleichgewicht selbst korrigiert. Mit dem Aufbrechen der Endlosschleife stellt ESM das Gleichgewicht von Denken und Fühlen wieder her.

Menschen, die ESM anwenden, berichten oft, daß sie anschließend klarer und produktiver über ihre Situation nachdenken können. Johns plötzliche Einsicht, seine Familie nicht kontrollieren zu können, ist ein Beispiel dafür. John hatte das schon immer gewußt; jeder weiß das. Doch solange sein altes Muster im Weg stand, gelang es ihm irgendwie nicht, an diesen Punkt zu kommen. Wenn uns die Emotion im Griff hat, können auch scheinbar einfache Entscheidungen lange in der Schwebe bleiben.

Evelyn, die sich selbst als »nervliches Wrack« bezeichnete, kam wegen ihrer Angst zu uns, ihren Chef um eine Gehaltserhöhung zu bitten. Fast ein Jahr lang hatte sie sich mit dieser Frage herumgequält. Es ging so weit, daß sie der bloße Gedanke daran um den Schlaf brachte. Sie strapazierte die Geduld ihres Mannes und ihrer Freunde weit über Gebühr, weil sie ständig ausgefeilte Szenarien durchspielte, was sie sagen könnte und welcher Zeitpunkt der beste wäre, um mit ihrem Chef zu sprechen. Dazu kamen dann die Fragen, was wäre, wenn – wenn er sie entlassen würde, wenn sie keine andere Stelle fände. Sie könnten ihr Haus verlieren, die Kinder würden darunter leiden – ein Alptraum phantasierter Entwicklungen.

Einige Tage, nachdem wir Evelyn gegen Angst und Erwartungsangst behandelt hatten, schrieb sie uns, daß sie es tatsächlich geschafft hatte, ihren Chef um eine Gehaltserhöhung zu bitten. Sie fügte hinzu: »Inzwischen sehe ich, daß meine Bitte vernünftig und durch all die harte Arbeit, die ich geleistet hatte, auch berechtigt war. Ob mein Chef sie nun bewilligt oder nicht, ich weiß, daß meine Anfrage nicht unangemessen war. Aus irgendeinem Grund konnte ich das vorher einfach nicht begreifen. Ich hatte den Eindruck, gierig zu sein, oder befürchtete zumindest, daß man mich dafür halten würde.« Das hört sich nach einer logischen Einsicht an, die nicht allzuviel Grips verlangt. Aber wenn wir in starke Gefühle verstrickt sind, können wir eben nicht klar denken – oder fühlen.

Die Fähigkeit, mit den eigenen Gefühlen arbeiten zu können, hat zentrale Bedeutung für unser ganzes Leben. ESM legt den Grundstein für tiefgreifende Veränderungen. Wenn Sie anfangen, ESM anzuwenden, werden Sie bemerken, daß Sie mit den Belastungen des Alltags irgendwie besser fertigwerden. Haben Sie erst einmal das Unterholz beseitigt, können Sie Ihre Gefühle sofort effektiver steuern, und Ihre Fähigkeiten zur Problemlösung bessern sich ebenfalls. Im Lauf der Zeit werden Sie merken, daß Sie gar nicht so viele störende Probleme haben. Wenn unangenehme Themen auftauchen, sind Sie in der Lage, sie ohne übertriebene Besorgnis abzuhandeln. Sobald alle verfügbaren Quellen der Intelligenz für Sie arbeiten, bekommen Sie das Gefühl, endlich auf allen Zylindern zu laufen. Der Rapid Relaxer wird Ihnen helfen, genau das zu erreichen.

Rapid Relaxer (Schnellentspannung)

Anmerkung: Die Schnellentspannung funktioniert am besten, wenn Sie eine mögliche Polaritätsstörung bereits korrigiert haben.

Diese Übung ist die Geheimwaffe des ESM, eine einfache, aber sehr wirkungsvolle Technik, die Streß und Spannungen augenblicklich verringert. Beherrschen Sie die einzelnen Schritte erst einmal, läßt sich die Übung in dreißig Sekunden durchführen. Ihre beruhigende Wirkung hält etwa eine halbe bis eine Stunde an. Sie wirkt nicht auf Dauer – das heißt, sie beseitigt keine Phobien oder emotionalen Endlosschleifen –, aber sie mindert Spannungen und Streß und halbiert gewissermaßen Ihre emotionalen Störungen. Sie können sie nach Bedarf wiederholen, um weitere Erleichterung zu erreichen. In unserem streßerfüllten Leben ist sie ein stets verfügbares Werkzeug. Bei dieser Technik können Sie übrigens durchaus an Ihre gegenwärtigen körperlichen oder geistigen Spannungs- oder Streßwahrnehmungen denken.

Die Schnellentspannung kombiniert Klopfen mit Summen und Augenbewegungen. Das mag Ihnen seltsam vorkommen – als müßten Sie beim Jonglieren auf einem Fuß hüpfen. Doch die Verrücktheit hat Methode. Das Verfahren bezieht Sie als Ganzes ein: Es bringt alle Systeme dazu, miteinander zu kommunizieren, während Ihre Energien ins Gleichgewicht gebracht werden.

Alle beteiligten Techniken tragen dazu bei, die Gedankenenergie in verschiedene Bereiche Ihres Gehirns zu integrieren. Summen regt die Aktivität der rechten, Zählen die der linken Gehirnhälfte an. Die Augenbewegungen stimulieren Gebiete des visuellen Kortex und beziehen beide Gehirnhälften ein, da sie sowohl den zerebralen als auch den visuellen Kortex aktivieren. Während also die Klopfsequenzen dem Meridian an einem Akupunkturpunkt Energie zuführen, verteilen die Augenbewegungen die Gedankenenergie besser im ganzen Gehirn.

Die Schnellentspannung vereint zwei ESM-Techniken, das Augenkreisen und die Brücke, bei der wir auf einen neuen Punkt auf dem Handrücken klopfen. In den emotionsspezifischen Anleitungen wenden Sie die beiden Elemente des Rapid Relaxer einzeln an. Auch hier lernen Sie die beiden Übungen getrennt und erfahren dann, wie man sie zur Schnellentspannung zusammenführt. Aber zunächst: Das Klopfen auf den Handrücken.

Klopflektion 2

Der Handrückenpunkt

Erinnern Sie sich noch an Ihre erste Klopflektion auf Seite 90? Jetzt kommt das Klopfen auf den Handrücken hinzu, das Sie während der ganzen Dauer der Schnellentspannung durchführen werden.

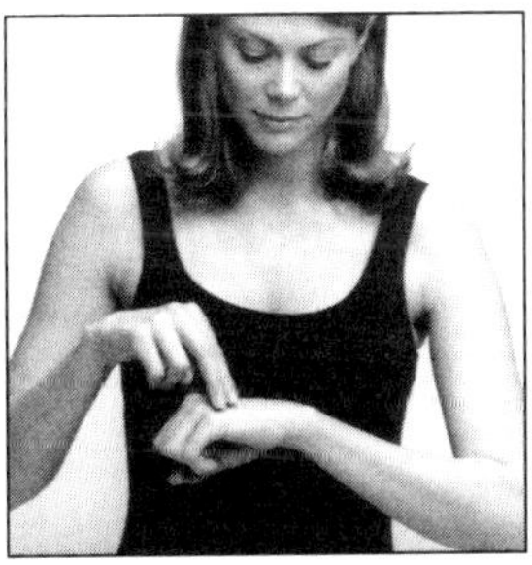

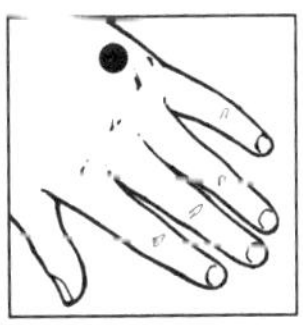

Um die entsprechende Vertiefung zu finden, ballen Sie eine Hand zur Faust. Auf dem Handrücken beginnen Sie am Einschnitt zwischen dem kleinen und dem Ringfinger. Der gesuchte Punkt liegt in der Vertiefung zwischen den Sehnen dieser Finger etwa drei Zentimeter in Richtung auf das Handgelenk. Wenn Sie ihn gefunden haben, können Sie die Faust wieder öffnen.

Bei dieser Übung verwenden Sie zwei oder drei Finger der anderen Hand, mit denen Sie auf diesen Punkt klopfen – oder ihn leicht tätscheln. Sie sollten auf etwa vier Schläge pro Sekunde kommen, wobei Sie sich keine Gedanken wegen der exakten Geschwindigkeit machen müssen. Wenn Sie das Klopfen jetzt einmal ausprobieren, brauchen Sie nur darauf zu achten, daß Sie es mit gleichbleibendem Rhythmus tun.

Augenkreisen

Die Schnellentspannung beginnt und endet mit einem fortgesetzten Augenrollen, dem sogenannten Augenkreisen, das gleichzeitig mit dem Klopfen auf den Handrückenpunkt durchgeführt wird. Doch ehe wir das Klopfen damit verbinden, wollen wir zuerst einmal das Augenrollen alleine durchgehen. Achten Sie darauf, während der ganzen Übung den Kopf ruhig und gerade zu halten. Sie sollen *nur die Augen und nicht den Kopf bewegen!*

Beginnen Sie mit geschlossenen Augen. Öffnen Sie die Augen, schauen Sie nach unten (auf den Boden, falls Sie stehen oder auf den Schoß, falls Sie sitzen) und zeichnen Sie mit den Augen eine imaginäre, genau auf die Wand vor Ihnen zulaufende, gerade Linie auf den Boden. Lassen Sie Ihren Blick langsam über die Wand nach oben gleiten, bis er die Decke erreicht hat, und setzen Sie die imaginäre Linie schließlich in Richtung auf sich selbst fort, bis Sie über sich nach oben blicken. Dort lassen Sie Ihren Blick einige Zeit verweilen. Versuchen Sie es jetzt einmal. Sie sollten es nicht als Wettlauf betreiben: Die ganze Folge dauert etwa acht Sekunden.

Sobald Sie sich mit dem Augenkreisen angefreundet haben, können Sie das Handrükken-Klopfen damit verknüpfen, wobei Sie einen gleichmäßigen Rhythmus einhalten sollten. Das Augenkreisen besteht aus dieser acht Sekunden dauernden Augenbewegung in Verbindung mit dem ständigen Klopfen auf den Punkt am Handrücken.

Die Brücke

Diese Übung besteht aus einer Reihe von Augenbewegungen, Summen und Zählen, während man gleichzeitig auf den Handrückenpunkt klopft. Die Brücke ist Bestandteil aller emotionsspezifischen Behandlungssequenzen. Beim Rapid Relaxer bildet sie sozusagen den Sandwichbelag zwischen den beiden Brotscheiben des Augenkreisens. Üben Sie die Folge von Tätigkeiten (Augenbewegungen, Zählen, Summen) gemäß der nachfolgenden Illustrationen ein, bis sie Ihnen leicht gelingt. Sobald Sie den Eindruck haben, die neun Schritte mühelos zu beherrschen, können Sie den Vorgang mit dem regelmäßigen Klopfen auf den Handrücken verbinden. Es dauert nur ein paar Minuten, bis Sie den Bogen raus haben.

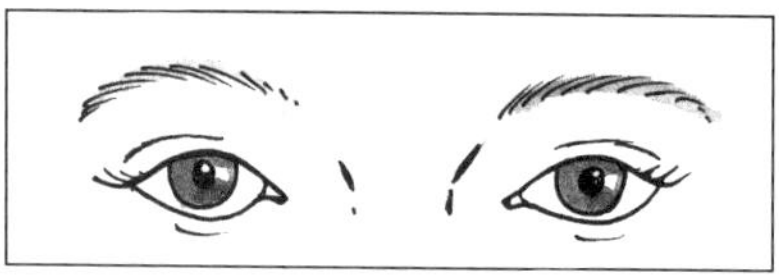

❶ Beginnen Sie mit geöffneten Augen.

❷ Schließen Sie die Augen.

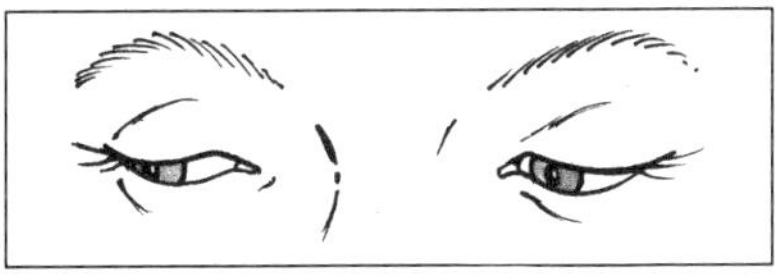

❸ Öffnen Sie die Augen und schauen Sie auf den Fußboden rechts von sich.

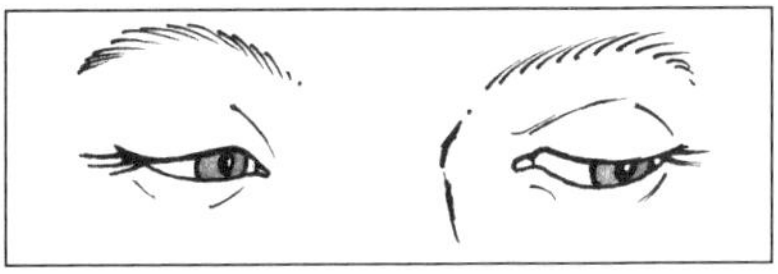

❹ Lassen Sie den Blick über den Boden nach links wandern.

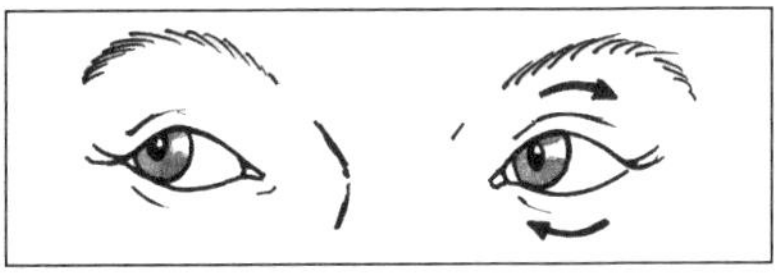

❺ Rollen Sie die Augen in einem vollen Kreis in einer Richtung. Achten Sie darauf, keinen Abschnitt der Kreisbewegung auszulassen. Sie müssen vielleicht ein paarmal üben, damit es wirklich ein vollständiger Kreis wird. Wenn Sie ein Problem damit haben, merken Sie sich einen Ausgangs- und Endpunkt, zum Beispiel die Schnittlinie des Bodens mit der Wand.

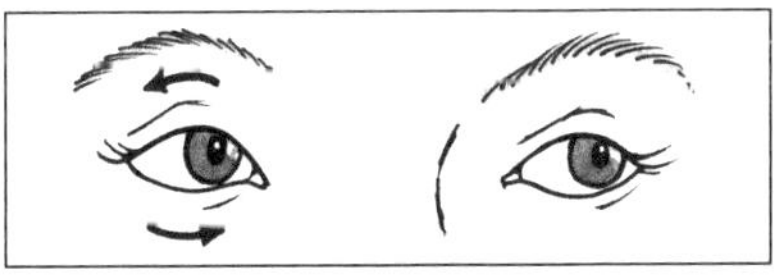

❻ Rollen Sie die Augen jetzt in der entgegengesetzten Richtung einmal im Kreis.

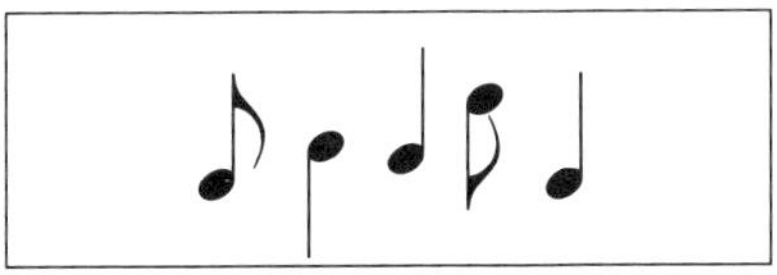

❼ Summen Sie etwa fünf Töne. Sie können eine bekannte Melodie wie »Happy Birthday to you« wählen oder einfach ein paar eigene Noten improvisieren.

1 - 2 - 3 - 4 - 5

❽ Zählen Sie von eins bis fünf.

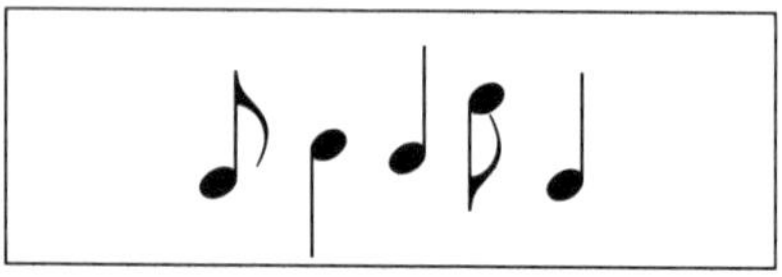

❾ Summen Sie erneut einige Töne.

Wiederholen Sie das Ganze ein paarmal. Üben Sie so lange, bis Sie die neun Schritte aus dem Gedächtnis oder allein mit den visuellen Hilfen des Buches beherrschen. Dann klopfen Sie während der ganzen Prozedur gleichmäßig auf den Handrückenpunkt. Haben Sie's? Das ist die Brücke.

Und jetzt alles zusammen

Zum Schluß steht Ihnen jetzt noch die gesamte 30-Sekunden-Vorstellung bevor, der Rapid Relaxer: Ein Augenkreisen, die Brücke, und noch ein Augenkreisen, während Sie ununterbrochen auf den Handrückenpunkt klopfen. Üben Sie die ganze Sequenz einige Male, bis Sie Ihnen in einem Zug gelingt. Werden Sie nicht ungeduldig. Wenn Sie die Schnellentspannung erst einmal beherrschen, bringt Ihnen das nicht nur rasche Erleichterung bei Streß, sondern auch Zutrauen in das Emotionale Selbstmanagement. Zu Beginn müssen Sie vielleicht noch auf die visuellen Hilfen zurückgreifen, aber bald wird es Ihnen zur zweiten Natur werden.

Jetzt verfügen Sie also über die Geheimwaffe. Wenden Sie sie in guter emotionaler Gesundheit an!

6 Vorbereitung auf den Wandel: So bestimmen und messen Sie Ihre emotionale Belastung

Im fünften Kapitel haben wir erörtert, wie wichtig es ist, Ihre Gefühle steuern zu können, was ja auch den Kern des Emotionalen Selbstmanagements bildet. In diesem Kapitel machen wir Sie mit den vorbereitenden Schritten der Selbstdiagnose vertraut, die eine unerläßliche Vorstufe für die emotionsspezifischen Behandlungssequenzen darstellen. Als erstes müssen Sie dazu nach bestem Wissen alle Gefühle bzw. Themen herausfinden, die für Ihren emotionalen Leidensdruck verantwortlich sind. Anschließend gilt es dann einzuschätzen, wie stark diese Gefühle sind. Durch ständige Überprüfung der Streßwerte während der Behandlung können Sie Ihre Fortschritte messen. Außerdem gehört dazu, daß Sie vielschichtig aufgebaute Probleme erkennen lernen. Wir bringen Ihnen bestimmte Behandlungsfolgen bei, mit denen Sie die nacheinander auftauchenden Schichten emotionaler Belastungen abtragen können.

Gefühle klassifizieren

In vielen Fällen ist uns vollkommen klar, was wir gerade fühlen. Wir sind unmißverständlich wütend, eindeutig tieftraurig, oder wir haben schreckliche Flugangst. Doch es kommt auch vor, daß wir nur schwer bestimmen können, was uns gerade quält.

Wenn wir in unserem emotionalen Erleben gefangen sind, achten wir normalerweise nicht darauf, was wir eigentlich gerade fühlen. Mitten in einem Wutanfall oder einer Brüllorgie halten wir nicht plötzlich inne, um uns zu fragen: »Bin ich jetzt wütend, oder fühle ich mich abgelehnt? Schäme ich mich, oder ist es mir peinlich? Bin ich traurig oder tut es mit leid?« Häufig folgen unsere Emotionen so schnell aufeinander, daß wir nicht Schritt halten können. Erst sind wir frustriert, dann wütend, dann überfällt uns unerwartet Traurigkeit. Oder unsere Gefühle sind verwirrt – wir wissen nicht, ob wir lachen oder weinen sollen.

Geht es aber darum, eine bestimmte ESM-Anleitung zu wählen, sind diese Unterscheidungen wichtig. Die ESM-Techniken arbeiten punktgenau wie ein Laserstrahl: Jede wirkt auf eine exakt definierte Kategorie psychischer Symptome. Aufgrund der Beobachtungen und Muskeltests bei tausenden von Anwendungen in unserer klinischen Praxis haben wir jeweils einzigartige Formeln entwickelt, die sogenannten Klopfsequenzen, die genau auf die aufgeführten Gefühle oder Probleme zugeschnitten sind.

So unterscheiden sich beispielsweise die Klopfsequenzen gegen Wut und Eifersucht, und es kann das Ergebnis der Behandlung beeinflussen, wenn Sie die falsche wählen. Natürlich können Sie, wenn eine Sequenz nicht wirkt, jederzeit eine andere ausprobieren. Sollte also die Anleitung gegen Angst nicht funktionieren, wenden Sie vielleicht das Verfahren gegen Phobien an. Je genauer Sie aber Ihre Gefühle identifizieren, desto größer ist die Chance auf sofortige Befreiung von Ihrem Problem. Demnach macht es sich durchaus bezahlt, wenn Sie bei Ihrer Selbstdiagnose ins Schwarze treffen.

Auch wenn wir Sie bei der Selbstdiagnose nicht aus der Verantwortung entlassen wollen: Es gibt noch eine *Auffangstellung.* Im neunten Kapitel finden Sie eine zusammenfassende Klopfsequenz, die oft Linderung bringt, wenn spezifische Anleitungen nicht zum Erfolg geführt haben. Da sie Elemente vieler sich überschneidender Emotionen enthält, ist sie allerdings erheblich langwieriger als die meisten spezifischen Sequenzen.

Das Gedankenfeld aktivieren

Während der ESM-Anwendungen müssen Sie das Problem, an dessen Heilung Sie arbeiten, im Bewußtsein behalten. Das ist die kognitive Seite des Verfahrens. Indem Sie an das Problem denken und es offen aussprechen, schaffen Sie ein »Gedanken-Energiefeld«. Sind Sie sich über die Emotion im klaren, gilt es dann, an das Thema oder einen seiner Aspekte zu denken, während Sie die Techniken ausführen. Solange Sie Ihre Aufmerksamkeit auf das Problem richten, bleibt das Gedankenfeld aktiv. Während der Klopfsequenz könnten Sie also »meine Schuld« oder »meine Wut auf Jim« oder »meine Angst vor Schlangen« sagen, während Sie auf die jeweiligen Punkte klopfen. Eine Möglichkeit, sich auf das Gedankenfeld seiner Beschwerden einzustimmen, besteht darin, sich den Gegenstand Ihrer Emotion, etwa die Plätzchen, die Sie nicht mehr essen wollen, oder die Schlangen, vor denen Sie Angst haben, bildlich vorzustellen. Vielleicht konzentrieren Sie sich aber auch auf die Person oder die Situation, die Ihre emotionale Reaktion hervorruft. Einige unserer Klienten haben sich gefragt, ob ESM vielleicht deswegen funktioniert, weil all das Klopfen, die Wiederholungen von Vorsätzen und das Summen sie von ihren Problemen abgelenkt hat. Aber ESM arbeitet nicht mit Ablenkung, sondern gerade damit, daß man sich auf seine Gedanken konzentriert.

Wenn es aber zu schmerzlich ist, daran zu denken? Vielleicht schlagen Sie sich mit etwas herum, an das Sie sich nur mit qualvollen Gefühlen erinnern können – ein Trauma aus Ihrer Vergangenheit, zum Beispiel ein schwerer Unfall oder tiefe Trauer wegen des Todes einer Person, die Ihnen sehr nahegestanden hat. Für das Funktionieren unserer Methode ist es nicht notwendig, diesen Schmerz wiederzuerleben oder die damit oft verbundenen emotionalen Belastungen in voller Stärke heraufzubeschwören. Es reicht, irgendwie an das Problem zu denken. In vielen Fällen emotionaler Traumata sinnt der Betroffene ohnehin ständig über diese Erinnerungen nach oder ist sich ihrer zumindest unterschwellig bewußt, was es überflüssig macht, sich besonders darauf »einzustimmen«.

Selbst wenn das Problem eine lange und komplizierte Vorgeschichte hat, reicht es gewöhnlich aus, sich nur auf einen Teilaspekt zu konzentrieren. Sie müssen sich nicht alle Einzelheiten der lautstarken Auseinandersetzungen am heimischen Eßtisch oder die alltäglichen Entbehrungen wegen der Armut Ihrer Familie vergegenwärtigen. Im Fall von Mißbrauch, der sich über einen längeren Zeitraum erstreckt hat, ist es nicht erforderlich, alle Vorfälle im einzelnen hervorzuholen. Einer oder zwei reichen in der Regel aus. Typischerweise werden fortgesetzte Traumata der Vergangenheit vom Gedächtnis generalisiert, weshalb ein einzelner Vorfall genügt, »all das« wieder ans Licht zu bringen. Im achten Kapitel erfahren Sie mehr über dieses Thema.

Anmerkung: Wenn Sie sich von einem traumatischen Erlebnis überwältigt fühlen, könnte es sein, daß Sie professionelle Hilfe in Anspruch nehmen müssen, um diese Belastung zu überwinden. Die Hinweise im Anhang können Ihnen helfen, Therapeuten zu finden, die Methoden der energetischen Psychotherapie einsetzen.

Travis' Geschichte zeigt uns, wie das Gedächtnis vergangene Ereignisse generalisiert und wie es zu einer Veränderung kommen kann, wenn unsere Gefühle geheilt sind. Travis wollte sich von dem nagenden Schuldgefühl befreien, seinem Sohn und seiner Tochter kein besserer Vater gewesen zu sein. Als seine Kinder noch klein waren, hatte er die Familie wegen eines Ehestreits für viele Jahre verlassen. Schließlich versöhnte er sich mit seiner Frau. Doch während all der Jahre hatte er eine Menge familiärer Ereignisse verpaßt, unwiederbringliche Geburtstagsfeste, Schulabschlüsse und Weihnachtsfeiern. Travis hatte versucht, Wiedergutmachung zu leisten, und im wesentlichen hatten sie ihm verziehen. Doch sein nicht nachlassendes Bedauern und seine Schuldgefühle machten es ihm schwer, die Zeit zu genießen, die er mit seinen mittlerweile erwachsenen Kindern verbrachte. Obwohl er in gewissem Umfang hätte zufrieden sein können, wurde er weiterhin von Schuldgefühlen geplagt.

Als Travis die Sequenz für Schuld durcharbeitete, mußte er nicht alles einzeln ins Gedächtnis rufen, wofür er sich schuldig fühlte. Er stimmte sich auf eine besonders verstörende Erinnerung (den Schulabschluß seines Sohnes) ein, die starke Gefühle auslöste. Als die Intensität der mit der Erinnerung verbundenen Emotion nachließ, tauchte eine andere Erinnerung auf, weshalb wir das Verfahren wiederholten. Schließlich fiel sein ursprünglicher SPL-Wert auf unserer zehnstufigen Skala des persönlichen Leidensdrucks (siehe weiter unten) von 8 auf 1, ein Erfolg, der seine Erwartungen weit übertraf. Die Behandlung versetzte ihn in die Lage, sich an seinen Kindern und Enkeln zu freuen, ohne die Liebe, die er wegen seiner Schuldgefühle nicht auszudrücken gewagt hatte, länger zurückhalten zu müssen.

Im folgenden finden Sie die Liste der Gefühle und Symptome, die mit ESM zu behandeln sind. Wenn Sie nicht sicher sind, was Sie beeinträchtigt, können Sie die Aufzählung durchgehen, um eine passende Bezeichnung für das zu finden, was Sie empfinden. Nachdem Sie die Liste ganz durchgelesen haben, setzen Sie sich am besten ein paar Minuten hin und denken über Ihre Gefühle nach. Entspannen Sie sich und atmen Sie ein paarmal langsam tief durch. Falls ein Gefühl auftaucht, versuchen Sie, ihm einen Namen zu geben. Probieren Sie einfach ein paar »Etiketten« aus, bis eines paßt oder eine Resonanz hervorruft. Sollten Sie es immer noch nicht schaffen, genau zu bestimmen, was Ihnen Beschwerden macht, können Sie das siebte Kapitel zu Rate ziehen, wo Sie eine ausführlichere Erörterung der Gefühle und Symptome erwartet. Wenn ähnliche Emotionen Verwirrung stiften oder Gefühle sich überschneiden, helfen Ihnen diese Informationen auch bei der Entscheidung, welche ESM-Behandlungssequenz Sie anwenden müssen.

Es kann vorkommen, daß Sie ohne den entsprechenden Auslöser, der zum Beispiel zur Flugangst oder zur Autobahnphobie führt, nicht in der Lage sind, irgendeinen Belastungswert in sich zu aktivieren. Dann müssen Sie mit der Behandlung warten, bis Ihre Angst auftritt. Mehr über ESM vor Ort erfahren Sie in Kapitel acht. Entsprechende Anleitungen finden Sie im neunten Kapitel.

SYMPTOME UND EMOTIONEN FÜR ESM

Erwartungsangst: Seite 186

Frustration: Seite 192

Gram: Seite 194

Groll: Seite 187

Hoffnungslosigkeit: Seite 204

Jetlag: Seite 193

(Spannungs-)Kopfschmerzen: Seite 201

Kränkung: Seite 210

Kummer: Seite 204

Liebeskummer: Seite 194

Müdigkeit: Seite 191

Negatives Denken: Siehe Übung zum Atemgleichgewicht, Seite 77, und zur Polaritätsumkehrung, Seite 92

Neid: Seite 189

Peinlichkeit: Seite 195

Phobien allgemein: Seite 196

Phobien (Spinnen, Klaustrophobie, Flugturbulenzen): Seite 197

Prämenstruelles Syndrom: Seite 198

Reizbarkeit: Seite 185

Reue: Seite 202

Scham: Seite 199

SPL – die Skala des persönlichen Leidensdrucks: So schätzen Sie die Intensität Ihrer Gefühle ein

Mit der Benennung Ihrer Emotionen bestimmen Sie, *was* Sie fühlen. Mittels SPL erfahren Sie, *wie stark* Sie fühlen. In den fünfziger Jahren entwickelte der Psychiater Joseph Wolpe eine Skala, die es Patienten ermöglichen sollte, ihr Unbehagen oder ihre Pein mit einer Zahl zwischen 1 und 100 auszudrücken. Dieser Maßstab ist zum Standardverfahren für die Selbsteinschätzung individueller Erfahrung geworden. Wir verwenden eine vereinfachte Version, die von 1 bis 10 reicht. Da es stets subjektive Leidenserfahrung ist, die Menschen geistige oder körperliche Hilfe suchen läßt, finden wir es sinnvoll, sie bei der Einschätzung von Verbesserungen oder Änderungen selbst zu Wort kommen zu lassen. Die Diagnose körperlicher Leiden stützt sich häufig auf die Aussagen der Patienten. Oft fragt der Arzt bei einer Untersuchung: »Tut es weh?« oder auch »Ist es eher ein brennender oder ein stechender Schmerz?«

Im Rahmen der ESM-Anleitungen dient die PL-Skala dazu, Veränderungen zu erkennen, die sich während des Verfahrens einstellen. Zu Beginn legen Sie Ihren Belastungswert nach dieser Skala fest, während Sie an das zu bearbeitende Problem denken. Dazu schreiben Sie die entsprechende Zahl auf, angefangen bei 10 (der höchsten vorstellbaren Belastung) bis hinunter zu 0 (neutral, zeigt die Abwesenheit jeglicher Störung an).

Während Sie sich dann auf Ihre unangenehmen Empfindungen einstimmen, wird Ihnen der Einfluß Ihrer Gefühle auf Geist und Körper deutlicher. Vielleicht gehören geistige Zwänge, Erregung oder eine gewisse Benebelung zu Ihren Symptomen. Möglicherweise verspüren Sie Verspannungen oder Schmerzen in einem bestimmten Bereich des Körpers. Ziehen Sie alle möglichen Ausprägungen Ihres Leidens in Betracht, wenn Sie Ihren Belastungswert einschätzen.

Änderungen dieses Werts sind Ihr persönlicher Maßstab für die Wirksamkeit der Behandlung. In deren Verlauf werden Sie Ihren Belastungswert mehrmals neu einstufen, um Ihre Fortschritte zu messen und zu prüfen, ob eine zusätzliche Behandlung notwendig ist. Außerdem dient die regelmäßige Bewertung dazu, Ihre Gedanken auf die Emotion oder das Problem zu fokussieren, gegen das Sie angehen wollen. Wenn Sie sich auf die Belastung einstellen, um sie messen zu können, werden Sie sich natürlich auch teilweise an diesen Gedanken erinnern, wenn Sie ESM anwenden. Es ist logischerweise nicht möglich, seinen Belastungswert hinsichtlich eines bestimmten Problems einzuschätzen, *ohne* an das Problem zu denken.

Die folgende Tabelle beschreibt die einzelnen Belastungspegel auf der Zehnerskala. In einem klinischen Umfeld fragen wir unsere Klienten meist: »Wenn wir die 10 als höchsten Leidensdruck annehmen, den Sie sich vorstellen können, und die 0 als völlige Abwesenheit jeder Belastung, wo liegt dann Ihr persönlicher Leidensdruck auf dieser Skala?« Wir haben die Erfahrung gemacht, daß die meisten Menschen mit ihrer Einschätzung bemerkenswert treffsicher sind (wir überprüfen es mit Hilfe des manuellen Muskeltests). Natürlich kommt es vor, daß jemand darauf beharrt, sein Wert liege eher bei 12 oder gar bei 20. Das spielt aber keine Rolle. Fangen Sie einfach mit dem SPL-Wert an, den Sie für angemessen halten. Sie machen das ganz auf eigene Rechnung, also stellen Sie sich sorgfältig auf Ihre Gefühle ein. Manche Leute neigen gerade am oberen oder unteren Ende der Skala zu Übertreibungen. Entweder schätzen sie ihre Gefühle zu intensiv ein, oder sie behaupten, überhaupt nichts zu fühlen. Es gehört zu den wichtigen Fähigkeiten der Selbstwahrnehmung, zu wissen, was man fühlt. Durch Übung können Sie sie verbessern.

Skala des persönlichen Leidensdrucks (SPL)

0	Keinerlei Leidensdruck. Ich fühle mich ruhig und vollkommen entspannt.
1	Neutral oder ganz passabel, aber nicht so entspannt wie möglich.
2	Leicht gereizt. Erste Zeichen von Spannungen oder diffusem Streß.
3	Leicht verstärktes Unbehagen, unerfreulich, aber beherrschbar.
4	Unbehagen oder Leidensdruck deutlich spürbar, möglicherweise Aufregung, aber erträglich.
5	Unbehagen ist sehr unangenehm, aber noch auszuhalten.
6	Unbehagen wird schlimmer und hat Auswirkungen auf mein Verhalten.
7	Unbehagen ist sehr stark, schmerzliche Gefühle durchdringen meinen Alltag.
8	Unbehagen wächst weiter, mein Denken ist ständig damit beschäftigt.
9	Unbehagen ist kaum mehr zu ertragen.
10	Äußerstes Unbehagen, schlimmer kann ich es mir nicht vorstellen. Ich habe Angst, die Beherrschung zu verlieren, und kann an nichts anderes mehr denken.

Aussortieren ist angesagt

Herauszubekommen, was wir fühlen, kann schwierig sein, weil häufig mehrere Probleme gleichzeitig auftreten. Wenn wir uns darauf einzustellen versuchen, zeigt sich oft nicht mehr als ein Wirrwarr von Gefühlen, die kaum auseinanderzuhalten und zu benennen sind. Wut kann die Verletzung wegen einer Zurückweisung verdecken, die ihrerseits Kummer und Trauer maskiert. Ärger über einen Freund kann umschlagen in den Ärger über die Art, wie Ihre Eltern Sie verletzt haben. Im Zuge der Behandlung eines Problems mit ESM kann ein weiteres Problem auftauchen.

Wie aber läßt sich erkennen, ob unter dem von Ihnen bearbeiteten Problem noch andere liegen? Wenn Sie die einzelnen Schritte einer Behandlungssequenz durchgehen, werden Sie anfangs normalerweise einen Rückgang Ihres SPL-Werts feststellen. Dann aber scheinen Sie steckenzubleiben und ihn nicht weiter verringern zu können. Stellen Sie sich nun wieder neu auf Ihre Gedanken ein, werden Sie oft entdecken, daß ein anderes Gefühl oder ein anderer Aspekt derselben Emotion aufgetaucht ist und erneuten Leidensdruck verursacht.

Mehrfache Aspekte eines Gefühls

Gefühle auseinanderzuhalten, kann kompliziert sein. Ein einzelnes Problem hat häufig zwei oder mehr Aspekte. Beispielsweise kann jemand Schuldgefühle wegen seines Verhaltens gegenüber einem Familienmitglied haben. Vielleicht hat er sich geweigert, einem Elternteil oder einem Geschwister einen Gefallen zu tun, und fühlt sich deswegen tage- oder wochenlang schuldig. Zusätzlich kann er auch noch in ein seit langem bestehendes Schuldmuster in bezug auf seine Familie verstrickt sein. Wenn er dann seine jüngsten, auf ein bestimmtes Ereignis bezogenen Schuldgefühle mit ESM behandelt, kann es vorkommen, daß sein Leidensdruck zwar nachläßt, aber nicht völlig verschwindet. Nun muß er sich darauf konzentrieren, seine mit früheren Familienereignissen verknüpften Schuldgefühle abzubauen. Jede mit Schuld zusammenhängende Erfahrung, an die er sich erinnert und über die er nachdenkt, stellt einen anderen, neuen Aspekt des ursprünglichen Problems dar. Erst nachdem man die ESM-Sequenz für den Abbau mehrerer Fälle von Schuld durchlaufen und sich auf jede dieser Erinnerungen konzentriert hat, übertragen sich die positiven Auswirkungen der Behandlung in genereller Weise auf alle ähnlichen Erlebnisse.

Vielschichtige Probleme: Da liegt einfach eines auf dem anderen

Vielschichtige Probleme treten in ganz verschiedenen Konfigurationen auf. In diesen Fällen empfiehlt es sich, die intensivste Emotion herauszufinden, so gut es eben geht, und mit der Sequenz für dieses Gefühl zu beginnen. Wenn Sie eine Schicht des Problems auflösen und Intensität oder Leidensdruck verändert sind, stellen Sie sich auf das ein, was Sie nun fühlen. Finden Sie heraus, was es ist, und stellen Sie fest, ob sich das Thema geändert hat. Versuchen Sie dann, das neue Gefühl zu benennen.

Zum besseren Verständnis: Nehmen wir an, Sie haben etwas Schweres gehoben und sich den Rücken gezerrt. Während Ihr Kreuz noch schmerzt, entwickelt sich jedoch ein Abszeß an einem Zahn. Nun nimmt der Zahn Ihre Aufmerksamkeit überwiegend in Anspruch. Auf dem Weg in die Küche, wo Sie eine warme Salzwasserspülung gegen die Infektion im Mund vorbereiten wollen, stoßen Sie sich einen Zeh an einem Stuhl. Auf einmal wird Ihre Aufmerksamkeit vollkommen von dem Schmerz im Zeh gefesselt. Sobald Sie dann Eis auf den Zeh gepackt haben, fängt der Zahnschmerz wieder an, und so weiter.

Häufiger kommt es jedoch vor, daß die Vielschichtigkeit mit unterschiedlichen Emotionen zu tun hat, die einander überlagern. Dadurch entsteht eine Art maskierter Wahrnehmung, bei der das Bewußtsein einer emotionalen Störung durch eine andere ausgeblendet wird. Ist die Emotion mit dem stärksten Leidensdruck abgebaut, kommt die nächste Schicht der emotionalen Störung zum Vorschein. In diesem Fall wird möglicherweise eine andere Emotion zum Ziel. Beispielsweise ist eine Frau wütend auf jemanden, der sie beleidigt hat. Sie behandelt die Wutgefühle und baut ihren Druck ein Stück weit ab. Aber ein gewisser Streßwert bleibt bestehen. Jetzt erst bemerkt sie, daß ihr das Ganze eigentlich furchtbar peinlich ist, und daß die Wut nur ihr Gefühl von Peinlichkeit überdeckt hatte.

Melinda bemühte sich, ihr Studium abzuschließen, während sie gleichzeitig drei Kinder aufzog und einen Ehemann zu Hause hatte, dem es schwerfiel, einen Arbeitsplatz für längere Zeit zu behalten. Melinda hatte das Gefühl, alle Verantwortung laste auf ihren Schultern. Ihr Streß nahm zu, als Rechnungen nicht mehr bezahlt werden konnten und Versorgungsbetriebe androhten, die Leitungen zu sperren. Als ihr alles über den Kopf zu wachsen begann, fing sie plötzlich an, ihre Kinder anzuschreien, an ihnen herumzumäkeln und sie wegen geringster Verstöße zu bestrafen. Sie schlug sie zwar nie und entschuldigte sich immer vielmals für ihre Ausbrüche, aber die Schuldgefühle schlangen sich ihr wie eine Boa constrictor um Hals und Schultern und hinderten sie mit ihrem Würgegriff daran, sich zu entspannen und wieder Energie zu tanken. Ihr Gefühl, sich den Kindern gegenüber falsch zu verhalten und sie ihren Frust ausbaden zu lassen, war so stark, daß sie, wie sie es selbst ausdrückte, »nicht verdiente, Freude am Leben zu haben«.

Wahrscheinlich können Sie erkennen, daß Melindas Probleme mehrschichtig sind. Sie fühlte sich schuldig, gewiß, aber da waren auch noch Enttäuschung, Frustration und Wut auf den Ehemann. Die Schichten der emotionalen »Störung« waren schwer voneinander zu trennen. Als die Schuldgefühle über ihr Benehmen den Kindern gegenüber abgebaut waren, bemerkte Linda, wie wütend sie auf ihren Mann war, weil er nicht imstande war, zuverlässig für die Familie zu sorgen. Vom Verstand her war ihr klar, daß sie ihn nicht ändern konnte, aber emotional war sie tief enttäuscht von ihm. Als nächstes bearbeitete sie also ihre Wut und ihre Enttäuschung.

Während sich Melindas Wut auf den Ehemann auflöste, tauchte Ärger auf, ein anderer Aspekt von Wut. Dieses Mal richtete sich das Gefühl auch gegen ihre Eltern, die ihnen nicht geholfen hatten, als ihr Haus im Jahr zuvor fast zwangsversteigert worden wäre. Es waren die Eltern ihres Mannes gewesen, die sie gerettet hatten, während sich ihre Eltern, die über weit mehr Mittel verfügten, »vornehm« zurückgehalten hatten. Sie entdeckte, daß der Ärger über ihre Eltern die Gefühle gegenüber ihrem Mann noch verschärft hatte, denn er hatte schließlich Eltern, die ihnen halfen. Weil ihnen *seine* Eltern zu Hilfe gekommen waren, glaubte sie nicht mehr das Recht zu haben, ihn zur Verantwortung zu ziehen. Emotionen können in einen Teufelskreis münden, wenn sie nicht abfließen; sie können sich wie in einem verstopften Abfluß stauen.

Bei vielschichtigen Problemen ist es wichtig, die einzelnen Themenkomplexe zu erkennen und zu entscheiden, was Sie als erstes behandeln wollen. Sie können entweder an einem sehr eng gefaßten Ausschnitt arbeiten und eine allgemeinere Emotion aussparen oder aber das Problem in seiner Gesamtheit anpacken. Beispielsweise könnten Sie Ihre Gefühle bei Zurückweisungen in Angriff nehmen, oder Sie konzentrieren sich auf ein bestimmtes Erlebnis dieser Art. Wird ein Verfahren mehrfach auf unterschiedliche Aspekte ein- und desselben Problems angewandt, wirkt sich das in gewissem Umfang auch allgemein aus. Dennoch ist es wichtig, daß Sie sich darüber klar sind, was Sie einbeziehen wollen. Keinesfalls können Sie verschiedene Emotionen gleichzeitig behandeln – Wut, Bedauern und Schuldgefühle. Jedes Gefühl reagiert auf eine ganz bestimmte Klopfsequenz, und zu jedem gehört ein eigenes

Gedankenenergie-Feld. Die auftauchenden Schichten müssen also eine nach der anderen behandelt werden.

Kathys Geschichte zeigt uns eine andere Ausprägung vielschichtiger Probleme: wie einen die Sorge um eine bestimmte Angelegenheit davon abhalten kann, sich schwierigeren Problemen zu stellen. Kathy kam zu uns, um sich wegen ihrer Angst, ein Geschäftsvorhaben anzufangen, behandeln zu lassen. Gewöhnlich ist diese Art von Problem leicht in den Griff zu bekommen. Im Laufe unserer Unterhaltung erzählte sie jedoch, daß vor nicht ganz sechs Monaten ihr neunzehnjähriger Sohn bei einem Autounfall ums Leben gekommen war; außerdem verriet sie uns, daß ihre Beziehung in einer schwierigen und schwankenden Phase war. Sie mußte sich mit einer Menge emotionaler Probleme auseinandersetzen.

Zu Beginn arbeiteten wir an der Angst vor dem Projekt, was zu einer gewissen Erleichterung führte. Kathy sagte, es ginge ihr besser. Dennoch war nicht zu übersehen, daß in ihr noch andere Dinge abliefen, auf deren Bearbeitung sie sich nicht so recht eingestellt hatte. Dabei rückte schließlich das Thema ihrer Beziehung ins Zentrum: Ihr Freund war dabei, aus der gemeinsamen Wohnung auszuziehen. Als sie das nächste Mal kam, war sie deshalb ziemlich außer sich. Folglich behandelten wir einige der Beziehungsprobleme. Sie beruhigte sich zwar, spürte aber gleichzeitig unendliche Traurigkeit und Kummer wegen des Verlusts ihres Sohnes. Wir arbeiteten ein wenig daran, doch sie meinte (und das ergab einen Sinn), daß sie es nicht richtig fände, dieses Leid loszuwerden, weil das auf mangelnden Respekt gegenüber ihrem Sohn hinausliefe. Deshalb sprachen wir ihre Trauer in der Folge nicht mehr direkt an, da sie sich im normalen Bereich hielt und sie nicht behinderte. Hätte das Gefühl ein extremes Ausmaß erreicht oder zu lange angehalten, hätte sie sich vielleicht entschließen können, es weiter zu vermindern. Jedenfalls versuchen wir nicht immer, jeden emotionalen Leidensdruck abzubauen, weil das nicht in allen Fällen angemessen ist. Schließlich muß man auch die Fähigkeit des Betroffenen zu natürlichen Reaktionen respektieren.

Im achten Kapitel befassen wir uns eingehender damit, wie man sich durch die Schichten der Emotionen arbeitet, die im Verlauf der ESM-Behandlungen auftauchen. Es dürfte Ihnen eine Hilfe sein, wenn Sie Ihre Emotionen sowie deren Intensität schriftlich festhalten, wann immer sie Ihnen bewußt werden. Im zwölften Kapitel finden Sie zudem Anregungen für ein Tagebuch Ihrer Fortschritte, das gewinnbringender Bestandteil eines fortlaufenden ESM-Programms werden kann.

Einst und jetzt: So behandeln Sie Themen aus Vergangenheit, Gegenwart und Zukunft

Oft löst sich ein seit langem bestehendes Problem innerhalb einer einzigen ESM-Behandlung auf. Sie wenden die Anleitung an, schalten den Leidensdruck aus, und es ist vorbei. Andere Probleme müssen regelmäßig neu behandelt werden. Es scheint immer davon abzuhängen, ob das entsprechende Problem mit Erlebnissen aus der Vergangenheit, Gegenwart oder Zukunft zusammenhängt.

Überraschenderweise sind tiefe Verletzungen und seit langem bestehende Probleme manchmal am leichtesten zu korrigieren. Damit meinen wir Phobien wie Joleens Flugangst und die tiefsitzenden Nachwirkungen traumatischer Erlebnisse wie Mißbrauch, Naturkatastrophen oder schwere Autounfälle. Weil diese Probleme so starke Störungen im Energiesystem des Körpers angerichtet haben, führt vielleicht schon die bloße Aufhebung der Blockade zu einer Katharsis.

Gewisse Bedingungen, die mit gegenwärtigen und fortdauernden Umständen verknüpft sind, können hingegen eine ständige Wiederholung der Behandlung erfordern. In diese Kategorie fallen eingefahrene Gewohnheiten und Zwangsneurosen. Gerade bei Suchtverhalten besteht die Gefahr von Rückfällen, was eine regelmäßige Korrektur erforderlich macht. Häufig ist es die entsprechende Substanz selbst – zum Beispiel Schokolade oder Zigaretten –, die einen Rückfall auslöst, weil sie im System wie ein Gift wirkt. Der übermäßige Genuß dieser Substanz allein hindert den Betroffenen daran, den Teufelskreis zu durchbrechen. Greifen die Behandlungssequenzen erst einmal, beschäftigt sich die Person weit seltener mit der Substanz. Sie wird zu einer Randerscheinung, ihr Einfluß schwindet, und es wird seltener nötig, Rückfälle zu therapieren. Entzugserscheinungen lassen nach, und jede erneute Behandlung hält länger vor.

Schlechte Angewohnheiten scheinen schon deswegen ständige Überwachung und wiederholte Anwendung erforderlich zu machen, weil die Versuchung ständig präsent ist. Immerhin gibt ESM den Menschen neue Hoffnung, deren Leben wegen solcher Zwänge außer Kontrolle geraten ist. In diesen Fällen spielt die Selbstdisziplin eine sehr große Rolle. Sobald jemand bemerkt, daß sein Unbehagen eine bestimmte Schwelle erreicht, kann er sich für ein paar Minuten entschuldigen und die Behandlung anwenden, was das Problem zumindest für den Tag oder die Woche aus der Welt schafft. Mit der Fähigkeit, alte Muster zu ändern, gewinnt er das Gefühl, Zwänge zu meistern, die unkontrollierbar schienen. Die Mittel, Entzugserscheinungen abzubauen, stehen immer zu Verfügung.

Wiederholter Behandlung bedürfen auch Fälle, in denen es zu ständig neuen Provokationen kommt. Schuld daran kann ein überkritischer Vorgesetzter sein oder ein Vermieter, der Sie schikaniert, eine verschleppte Auseinandersetzung mit dem Finanzamt oder ein ständig mürrischer Teenager (in diesem Fall könnte es nützlich sein, die Behandlung gemeinsam durchzuführen). Mit solchen Streßfaktoren wird ESM sehr gut fertig, und mit der Zeit verlieren sie zudem die Kraft, uns zu irritieren.

Manchmal glauben wir, ein störendes Gefühl los zu sein, aber geänderte Voraussetzungen bringen es uns zurück, und wir müssen es erneut behandeln. Nehmen wir zum Beispiel einen Mann, der mit ESM eine lang zurückliegende Kränkung überwindet. Während es ihn früher schon aufgeregt hatte, auch nur an die betreffende Person zu denken, bleiben seine Gefühle nach der Behandlung im neutralen Bereich. Tritt dieser Mensch nun aber zufällig wieder in das Leben des Mannes, kann es durchaus passieren, daß er erneut von diesen Gefühlen heimgesucht wird. Durch die neuerliche Provokation, oder weil ein Aspekt der alten Verletzung nicht erkannt wurde, wird die alte Wunde vielleicht wieder aufgerissen. Dann hilft es, das ESM-Verfahren noch einmal zu durchlaufen und jeden Rest von Leidensdruck abzubauen.

Themen, die sich auf die Zukunft beziehen, können oft in einer Sitzung abgehandelt werden. Viele Menschen haben zum Beispiel große Angst, vor Publikum zu sprechen oder eine Prüfung oder einen Sportwettkampf anzugehen. Diese Gefühle lassen sich mit der Anleitung gegen Erwartungsangst beilegen und tauchen dann möglicherweise nie wieder auf. Meist reicht eine einzige Anwendung. Hat er seine Angst im Griff, leistet der Betreffende oft mehr als erwartet. Nun fühlt er sich wohl – solange das Umfeld gleich bleibt. Ändert sich die Situation jedoch – muß er plötzlich vor 300 statt vor fünfzehn Leuten sprechen –, könnte freilich ein Teil der Angst erneut auftreten. Höchstwahrscheinlich ist sie jedoch weit schwächer als zuvor. Falls nötig, kann man die Sequenz beliebig oft wiederholen, und jedesmal wird das Problem danach verschwunden sein. Bei solchen Problemen ist die Optimierungsanleitung zur Verbesserung der Leistung und der schöpferischen Kräfte oft sehr nützlich. Siehe hierzu auch das elfte Kapitel.

Wie Sie gesehen haben, kann das Auseinanderhalten der Gefühle ein schwieriges Geschäft sein. Ist Ihnen jedoch klar, was Ihnen Probleme bereitet, können Sie direkt zum achten Kapitel übergehen und die entsprechende Behandlungsanleitung erlernen. Fällt es Ihnen aber immer noch schwer, Ihre Emotionen eindeutig zu definieren, wird Ihnen die ausführlichere Erörterung im siebten Kapitel eine Hilfe sein.

7 Was *genau* fühlen Sie?

Falls Sie nach der Lektüre des sechsten Kapitels sicher wissen, welcher Behandlungsanleitung Sie sich zuwenden wollen, können Sie gleich zum achten Kapitel weiterblättern. Aber vielleicht haben Sie noch immer Schwierigkeiten, *genau* zu bestimmen, was Ihnen zu schaffen macht – obwohl die störenden und unangenehmen Gefühle, die Ihre Lebensfreude beeinträchtigen, nur allzu gegenwärtig sind. Können Sie unterscheiden, ob Sie sich ängstlich fühlen oder nur erschöpft sind? Wissen Sie, ob Sie Frustration oder Ärger empfinden? Verschiebt sich Ihr Ärger in Richtung Wut? Ist Eifersucht oder Mißerfolg der Grund dafür? Haben Sie wegen der Art, wie Sie mit Ihrer Ex-Frau oder Ihrem Ex-Mann umgesprungen sind, Scham- oder Schuldgefühle?

Vergessen Sie nicht, daß es keine falschen Gefühle gibt, sondern nur unangemessene oder irrational übertriebene, die ein normales Denken und Verhalten beeinträchtigen. Alle diese Symptome und Emotionen haben eines gemeinsam: Streß. Alle sind physiologisch, geistig und emotional belastend. Mit jedem Problem, das wir mit ESM bearbeiten, fällt unser Streßpegel, wodurch das ganze System entlastet wird. Die folgende Darstellung von Emotionen und Symptomen soll Ihnen helfen, sich noch besser auf Ihre Gefühle einzustellen. Außerdem erhalten Sie genauere Informationen, wie Sie mit den Behandlungsanleitungen arbeiten können.

Anmerkung: **Fettgedruckte** Begriffe bezeichnen Behandlungssequenzen. ***Kursiv fettgedruckte*** Begriffe verweisen auf eine solche übergeordnete Anleitung.

Sucht- oder Zwangsverhalten

Unsere Gesellschaft ist voll von **Sucht-** und ***Verhaltenszwängen,*** die einen wenig geglückten Versuch darstellen, den Streß unseres komplizierten und hektischen Lebens zu bewältigen. Suchtverhalten kann sich auf eine oder mehrere Substanzen beziehen – Essen, Nikotin, Alkohol oder andere Drogen. Aber es kann auch sein, daß wir dem Glücksspiel, dem Einkaufen oder dem Sex verfallen, um unsere **Angst** zu lindern. Es kommt alles in Frage, mit dem wir unserem Unbehagen entfliehen, uns von unseren Gedanken und Ängsten ablenken und uns beruhigen. Können wir dem Drang zu rauchen oder zu trinken oder Geld auszugeben nicht mehr widerstehen, kann uns nichts von unseren psychischen Qualen ablenken, dann ist es angebracht, von Abhängigkeit oder Sucht zu sprechen.

Klinisch betrachtet, bezieht sich Sucht auf eine physiologische Abhängigkeit von bestimmten Substanzen, zumeist Alkohol oder sogenannten Drogen. Zur Sucht gehört eine körperliche Toleranz für die Substanz, die dazu führt, daß die Dosierung im Laufe der Zeit gesteigert werden muß, wenn der gewünschte Effekt erreicht werden soll. Wird sie nicht ständig neu zugeführt, kommt es zu Entzugserscheinungen. Jede Art von Abhängigkeit ist von Angst begleitet, die ständig wächst, bis sie durch Einnahme der Substanz gedämpft wird.

Die in diesem Buch vorgestellten Techniken zielen an sich nicht auf die Lösung seit langem bestehender Abhängigkeit von Drogen wie Heroin, Alkohol oder rezeptpflichtigen Medikamenten. Wir möchten betonen, daß die Behandlung von Alkohol- oder Drogenabhängigkeit sehr vielschichtig sein kann, weil die Betroffenen wahrscheinlich ihr ganzes Leben rund um die Droge eingerichtet haben – ihre sozialen Kontakte, die Orte, an denen sie die Substanz üblicherweise kaufen oder konsumieren, Überlegungen, ob sie nun *high* sind oder eine Vergiftung haben, und wie sie ihre Sucht am besten vor anderen verbergen. Für eine erfolgreiche Behandlung müssen all diese Aspekte der Sucht angesprochen werden. Die ESM-Verfahren bieten ein wirksames Mittel, die Gier nach dem Suchtstoff zu kontrollieren oder auszuschalten. Doch die Entscheidung für die Anwendung dieses Mittels schließt viele Faktoren ein, die üblicherweise Teil eines umfassenden Behandlungsplans sind und professionelle Hilfe, medizinisch überwachten Entzug, klinische Behandlung und langfristige Nachsorge erfordern.

Suchtverhalten, das sich auf Essen, Glücksspiel, zwanghaftes Geldausgeben, Zigaretten oder anderes bezieht, spricht hingegen gut auf ESM an – vorausgesetzt, die Abhängigkeit ist nicht so schwerwiegend, daß sie Alltagsfunktionen beeinträchtigt. ESM eignet sich nicht als alleinige Behandlung für schwere Eßstörungen. Im Zweifel ist hier eher Vorsicht geboten. Bei Suchtverhalten, das sich erkennbar störend auf Ihren Alltag auswirkt, sollten Sie vorsichtshalber immer professionelle Hilfe suchen.

Abhängigkeiten, die nicht lebensbedrohlich sind, können lästig, störend, häßlich, peinlich, kostspielig und ungesund sein. Eß- und Kaufsucht, Nägelkauen, Glücksspiel und andere ***Angewohnheiten*** können mit ESM unter Kontrolle gebracht oder ausgeschaltet werden. Manche Probleme sind nach einer Anwendung verschwunden, andere erfordern regelmäßige Anwendung und Überprüfung. Nägelbeißen ist zum Beispiel eine Gewohnheit, die oft nach einer einzigen ESM-Behandlung vollkommen aufhört. Zwanghaftes Essen oder Geldausgeben dagegen müssen in der Regel längere Zeit behandelt werden. Die Auslöser dieser Verhaltenstörungen sind stets präsent. Wir sind ständig mit Entscheidungen konfrontiert, die sich auf das Essen und das Geldausgeben beziehen. Hat unser Suchtverhalten also mit Nahrung oder Geld zu tun, kann es sein, daß wir uns sorgfältig kontrollieren und die Sequenz nötigenfalls mehrfach erneut ausführen müssen, um Angst und selbstzerstörerisches Verhalten in Schach halten zu können.

ESM-Behandlungen verringern oder beseitigen die Angst, die dem Suchtverhalten zugrundeliegt. Weil der Angstpegel mit jeder Anwendung abnimmt, wird üblicherweise auch der Drang nach dem Suchtmittel oder dem Suchtverhalten schnell schwächer. Der Zeitraum zwischen zwei Behandlungen wird größer, bis die Sucht oft ganz verschwindet. Tritt Ruhe an die Stelle der Angst, lassen die Zwänge nach, und es können sich neue, produktive Verhaltensweisen einstellen. Sport, Hobbys, soziale Kontakte, Lesen, Entspannungsübungen, Musik, ein Tagebuch, gemeinnütziges Engagement, Volkshochschulkurse und andere Aktivitäten, die das persönliche Wachstum fördern, können die Suchtzwänge ersetzen.

Donna kannte jede Konditorei in ihrer Stadt und wußte genau, welche kalorienträchtigen Spezialitäten wo angeboten wurden. Sie war als Vertreterin unterwegs, und sie kaufte sich mindestens ein- oder zweimal pro Tag süßes Gebäck. Donna bekämpfte ihren Streß mit Törtchen und Strudel. Diese »angenehme« Nahrung baute kurzfristig Spannungen ab, hatte ihr aber in den vergangenen eineinhalb Jahren auch zehn Kilo mehr Körpermasse beschert. Sie wußte, welche Art der Ernährung gesund gewesen wäre, und sie kannte den Wert körperlicher Ertüchtigung. *Nachdem* sie ein Törtchen gegessen hatte, schalt sie sich wegen ihrer Schwäche. Als sie zu uns kam, war ihr klar, daß sie keine Kontrolle mehr über ihre Sucht hatte.

Donnas Behandlung zog sich ziemlich lange hin. Zu Beginn ihres Erhaltungsprogramms wandte sie zusätzlich zu dem sechswöchigen Stabilisierungsprogramm (siehe zwölftes Kapitel) täglich die komplette Anleitung gegen Angst an. Das sollte ihren Drang, sich etwas zu essen zu besorgen, beruhigen. Manchmal legte sie, wenn sie diesen Drang verspürte, eine Pause ein, um die Übung zur Schnellentspannung durchzuführen. Sie lernte ihre Symptome zu beachten und zu behandeln, sobald sie auftraten. Nach einiger Zeit brauchte sie die vollständige Behandlungssequenz nur noch ein paarmal pro Woche anzuwenden und sich morgens mit den Übungen zum Atemgleichgewicht und der allgemeinen Polaritätsumkehrung in Schwung zu bringen. Als sich ihr neues Verhalten eingespielt hatte, fühlte sich Donna ruhiger. Sie war imstande, die Auslöser für ihren Streß wahrzunehmen, was für einen langfristigen Wandel unabdingbar ist. Am Ende gelang es ihr, positive Maßnahmen zu ergreifen: Sie begann Sport zu treiben und Tagebuch zu schreiben, um ihren unausgedrückten Emotionen ein Ventil zu verschaffen. Allmählich schufen diese Schritte dann Raum für die Entwicklung neuer, gesünderer Verhaltensmuster. Nach etwa zwölf Wochen war Donna völlig von Süßigkeiten abgekommen und ernährte sich sehr viel gesundheitsbewußter. Dazu baute sie den arbeitsbedingten Streß regelmäßig im Fitness-Studio ab. Sie hatte ihr Leben wieder im Griff.

Ärger, Wut und Frustration

Ärger kann uns gewaltig motivieren, etwas Produktives zu unternehmen. Ärger über gesetzlich festgeschriebene Ungerechtigkeiten kann uns beispielsweise dazu bringen, uns um eine Reform zu bemühen. Weit häufiger wird unser Ärger allerdings durch alltägliche Vorkommnisse ausgelöst: Wir verschütten ein Getränk, oder auf der Autobahn schneidet uns ein rücksichtloser Autofahrer. Ärger kann sich als **Abscheu,** Entrüstung oder Empörung äußern, als ***Ungeduld,*** **Frustration** oder ***Bitterkeit.***

Ärger läßt uns erröten, unser Herz rasen und die Nasenflügel beben. Je stärker er wird, desto weniger haben wir uns noch im Griff. Hält Ärger länger als ein paar Minuten an, kann er sich äußerst unangenehm anfühlen, so als würden wir gleich aus der Haut fahren. Es hat sich gezeigt, daß Ärger und Feindseligkeit zu den schädlichsten Streßfaktoren für den Körper gehören, insbesondere für Herz und Kreislauf.

Das Wort »Ärger« leitet sich vom lateinischen *angere* ab, was »würgen« bedeutet und auch die Wurzel von *Angina* ist, der »Herzenge«. Andauernder Ärger kann das kardiovaskuläre System schädigen. Untersuchungen der Kardiologen Meyer Friedman und Ray Rosenman gegen Ende der sechziger und zu Anfang der siebziger Jahre haben ergeben, daß ein von den Wissenschaftlern A-Typ genannter Charaktertyp zu Herz-Kreislauf-Problemen neigt. Das Verhalten des A-Typs ist durch physische Anspannung, schnelle Augenbewegungen, schnelles Sprechen, festen Händedruck, Redseligkeit und das Bestreben gekennzeichnet, die Kontrolle über Situationen und Menschen zu gewinnen. Bei späteren Studien zeigte sich, daß A-Persönlichkeiten eigentlich nur in zwei Fällen Gesundheitsschäden zu erwarten hatten: bei einem hohen Pegel von Ärger und Feindseligkeit (vor allem, wenn er nicht aufgelöst wurde), sowie wenn der Betreffende den Eindruck hatte, keine Kontrolle über sein Leben oder seine Lebensumstände zu haben. Diese beiden Aspekte scheinen in aller Regel gemeinsam aufzutreten.

Ärger ist fast immer nach außen gerichtet – auf eine Person, eine Situation oder auch auf eine Institution oder nervtötendes Getier. Häufig überschreiten ärgerliche Reaktionen bei weitem das dem Anlaß angemessene Maß. Und diejenigen, die den Ärger abbekommen, bleiben ihrerseits erschöpft, ratlos und verärgert zurück. Dabei trägt Ärger gewiß kaum zu unserem eigenen Seelenfrieden bei. Er schlägt vielmehr auf uns zurück. Und richtet er sich gegen uns selbst, verwandelt er sich oft in Schuldgefühle und Depressionen.

Die meisten Menschen sind nicht besonders gut darin, mit Ärger oder Frustration umzugehen. Ärger gilt nicht als nett oder höflich. In vielen Familien gewöhnt man es den Kindern von klein auf ab, überhaupt Ärger zu zeigen. Wie vielen hat man gesagt, sie dürften sich nicht über irgend etwas aufregen oder ärgern, wie viele sind damit aufgewachsen, ständig ihren Ärger abwürgen zu müssen? Als Erwachsene haben dann viele das Verbot des Ärgerns so tief verinnerlicht, daß sie entsprechende Gefühle nicht einmal mehr richtig als solche erkennen, sondern statt dessen depressiv oder ängstlich sind. Andere scheinen unfähig, ihren Ärger zu zügeln; bei ihnen macht er sich in jedem Winkel ihres Lebens breit.

Frustration ist eine abgeschwächte Form von Ärger, eine Art leise köchelnde Unzufriedenheit mit dem Lauf – oder, häufiger noch, Stillstand – der Dinge.

Wir sind frustriert, wenn unsere Bemühungen durchkreuzt oder zunichte gemacht werden, wenn wir wünschten, etwas ginge schneller voran, wenn wir den Eindruck haben, daß man uns nicht zuhört, und wenn wir es nicht schaffen, das zu bekommen, was wir wollen. Hinter der Frustration können Elemente von ***Ungeduld, Enttäuschung,*** und **Zurückweisung** lauern. Frustration kann die gleichen körperlichen Symptome wie Ärger hervorrufen, wenn auch in abgeminderter Form.

Ungeduld ist ein Gefühl der Ruhelosigkeit, der Drang, vorwärtszukommen. Die Litanei der Ungeduld hört sich so an: »Wenn genug Zeit vorhanden ist, etwas nachträglich in Ordnung zu bringen oder das Ganze nochmal von vorn durchzukauen, dann wäre auch genug Zeit gewesen, es gleich auf Anhieb richtig zu machen.« Verzögerungen regen uns so sehr auf, daß wir am liebsten schreien möchten. Wir nörgeln und treiben an, wenn die Dinge – oder die Menschen – zu langsam vorankommen. Unter diesen Umständen wird es Zeit für die Frage, ob Sie ungeduldig sind, weil andere nicht Schritt halten, oder ob Sie sich nicht vielleicht selbst derart antreiben, daß Flüchtigkeitsfehler Sie letztlich weiter zurückwerfen, als wenn Sie sich gleich ausreichend Zeit genommen hätten. Wird Ungeduld beinahe zum **Zwang,** weist das darauf hin, daß sie mit **Angst** gekoppelt ist. Sie werden feststellen, daß die Klopfsequenz gegen Ungeduld Elemente der Sequenz gegen Angst enthält.

Manchmal steigert sich Ärger bis zur **Wut,** die uns die Fähigkeit raubt, klar und vernünftig zu denken. Wut bringt uns an einen Punkt, an dem wir keine Kontrolle mehr über uns haben und an dem wir blind für Argumente und der Gewalt zugeneigt sind.

Ärger, Wut und Frustration können oft durch Verzeihen geheilt werden. Wenn wir verärgert sind, ist Verzeihen natürlich das letzte, was uns einfällt, und wenn wir wütend sind, ist es einfach unvorstellbar. Aber Verzeihen nützt niemandem außer uns selbst. Wir vergessen nicht, was man uns angetan hat, aber wir lassen unseren Ärger los, damit es *uns* wieder besser geht. Ganz gleich ob wir dem Verantwortlichen nun innerlich und im Stillen oder ausgesprochen und öffentlich verzeihen – letztlich profitieren vor allem wir davon. Ärger läßt sich durch Verzeihen auflösen. Da es für die Heilung der genannten Emotionen fast immer darauf ankommt loszulassen, enthalten die entsprechenden ESM-Anleitungen Vorsätze zum Verzeihen und Loslassen.

Phobien, Ängste, allgemeine Überlastung (Streß) und Besorgnis

Phobien, Ängste und ***Besorgnis*** haben eines gemeinsam: Sie alle sind emotionale Reaktionen auf eine ungewisse Zukunft. Diese Ungewißheit trägt die Möglichkeit negativer, schmerzlicher oder anderer schrecklicher Folgen in sich. In unserer Nervosität erfinden wir eine fiktive Katastrophe nach der anderen. Während Schuld, Peinlichkeit und Trauer der Vergangenheit verhaftet sind, beziehen sich Phobien und Ängste in der Regel auf die Zukunft.

Auch hier ist es wichtig zu wissen, daß Angst eine nützliche emotionale Reaktion sein kann, die zu unserer körperlichen Sicherheit beiträgt. Eine gesunde Höhenangst kann uns vor riskanten Manövern und damit vor möglichen Abstürzen bewahren. Zurückhaltung in unbekannter oder merkwürdiger Umgebung macht uns vorsichtig und erhöht unsere Wachsamkeit. Bei Angst ziehen sich bestimmte Muskeln zusammen, die unsere Fähigkeit einschränken, frei zu atmen. Das beklemmende Gefühl in der Brust läßt uns aufmerken und führt oft dazu, daß wir unwillkürlich einatmen oder die Luft anhalten. Paradoxerweise lähmt uns Angst manchmal genau in dem Augenblick, in dem wir fliehen wollen. Häufiger wirken diese Muskelkontraktionen jedoch als wirksamer Antrieb, der uns erlaubt, mit außerordentlicher Kraft und geschärften Sinnen zu reagieren. Es hat gute Gründe, daß wir die Wildheit eines in die Enge getriebenen und verängstigten Tieres ungeachtet seiner Größe respektieren. Das Reaktionsmuster »Kämpfen oder Fliehen« erzeugt einen Adrenalinstoß, der uns antreibt, uns entweder in die Schlacht zu stürzen oder um unser Leben zu rennen.

Ängste und Phobien markieren verschiedene Stellen auf derselben Skala emotionaler Reaktionen. Manche sehen diese Begriffe als austauschbar an, doch in diesem Buch gebrauchen wir »Angst«, wenn wir eine weniger starke Reaktion beschreiben. Angst beinhaltet oft eine realistische Komponente. Die gefürchteten Situationen oder Objekte – bösartige Hunde, ein Raubüberfall auf offener Straße oder Wirbelstürme – spielen im Leben des Betroffenen oftmals eine Schlüsselrolle. Dagegen sind Phobien extreme und unkontrollierbare, manchmal durch ein vergangenes Trauma entstandene Reaktionen. Sie führen häufig dazu, daß jemand jede mögliche Berührung mit der befürchteten Situation meidet, selbst wenn er dafür erhebliche Einschränkungen in Kauf nehmen muß.

Der fünfjährige Jason entwickelte Angst vor Hunden, nachdem ihn ein großer Dobermann aus der Nachbarschaft erschreckt hatte. Er fürchtete sich nicht vor allen Hunden, denn er konnte weiterhin ziemlich problemlos die Nähe kleiner Hunde ertragen und sogar mit ihnen spielen. Sobald jedoch ein größerer Hund, gleichgültig wie zahm oder friedlich, auftauchte, klammerte er sich zitternd und weinend an seine Eltern oder andere anwesende Erwachsene. Nachdem Jason von seinen Eltern mit ESM behandelt worden war, war er wieder imstande, große (harmlose) Hunde zu streicheln.

* * *

Lucinda fürchtete sich ganz schrecklich vor Schlangen, obwohl es in ihrer Vergangenheit keinen Grund dafür zu geben schien. Es war nicht bloß eine gewisse Zimperlichkeit. Sie ekelte sich nicht einfach vor ihnen oder ging ihnen aus dem Weg, wenn sie sie sah. Schlangen jagten ihr so schreckliche Furcht ein, daß sie sogar Einladungen zum Wandern oder Zelten ausschlug, aber immer andere Erklärungen für ihre Absagen gab. Schon das Bild einer Schlange ließ Lucinda frösteln und die Augen abwenden; das Wort »Schlange« jagte ihr kalte Schauer über den Rücken. Doch unmittelbar nachdem sie die Behandlungssequenz gegen spezifische Ängste und Phobien absolviert hatte, schaffte es Lucinda, ein Zoogeschäft und anschließend das Reptilienhaus des örtlichen Zoos zu betreten. Und natürlich konnte sie jetzt auch mit Freude und Begeisterung wandern gehen.

Jason hatte *Angst* vor Hunden, weil er ein unerfreuliches und beängstigendes Erlebnis gehabt hatte. Lucinda zeigte eine *Phobie* gegenüber Schlangen, die in keinem Verhältnis zur Gefahr stand und anscheinend nicht mit einer vergangenen Erfahrung verknüpft war. Ängste und die meisten Phobien werden mit derselben Sequenz behandelt. Bei einigen wenigen Phobien (Spinnen, Klaustrophobie, Flugturbulenzen) wird diese Abfolge ein wenig abgewandelt. Es ist nicht immer klar, weshalb bestimmte Klopfsequenzen bei spezifischen Symptomgruppen wirksam sind; wir lassen uns hier nur von unserer klinischen Erfahrung leiten.

Angst zeigt sich häufig in Form von ***Besorgnis.*** Manche Arten von Besorgnis gehören zum normalen menschlichen Verhalten. So kann ein gewisses Maß an Aufregung tatsächlich dazu beitragen, viele Aufgaben besser zu bewältigen. Beeinträchtigt Besorgnis dagegen die Freude am Leben oder an vielen Aktivitäten, ist es an der Zeit, daß sie verschwindet. Besorgte Aufregung ist oft mit bevorstehenden Ereignissen verbunden, zum Beispiel einer Rede, einem Sportwettkampf oder einer Prüfung. In diesem Fall sprechen wir von ***Erwartungsangst.*** Doch oft kommt es zu frei flottierenden Ängsten und Befürchtungen, einer generellen Besorgnis, die uns hemmt und jegliche Energie raubt. Wir verbringen unsere Tage mit einem flauen Gefühl im Bauch, vielleicht auch mit Herzflattern und einem Kloß im Hals. Es fällt uns schwer, uns zu konzentrieren, und wir bringen wenig zustande. Besorgnis ist wie ein Schaukelstuhl: Man hat etwas zu tun, aber es bringt einen nicht weiter. Vielleicht haben wir nur eine dumpfe Ahnung, wo das Problem liegt; wir glauben, so sei das Leben eben. Doch Besorgnis ist eine schlechte Art, auf Ängste, die wir nicht benennen können, oder auf vorweggenommene Alpträume zu reagieren. Während Hinweise oder Symbole des betreffenden Gegenstands oder der Situation Ängste oder Phobien auslösen, kann Besorgnis sich auch entwickeln oder bestehen bleiben, wenn keinerlei bewußte Gedanken an ein gefürchtetes Objekt vorliegen.

Erwartungsangst liegt oft die Befürchtung zugrunde, im falschen Augenblick in Panik zu verfallen. Es gehört zu Robins Pflichten als Stationsleiterin einer großen Klinik, die monatliche Konferenz der Ärzte, Verwaltungskräfte und Mitarbeiter ihrer Gruppe zu leiten. Normalerweise läuft alles reibungslos ab. Robin ist zwar fast den ganzen Monat lang ängstlich und besorgt, doch sobald sie mit ihrem Vortrag beginnt, vergißt sie ihre Angst weitgehend und macht ihre Sache gut. Außer ihren engsten Freunden weiß niemand, wie sehr sie unter Druck steht.

Trotzdem zehrten die Konferenzen auf Dauer stark an Robins Energie. Schon einige Stunden nach jedem Vortrag fing sie an, sich wegen des nächsten Sorgen zu machen. Diese Vorwegnahme der folgenden Sitzung bereitete ihr ein schreckliches und nicht in den Griff zu bekommendes Unbehagen. Die Wochen voller Erwartungsangst kamen ihr wie ein Schraubstock vor, der sich mit jedem Tag einige Umdrehungen weiter schloß und sie einquetschte. Robin schien diese Angst nicht abschütteln zu können, gleichgültig, wie oft sie sich sagte, daß die Konferenzen immer problemlos verlaufen waren. Meist konzentrierte sie sich darauf, sich von ihrer Besorgnis und ihren Ängsten abzulenken, was häufig darauf hinauslief, daß ihre Vorbereitungen für die nächste Versammlung und ihren oft kurzen Vortrag bei weitem übertrieben waren. Ihrer Meinung nach käme es einem Wunder gleich, wenn sie je von diesem Gefühl befreit würde.

Nach einer entsprechenden ESM-Behandlung war Robin imstande, ihre Aufmerksamkeit auf andere Arbeitsbereiche zu verlagern. Ihre Wahrnehmung verschob sich sogar so weit, daß sie ihre Vorbereitungen für die jeweils nächste Versammlung erheblich zurückfahren konnte. Ein paar Wochen darauf berichtete sie, nicht nur ihre Angst verloren zu haben; auch ihr Streßpegel habe stark nachgelassen, weil sie nun für die Vorbereitung der Konferenzen weit weniger arbeitete. Dadurch blieb ihr mehr Zeit für andere Aufgaben, um die sie sich kümmern mußte, zum Beispiel um den bisher vernachlässigten Aufbau von Teams, und sogar für ihre sozialen Kontakte nach der Arbeit. Sie fühlte sich tatkräftiger als zuvor, doch es kostete sie weit weniger Anstrengung. Sie konnte ihr Leben wieder genießen.

Natürlich können Befürchtungen und Ängste auch nach einer erfolgreichen Behandlung wieder hochkommen, wenn ein anderer Gesichtspunkt ein neues Ziel bereitstellt. In Robins Fall könnte das beispielsweise geschehen, wenn sie befördert würde und Sitzungen der Abteilungsdirektoren leiten müßte. In anderen Fällen kehrt die Angst vielleicht zurück, weil es zu Polaritätsstörungen kommt, sobald sich wieder negative Gedanken einschleichen. Manchmal genügt die täglich wiederholte Korrektur von Polaritätsstörungen, damit eine Behandlung Bestand hat. In anderen Fällen müssen Sie vielleicht die ganze Sequenz erneut anwenden. Ängste, die sich auf die Zukunft beziehen, kommen mit größerer Wahrscheinlichkeit zurück als solche, die mit der Vergangenheit zu tun haben und möglicherweise schon nach einer Behandlung vollständig und dauerhaft geheilt sind. Im achten Kapitel werden Sie sehen, daß es für allgemeine Ängste und für Erwartungsangst verschiedene Behandlungsanleitungen gibt.

Verlegenheit, Scham- und Schuldgefühle

Während Ängste und Befürchtungen sich gewöhnlich auf die Zukunft beziehen, sind andere Emotionen in der Vergangenheit verwurzelt. Dazu gehören u.a. Verlegenheit, Scham- und Schuldgefühle.

Normalerweise treten Gefühle von ***Verlegenheit*** oder **Peinlichkeit** auf, weil wir etwas tun, bei dem wir uns dumm vorkommen, zum Beispiel, wenn wir aufstehen, um eine Rede zu halten, und dabei stolpern und fallen, Wein über unseren Tischnachbarn schütten oder mit offenem Hosentürl herumlaufen. Vielleicht fühlen wir uns verlegen, weil man uns bei etwas ertappt, was andere nicht sehen sollten, oder was wir gewöhnlich nicht vor anderen tun – uns an intimen Körperstellen kratzen, Blähungen entweichen lassen oder fluchen. Viele Peinlichkeiten gehören in die Kategorie der Verstöße gegen die Etikette. Verlegenheiten »stellen uns bloß«.

Das kann auch indirekt geschehen. Eine Frau kann peinlich berührt sein, weil ihr Mann bei einem gesellschaftlichen Ereignis unanständige Witze erzählt. Ein Mann kann peinlich berührt sein, weil seine Frau versteckte Anspielungen auf seine sexuellen Probleme macht. Gefühle von Peinlichkeit sind in der Regel auf den Augenblick bezogen und vergänglich. Am nächsten Tag hat man sie schon vergessen. Doch es kann vorkommen, daß die Verlegenheit anhält und ihren Schatten auf künftige Treffen mit Menschen wirft, die möglicherweise von unseren peinlichen Auftritten wissen.

Verlegenheit und Peinlichkeit unterscheiden sich von Scham. Während Verlegenheit gewöhnlich mit einem speziellen Benehmen oder einer bestimmten Handlung einhergeht, durchdringt die Scham den Betroffenen ganz und gar. Wer sich schämt, hat das Gefühl, er *selbst* sei mit dem Makel behaftet. Starke Scham kann das elementare Selbstgefühl der Menschen angreifen. Verlegenheit geht vorüber, Scham dauert an.

Zwischen chronischer oder wiederholter Verlegenheit und **Scham** gibt es keine eindeutige Trennlinie. Wenn Verlegenheit chronisch wird und mehrere Lebensbereiche durchdringt, kann das dazu führen, daß man sich schämt. Je jünger jemand ist, wenn diese Art von Gefühlen auftreten, und je länger sie andauern, desto größer ist die Gefahr, daß sie als eingefleischtes Muster Wurzeln schlagen. Junge Menschen, die verspottet werden, weil sie anders sind, anders aussehen oder Dinge nicht so machen, wie es sich gehört, beginnen sich für das zu schämen, was sie sind und was sie tun. Kommentare von Eltern, Lehrern oder Klassenkameraden, sie seien »blöd« oder »ungeschickt«, werden leicht zu einer umfassenden Abwertung.

Scham kann sich von Kindheit an entwickeln und ständig im Hintergrund lauern, aber auch später aufgrund von Übergriffen im Erwachsenenalter entstehen. Auch aus dem Bruch eines gesellschaftlichen Tabus kann Scham erwachsen. Es gibt Situationen, in denen ein Erwachsener so tiefgreifend und schwerwiegend gegen moralische, gesetzliche, ethische oder religiöse Normen seiner Gemeinschaft verstößt, daß er Scham empfindet. Menschen, die alkohol- oder drogensüchtig werden, müssen sich oft mit Schamgefühlen herumschlagen, wenn sie wieder davon loskommen und die Folgen ihres früheren Lebenswandels erkennen. Wenn jemand Ehebruch begeht, schämt er sich oft, weil er den

Partner betrogen und sein Vertrauen mißbraucht hat. Für Verlegenheit bzw. Peinlichkeit und Scham gibt es unterschiedliche Behandlungssequenzen.

Schuldgefühle haben eine gewisse Ähnlichkeit mit den beiden oben genannten Emotionen. Schuld erwächst aus einem Gefühl der ***Reue*** in bezug auf ein bestimmtes Verhalten. Sie entspringt eher einer Selbstbewertung als dem Urteil anderer (auch wenn andere sich vielleicht dazu versteigen, uns Schuldgefühle einzureden). Verlegenheit geht oft von ungewollten Handlungen aus, die gewöhnlich keinen Dritten schädigen. Schuldgefühle dagegen haben fast immer damit zu tun, daß jemand zumindest glaubt, Sie hätten absichtlich etwas falsch gemacht. Da Schuld ein Vergehen unterstellt, ist sie ein willfähriger Diener des Gewissens. Sie tritt nur auf, wo es so etwas wie ein Gewissen oder einen inneren Zwiespalt gibt, was richtig und was falsch ist. Der bewußte Vorsatz zum Verzeihen ist fester Bestandteil der Behandlungssequenz gegen Schuldgefühle.

Schuldgefühle kommen bevorzugt dann auf, wenn wir selbstgesteckte Ziele und Erwartungen nicht erfüllen. Wir fühlen uns schuldig, wenn unser Verhalten nicht mit unseren erklärten Absichten und unserer Moral übereinstimmt. Vielen Menschen wurden schon sehr früh im Leben Schuldgefühle eingepflanzt. Sie sind ein wirkungsvolles Sozialisationsinstrument, das die meisten Eltern und auch die Gesellschaft insgesamt gerne verwenden, um unser Verhalten zu formen und zu kontrollieren. Wird jedoch zu freizügig damit umgegangen, kann es unser Selbstwertgefühl ganz massiv untergraben. Schuld spüren wir oft in den Eingeweiden und im Magen. Wird das Gefühl chronisch, können Verdauungsprobleme auftreten.

Schuldgefühle können uns derart zusetzen, daß wir nicht mehr in der Lage sind, das wiedergutzumachen, was das Schuldgefühl ursprünglich ausgelöst hat. Phil war fünfundzwanzig Jahre verheiratet und hatte einen vierundzwanzigjährigen Sohn, als er seine Frau verließ und kurz darauf ein Verhältnis mit einer Arbeitskollegin anfing. Seine Frau war vollkommen fertig, ließ Phil aber den Rückweg offen, falls er »zur Vernunft kommen sollte«.

Nach sechs Monaten merkte Phil, daß er die andere Frau nicht liebte. Jetzt, wo sie ihre Zeit miteinander verbringen konnten, stellte er fest, daß ihm die Beziehung nicht das brachte, was er erwartet hatte. Ein weiteres halbes Jahr lang versuchte Phil, andere Beziehungen zu knüpfen, fand jedoch nirgends die erhoffte geistige Anregung oder gar Erfüllung. Die ganze Zeit über war er in Kontakt mit seiner »baldigen Exfrau« geblieben, und nun fing er an, seine Frau und das, was ihnen gemeinsam war, zu vermissen. Er merkte, daß es trotz aller Unzufriedenheit mit seiner Ehe keine besseren Alternativen gab.

Obwohl seine Frau die Hoffnung noch nicht aufgegeben hatte, war sie verständlicherweise vorsichtig. Im strengen Sinn hatte Phil sie nicht betrogen, da er die Affäre erst nach seinem Auszug begonnen hatte, aber er hatte ihr Vertrauen mißbraucht. Seine Frau fühlte sich zutiefst verraten. Es hatte sie sehr verletzt, als er verkündete, gehen zu wollen, und jegliche Diskussion für überflüssig erklärte.

Doch diese Geschichte handelt von Phil. Seine Schuldgefühle (weil er seine Frau so verletzt hatte) erschwerten eine Versöhnung sowie den Versuch, wieder eine Beziehung mit ihr aufzubauen. Interessanterweise versuchte sie kaum, seine Schuldgefühle zu schüren. Ganz im Gegenteil: Sie war bereit, ihm zu verzeihen. Doch sie hatte es nicht eilig. Sie wollte Phil nicht wieder in ihr Leben lassen, als sei überhaupt nichts geschehen.

Phils Kampf spielte sich vorwiegend in seinem Inneren ab. Seine starken Schuldgefühle erlaubten ihm nicht, sich spontan zu verhalten. Außerdem hinderten sie ihn daran, anders als voller Mitleid und Reue an seine Frau zu denken. Als er Hilfe suchte, erkannte er, wie wichtig es war, seine Schuldgefühle aufzulösen, wenn er seiner Ehe eine neue Chance geben wollte. Phil war kein schlechter Mensch. Er hatte nur einen großen Fehler gemacht. Aber er hatte aus seinem Fehlverhalten gelernt. Nun waren seine Schuldgefühle nicht mehr nützlich, sondern standen seinem Wunsch im Weg, wieder eine intime Bindung zu seiner Frau herzustellen. Er hatte seine Lektion gelernt, und deshalb war es an der Zeit, daß sein Schuldgefühl verschwand.

Zu Anfang schätzte Phil seine Schuldgefühle mit einer 8 auf unserer Skala ein. Er gab offen zu, daß er sich schrecklich fühlte und sehr litt, wenn er seiner Frau in die Augen schaute und an den Kummer dachte, den er ihr bereitet hatte. Obwohl sie ihm vergeben hatte, konnte er sich selbst nicht verzeihen. Es überraschte mich nicht, daß ich bei Phil auch einige Polaritätsstörungen feststellte; eine davon bezog sich auf »Berechtigung«. Nachdem wir alle Umkehrungen korrigiert hatten, wendeten wir das Verfahren gegen Schuldgefühle an. Das war die richtige Sequenz, denn Phils Schuldgefühle bezogen sich auf genau umschriebene Umstände im Zusammenhang mit seiner Frau. Hätte es mehrere Affären, mehrere Ehebrüche oder andere Komplikationen gegeben, hätten wir vielleicht die Sequenz für emotionale Traumata ausgewählt, die die Behandlungspunkte für Schuld mit einschließt.

Während Phil auf den Zeigefingerpunkt klopfte, sprach er dreimal die Feststellung aus: »Ich verzeihe mir, denn damals wußte ich nicht, was ich jetzt weiß«. Danach berichtete er, daß er bereits beim zweiten Durchgang der Klopfsequenz

Erleichterung gespürt hatte. Nach der Behandlung stufte er sein Schuldgefühl auf den Skalenwert 2 ein.

Ich bat Phil, einen Augenblick darüber nachzudenken, ob ihm vielleicht noch andere Aspekte seines Problems bewußt geworden wären. Er schloß die Augen, stellte sich wieder darauf ein und erklärte dann, ja, er sei traurig über das seiner Frau zugefügte Leid, und auch über seinen Sohn, der zwar wenig zu der Trennung seiner Eltern gesagt hätte, an dessen Miene er jedoch die unausgesprochenen Gefühle hätte ablesen können. Daraufhin konzentrierten wir uns auf Phils Traurigkeit, die er mit 6 auf der PL-Skala bezifferte, und wendeten die entsprechende Sequenz an.

Wie bei allen Behandlungsanleitungen führten wir auch hier zunächst die Polaritätsumkehrungen für die neue emotionale Schicht durch. Dabei setzten wir in der korrigierenden Aussage »Traurigkeit« für »das Problem« ein. Schon während der Klopfsequenz wurde die Veränderung schlagartig erkennbar. Phils Gesicht wurde weich, die Falten auf seiner Stirn glätteten sich. Nach dem abschließenden Augenkreisen erklärte Phil, sein Belastungswert liege jetzt bei 1. Auf meine Frage, ob er auch diese kleine Störung noch ausschalten wolle, antwortete er: »Nein, ich glaube, ich möchte ein bißchen von diesem Gefühl behalten. Es erinnert mich daran, wie schlecht ich mich fühlen kann. Ich möchte nicht vergessen, was die anderen meinetwegen durchmachen mußten.« Da Phil damit zurechtkam, konnte ich das akzeptieren. Manchmal ist es angebracht, wenn ein kleiner Rest emotionalen Leidensdrucks bestehenbleibt. Er bildet einen positiven Anreiz für weitere Lernprozesse oder Verhaltensänderungen.

Phil blieb noch einige Monate mit uns in Kontakt und berichtete, daß er wieder zu Hause eingezogen sei. Er und seine Frau waren dabei, ihre Beziehung neu aufzubauen. Dabei stützte er sich auf das, was er über sich selbst erfahren hatte, vor allem aber auf sein neues Wissen, was für eine funktionierende Beziehung wichtig ist. Entscheidend war gewesen, die Last der Schuldgefühle und des Kummers ablegen zu können. Das gab ihm die Freiheit, sich seiner Frau emotional zuzuwenden, ohne von einschränkenden und selbstzerstörerischen Emotionen behindert zu werden. Er war jetzt imstande, seiner Beziehung ein neues Fundament zu geben und die Differenzen beizulegen, die zu der Trennung geführt hatten.

Gefühle von Peinlichkeit, Schuld und Scham sind oftmals eng miteinander verbunden. Wenn Sie Zweifel haben, was Sie fühlen, sollten Sie sich für die Emotion entscheiden, die Ihnen am wichtigsten erscheint. Schlägt diese Behandlung nicht an, müssen Sie eben eine andere ausprobieren.

Trauer, Kummer und Bedauern

Trauer, Kummer und **Bedauern** umspannen ein breites Spektrum von Gefühlen. Es gibt Situationen, in denen all diese Emotionen richtig und notwendig sind. Es ist normal, wenn man nach einem großen Verlust die schwere Hand der Trauer auf sich lasten fühlt. Sie gibt uns eine Möglichkeit, mit den drastischen Änderungen unserer Lebensumstände zurechtzukommen. Bedauern erlaubt uns, Reue auszudrücken. Empfänden wir kein Bedauern oder keine ***Enttäuschung,*** wenn wir eine Aufgabe unzulänglich gelöst haben, wären wir nicht motiviert, unser Vorgehen zu ändern. Halten Trauer und Kummer dagegen länger an, kann das zu Depressionen führen. Klinische Depressionen sind jedoch eine ernsthafte und häufig komplexe Erkrankung, die von einem Arzt oder Psychologen abgeklärt und behandelt werden muß. Jeder Gedanke, sich selbst etwas anzutun, ist ein deutliches Zeichen, schnellstmöglich professionelle Hilfe zu suchen.

Wie bei allen Emotionen geht es auch hier um die Angemessenheit der Reaktionen. Es kommt vor, daß Kummer keinen Zweck erfüllt und uns lediglich allgemein hemmt. Kummer kann in ***negatives Denken*** umschlagen, eine Einstellung, die selbst auf positive Ereignisse abfärbt und eher Mängel und Fehler hervorhebt. Negatives Denken läßt sich sehr häufig durch die Übungen zur Polaritätsumkehrung korrigieren. Sobald die negativen Gedanken dann beseitigt sind, können Sie die eigentlichen Emotionen mit den entsprechenden Klopfsequenzen behandeln.

Trauer erwächst aus einem Verlust und wird häufig von Bedrücktheit und ***Sorgen*** begleitet. Tiefe Trauer hängt in der Regel mit dem Verlust eines geliebten Angehörigen zusammen, der einem sehr fehlen wird. Der Trauerprozeß ehrt das Andenken des verlorenen lieben Menschen und zeigt denen, die weiterleben, daß auch sie dereinst vermißt werden. Trauer enthüllt uns den Wert des Lebens und macht die Bindungen zwischen den Menschen bewußt. Aber wir sind auch traurig, wenn wir arbeitslos werden, ein guter Freund fortzieht, wenn wir unsere Gesundheit, eine Wohnung oder ein Haustier verlieren, das wir gerngehabt haben. Die **Erschöpfung** und die Lethargie, die oft mit Trauer einhergehen, zeigen, daß auch der Körper leidet. Sie sollen uns Zeit verschaffen, darüber nachzudenken, wie wir den Verlust in unser Leben integrieren. Trauer ist ein natürlicher Heilungsvorgang für den Schmerz. Wenn wir nach einem schweren Verlust nicht den Prozeß der Trauer durchlaufen, besteht die Gefahr, daß wir die Orientierung und den Anschluß an das Leben verlieren.

Gewöhnlich verläuft die Trauerzeit nach einem bestimmten Schema, das laut Dr. Elisabeth Kübler-Ross sechs Phasen umfaßt: Verleugnung, Ärger über den Verlust, Verhandeln mit Gott, den Verlust rückgängig zu machen, Depressionen, Akzeptanz und schließlich Hoffnung für die Zukunft.

Diese Stadien sind nicht genau voneinander zu trennen. Häufig überschneiden sie sich, und es kann sein, daß jemand von einer Stufe zur nächsten fortschreitet und dann wieder zurückfällt. Dr. Gerald Koocker, leitender Psychologe und Trauerexperte am Bostoner Kinderkrankenhaus, glaubt, daß jemand bis zu zwei Jahre lang um einen geliebten Menschen trauern kann, ehe ein Wandel zu erkennen ist. Natürlich kann die Trauer auch in den folgenden Jahren immer wieder auftauchen, aber mit abnehmender Stärke. Daran ist nichts krankhaft oder ungesund. Trauer ist auch ein Heilungsprozeß. Wenn dieser Prozeß angehalten wird oder steckenbleibt, ist auch die Heilung unterbrochen. Man könnte dann sagen, das Gefühl der Trauer hat seinen Zweck überlebt.

Von einem bestimmten Zeitpunkt an sind Dauer und Intensität unserer Trauer kein Maßstab mehr, wie sehr wir jemanden geliebt haben, sondern zeigen vielmehr an, wie stark unsere Energie und unser Gleichgewicht durch die Situation gestört wurden. Trauer kann ausweglos in unserem System gefangen sein, was zu einem Teufelskreis aus Schmerz und Unglück führt. Wenn die Trauer nach einer gewissen Zeit nicht allmählich schwächer wird und verschwindet, sondern unser Leben beeinträchtigt, kann es nützlich sein, den Prozeß ein wenig anzustoßen. Wie immer bleiben unsere normalen und nützlichen Gefühle unberührt, wenn wir eine ESM-Anleitung anwenden.

Claudias halbwüchsiger Sohn war vor zwei Jahren bei einem Autounfall getötet worden. Seit Kyles Tod war ihr Leben völlig zum Stillstand gekommen. Claudia verzehrte sich wegen des Verlustes regelrecht. Jeden Tag erstarrte sie mitten in irgendeiner Tätigkeit und träumte minutenlang von Kyle, ehe sie sich wieder fing. Sie weinte oft und reagierte sehr empfindlich, wenn das Thema angesprochen wurde. »Es war unerträglich, zu hören oder zu sagen, ›Kyle war...‹, und nicht ›Kyle ist...‹«, erzählte sie uns. Claudia war so gedankenverloren, daß sie selbst wichtige anstehende Entscheidungen nicht zur Kenntnis nahm: Ihrem Mann war eine Beförderung angetragen worden, was bedeutet hätte, daß sie umziehen mußten. Aber nichts schien den Nebel aus Trauer und Versunkenheit durchdringen zu können. Nach dem Tod ihres Sohnes war Claudia im Trauerprozeß auf der Stufe der Verleugnung steckengeblieben und kam nicht mehr weiter.

Nachdem Claudia die Formel gegen Trauer angewandt hatte, erklärte sie, sie könne Kyle nun endlich loslassen und akzeptieren, daß er nicht mehr da war. Ihr lähmender Schmerz wich einer angemessenen Traurigkeit. Nun merkte sie, wieviel Zorn sie empfand, weil ihr der Sohn trotz seiner Jugend genommen worden war. Daraufhin führte sie die Klopfsequenz gegen Ärger und Wut aus, was ihr sofortige Erleichterung brachte. Als andere Aspekte ihres Zorns auftauchten, behandelte sie auch diese. Ihr blieb zwar der Kummer, doch sie kam jetzt langsam voran. Natürlich hätte sie alles darum gegeben, ihren Sohn zurückzubekommen. Aber nachdem sie sich mit ihrem Verlust auseinandergesetzt hatte, fiel es ihr in gewisser Hinsicht leichter, an Kyle zu denken. Claudia mußte noch immer Trauerarbeit leisten, doch zumindest war der Prozeß wieder in Gang gekommen. Trauernde Menschen hadern wegen ihres Verlustes oft mit Gott. Aber wenn der Trauerprozeß fortschreitet, können sie ihre spirituelle Verbindung wieder herstellen, wie es auch bei Claudia der Fall war.

* * *

Julia und ihr Freund hatten sich im Verlauf des letzten Jahres auseinandergelebt und sich sechs Monate, bevor sie in unsere Praxis kam, endgültig getrennt. Natürlich hätte sie es sich anderes gewünscht, aber ihr war klar, daß ihr Leben weiterging und sie sich umsehen mußte, wenn sie jemanden finden wollte, der sie heiraten und mit ihr eine Familie gründen würde. Trotzdem schien sie den Kummer nicht überwinden zu können. Julia fühlte sich ständig schwach, zeigte wenig Interesse daran, auszugehen und sich zu amüsieren, und noch weniger, nach einer neuen Beziehung Ausschau zu halten.

Es dauerte gerade eine halbe Stunde, in der Julia die Behandlung gegen Trauer durchführte, bis sie spürte, wie die Last des Verlusts und der Trauer von ihr wich. Sie war vollkommen baff, wie schnell ihre Niedergeschlagenheit und Lethargie sich in ein fast schon übermütiges Gefühl verwandelt hatten. Ihre unerfüllten Erwartungen und Wünsche waren ihr noch immer bewußt, doch die Hoffnungslosigkeit war verschwunden. »Ich weiß, daß ihm die Trennung nicht annähernd soviel ausmacht wie mir«, erläuterte sie. »Ich glaube, ich gehe doch auf die Party, die meine Freundin am Wochenende macht. Die Feste bei ihr sind immer eine Wucht.«

Julia konnte ihre Situation erst in einem anderen Licht sehen, nachdem sie den Schleier aus Trauer und Kummer abgeworfen hatte. Starke, hartnäckige Gefühle beeinträchtigen unsere Fähigkeit, klar zu denken und alle verfügbaren Informationen zu nutzen.

Nicht aufgelöste Trauer oder ständige, scheinbar unlösbare Probleme können zu Verzweiflung führen. In der ***Verzweiflung*** geht die Zuversicht verloren, daß sich etwas ändern kann. Man verliert den Glauben, daß es einen Ausweg oder einen Neuanfang gibt. Verzweiflung geht über Trauer hinaus und kann zu ***Hoffnungslosigkeit*** werden. Wenn die Autobatterie so leer ist, daß das Licht kaum mehr glimmt, wenn der Saft nicht mehr ausreicht, den Wagen anzulassen, und die Hupe keinen Ton mehr von sich gibt: Das ist Verzweiflung.

Bedauern ist das Gefühl, »hätte ich doch« in der Vergangenheit etwas anders gemacht. Es betrifft das, was *nicht* gesagt, *nicht* getan wurde – das, was hätte sein können. Der alte Spruch: »Hinterher ist man immer schlauer« mindert nicht das Gefühl des Bedauerns über eine verpaßte Gelegenheit oder eine Entscheidung, die uns jetzt, im nachhinein, falsch erscheint.

Die meisten Menschen bedauern das eine oder andere im Leben – daß wir jemanden nicht geküßt haben, die Entschuldigung, um die wir nicht gebeten haben, Zeit und Geld, die wir auf Pferdewetten verschwendet haben. Bedauern kann uns Wichtiges vor Augen führen, aus dem wir lernen können. Es kann uns dabei helfen, künftig klügere Entscheidungen zu treffen. Wenn wir aber auf vergangenem Scheitern oder auf ***Enttäuschungen*** verharren, führt das zu ***Sorgen,*** die uns hindern können, den Augenblick zu genießen und Ressourcen zu mobilisieren, mit denen wir unser Leben zum Positiven hin verändern könnten.

Liebeskummer, Gram und Einsamkeit

Liebeskummer und Gram sind komplexe Emotionen, die in der Regel mit mehreren Formen von Kränkung verbunden sind; dazu gehören **Zurückweisung,** ***Enttäuschung,*** **Einsamkeit** oder die Angst, allein zu sein. Manchmal mischen sich auch noch **Ärger** und **Eifersucht** darunter. Viele beschreiben ***Gram*** als einen dumpfen, nicht nachlassenden Schmerz. Manche Menschen lenken sich von ihrem **Liebeskummer** ab – sie gehen ständig aus und machen einen drauf, essen zuviel, trinken zuviel, treiben Sport, bis sie umfallen, oder buchen einen Flug nach Ibiza. Bei anderen durchdringt der Schmerz alle Aktivitäten und erfüllt das Denken. Ein Lebensabschnitt ist vorüber, doch man hat kein Interesse oder keine Kraft, einen neuen anzufangen.

Der Schmerz über eine verlorene Liebe kann ab- und wieder zunehmen, wenn man an die verflossene Liebschaft erinnert wird. Und häufig ist der

Schmerz größer, wenn die Beziehung aus Gründen zerbricht, auf die wir keinen Einfluß haben. Typischerweise sind Schmerz und Verlust und Gefühle der Zurückweisung umso intensiver, je länger und tiefer die Beziehung gewesen ist. In anderen Fällen kann jedoch auch eine kurze, aber heftige Romanze schwere Nachwirkungen zeitigen. In einem gewissen Umfang ist das natürlich. Doch anhaltender Schmerz und **zwanghaftes Grübeln** sind unproduktive Gefühle und stehen einer künftigen zufriedenstellenden Beziehung im Wege.

Paul wurde von seiner Freundin verlassen. Sie erklärte einfach, sie würde ihn nicht mehr lieben. Er fiel aus allen Wolken. Sie waren mehr als ein Jahr miteinander gegangen, und nach seiner Einschätzung lief alles bestens. Paul hatte die Anzeichen, daß sich ihr Verhältnis verschlechterte, nicht zur Kenntnis genommen. Der Bruch traf ihn zutiefst, und er versuchte verzweifelt, seine Freundin zu erreichen, weil er sicher war, sie zur Rückkehr bewegen zu können. Doch sie rief nicht einmal zurück. Er war ratlos und fragte sich dauernd, was sie nur veranlaßt haben könnte, ihn nicht mehr zu lieben. Hatte er sie mit dem letzten Geburtstagsgeschenk beleidigt? Redete er zuviel? War sie enttäuscht gewesen, als er nicht befördert wurde? Er konnte nicht damit aufhören, und am Ende fragte er sich, ob sie ihn überhaupt je geliebt hatte.

Wegen seines ständigen Brütens lag Paul oft die halbe Nacht lang wach und konnte sich auch nicht mehr richtig auf seine Arbeit als Architekt konzentrieren. Statt daß sich sein Zustand allmählich besserte, quälte ihn der Verlust immer mehr. Er ertappte sich dabei, daß er zu ihrer Wohnung fuhr und hoffte, sie zu sehen und mit ihr zu reden zu können. Nach einigen selbstquälerischen Monaten wurde ihm klar, daß der Schmerz nicht nachließ und sein ganzes Leben beeinträchtigte. Sein Bruder riet ihm dringend, Hilfe zu suchen, woraufhin er in unsere Praxis kam.

Gleich zu Beginn stufte Paul seinen Schmerz auf unserer Zehnerskala bei 20 ein. Nachdem er die Sequenzen gegen Liebeskummer und Trauer und Wut einige Male absolviert hatte, schätzte er seinen Schmerzpegel auf 2. Wir fragten ihn, ob er eine der Sequenzen wiederholen wollte, um sich vielleicht völlig davon zu befreien. Doch er lehnte ab und erklärte, der letzte Wert von 2 fühle sich im Moment gerade richtig an. Manchmal kann ein schwacher Leidensdruck als Motivation dienen. Bei Paul lieferte er den Anstoß, aus seinem Kokon herauszukommen und (wie Julia, die wir weiter oben erwähnt haben) wieder ins Leben zurückzukehren.

Einsamkeit ist eine verbreitete Folge unglücklicher oder gescheiterter Beziehungen. Häufig geht sie freilich auch mit dem Tod eines Ehegatten, eines lieben

Freundes oder einem Umzug einher. Einsamkeit verschwindet im Lauf der Zeit oft von allein. Doch solange sie einen im Griff hat, kann sie niederschmetternd sein. Ist man isoliert oder fühlt sich von anderen abgeschnitten, kann die daraus resultierende Unzufriedenheit lähmend und beängstigend sein. Manchmal ist Einsamkeit nicht so sehr Ausdruck einer physischen Abgeschiedenheit, sondern spiegelt eher einen Mangel an engen oder intimen Beziehungen wider.

Die Psychologin Joan Borysenko meinte dazu: »Isoliert zu sein, ist die größte Tragödie für einen Menschen und die für unsere Spezies typischste Form von Streß.« Und der Epidemiologe Leonard Sagan wies (wenn auch nicht als erster) darauf hin, daß der Unterschied, ob wir uns einsam oder eingebunden fühlen, weniger von der Zahl der uns umgebenden Menschen abhängt als vielmehr von der Befriedigung, die wir aus unserer Verbindung zu anderen beziehen.

Als häufigste Gründe für Einsamkeit wurden die fünf folgenden Faktoren ausgemacht:

1. Man lebt allein.
2. Man fühlt sich anders oder mißverstanden und hat Schwierigkeiten, Freundschaften zu schließen.
3. Man ist aufgrund bestimmter Umstände isoliert, zum Beispiel durch körperliche Einschränkungen, Hospitalisierung, fehlende Verkehrsanbindungen oder räumliche Entfernung von anderen.
4. Man hat keinen wichtigen »Nächsten« wie etwa Ehegatten, nahe Verwandte oder Lebensgefährten.
5. Man ist durch große Entfernungen von seiner Familie oder Freunden getrennt – zum Beispiel im Internat, wegen häufiger Reisen, arbeitsbedingter Umzüge oder aus anderen Gründen.

ESM zielt zwar darauf ab, den Leidensdruck bei Einsamkeit zu verringern, ist aber keinesfalls als alleinige Lösung anzusehen. Es kann vielmehr notwendig sein, sein Leben in mancherlei Hinsicht zu ändern, wenn man verhindern will, daß die Einsamkeit zurückkehrt. Zum Beispiel könnte man: seine Wohnsituation ändern, sich zu einem Kurs zur Verbesserung der sozialen Kompetenz anmelden, die Angebote der Volkshochschule studieren, wo bekanntlich viele Kontakte geknüpft werden, sich ein Haustier zulegen oder sich darum bemühen, Freundschaften wiederaufleben zu lassen, die im Laufe der Jahre eingeschlafen sind.

Eifersucht und Neid

Das grünäugige Ungeheuer **Eifersucht** und sein Echo, der ***Neid,*** sind lautlose Seelenkiller. Eifersucht empfinden wir gegenüber jemandem, der die Liebe eines *Menschen* besitzt, den wir wollen, aber nicht bekommen können; Neid fühlen wir gegenüber jemandem, der *Dinge* besitzt, die wir gerne selber hätten. Wenn wir einen früheren Geliebten mit jemand neuem sehen, ist das wie ein Schlag in die Magengrube. Und die Vorstellung, daß jemand etwas besitzt, was nach unserer Meinung uns zusteht, läßt uns manchmal die Galle hochkommen. Nicht von ungefähr sind viele der Worte, mit denen wir Eifersucht umschreiben, im Bereich des Bauches angesiedelt. Der Psychiater und Autor des Buches *Life Energy,* John Diamond, vergleicht die Gefühle Eifersucht und Neid mit der Gier, etwas zu besitzen, selbst wenn wir es gar nicht brauchen oder keinen Platz dafür haben. Diese Gefühle sind immer unerfreulich – ob man sie nun selbst hat oder bei anderen sieht. Eifersucht und Neid können besonders quälend sein, wenn wir sie im Geheimen hegen. Dringen diese giftigen Emotionen andererseits nach außen, können sie uns einen ausgeprochen üblen Ruf bescheren. Die Sequenz gegen Eifersucht und Neid zielt darauf ab, unsere Bindung an das zu lösen, was wir nicht haben (können).

Negatives und zwanghaftes Denken

Sind unsere Kräfte erschöpft, können unsere Gedanken eine finstere Wendung nehmen. ***Negatives Denken*** ist durch eine allgemein pessimistische Einstellung gekennzeichnet, die grundsätzlich mit einem Scheitern oder einem unerfreulichen Ausgang rechnet. Wenn negative Gedanken zur Gewohnheit werden, ist es wichtig, das zu erkennen und sie auszumerzen. Solange wir nicht empfangsbereit sind, wirken spezielle Behandlungsanleitungen wahrscheinlich nicht. Negative Denkmuster werden oft durch Polaritätsstörungen verursacht. Beginnen Sie deshalb mit den Übungen zum Atemgleichgewicht und zur Korrektur von Polaritätsstörungen. Sollte das nicht helfen, könnten Sie mit dem schwierigeren Problem eines Polaritätszusammenbruchs zu tun haben. Die Fünfstufige Atemübung im neunten Kapitel ist das probateste Mittel gegen diese Störung.

Nicht aufgelöste emotionale Probleme können auch zu **zwanghaftem Grübeln** führen. Hier kann man noch soviel argumentieren oder Willenskraft einsetzen: Nichts vermag die sich ständig wiederholenden Gedanken, Begierden oder Vorstellungen abzuwürgen, die uns nächtelang wachhalten. Auch hier müssen wir unseren Geist erst mit den Übungen zum Atemgleichgewicht und zur Polaritätsumkehrung freimachen, ehe wir uns den Problemen zuwenden können, die wir heilen wollen.

Emotionale Traumata

Traumatische Vorfälle in der Vergangenheit – der Schrecken von Krieg, Vergewaltigung, Mißbrauch, ein Raubüberfall, Naturkatastrophen wie Feuer, Erdbeben oder Wirbelstürme – können uns buchstäblich in einem Schockzustand zurücklassen. Eine tiefreichende psychische Verletzung kann von einem einzigen Erlebnis oder der wiederholten Konfrontation mit den auslösenden Umständen herrühren. Oft bleiben die Nachwirkungen der schockierenden und schmerzlichen Ereignisse jahrelang bestehen. Wird ein Schock nicht behandelt, kann das zu einem posttraumatischen Belastungssyndrom führen, das klinischer Beobachtung bedarf.

Ein intensives traumatisierendes Erlebnis hinterläßt Unsicherheit und den Eindruck, unser Leben nicht im Griff zu haben. Das emotionale Trauma kann Empfindungen wie **Ärger, Wut, Schuldgefühle, Zurückweisung,** Verwirrung, **Angst,** ***Besorgnis*** und **Trauer** über den Verlust unserer Unschuld und unseres Sicherheitsgefühls einschließen. Natürlich kann ein emotionales Trauma auch vom Verlust einer wichtigen Beziehung oder des Arbeitsplatzes herrühren oder auftreten, weil ein Geschäft gescheitert ist. Mit ESM reicht oft eine Behandlung gegen Traumata aus, um die zwanghafte Beschäftigung mit einem vergangenen Erlebnis erfolgreich zu durchbrechen. In anderen Fällen kann es erforderlich sein, die Sequenz gegen **zwanghaftes Grübeln** auszuführen.

Jonathan, der vor drei Jahren Opfer eines brutalen Überfalls geworden war, wurde von einem Schmerzzentrum an uns verwiesen. Trotz mehrerer kosmetischer Gesichtsoperationen war er noch immer entstellt und litt fast ständig unter Schmerzen. Selbst starke, süchtigmachende Schmerzmittel brachten jeweils nur kurze und begrenzte Linderung; seine emotionale Qual blieb davon unberührt. Er hatte vorher gut ausgesehen, doch jetzt war er durch die Schläge auf Dauer gezeichnet. Das erinnerte ihn ständig an jenen Tag, an dem sich seine Welt für immer verändert hatte. Auch sein Sicherheitsgefühl war verschwunden. Er zitterte ständig vor Angst, erneut angegriffen zu werden; außerhalb seiner Wohnung war er immer nervös. Der Verlust des Selbstvertrauens und der Kontrolle über sein Leben wiederum erfüllten Jonathan mit einer wütender Frustration, die er nur schwer verbergen konnte. Es war eine der bewegendsten Erfahrungen meiner gesamten Praxis, als ich zusehen durfte, wie Jonathans Ängste und Qualen in einer einzigen Sitzung von 45 Minuten dahinschmolzen.

Anfangs machte sich Jonathan mit sichtlichem Engagement, aber ohne große Hoffnungen an die Übungen. Doch dann kam der Punkt, an dem sich in seinem Gesicht ein tiefgreifender Wandel abzuzeichnen begann. Er war ein hochgewachsener, gleichmütiger Mann, und jetzt blickte er auf, lächelte, und Tränen liefen ihm über die Wangen. Sein Lächeln zerstreute meine Befürchtung, es könne sich um leidvolle Tränen handeln. Es waren Tränen der Erleichterung, die über sein Gesicht strömten. Jonathan erklärte, er spüre, wie sich die Jahre der Qual verflüchtigten. Auch meine Augen wurden feucht, als ich erkannte, daß er auf seinem Weg zurück ins Leben einen entscheidenden Wendepunkt erreicht hatte.

Jonathans körperliche Schmerzen ließen in demselben Maße nach, in dem sich sein emotionaler Schmerz auflöste, und er war plötzlich in der Lage, über den Überfall zu sprechen. Jetzt konnten wir damit anfangen, diese schreckliche Erfahrung in sein Selbstbild und seine Weltsicht zu integrieren. Seine Therapie war damit noch nicht zu Ende, aber die Überwindung des Traumas hatte ihm die Freiheit gegeben, sich der Zukunft zu stellen. Manchmal ist ESM sowohl ein Abschluß als auch ein Anfang. In Jonathans Fall bedeutete es das Ende seiner emotionalen Qual und den Start in ein neues Leben.

Weitere Anwendungen für ESM

Unsere Erfahrungen mit ESM haben gezeigt, daß die Techniken auch bei dem psychischen oder emotionalen Anteil mancher Arten von **Schmerz** wirksam sind. Chronische Schmerzen und Beeinträchtigungen im Zusammenhang mit Verletzungen, Krankheiten oder strukturellen Störungen können unsere Lebensqualität sehr stark beeinträchtigen. Zusätzlich zu den körperlichen Empfindungen, die das Nervensystem erzeugt, treten im Bereich von Geist und Psyche oftmals Gefühle von Elend und Leid auf. Als Beispiel für die körperlichen Quellen solcher Schmerzen seien Zahnschmerzen, (Spannungs-) Kopfschmerz,

Kreuz- und Rückenschmerzen, Wehen, Muskelzerrungen und -schmerzen, Hexenschuß, Krebs, Arthritis und andere degenerative Gewebserkrankungen genannt. Die Behandlungssequenz gegen Schmerzen kann bei den emotionalen Anteilen dieser und anderer Leiden für zeitweilige Linderung sorgen. Eine medizinische Abklärung von Schmerzen unbekannter Ursache kann und darf sie jedoch nicht ersetzen. Wir empfehlen Ihnen deshalb, zunächst eine angemessene medizinische Diagnose einzuholen. Schmerz ist immer ein Warnsignal: Lassen Sie alle körperlichen Faktoren abklären, ehe sie diesen Alarm abstellen.

Wir rechnen damit, Sequenzen für weitere emotionale Zielsymptome zu entwickeln, sobald wir noch mehr über die Funktionsweise dieser Therapie gelernt haben. Für den Augenblick bieten wir Ihnen die folgenden an:

- ✗ Viele Menschen sind zeitweise Opfer einer ***Ungeschicklichkeit*** oder ***Unbeholfenheit,*** die nicht auf neurologische Befunde zurückzuführen ist. Wir neigen zum Stolpern, stoßen uns an Gegenständen, sind vergeßlich oder lassen vieles fallen. Wenn uns die Anmut zu verlassen scheint, ist vielleicht ein gestörtes Polaritätsgleichgewicht daran schuld. Oft kann dieses Problem mit der Übung zum Atemgleichgewicht beseitigt werden. Sollte das nicht helfen, gehen Sie zu der Fünfstufigen Atemübung gegen Polaritätszusammenbrüche (zehntes Kapitel) über.

- ✗ Mangelnde Ausdauer, physische oder geistige Erschöpfung oder ein allgemeines Gefühl von ***Müdigkeit*** (nicht in Verbindung mit einer klinischen Depression, einem chronischen Müdigkeitssyndrom oder anderen medizinischen Problemen) lassen sich oft durch die Anleitung *Nr. 8, Seite 191,* gegen **Erschöpfung** bessern.

- ✗ **Schluckauf** ist ein lästiges, manchmal peinliches und sicherlich unangenehmes Leiden, das von unwillkürlichen Kontraktionen des Zwerchfells ausgelöst wird. Er kann oft mit der Anleitung *Nr. 17, Seite 200,* behoben werden.

- ✗ **Jetlag,** eine durch einen Flug über mehrere Zeitzonen ausgelöste Störung des zirkadianen Rhythmus, kann zu Schlaflosigkeit, Benommenheit und Konzentrationsstörungen führen. Siehe Anleitung *Nr. 10, Seite 193.*

- ✗ Eine **verstopfte Nase,** auch bedingt durch Allergien in Zusammenhang mit Schwebstoffen, kann mit Anleitung *Nr. 24, Seite 208,* gelindert werden.

- ***Reizbarkeit,*** Überempfindlichkeit gegenüber Kritik, negative Gefühle, geringe Frustrationstoleranz und Erschöpfung im Rahmen des Menstruationszyklus werden oft durch die Übungen zum Atemgleichgewicht, zur Polaritätsumkehrung und durch die Anleitung *Nr. 15, Seite 198,* für **PMS** positiv beeinflußt.

Wir hoffen, diese Beschreibungen der Zielemotionen haben Ihnen dabei geholfen, Ihre Probleme eindeutig zu bestimmen. Die Anleitungen zu den entsprechenden ESM-Verfahren finden Sie im neunten Kapitel.

VIAGGIO
GUTE REISE
BON VOYAGE

Teil 3

Anwendung der ESM-Anleitungen

8 Wie Sie die ESM-Anleitungen anwenden

Bisher haben wir verschiedene Außenposten auf dem Territorium des emotionalen Selbstmanagements besucht. Jetzt erhalten Sie die Karte des gesamten Gebiets, damit Sie die ESM-Anleitungen selbst anwenden können. Einige Schritte der ESM-Sequenzen sind Ihnen ja schon vertraut. Sie haben die zweiminütige Übung zum Atemgleichgewicht absolviert und alle zwölf Polaritätsstörungen korrigiert. Sie beherrschen die Brücke mit ihren neun Stufen und die Augenbewegungen des Augenkreisens. Sie haben Ihre emotionalen Probleme bestimmt und gelernt, Ihren Leidensdruck mit Hilfe der SPL einzuschätzen. In diesem Kapitel zeigen wir Ihnen, wie Sie diese Schritte mit den emotionsspezifischen Klopfsequenzen zusammenführen und damit die vollständigen Behandlungsanleitungen anwenden können. Mit Ausnahme der Reihenfolge der Klopfpunkte von Schritt 4 sind alle Anleitungen gleich aufgebaut. Im neunten Kapitel finden Sie sie einzeln aufgeführt.

Hier also der Aufbau einer vollständigen emotionsspezifischen Behandlungsanleitung:

Schritt-für-Schritt-Anleitung

1. SPL — Denken Sie an Ihr Problem oder Leiden und stufen Sie es anhand der Skala des persönlichen Leidensdrucks (SPL) ein (Seite 127).

2.	Atemgleichgewicht	Führen Sie die Übung zum Atemgleichgewicht durch (Seite 77).
3.	Polaritätsumkehrungen	Korrigieren Sie alle Störungen der Polarität, wobei Sie jedesmal Ihr Gefühl oder Ihr Problem aussprechen (Seite 92).
4.	Klopfsequenz	Wenden Sie die speziell für Ihr Gefühl oder Problem vorgesehene Klopfsequenz an. Hier ein Beispiel für eine solche Sequenz:

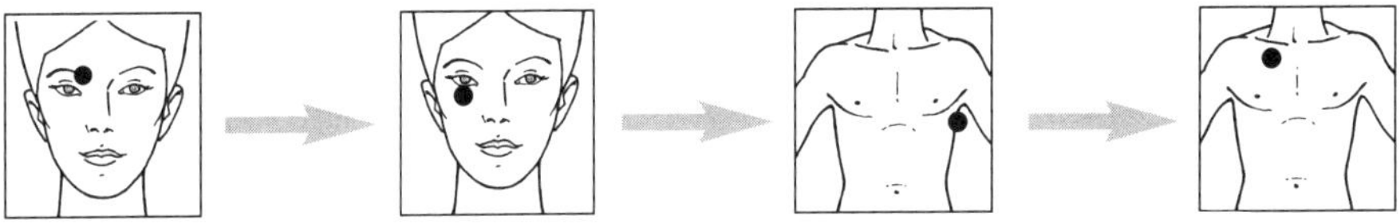

Augenbraue — Auge unten — Achselhöhle — Schlüsselbein

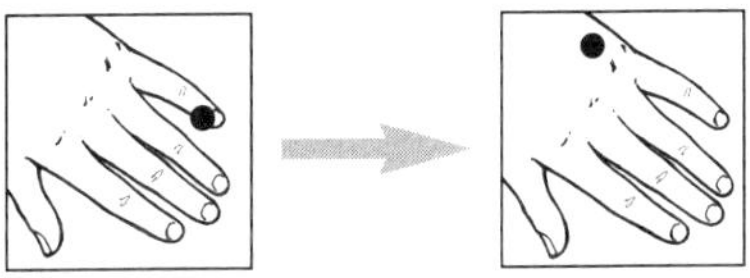

Kleiner Finger — Handrücken-punkt

5.	Brücke	Führen Sie die Brücke aus (Seite 116).
6.	Klopfsequenz	Wiederholen Sie die Klopfsequenz.
7.	SPL?	Überprüfen Sie Ihren Belastungswert. Ist er auf Null oder ein Niveau gefallen, das Ihnen angemessen erscheint, machen Sie mit dem Augenkreisen weiter. Liegt der SPL-Wert bei 2 oder gar darüber, konsultieren Sie das Entscheidungsdiagramm (Seite 168).
8.	Augenkreisen	Der letzte Schritt einer vollständigen Behandlungssequenz (Seite 116).

Die ESM-Anleitungen sind in erster Linie als Rezepte zu verstehen, die wir mit Hilfe der Muskeltests ausgearbeitet haben, um die jeweils wirksamsten Sequenzen für jedes Problem herauszufinden.

Doch die wichtigste Zutat eines jeden ESM-Rezepts sind letztlich Sie selbst. Sie sind der Koch, der die Ingredienzien mischt, dafür sorgt, daß die Zeitabläufe eingehalten werden, und der während des gesamten Vorgangs immer wieder nachmißt und kontrolliert. Aber verwechseln Sie es nicht mit dem Countdown eines Raketenstarts. Die Vorschriften sind flexibel und können in gewissem Umfang an Ihre Bedürfnisse und Ihr Temperament angepaßt werden. Eine zusätzliche Prise von diesem oder jenem kann nicht schaden. Gefordert sind vor allem Ihre Intuition und Ihre Aufmerksamkeit für die Abläufe.

Erstes Gebot ist die Auswahl der richtigen Behandlung. Denken Sie daran, daß Sie immer nur an einem Problem arbeiten können. Wenn Sie gleichzeitig Ihre Angst, den Job zu verlieren, Ihre Schokoladensucht und die Schuldgefühle wegen Ihrer Geldverschwendung angehen, ist ein sofortiger Erfolg eher unwahrscheinlich. Jede Anleitung zielt nämlich auf ein sehr genau umrissenes Problem und unterscheidet sich in mindestens einem Klopfpunkt von allen anderen.

Sobald Sie das Problem exakt bestimmt haben, legen Sie Ihren Leidensdruck nach der SPL möglichst präzise fest. Sie müssen auf das Thema konzentriert bleiben und den Belastungswert im Verlauf der Behandlung wiederholt neu einschätzen. Wirkt das Rezept nicht, ist es an Ihnen, die notwendigen richtigen Schritte herauszufinden. Anders ausgedrückt: Sie müssen ein guter Koch sein.

Wenn Sie sich einfach an die Anweisungen dieses Buches halten, werden Sie gute Ergebnisse erzielen und die Rezepte, die Sie kennen, ziemlich schnell auch ganz ohne Buch ausführen können.

Für den ersten Versuch mit ESM sollten Sie sich eine gute halbe Stunde Zeit nehmen. Setzen Sie sich bequem hin und schalten Sie nach Möglichkeit alle Ablenkungen aus. Sie brauchen keinen verdunkelten oder absolut ruhigen Raum, aber Gespräche im Hintergrund sind nicht sehr hilfreich, und Sie sollten auch nicht versuchen, in dieser Zeit nach Ihren E-Mails zu schauen oder die Kinder im Auge zu behalten. Andererseits verzeiht die ESM-Methode kleinere Abweichungen im zeitlichen Ablauf oder beim Klopfen.

Hier noch ein paar zusätzliche Anmerkungen zu den einzelnen Schritten des Verfahrens, die sich als hilfreich erwiesen haben:

1. Schritt: SPL. Bevor Sie anfangen: Vergewissern Sie sich, daß Ihnen die anzusprechende Emotion klar ist. Nehmen Sie sich eine Minute, um sich gedanklich und gefühlsmäßig auf das Problem einzustimmen. Schätzen Sie den Pegel Ihrer Belastung bei diesem Problem mit Hilfe der Meßwerteskala zwischen 1 und 10. Notieren Sie diese Zahl, damit Sie Ihren Belastungspegel am Ende der Behandlung damit vergleichen können. Indem Sie sich auf die Bewertung Ihres Leidensdrucks einstimmen und das Problem benennen, wird übrigens bereits das entsprechende Gedankenfeld aktiviert. Möglicherweise wollen Sie noch einmal nachlesen, was im sechsten Kapitel über SPL steht.

2. Schritt: Atemgleichgewicht. Führen Sie die Übung zum Atemgleichgewicht zwei Minuten lang durch.

3. Schritt: Polaritätsumkehrungen. Führen Sie die Übung entsprechend der Anweisung durch. Behalten Sie dabei Ihr Problem in Erinnerung. Ersetzen Sie den allgemeinen Ausdruck »mein Problem« wenn möglich durch eine eigene Formulierung des von Ihnen behandelten Problems. Sie könnten zum Beispiel sagen: »Ich nehme mich ganz und gar an, trotz meines Kummers.« Oder: »... auch wenn ich es nicht verdient habe, meine Schuldgefühle zu überwinden.« Oder: »... auch wenn es für andere ein Risiko darstellt, wenn ich meinen Ärger über Bert überwinde.« So können Sie sich leichter auf Ihr Problem konzentrieren.

4. Schritt: Klopfsequenz. Hier haben wir etwas Neues. Bei jeder dieser Folgen müssen Sie sieben- bis zehnmal auf eine Reihe von Punkten klopfen. Insgesamt gibt es fünfzehn solcher Punkte. (Der Handrückenpunkt stellt insofern eine Ausnahme dar, als Sie ihn während der ganzen entsprechenden Übung klopfen müssen.) Richten Sie sich einfach nach den jeweiligen Illustrationen oder Abkürzungen und absolvieren Sie die ganze Sequenz, wobei Sie etwa drei- bis viermal pro Sekunde klopfen sollten. Halten Sie dabei das Gedankenfeld aufrecht, indem Sie weiter an das Problem denken, das Sie bearbeiten. Auch hier wäre es vorzuziehen, laut oder im Stillen »meine Frustration« oder »meine Einsamkeit« oder »mein dauerndes Aufschieben des Jahresberichts« zu sagen, solange Sie auf jeden der Behandlungspunkte klopfen.

Einige Klopfsequenzen schließen einen *bewußten Vorsatz* ein, während Sie auf bestimmte Punkte klopfen. Diese Punkte sind mit einem Stern (✻) gekennzeichnet. Aus dem Beispiel auf Seite 163 ist zu ersehen, daß zum Kleinfingerpunkt ein bewußter Vorsatz gehört. Sie wiederholen die angegebene Aussage dreimal, während Sie *ununterbrochen* auf den entsprechenden Punkt klopfen. Paßt die Aussage nicht auf Ihre Situation, können Sie eine der angebotenen Alternativen wählen oder eine so abwandeln, daß sie Ihrer Lage besser entspricht. Siehe ***Bewußte Vorsätze individuell zugeschnitten,*** Seite 172–173.

5. Schritt: Führen Sie die Brücke aus.

6. Schritt: Wiederholen Sie die Klopfsequenz von Schritt 4.

7. Schritt: Kontrollieren Sie erneut den SPL-Wert Ihres Leidensdrucks und notieren Sie ihn. *Hier ist ein kritischer Punkt.*

- ✗ Liegt der Wert bei 0 oder 1, können Sie fortfahren und die Behandlung mit Schritt 8, dem Augenkreisen, abschließen.
- ✗ Ist Ihr Wert zwar um mindestens zwei Punkte, aber nicht auf 0 oder 1 gefallen, wenden Sie die Verstärkten Polaritätsumkehrungen an, die wir auf Seite 169 in diesem Kapitel vorstellen. Anschließend wiederholen Sie die Sequenz ab Schritt 4. Sollten Sie auch damit nicht auf 0 oder 1 kommen, schlagen Sie bei den nachfolgenden Tips zur Problemlösung unter ***SPL unverändert?*** (Seite 168) nach.
- ✗ Ist Ihr Wert nicht um *mindestens* zwei Punkte gefallen, schauen Sie ebenfalls unter ***SPL unverändert?*** nach.

8. Schritt: Augenkreisen, wie im fünften Kapitel beschrieben.

Warum es wichtig ist, auf Null zu kommen

Wie können Sie wissen, ob Ihr SPL-Wert auf Null angelangt ist? Ganz einfach: Wenn Sie sich auf das Problem einstimmen, spüren Sie *keinerlei Leidensdruck!* Sie sind sich des Problems zwar bewußt und erkennen alle Fakten dieser Situation, doch Sie empfinden deswegen keinerlei Erregung oder innere Aufruhr. Auch wenn es in Ihrem Leben vielleicht noch immer Angelegenheiten gibt, die zu erledigen bleiben, können Sie ohne Besorgnis oder Angst an sie denken. Möglicherweise sind Sie sogar zum ersten Mal in der Lage, klar über Ihr Problem nachzudenken und können deshalb gezieltere Entscheidungen treffen. Plötzlich bessert sich Ihr Gedächtnis, und vielleicht bemerken Sie, wie Ihre körperliche Anspannung nachläßt und Gesicht und Schultern lockerer werden.

Es hat nichts mit Zauberei zu tun, wenn Sie einen Wert von Null auf unserer Skala erreichen. Doch demjenigen, der an einem Aufruhr der Emotionen gelitten hat, kann es schon wie ein Wunder vorkommen. Theoretisch können Sie den Vorgang bei jedem Wert beenden. Für manche ist ein Rückgang von 8 auf 2 bereits ein Erfolg und eine große Erleichterung, und sie geben sich damit zufrieden. Andere hören auf, weil ihnen ein Leidensdruck von 1 oder 2 angemessen erscheint, insbesondere bei Problemen wie Trauer oder Schuldgefühlen. Das war bei Phil (siebtes Kapitel) der Fall, der bei einem SPL-Wert von 1 aufhörte, weil er damit weiterhin an das Leid erinnert wurde, das er seiner Frau und seiner Familie zugefügt hatte.

In unserer klinischen Praxis haben wir jedoch festgestellt, daß durch eine Rückführung des SPL-Werts auf Null ein Rückfall unwahrscheinlicher wird. Bei diesem Wert scheinen alle Störungen in den Meridianen, die zu dem emotionalen Leidensdruck geführt haben, aufgelöst oder ausgeschaltet zu sein.

Wie wir im sechsten Kapitel gesehen haben, können störende Angewohnheiten und andauernde Belastungen erneut auftreten. Sie müssen erneut behandelt werden, obwohl der Leidensdruck beim nächsten Mal vielleicht nicht mehr ganz so hoch sein wird und die folgenden Behandlungen länger vorhalten. Im zwölften Kapitel werden Sie mehr über Erhaltungsmaßnahmen erfahren.

Probleme – was tun?

Wie stellen Sie fest, ob das Verfahren überhaupt funktioniert? Maßstab für Ihre Fortschritte ist die eigene Einschätzung Ihres SPL-Werts. Hat sich dieser Wert bei der erneuten Einschätzung nach der zweiten Klopfsequenz (Schritt 7) nicht verändert bzw. ist er nicht um mindestens zwei Punkte gefallen, liegt irgendwo ein Fehler vor. In den meisten Fällen ist eine Korrektur leicht möglich. Das zweigleisige »Entscheidungsdiagramm« zeigt Ihnen die möglichen Hindernisse auf dem Weg zu dem Wert Null. Die entsprechenden Abhilfen sind im Anschluß an den Kasten aufgeführt.

Entscheidungsdiagramm zur Problemlösung	
7. Schritt: Erneute Einschätzung des SPL-Werts	
Wenn der SPL-Wert um zwei oder mehr Punkte, aber nicht auf 0 oder 1 gefallen ist: 1. *Wenden Sie die Verstärkten Polaritätsumkehrungen* (Seite 169) *an* und beginnen Sie dann wieder mit Schritt 4. Wenn das immer noch nicht 0 oder 1 ergibt, gehen Sie über zu: 2. *Neuer Aspekt derselben Emotion:* Konzentrieren Sie sich auf einen neuen Aspekt Ihres Leidens und wiederholen Sie dieselbe Anleitung ab Schritt 4. 3. *Vielschichtiges Problem.* Beginnen Sie wieder bei Schritt 4, aber wenden Sie nun die Klopfsequenz für die neue Emotion an. Sollte auch das nicht zu 0 oder 1 führen, versuchen Sie die 4. *Zusammenfassende Sequenz.* Beginnen Sie wieder bei Schritt 4, aber dieses Mal mit der Klopfsequenz aus der Anleitung *Nr. 27, Seite 211.*	Wenn der SPL-Wert sich überhaupt nicht oder um weniger als zwei Punkte verändert hat: 1. *Falsche Klopfsequenz.* Stimmen Sie sich ein und definieren Sie das Problem. Wiederholen Sie ab Schritt 4 mit der Klopfsequenz für die richtige Emotion. Ändert sich damit auch nichts, gehen Sie über zu: 2. *Polaritätszusammenbruch.* Führen Sie die Fünfstufige Atemübung durch (Kapitel neun); wiederholen Sie ab Schritt 3. Falls das noch immer zu keiner Änderung führt, gehen Sie über zu: 3. *Spezielle Polaritätsumkehrung.* Finden Sie heraus, um welche es in Ihrem speziellen Fall geht, und wenden Sie die entsprechende Umkehrung an; wiederholen Sie die Behandlung dann ab Schritt 4.

SPL unverändert?

Wenn der SPL-Wert um mehr als zwei Punkte gefallen ist, aber dann hängenbleibt:
Fällt der SPL-Wert um zwei oder mehr Punkte, heißt das, daß etwas in Gang gekommen ist. Doch die Tatsache, daß er nicht auf 0 oder 1 sinkt, weist auch

darauf hin, daß die volle Wirksamkeit der Behandlung blockiert ist. In diesem Fall gibt es drei leicht durchführbare Möglichkeiten:

1. ***Verstärkte Polaritätsumkehrung.*** Sie ist das Mittel für erste Hilfe. Wie der Name sagt, verstärken diese zusätzlichen Polaritätsumkehrungen die Wirksamkeit der normalen Übungen. In den meisten Fällen dürften damit alle vielleicht verbliebenen Umkehrungen ausgeschaltet sein und Ihr Wert auf 0 oder die von Ihnen erwartete Zahl fallen. Es gibt zwei Verstärkte Umkehrungen:

   Reiben Sie den NLR-Punkt und wiederholen Sie dreimal den Satz: »Ich nehme mich ganz und gar an, auch wenn ich dieses Problem noch nicht *vollständig* überwunden habe.«

   Klopfen Sie auf den Punkt unter der Nase (UN) und wiederholen Sie dreimal den Satz: »Ich nehme mich ganz und gar an, auch wenn ich dieses Problem vielleicht *niemals* überwinden werde.«

Nachdem Sie die Verstärkte Polaritätsumkehrung durchgeführt haben, wenden Sie sich wieder der Anleitung zu und wiederholen diese ab Schritt 4.

2. ***Neuer Aspekt derselben Emotion:*** Geben Sie die gewählte Klopfsequenz nicht vorschnell auf. Manchmal schiebt sich während der Behandlung einer Emotion ein anderer Aspekt desselben Problems in den Vordergrund. Unser Kummer über den Verlust des Arbeitsplatzes bringt zum Beispiel die Trauer darüber an den Tag, daß wir als Kind so oft umziehen mußten. In einem solchen Fall führen Sie zunächst die Verstärkte Polaritätsumkehrung durch, ehe Sie Ihre Gedanken auf den neuen Aspekt der Emotion ausrichten und die gleiche Klopfsequenz wiederholen. Zu Schritt 3 sollten Sie nur übergehen, wenn Sie noch immer keine Änderung Ihres SPL-Werts feststellen.

3. ***Vielschichtige Probleme:*** Der dritte mögliche Stolperstein ergibt sich daraus, daß während der Bereinigung Ihres Leidensdrucks in bezug auf ein bestimmtes Problem ein anderes an die Oberfläche kommt. Die Schichtung von Emotionen haben wir im sechsten Kapitel erörtert. Ein Gefühl kann ein anderes in der gleichen Weise verdecken wie laute Musik das Klingeln des Telefons übertönt. Ein andermal treten unsere Gefühle während einer Behandlung nicht miteinander in Wechselwirkung oder überschneiden sich in irgendeiner Weise. Wenn wir uns wegen Eifersucht behandeln, muß unsere Traurigkeit nicht zum Vorschein kommen. Wenn wir uns mit unseren Eßgewohnheiten befassen, muß das nicht dazu führen, daß unsere Ängste vor Zurückweisung auftauchen. Gibt sich aber mitten in einer Behandlung eine andere Emotion

zu erkennen, werden wir unseren Leidensdruck erst vollständig loswerden, wenn wir auch diese berücksichtigt haben, da sie auf die eine oder andere Art mit der ursprünglichen emotionalen Störung verknüpft ist.

Um herauszufinden, ob bei Ihnen ein vielschichtiges Problem vorliegt, setzen Sie sich ruhig hin und atmen gleichmäßig. Stimmen Sie Ihre Gedanken erneut ein und achten Sie darauf, ob ein anderes Gefühl aufgestiegen ist. Sollten Sie einen neuen Aspekt Ihres Leidens finden, gehen Sie zu der Anleitung für das neue Gefühl über, schätzen Ihren entsprechenden SPL-Wert ein und beginnen bei Schritt 3 (den Polaritätsumkehrungen) mit der Ausführung dieser Anleitung. Dadurch sollte Ihr SPL-Wert auf das von Ihnen gewünschte Maß fallen. Natürlich ist es immer möglich, daß Ihr Belastungswert nicht vollständig verschwindet oder sogar *zunimmt*, weil noch eine *weitere Emotion* auftaucht und behandelt werden muß.

4. Wenn es Sie frustriert, eine Schicht nach der anderen abzutragen und trotzdem nicht auf 0 zu kommen, oder wenn Sie anscheinend nicht herausfinden können, was Ihren Leidensdruck verursacht, probieren Sie die etwas langwierigere, aber oft wirkungsvolle zusammenfassende Klopfsequenz in der Anleitung *Nr. 27, Seite 211* aus (bei Schritt 4 beginnen). Diese Folge schließt Elemente vieler verbreiteter und einander häufig überschneidender Emotionen ein. Mit ihr schafft man es häufig, wenn alles andere versagt. Tauchen dann immer noch neue Gefühle auf, wiederholen Sie die Sequenz einfach.

Wenn Ihr SPL-Wert unverändert bleibt oder weniger als zwei Punkte fällt: Jede Verminderung um weniger als zwei Punkte bezeichnen wir als »Wunschdenken«, da sie wahrscheinlich eher auf Ihre Hoffnungen und Erwartungen als auf eine echte Linderung zurückzuführen ist. In solchen Fällen kann das Problem drei mögliche Ursachen haben:

1. Sie wenden die falsche Sequenz an. Wenn Sie glauben, daß das zutreffen könnte, stimmen Sie sich erneut auf Ihre Gefühle ein und überprüfen Sie, ob Sie die Emotion korrekt benannt haben. Sollten Sie den Verdacht haben, daß ein anderes Gefühl beteiligt ist, wenden Sie die entsprechende Klopfsequenz an und führen den ganzen Vorgang von Schritt 4 an erneut aus. Falls Sie die Emotion nicht falsch identifiziert haben, dürfte das Problem wahrscheinlich unter dem nächsten Punkt zu finden sein, dem Polaritätszusammenbruch.

2. Ein Polaritätszusammenbruch, bei dem die Polarität regellos oder gar nicht mehr vorhanden ist, läßt sich durch die Fünfstufige Atemübung aus dem neunten Kapitel beilegen.

3. Letzlich bleibt noch die – allerdings unwahrscheinliche – Möglichkeit, daß eine spezielle Polaritätsstörung schuld ist, also ein unterschwelliges, negativ polarisiertes Thema, das allein für Sie gilt. Die Lösung dieses Problems wird unter dem Titel »Bestimmung und Behandlung spezieller Polaritätsstörungen« auf Seite 173 erörtert.

Einstimmung in das Gedankenfeld

Machen Sie sich keine Gedanken darüber, ob Sie Ihr Problem die ganze Zeit über im Kopf behalten. Um das Gedankenfeld aufrechtzuerhalten, genügt es völlig, daß Sie sich zur Schätzung des SPL-Wertes einstimmen und anschließend während der Übung zur Polaritätsumkehrung und der Klopfsequenz das Problem aussprechen. Andererseits ist es natürlich gut, wenn Sie nicht abschweifen und vielleicht darüber nachgrübeln, was es zum Abendessen gibt.

Denken Sie daran, daß es nicht notwendig ist, ein schmerzliches oder unerfreuliches Erlebnis »wiederzuerleben«, damit während des ESM-Verfahrens ein Gedankenfeld entsteht. Oft hat sich emotionale Pein im System generalisiert, und ein oder zwei Erinnerungen oder ein Aussprechen des Problems reichen völlig aus, um das Gedankenfeld zu aktivieren. Ihr Gehirn hat alle Erfahrungen in ein- und demselben Schaltkreis gespeichert.

Manchmal kommt es vor, daß eine verstörende Emotion, die gewöhnlich für hohen Leidensdruck sorgt, in dem Augenblick, in dem das Verfahren beginnen soll, nur teilweise zugänglich ist. Wenn Sie nicht imstande sind, sich die Gefühle zu vergegenwärtigen, die Ihnen zusetzen, oder während der Anwendung des Verfahrens keinerlei Leidensdruck erkennen können, gibt es für ESM wenig zu tun. Die Gedankenenergie-Therapien bearbeiten den emotionalen Leidensdruck, der während der Behandlung vorliegt. Wird kein Leiden empfunden, sondern das Problem nur intellektuell wahrgenommen, gibt es im Grunde nichts zu behandeln. Dann dürfte es am besten sein, die Anleitung einzustudieren und mit ihrer Anwendung zu warten, bis Sie den Leidensdruck aktiv wahrnehmen. Dies ist vor allem bei Menschen der Fall, die an Flugangst leiden oder sich davor fürchten, mit dem Auto zu fahren. Während manche Phobiker schon durch den bloßen Anblick oder die Erwähnung des gefürchteten Objekts in Angst und Schrecken versetzt werden, müssen andere erst in die Situation kommen, um ihre Furcht zu spüren.

Henry fürchtete sich vor Aufzügen. Wenn er zu Hause die Zeitung las oder in der Garage herumbastelte, machte ihm der Gedanke an die Fahrt in einem Lift nichts aus. Doch in dem Bürogebäude, in dem er arbeitete, bekam er jeden Tag eine kleine Panikattacke, wenn er an den Aufzügen vorbei zum Treppenhaus ging und dann seine sechzehn Stockwerke hinaufstieg. Als wir mit Henry sprachen, wurde uns klar, daß er das Problem vor Ort angehen mußte, was ein wenig Kreativität erforderte. Es wäre peinlich gewesen, wenn er auf dem Weg durch die belebte Halle klopfend und redend die Anleitung ausgeführt hätte. (Natürlich könnte er sich auch wegen der Peinlichkeit behandeln, doch das ist eine andere Geschichte.) Was also sollte er tun? Er könnte es zum Beispiel so einrichten, daß er spät abends, wenn niemand mehr da war, im Gebäude zurückblieb und seine Angst durch einen Besuch des Aufzugs auslöste. Oder er konnte einen abgeschiedenen Winkel in der Nähe der Aufzüge suchen, zum Beispiel einen Ruheraum oder einen Treppenaufgang, und die Behandlung dort durchführen. Oder er könnte einen anderen, nicht so überlaufenen Lift ausfindig machen.

Henry entschied sich dafür, die Behandlung in Stufen anzuwenden. Er ging sehr früh ins Büro und absolvierte die Übungen zum Atemgleichgewicht und zur Polaritätsumkehrung im Auto, ehe er das Gebäude betrat. Wegen der gerade abgeschlossenen Übungen war er beim Anblick der Aufzüge ruhiger als sonst: Er gab seinen SPL-Wert mit 7 an. Im Treppenhaus neben den Aufzügen wandte er die Klopfsequenz an, die er auswendig gelernt hatte. Im Anschluß daran war Henry so ruhig, daß er in die Halle zurückkehren und mit dem Aufzug in den sechzehnten Stock fahren konnte. Begeistert ging er direkt in sein Büro, wo er die Brücke und dann die Klopfsequenz ein zweites Mal ausführte. Jetzt lag sein SPL-Wert bei 2. Da er wußte, daß eine Reduktion auf 0 die beste Garantie gegen einen Rückfall war, arbeitete sich Henry durch die Verstärkten Polaritätsumkehrungen, bis sein Wert die 0 erreicht hatte, worauf er mit dem Augenkreisen schloß. Seinen Erfolg überprüfte (und feierte) er, indem er mit dem Aufzug ins Erdgeschoß und gleich darauf wieder zurück in den sechzehnten Stock fuhr!

Bewußte Vorsätze, individuell zugeschnitten

Wenn eine Klopfsequenz mit bewußten Vorsätzen verbunden ist, kann es natürlich sein, daß Ihnen keine der vorgeschlagenen Aussagen wirklich zutreffend erscheint. Wir haben zwar festgestellt, daß die von uns formulierten Vorschläge auf die meisten Situationen passen. Aber wenn Sie Vorbehalte haben, können Sie sie abändern, damit sie Ihnen besser entsprechen. Fragen Sie sich: »Welche Aussage könnte mit meinem Gefühl übereinstimmen?« oder »Welche ähnliche Feststellung drückt das Grundthema für mich am besten aus?«

Die Standardaussage in der Anleitung gegen Liebeskummer lautet zum Beispiel: »Ich werde mich wieder verlieben«, während man gleichzeitig auf den Punkt am kleinen Finger (KF) klopft. Aber Ray war immer noch tief erschüttert, weil ihn seine Frau verlassen hatte. Trotz ihrer bitteren Scheidung liebte er sie noch immer. »Ich werde mich wieder verlieben« löste in Ray keinerlei Resonanz aus. Er konnte sich nicht vorstellen, jemals in eine andere verliebt zu sein. Mit der Aussage: »Ich werde diesen Schmerz überwinden« hingegen war er fähig, den Vorgang in ein paar Minuten zu durchlaufen und seinen Leidensdruck abzubauen.

Bestimmung und Behandlung spezieller Polaritätsumkehrungen

In unserer Praxis gab es ein paar Fälle, in denen ein starkes und sehr privates Problem die Wirkung der Behandlung zu sabotieren schien. Einmal kam es bei einem ehemaligen Geistlichen nicht zu einer Linderung, bis er seine spirituelle Schuld mit der Aussage anerkannte: »Ich nehme mich ganz und gar an, auch wenn Gott es mir nicht vergeben wird, daß ich mich habe scheiden lassen.« Bei einem anderen Mann, der zu uns kam, weil er mit dem Trinken aufhören wollte, verriet der Muskeltest, daß er gar nicht wirklich vorhatte, den Alkohol aufzugeben. Mit der Aussage »Ich nehme mich ganz und gar an, auch wenn ich gar nicht die Absicht habe, dieses Problem zu überwinden«, gelang es, seinen unbewußten Widerstand auszuschalten.

Wenn Sie nicht weiterkommen, fragen Sie sich: »Gibt es bei diesem Problem noch andere Aspekte, Themen oder Perspektiven, die sich störend auswirken könnten?« Hören Sie auf Ihre innere Stimme. Vielleicht sagt sie: »Ich traue es mir wirklich nicht zu, das zu überwinden«, oder: »Ich glaube, mir wird etwas fehlen, wenn ich das Rauchen aufgebe«.

Um Ihnen dabei zu helfen, sich auf das einzustimmen, was möglicherweise Ihre Fortschritte behindert, finden Sie nachfolgend eine Liste der besonderen persönlichen Umkehrungen, denen wir begegnet sind.

»Ich nehme mich ganz und gar an, auch wenn ...

- ✗ ... mir etwas fehlen wird, wenn ich dieses Problem überwinde.«
- ✗ ... ich es mir nicht zutraue, dieses Problem zu überwinden.«
- ✗ ... ich es anderen nicht zutraue, daß sie mir dabei helfen, dieses Problem zu überwinden.«
- ✗ ... es mir viel zu peinlich ist, dieses Problem zu überwinden.«
- ✗ ... Gott mir wegen dieser Sache nicht vergeben wird.«
- ✗ ... ich dieses Problem nicht loslassen kann.«
- ✗ ... ich kein Recht habe, dieses Problem zu überwinden.«
- ✗ ... es nicht gut für mich ist, dieses Problem zu überwinden.«
- ✗ ... ich Angst habe, dieses Problem zu überwinden.«
- ✗ ... ich kein Zutrauen in diese Methode habe, das Problem zu überwinden.«
- ✗ ... ich nicht will, daß diese Methode wirkt.«
- ✗ ... ich nicht die Absicht habe, dieses Problem zu überwinden.«
- ✗ ... dieses Problem zu schwerwiegend ist, um es zu überwinden.«
- ✗ ... ich nicht fähig bin, dieses Problem zu überwinden.«
- ✗ ... ich zu wütend/intolerant/schuldig/unwürdig (setzen Sie selbst das passende Wort ein) bin, um dieses Problem zu überwinden.«

Wenn Sie eine einzigartige Umkehrung bemerken, setzen Sie sie in eine solche Aussage um. Zum Beispiel: »Ich nehme mich ganz und gar an, auch wenn ich es mir nicht zutraue, meine Eifersucht zu überwinden.« Reiben Sie den NLR-Punkt und wiederholen Sie den Satz dreimal. Dann machen Sie bei Schritt 4 mit der Behandlungsanleitung weiter.

Die letzte Klopflektion

Hier zeigen wir Ihnen alle Behandlungspunkte, die Sie bei der Anwendung der Sequenzen kennen müssen. Die meisten sind beidseitig vorhanden, also auf jeder Körperseite einmal. Sie können entweder gleichzeitig oder abwechselnd auf beide Punkte klopfen. Lokalisieren Sie jeden Punkt auf Ihrem Körper, während Sie die Beschreibungen lesen. Sollten Sie Ihre Erinnerung an die Technik des Klopfens auffrischen wollen, können Sie im dritten Kapitel auf Seite 90 nachschlagen.

NLR massieren (NLR): Der Neurolymphatische Reflexpunkt (NLR) wird als einziger massiert und nicht beklopft. Der NLR-Punkt liegt oberhalb des Herzens, etwa zehn Zentimeter von der Mittellinie des Körpers entfernt. Er ist in der Regel weicher als das umliegende Gewebe. Tasten Sie dieses Gebiet ab, bis Sie eine weiche Stelle spüren. Diese massieren Sie kreisförmig mit drei oder vier Fingern, etwa einmal pro Sekunde, auswärts zur Schulter und abwärts zum Herzen hin. Sie sollten dabei beständigen Druck ausüben, als wollten Sie Öl tief in diese Stelle einmassieren.

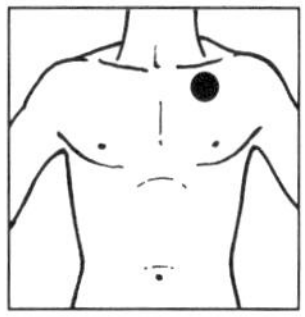

Augenbraue (AB): Der AB-Punkt liegt an der Innenseite der Augenbraue senkrecht über dem inneren Augenwinkel in der Nähe der Nasenwurzel. Am besten klopft man mit zwei Fingern direkt auf den Punkt, oder man verwendet die ganze Fläche eines Fingers und klopft damit auf die Brücke zwischen den beiden Brauen, womit man beide Punkte gleichzeitig abdeckt.

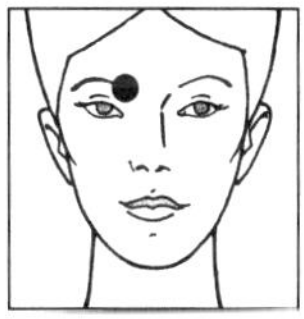

Auge außen (AA): Der AA-Punkt liegt auf dem Knochen der Augenhöhle am äußeren Augenrand auf gleicher Höhe wie die Pupille. Man klopft mit einem oder mit zwei Fingern.

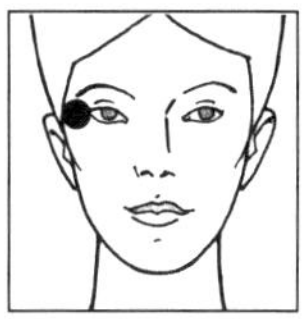

Auge unten (AU): Der AU-Punkt befindet sich am unteren Rand der Augenhöhle in direkter Linie unterhalb der Pupille. Da er dicht unter der Haut liegt, kann man ihn aktivieren, indem man mit einem oder zwei Fingern sacht auf den Knochenbogen unterhalb des Auges klopft.

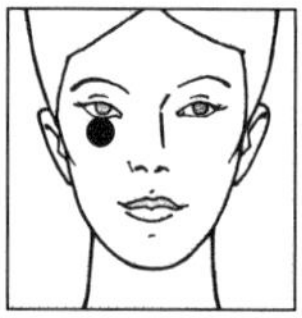

Unter der Nase (UN): Klopfen Sie mit einem oder zwei Fingern genau in die Mitte zwischen Nase und Oberlippe.

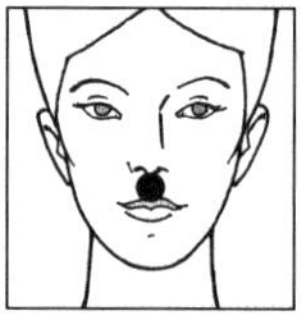

Unter der Lippe (UL): Klopfen Sie mit einem oder zwei Fingern unmittelbar unterhalb der Unterlippe auf die Kinnmitte.

Schlüsselbein (SB): Der Schlüsselbein-Punkt liegt in dem Einschnitt, wo das Schlüsselbein auf das Brustbein trifft. Sie finden ihn, indem Sie von der Schulter her mit dem Finger das Schlüsselbein entlangfahren, bis Sie auf den scharf nach unten abknickenden Winkel des Brustbeins treffen. Bei Druck auf diese Stelle stoßen Sie auf eine kleine Vertiefung genau unterhalb der Verbindung von Brust- und Schlüsselbein. Wenn Sie mit vier Fingern auf diesen Bereich klopfen, wird immer mindestens einer davon den Punkt aktivieren.

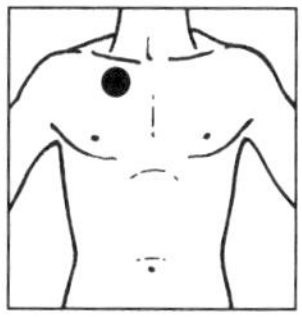

Achselhöhle (AH): Der AH-Punkt liegt etwa zehn Zentimeter unterhalb der Achselhöhle seitlich am Körper. Am besten klopft man mit vier Fingern der Hand des anderen Arms darauf. Man kann auch mit der Hand derselben Seite klopfen, wenn man die Finger krümmt und die Knöchel einsetzt.

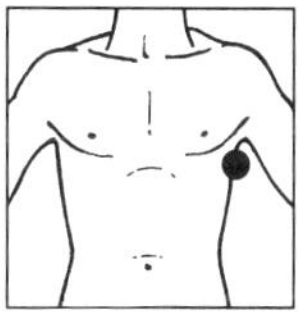

Handkante (HK): Machen Sie eine Faust und suchen Sie die Stelle, wo sich die Handfläche seitlich genau unter dem Knöchel des kleinen Fingers faltet. Das ist der »Karatepunkt«. Diesen Punkt aktiviert man am sichersten, wenn man mit vier Fingern der anderen Hand flach daraufklopft.

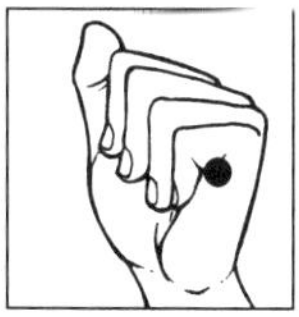

Daumen (D): Der D-Punkt befindet sich am äußeren Rand des Daumennagels (auf der vom Zeigefinger abgewandten Seite). Die beste Wirkung scheint sich einzustellen, wenn man mit zwei Fingern auf den Rand des Daumennagels klopft.

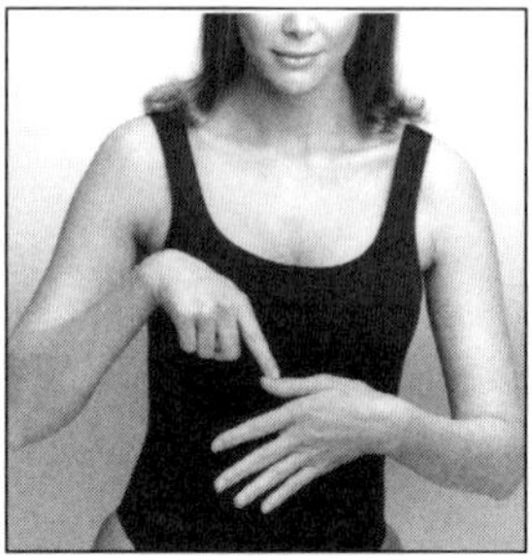

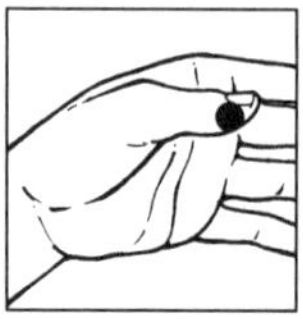

Zeigefinger (ZF): Der ZF-Punkt liegt an der Nagelwurzel des Zeigefingers auf der dem Daumen zugewandten Seite. Klopfen Sie mit dem Zeigefinger oder den ersten beiden Fingern der anderen Hand.

Mittelfinger (MF): Der MF-Punkt liegt an der Nagelwurzel des Mittelfingers gegenüber dem Zeigefinger. Auch hier kann man mit dem Zeigefinger oder den ersten beiden Fingern der anderen Hand klopfen.

Kleiner Finger (KF): Dieser Punkt befindet sich an der Nagelwurzel des kleinen Fingers gegenüber dem Ringfinger. Das Klopfen erfolgt wie oben beschrieben.

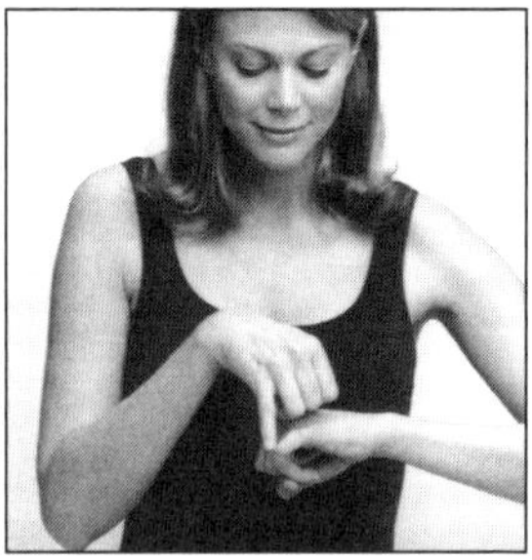

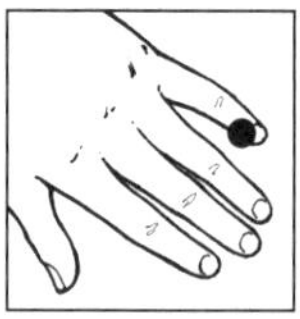

Handrückenpunkt (HR): Um den entsprechenden Punkt zu finden, ballen Sie eine Hand zur Faust. Auf dem Handrücken beginnen Sie am Einschnitt zwischen dem kleinen und dem Ringfinger. Der gesuchte Punkt liegt in der Vertiefung zwischen den Sehnen dieser Finger etwa zwei bis drei Zentimeter in Richtung auf das Handgelenk. Wenn Sie ihn gefunden haben, können Sie die Faust wieder öffnen.

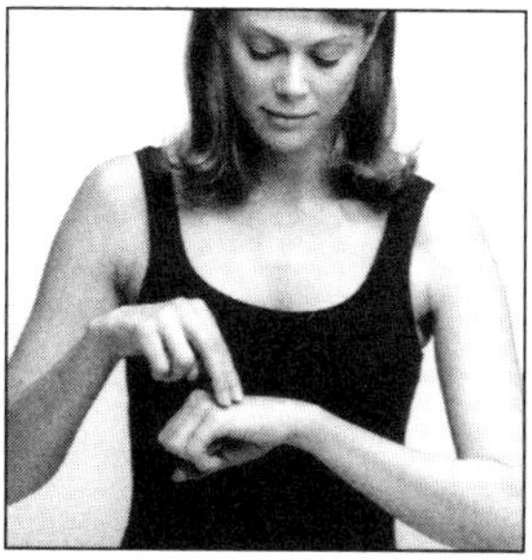

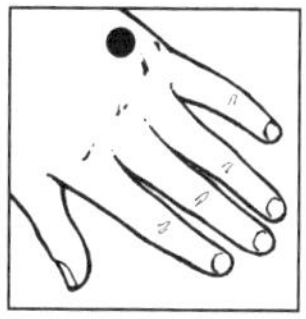

Um diesen Punkt zu aktivieren, verwenden Sie die Fläche von vier Fingern (so machen es die meisten; wenn es Ihnen angenehmer ist, reichen auch weniger Finger) der anderen Hand, mit denen Sie auf den Punkt klopfen – oder ihn leicht tätscheln.

Rippenpunkt (R): Es gibt zwei mögliche Rippenpunkte. Der erste liegt direkt unterhalb der Brustwarze zwischen der sechsten und siebten Rippe. Bei einer Frau wäre das die Stelle, wo die Unterkante des Büstenhalters auf den Rippen aufliegt. Wenn auf diesen Punkt nur schwer geklopft werden kann, ist es möglich, auf den zweiten Rippenpunkt auszuweichen, der sich seitlich am unteren Ende des Brustkorbs befindet, etwa auf halber Strecke zwischen Achselhöhle und Nabel. Dieser Punkt kommt nur in der zusammenfassenden Behandlungsanleitung vor.

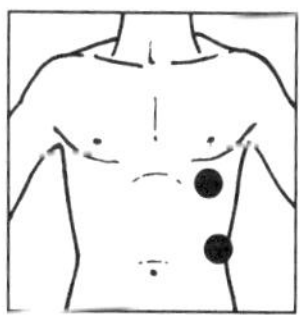

Verlängertes Klopfen auf den Handrückenpunkt (HR 50)

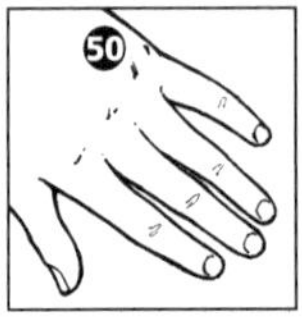

Bei einigen Klopfsequenzen und Verfahren finden Sie die Anweisung, etwa fünfzigmal fest auf die Vertiefung am Handrücken (HR) zu klopfen. Diese Behandlung gehört zu den Sequenzen gegen Schuldgefühle, Erschöpfung, Einsamkeit, Liebeskummer, körperliche Schmerzen, Bedauern, Zurückweisung und Traurigkeit.

Bei anderen Behandlungen müssen Sie für längere Zeit fest auf bestimmte Meridianpunkte klopfen – ungefähr fünfzigmal, oder manchmal auch so lange, wie Sie brauchen, um einen bewußten Vorsatz dreimal zu wiederholen oder sich eine Vorstellung vor Augen zu halten (siehe elftes Kapitel). Anhaltendes Klopfen scheint die Entwicklung eines mit dem Ziel verbundenen positiven Gedankenfelds zu beschleunigen und verstärkt den positiven Effekt. Eine Dauer von etwa 30 Sekunden scheint optimal; längeres Klopfen bringt offenbar keine besseren Ergebnisse. Es gibt so etwas wie einen Punkt, an dem eine gewisse Minderung eintritt. Weiteres Klopfen würde die Behandlung nur unnötig verlängern. Das ist ein wenig wie beim Kneten von Teig: Wenn man ihn nicht ausreichend knetet, geht er nicht richtig auf. Doch wenn man den Teig stundenlang knetet, geht er deswegen nicht schneller auf und schmeckt auch nicht besser. Es dauert nur länger, bis das Brot fertig ist.

Sind Sie bereit, sich in die Heilung zu klopfen? Jetzt ist es endlich soweit.

9 Die ESM-Anleitungen

Ausführliche Beschreibungen der in den folgenden Anleitungen vorkommenden Verfahren finden Sie auf den Seiten:

Skala des Persönlichen Leidensdrucks (SPL)	**Seite 127**
Übung zum Atemgleichgewicht	**Seite 77**
Übung zur Polaritätsumkehrung	**Seite 92-93**
Lektionen für Klopfsequenz	**Seite 90, 115, 174–180**

*Ist bei einem Klopfsequenz-Punkt ein Stern * verzeichnet, klopfen Sie kontinuierlich auf den angegebenen Punkt und wiederholen dabei dreimal einen der vorgeschlagenen bewußten Vorsätze.*

ansonsten 7-10x auf jeden Punkt
+ laut oder still sagen was das Problem/Gefühl ist

Brücke	**Seite 116**
Augenkreisen	**Seite 116–117**

Übersicht der Behandlungsanleitungen

1. Abscheu

(Ekel)

- Stellen Sie Ihren SPL-Wert fest (S. 127)
- Atemgleichgewicht (S. 77)
- Polaritätsumkehrungen (S. 92–93)
- Klopfsequenz: (S. 90, 115, 174–180)

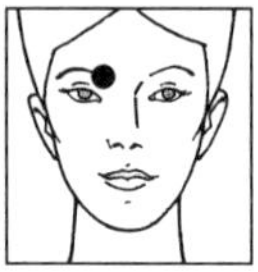

Augen außen

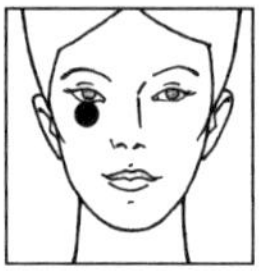

Auge unten

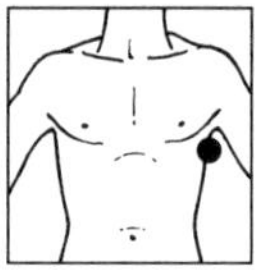

Achselhöhle

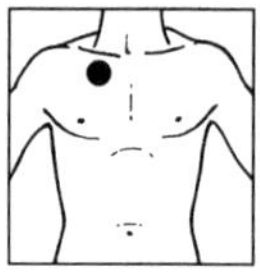

Schlüsselbein

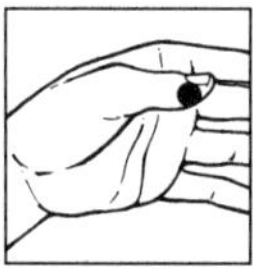

Daumen

- Brücke (S. 116–117)
- Wiederholen Sie die Klopfsequenz
- Stellen Sie erneut Ihren SPL-Wert fest
- Augenkreisen (S. 116)

2. Angst (allgemein oder frei fließend)

(Reizbarkeit, Streß, Besorgnis)

- Stellen Sie Ihren SPL-Wert fest (S. 127)
- Atemgleichgewicht (S. 77)
- Polaritätsumkehrungen (S. 92–93)
- Klopfsequenz: (S. 90, 115, 174–180)

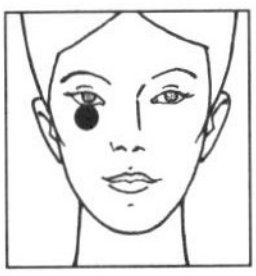

Auge unten

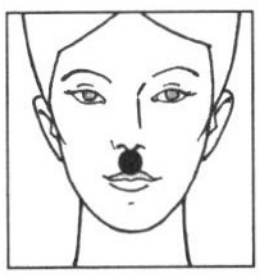

Unter der Nase

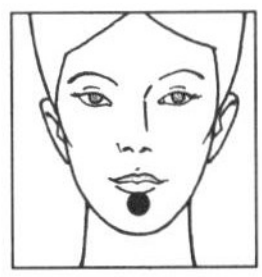

Unter der Lippe

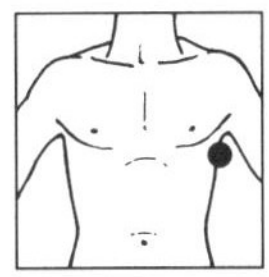

Achselhöhle

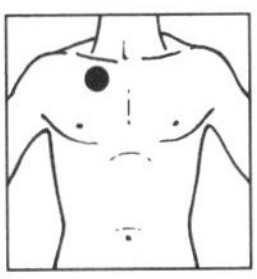

Schlüsselbein

- Brücke (S. 116–117)
- Wiederholen Sie die Klopfsequenz
- Stellen Sie erneut Ihren SPL-Wert fest
- Augenkreisen (S. 116)

3. Angst vor bevorstehenden Ereignissen

(Erwartungsangst)

- Stellen Sie Ihren SPL-Wert fest (S. 127)
- Atemgleichgewicht (S. 77)
- Polaritätsumkehrungen (S. 92–93)
- Klopfsequenz: (S. 90, 115, 174–180)

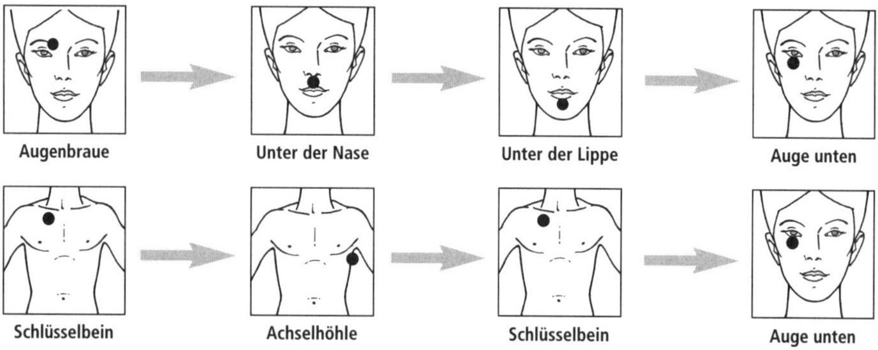

- Brücke (S. 116–117)
- Wiederholen Sie die Klopfsequenz
- Stellen Sie erneut Ihren SPL-Wert fest
- Augenkreisen (S. 116)

4. Ärger

(Bitterkeit, Groll)

- Stellen Sie Ihren SPL-Wert fest (S. 127)
- Atemgleichgewicht (S. 77)
- Polaritätsumkehrungen (S. 92–93)
- Klopfsequenz: (S. 90, 115, 174–180)

Augenbraue **Kleiner Finger** **Schlüsselbein**

- Brücke (S. 116–117)
- Wiederholen Sie die Klopfsequenz
- Stellen Sie erneut Ihren SPL-Wert fest
- Augenkreisen (S. 116)

Bewußter Vorsatz:

»Ich verzeihe ihnen/ihm/ihr, denn sie konnten nicht anders handeln.«

Alternativen:

»Ich verzeihe ihm/ihr, aber ich glaube, daß er/sie verantwortlich ist.«
»Ich lasse diesen Ärger los, weil es mir dann besser geht.«
»Ich bin versöhnlich gestimmt.«

Wählen Sie diejenige Aussage, die der Situation am nächsten kommt, oder verwenden Sie eine Variante, die sich für Sie richtig anfühlt.

5. Bedauern

- Stellen Sie Ihren SPL-Wert fest (S. 127)
- Atemgleichgewicht (S. 77)
- Polaritätsumkehrungen (S. 92–93)
- Klopfsequenz: (S. 90, 115, 174–180)

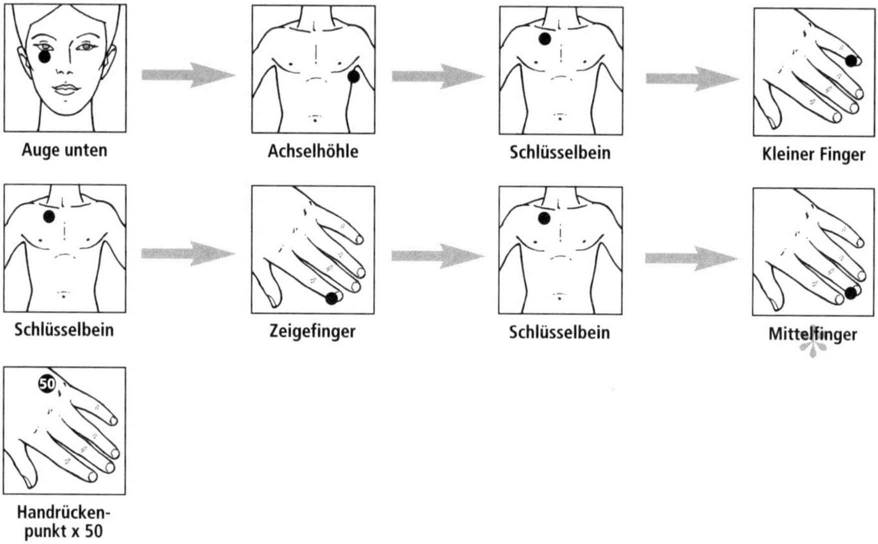

- Brücke (S. 116–117)
- Wiederholen Sie die Klopfsequenz
- Stellen Sie erneut Ihren SPL-Wert fest
- Augenkreisen (S. 116)

Bewußter Vorsatz:

»Ich lasse die Vergangenheit los, denn ich habe getan, was unter diesen Umständen möglich war.«

Alternativen:

»Ich lasse die Vergangenheit los, denn damals konnte ich nicht wissen, was ich heute weiß.«

»Ich richte meine Aufmerksamkeit auf das Leben, das vor mir liegt.«

Wählen Sie diejenige Aussage, die der Situation am nächsten kommt, oder verwenden Sie eine Variante, die sich für Sie richtig anfühlt.

6. Eifersucht

(Neid)

- Stellen Sie Ihren SPL-Wert fest (S. 127)
- Atemgleichgewicht (S. 77)
- Polaritätsumkehrungen (S. 92–93)
- Klopfsequenz: (S. 90, 115, 174–180)

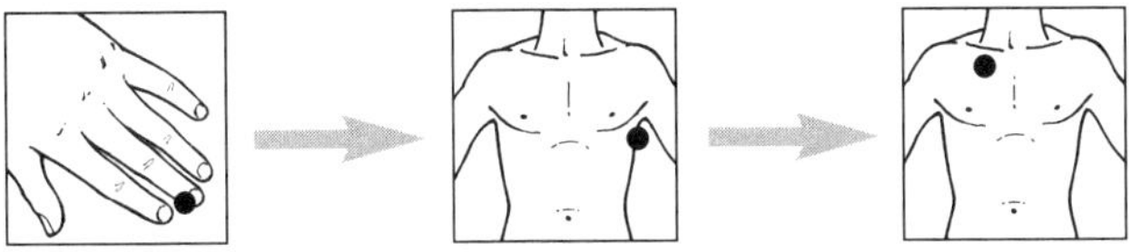

Mittelfinger **Achselhöhle** **Schlüsselbein**

- Brücke (S. 116–117)
- Wiederholen Sie die Klopfsequenz
- Stellen Sie erneut Ihren SPL-Wert fest
- Augenkreisen (S. 116)

Bewußter Vorsatz:

»Ich bin voller Frieden und Harmonie.«

Alternativen:

»Ich bin großzügig und voller Liebe.«

»Ich lasse die Vergangenheit los.«

Wählen Sie diejenige Aussage, die der Situation am nächsten kommt, oder verwenden Sie eine Variante, die sich für Sie richtig anfühlt.

7. Einsamkeit

- Stellen Sie Ihren SPL-Wert fest (S. 127)
- Atemgleichgewicht (S. 77)
- Polaritätsumkehrungen (S. 92–93)
- Klopfsequenz: (S. 90, 115, 174–180)

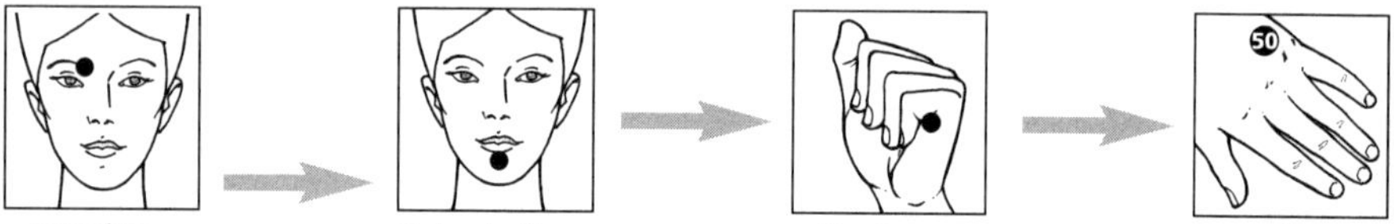

Augenbraue — **Unter der Lippe** — **Handkante** — **Handrücken-punkt x 50**

- Brücke (S. 116–117)
- Wiederholen Sie die Klopfsequenz
- Stellen Sie erneut Ihren SPL-Wert fest
- Augenkreisen (S. 116)

Bewußter Vorsatz:

»Ich fühle mich allein und in Gesellschaft wohl.«

Alternativen:

»Meine Hoffnung gibt mir Auftrieb.«

»Mir ist ganz leicht ums Herz.«

Wählen Sie diejenige Aussage, die der Situation am nächsten kommt, oder verwenden Sie eine Variante, die sich für Sie richtig anfühlt.

8. Erschöpfung

(Müdigkeit)

- Stellen Sie Ihren SPL-Wert fest (S. 127)
- Atemgleichgewicht (S. 77)
- Polaritätsumkehrungen (S. 92–93)
- Klopfsequenz: (S. 90, 115, 174–180)

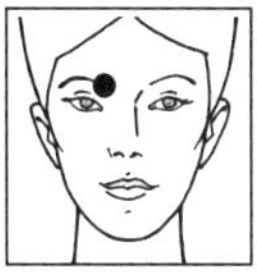

Augenbraue

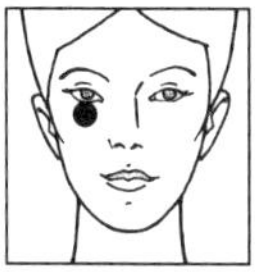

Auge unten

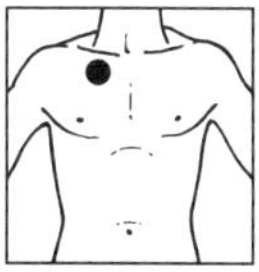

Schlüsselbein

Handrücken-punkt x 50

- Brücke (S. 116–117)
- Wiederholen Sie die Klopfsequenz
- Stellen Sie erneut Ihren SPL-Wert fest
- Augenkreisen (S. 116)

9. Frustration

(Enttäuschung, Ungeduld)

- Stellen Sie Ihren SPL-Wert fest (S. 127)
- Atemgleichgewicht (S. 77)
- Polaritätsumkehrungen (S. 92–93)
- Klopfsequenz: (S. 90, 115, 174–180)

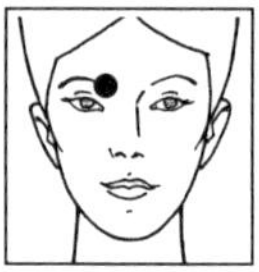

Augenbraue

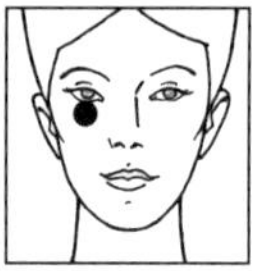

Auge unten

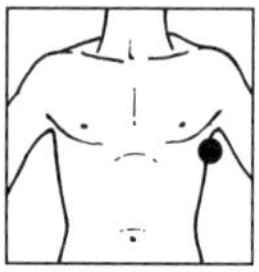

Achselhöhle

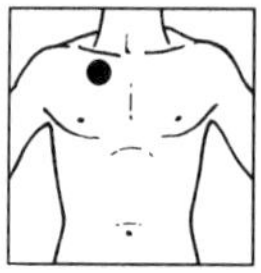

Schlüsselbein

Kleiner Finger

- Brücke (S. 116–117)
- Wiederholen Sie die Klopfsequenz
- Stellen Sie erneut Ihren SPL-Wert fest
- Augenkreisen (S. 116)

Bewußter Vorsatz:

»Ich lasse diese Frustration los, weil es mir dann besser geht.«

Alternativen:

»Das ist wirklich nicht so wichtig.«
»Ich lasse meine Enttäuschung los, weil es mir dann besser geht.«
»Ich spüre Frieden und Ruhe.«
»Ich fühle Gleichgewicht und Harmonie.«
»Ich kann durchhalten und mich durchsetzen.«

Wählen Sie diejenige Aussage, die der Situation am nächsten kommt, oder verwenden Sie eine Variante, die sich für Sie richtig anfühlt.

10. Jetlag

- Atemgleichgewicht (S. 77)
- Polaritätsumkehrungen (S. 92–93)
- Klopfsequenz: (S. 90, 115, 174–180)

Richtung Westen:

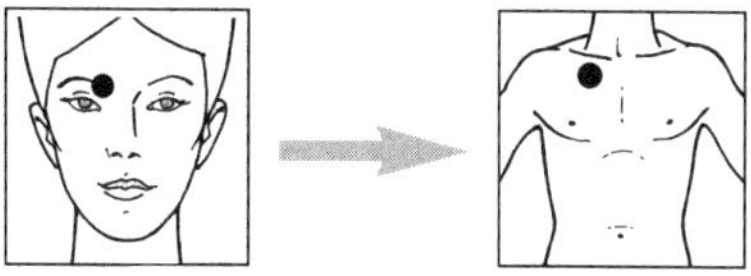

Augenbraue Schlüsselbein

Einmal pro Stunde während des ganzen Fluges durchführen.

Richtung Osten:

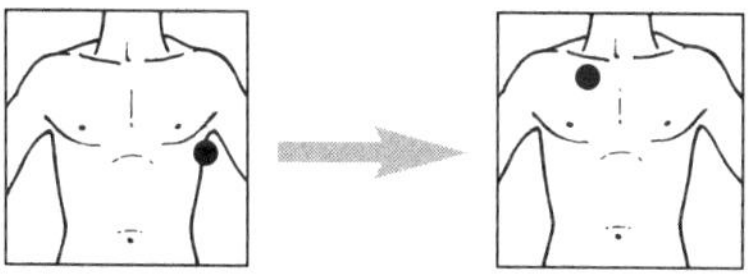

Achselhöhle Schlüsselbein

Einmal pro Stunde während des ganzen Fluges durchführen.

- Brücke (S. 116–117)
- Wiederholen Sie die Klopfsequenz
- Augenkreisen (S. 116)

11. Liebeskummer

(Gram)

- Stellen Sie Ihren SPL-Wert fest (S. 127)
- Atemgleichgewicht (S. 77)
- Polaritätsumkehrungen (S. 92–93)
- Klopfsequenz: (S. 90, 115, 174–180)

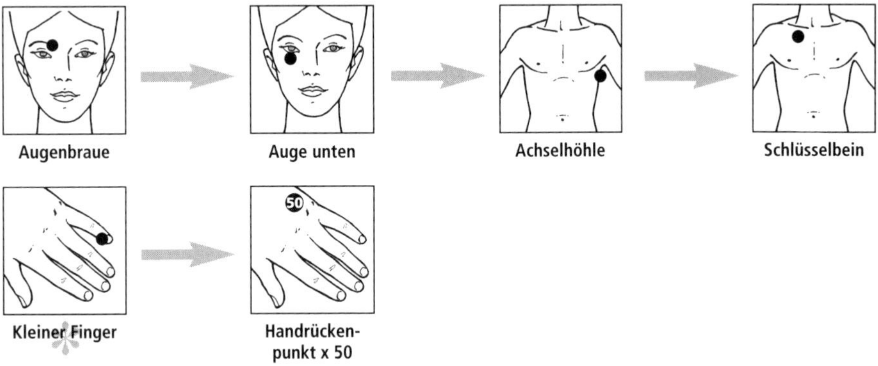

- Brücke (S. 116–117)
- Wiederholen Sie die Klopfsequenz
- Stellen Sie erneut Ihren SPL-Wert fest
- Augenkreisen (S. 116)

Bewußter Vorsatz:

»Ich werde mich wieder verlieben.«

Alternativen:

»Ich lasse die Vergangenheit los.«
»Ich bin versöhnlich gestimmt.«
»Mein Herz ist voller Hoffnung.«

Wählen Sie diejenige Aussage, die der Situation am nächsten kommt, oder verwenden Sie eine Variante, die sich für Sie richtig anfühlt.

12. Peinlichkeit und Verlegenheit

- Stellen Sie Ihren SPL-Wert fest (S. 127)
- Atemgleichgewicht (S. 77)
- Polaritätsumkehrungen (S. 92–93)
- Klopfsequenz: (S. 90, 115, 174–180)

Unter der Nase

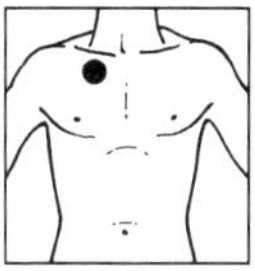

Schlüsselbein

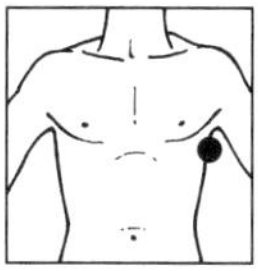

Achselhöhle

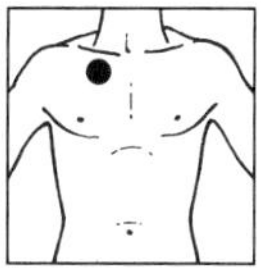

Schlüsselbein

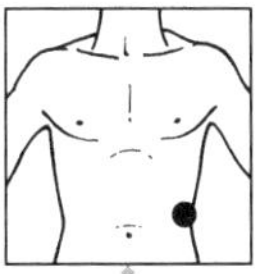

Rippenpunkt

- Brücke (S. 116–117)
- Wiederholen Sie die Klopfsequenz
- Stellen Sie erneut Ihren SPL-Wert fest
- Augenkreisen (S. 116)

Bewußter Vorsatz:

»Ich befreie mich von diesem Gefühl.«

Alternativen:

»Ich bin entspannt und lasse die Vergangenheit los.«
»Ich bin selbstbewußt und ruhig.«

Wählen Sie diejenige Aussage, die der Situation am nächsten kommt, oder verwenden Sie eine Variante, die sich für Sie richtig anfühlt.

13. Phobien allgemein

(Ängstlichkeit)

- Stellen Sie Ihren SPL-Wert fest (S. 127)
- Atemgleichgewicht (S. 77)
- Polaritätsumkehrungen (S. 92–93)
- Klopfsequenz: (S. 90, 115, 174–180)

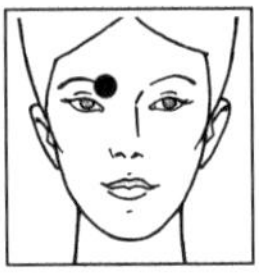

Augenbraue

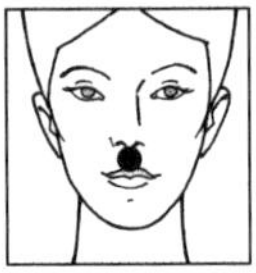

Unter der Nase

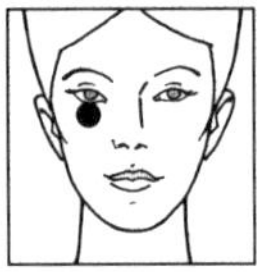

Auge unten

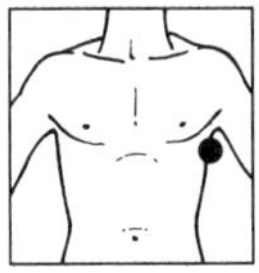

Achselhöhle

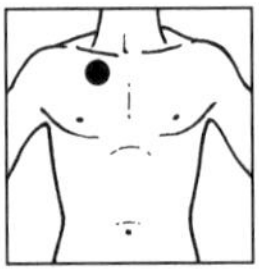

Schlüsselbein

- Brücke (S. 116–117)
- Wiederholen Sie die Klopfsequenz
- Stellen Sie erneut Ihren SPL-Wert fest
- Augenkreisen (S. 116)

14. Phobien

(Spinnen, Klaustrophobie, Flugangst)

- Stellen Sie Ihren SPL-Wert fest (S. 127)
- Atemgleichgewicht (S. 77)
- Polaritätsumkehrungen (S. 92–93)
- Klopfsequenz: (S. 90, 115, 174–180)

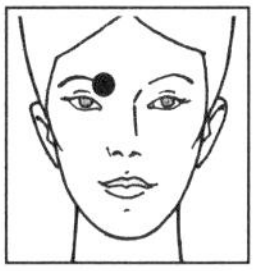

Augenbraue

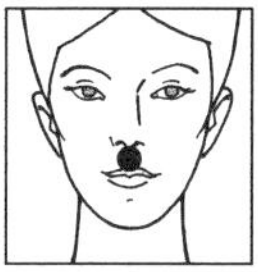

Unter der Nase

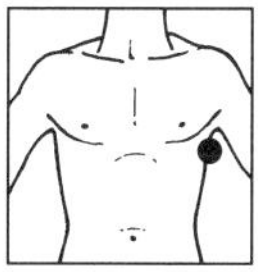

Achselhöhle

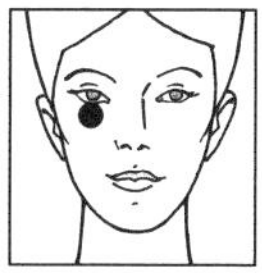

Auge unten

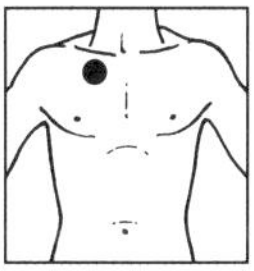

Schlüsselbein

- Brücke (S. 116–117)
- Wiederholen Sie die Klopfsequenz
- Stellen Sie erneut Ihren SPL-Wert fest
- Augenkreisen (S. 116)

15. Prämenstruelles Syndrom

- Stellen Sie Ihren SPL-Wert fest (S. 127)
- Atemgleichgewicht (S. 77)
- Polaritätsumkehrungen (S. 92–93)
- Klopfsequenz: (S. 90, 115, 174–180)

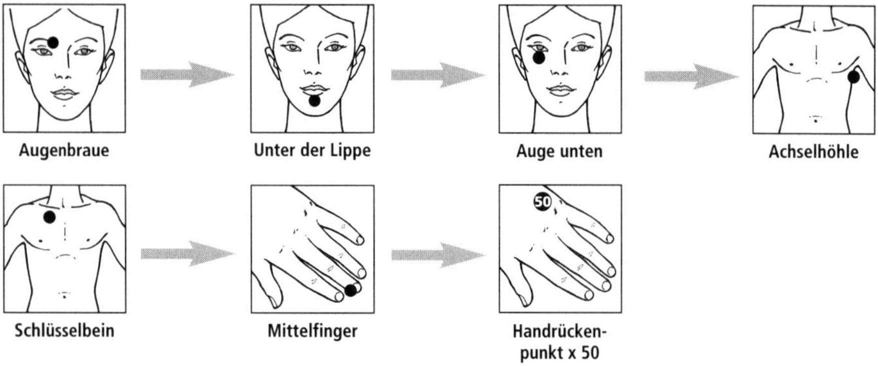

- Brücke (S. 116–117)
- Wiederholen Sie die Klopfsequenz
- Stellen Sie erneut Ihren SPL-Wert fest
- Augenkreisen (S. 116)

16. Scham

- Stellen Sie Ihren SPL-Wert fest (S. 127)
- Atemgleichgewicht (S. 77)
- Polaritätsumkehrungen (S. 92–93)
- Klopfsequenz: (S. 90, 115, 174–180)

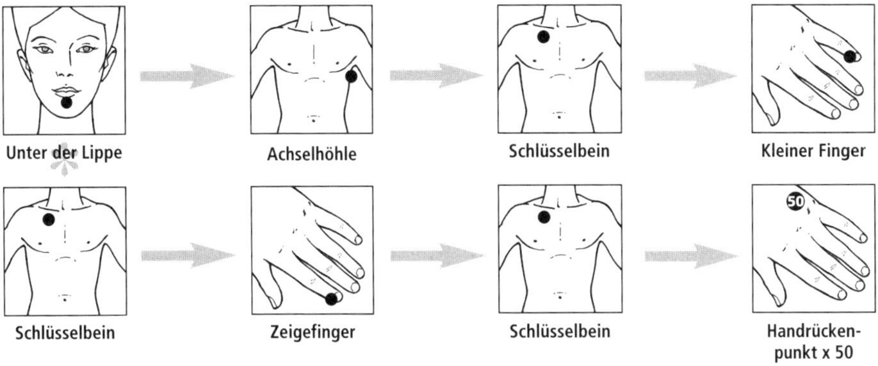

- Brücke (S. 116–117)
- Wiederholen Sie die Klopfsequenz
- Stellen Sie erneut Ihren SPL-Wert fest
- Augenkreisen (S. 116)

Bewußter Vorsatz:

»Ich vergebe mir und anderen von ganzem Herzen,
und ich kann ganz neu anfangen. «

Alternativen:

»Ich bin einzigartig.«
»Ich bleibe gelassen und schaue nach vorn.«

Wählen Sie diejenige Aussage, die der Situation am nächsten kommt, oder verwenden Sie eine Variante, die sich für Sie richtig anfühlt.

17. Schluckauf

- Atemgleichgewicht (S. 77)
- Polaritätsumkehrungen (S. 92–93)
- Klopfsequenz: (S. 90, 115, 174–180)

Unter der Nase

Mittelfinger

Zeigefinger

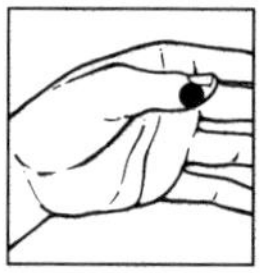

Daumen

Handkante

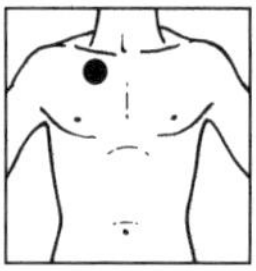

Schlüsselbein

- Brücke (S. 116–117)
- Wiederholen Sie die Klopfsequenz
- Augenkreisen (S. 116)

18. Schmerzen

(Chronische Schmerzen, Spannungskopfschmerzen)

- Stellen Sie Ihren SPL-Wert fest (S. 127)
- Atemgleichgewicht (S. 77)
- Polaritätsumkehrungen (S. 92–93)
- Klopfsequenz: (S. 90, 115, 174–180)

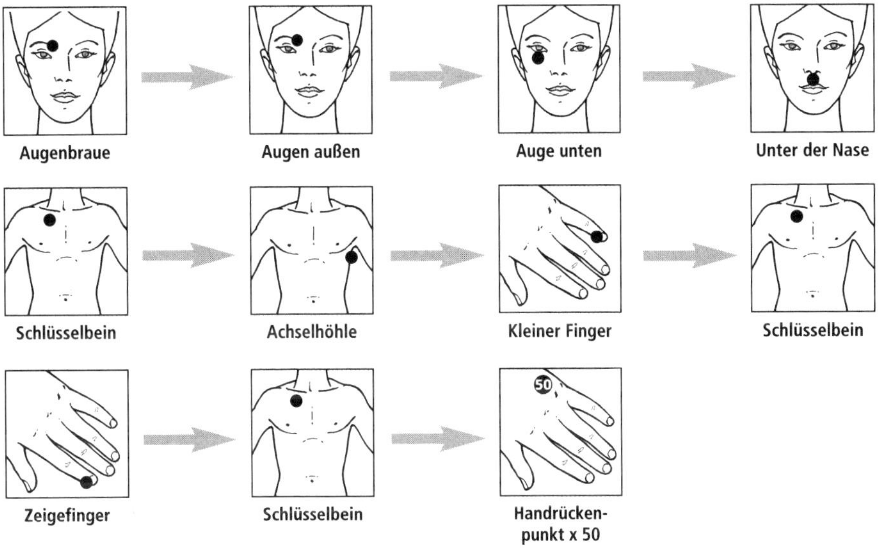

- Brücke (S. 116–117)
- Wiederholen Sie die Klopfsequenz
- Stellen Sie erneut Ihren SPL-Wert fest
- Augenkreisen (S. 116)

19. Schuldgefühle

(Reue)

- Stellen Sie Ihren SPL-Wert fest (S. 127)
- Atemgleichgewicht (S. 77)
- Polaritätsumkehrungen (S. 92–93)
- Klopfsequenz: (S. 90, 115, 174–180)

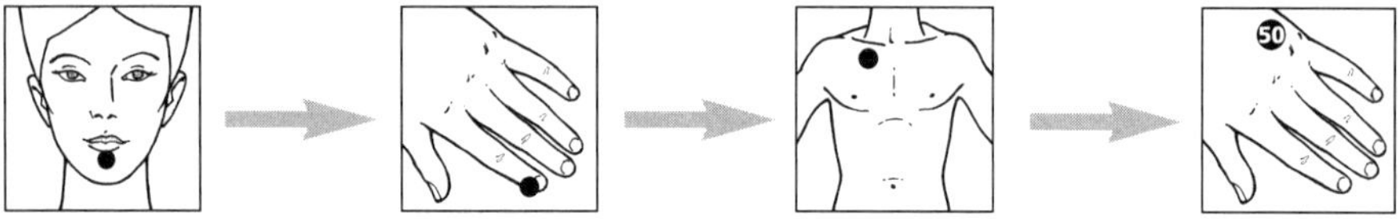

Unter der Lippe → **Zeigefinger** → **Schlüsselbein** → **Handrückenpunkt x 50**

- Brücke (S. 116–117)
- Wiederholen Sie die Klopfsequenz
- Stellen Sie erneut Ihren SPL-Wert fest
- Augenkreisen (S. 116)

Bewußter Vorsatz:

»Ich verzeihe mir. Ich weiß, daß ich nicht anders handeln konnte.«

Alternativen:

»Ich verzeihe mir. Ich habe getan, was unter diesen Umständen möglich war.«

»Damals konnte ich nicht anders.«

»Ich bin versöhnlich gestimmt, weil es mir dann besser geht.«

Wählen Sie diejenige Aussage, die der Situation am nächsten kommt, oder verwenden Sie eine Variante, die sich für Sie richtig anfühlt.

20. Suchtverhalten

(Zwangsverhalten, Angewohnheiten)

- Stellen Sie Ihren SPL-Wert fest (S. 127)
- Atemgleichgewicht (S. 77)
- Polaritätsumkehrungen (S. 92–93)
- Klopfsequenz: (S. 90, 115, 174–180)

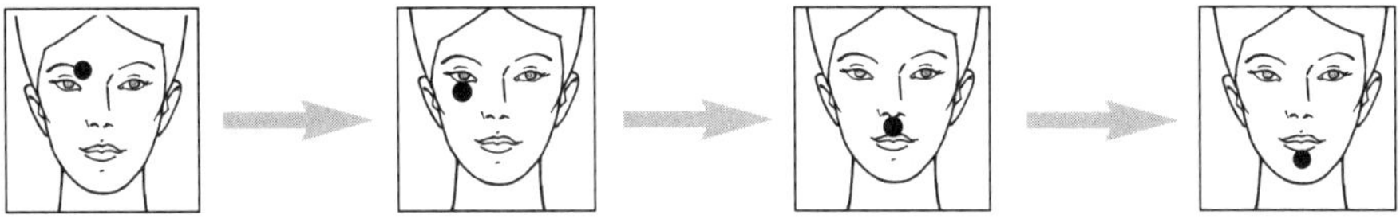

Augenbraue **Auge unten** **Unter der Nase** **Unter der Lippe**

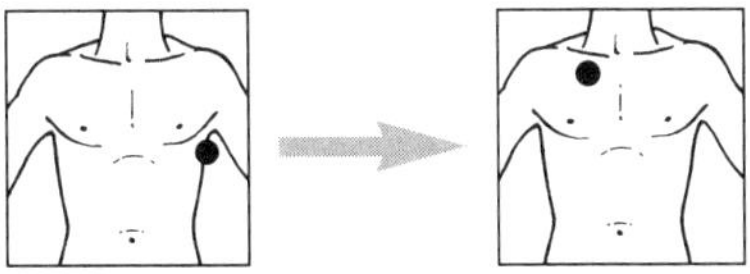

Achselhöhle **Schlüsselbein**

- Brücke (S. 116–117)
- Wiederholen Sie die Klopfsequenz
- Stellen Sie erneut Ihren SPL-Wert fest
- Augenkreisen (S. 116)

21. Trauer

(Verzweiflung, Hoffnungslosigkeit, Traurigkeit, Kummer, Sorgen)

- Stellen Sie Ihren SPL-Wert fest (S. 127)
- Atemgleichgewicht (S. 77)
- Polaritätsumkehrungen (S. 92–93)
- Klopfsequenz: (S. 90, 115, 174–180)

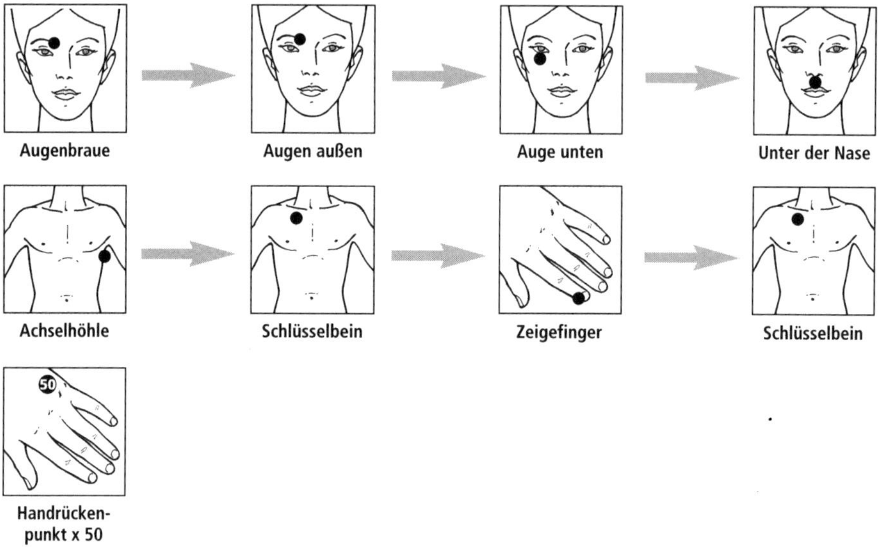

- Brücke (S. 116–117)
- Wiederholen Sie die Klopfsequenz
- Stellen Sie erneut Ihren SPL-Wert fest
- Augenkreisen (S. 116)

22. Trauma

(Emotional)

- Stellen Sie Ihren SPL-Wert fest (S. 127)
- Atemgleichgewicht (S. 77)
- Polaritätsumkehrungen (S. 92–93)
- Klopfsequenz: (S. 90, 115, 174–180)

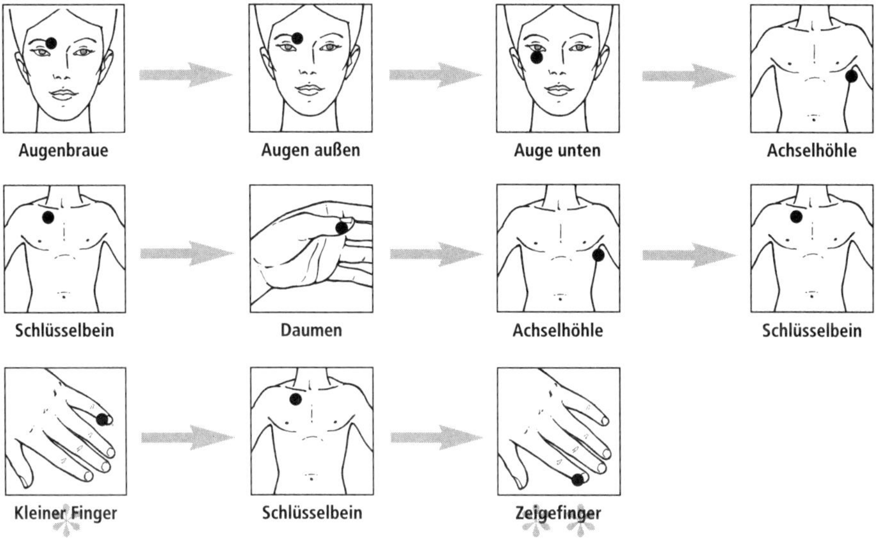

- Brücke (S. 116–117)
- Wiederholen Sie die Klopfsequenz
- Stellen Sie erneut Ihren SPL-Wert fest
- Augenkreisen (S. 116)

Die Formulierungsvorschläge zu den bewußten Vorsätzen finden Sie auf der nächsten Seite.

❋ Bewußter Vorsatz: Ärger

»Ich verzeihe ihnen/ihm/ihr, weil er/sie nicht anders handeln konnte/n.«

Alternativen:

»Ich verzeihe ihm/ihr, aber ich halte ihn/sie für verantwortlich.«
»Ich lasse diesen Ärger los, weil es mir dann besser geht.«
»Ich bin versöhnlich gestimmt.«

❋ ❋ Bewußter Vorsatz: Schuldgefühle

»Ich verzeihe mir, weil ich weiß, daß ich nicht anders handeln konnte.«

Alternativen:

»Ich verzeihe mir, weil ich unter den damaligen Umständen nichts besseres tun konnte.«
»Damals konnte ich nicht anders.«
»Ich bin versöhnlich gestimmt, weil es mir dann besser geht.«

Wählen Sie diejenige Aussage, die der Situation am nächsten kommt, oder verwenden Sie eine Variante, die sich für Sie richtig anfühlt.

23. Unentschlossenheit

- Stellen Sie Ihren SPL-Wert fest (S. 127)
- Atemgleichgewicht (S. 77)
- Polaritätsumkehrungen (S. 92–93)
- Klopfsequenz: (S. 90, 115, 174–180)

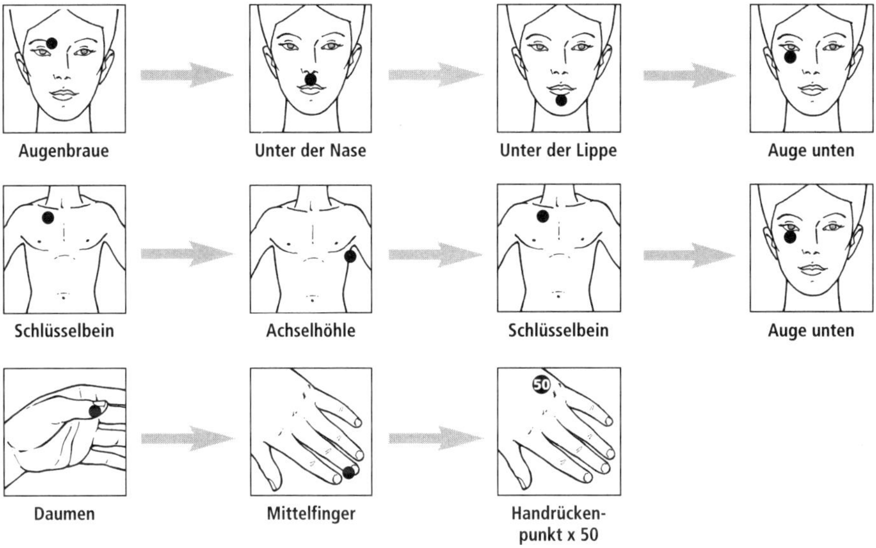

- Brücke (S. 116–117)
- Wiederholen Sie die Klopfsequenz
- Stellen Sie erneut Ihren SPL-Wert fest
- Augenkreisen (S. 116)

24. Verstopfte Nase

- Atemgleichgewicht (S. 77)
- Polaritätsumkehrungen (S. 92–93)
- Klopfsequenz: (S. 90, 115, 174–180)

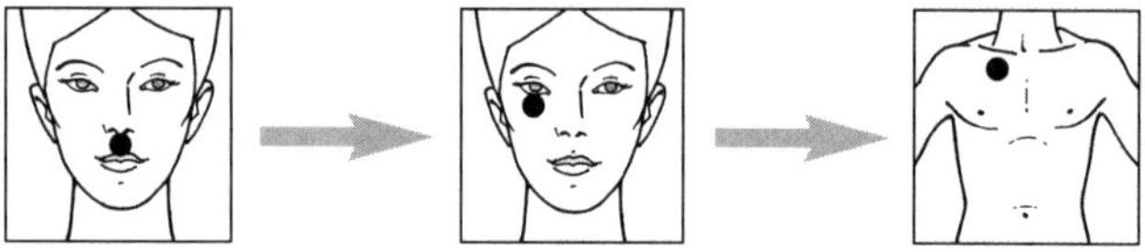

Unter der Nase **Auge unten** **Schlüsselbein**

- Brücke (S. 116–117)
- Wiederholen Sie die Klopfsequenz
- Augenkreisen (S. 116)

25. Wut

- Stellen Sie Ihren SPL-Wert fest (S. 127)
- Atemgleichgewicht (S. 77)
- Polaritätsumkehrungen (S. 92–93)
- Klopfsequenz: (S. 90, 115, 174–180)

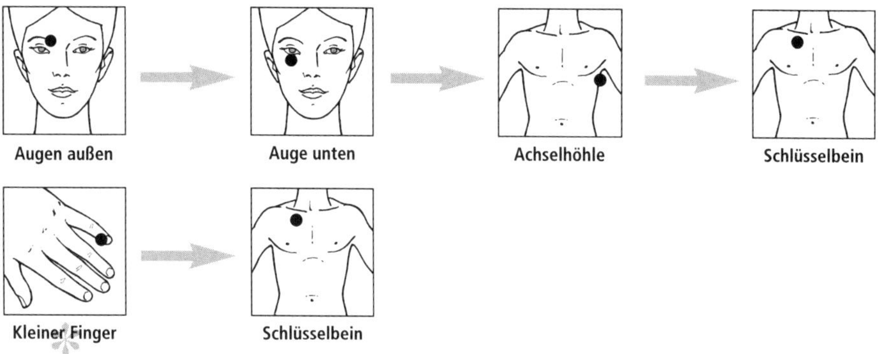

- Brücke (S. 116–117)
- Wiederholen Sie die Klopfsequenz
- Stellen Sie erneut Ihren SPL-Wert fest
- Augenkreisen (S. 116)

Bewußter Vorsatz:

»Ich bin versöhnlich gestimmt, weil ich Selbstbeherrschung und Frieden will.«

Alternativen:

»Ich bin friedlich und beherrscht.«

»Ich bin vernünftig und weise.«

Wählen Sie diejenige Aussage, die der Situation am nächsten kommt, oder verwenden Sie eine Variante, die sich für Sie richtig anfühlt.

26. Zurückweisung

(Kränkung)

- Stellen Sie Ihren SPL-Wert fest (S. 127)
- Atemgleichgewicht (S. 77)
- Polaritätsumkehrungen (S. 92–93)
- Klopfsequenz: (S. 90, 115, 174–180)

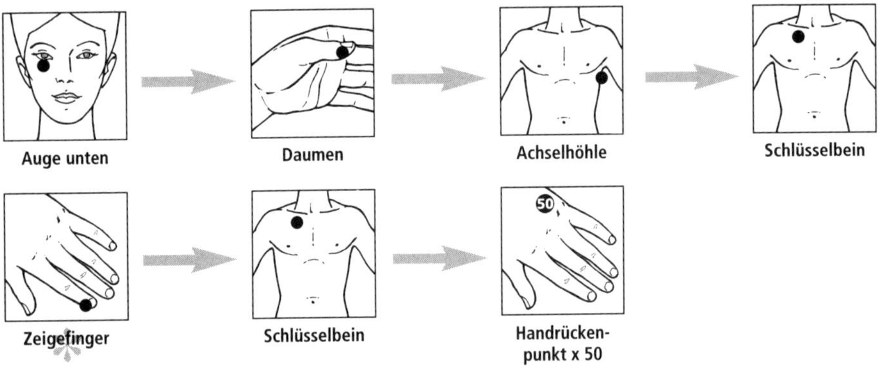

- Brücke (S. 116–117)
- Wiederholen Sie die Klopfsequenz
- Stellen Sie erneut Ihren SPL-Wert fest
- Augenkreisen (S. 116)

❋ Bewußter Vorsatz:

»Ich nehme mich ganz und gar an und bleibe offen für neue Möglichkeiten.«

Alternativen:

»Ich bin es wert, Liebe und Zuneigung zu erfahren.«
»Ich vertraue auf meine persönlichen Stärken.«
»Ich trage Glück und Frieden in mir.«

Wählen Sie diejenige Aussage, die der Situation am nächsten kommt, oder verwenden Sie eine Variante, die sich für Sie richtig anfühlt.

27. Zusammenfassende Sequenz – wenn alles andere versagt

- Stellen Sie Ihren SPL-Wert fest (S. 127)
- Atemgleichgewicht (S. 77)
- Polaritätsumkehrungen (S. 92–93)
- Klopfsequenz: (S. 90, 115, 174–180)

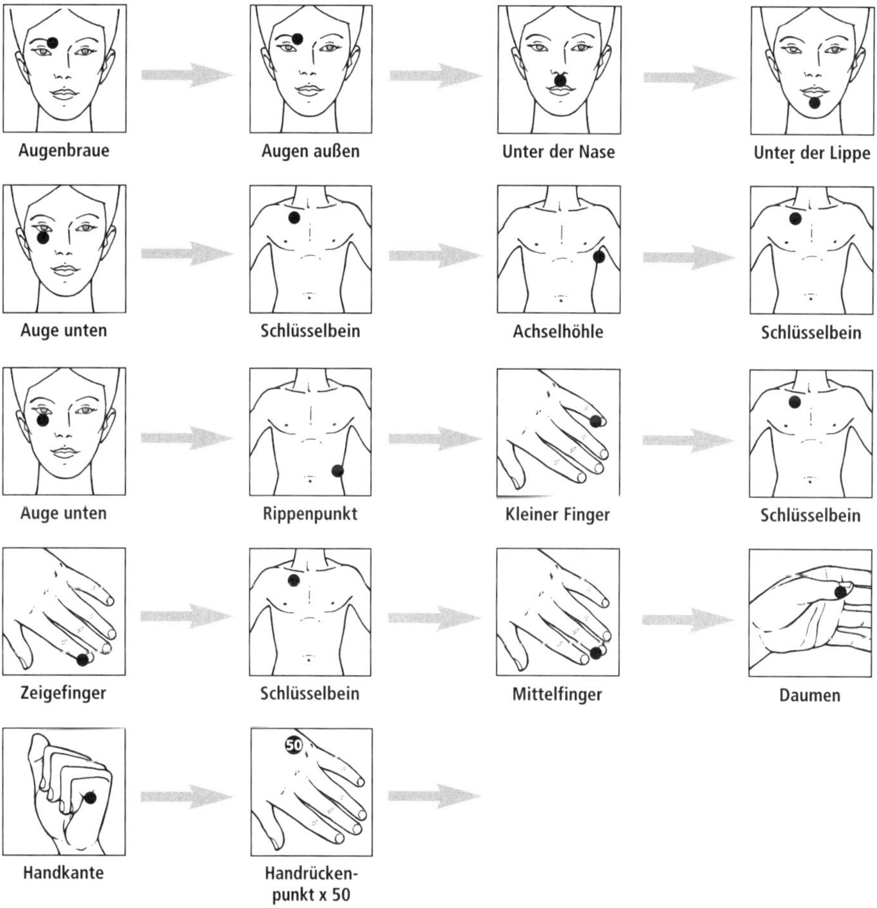

- Brücke (S. 116–117)
- Wiederholen Sie die Klopfsequenz
- Stellen Sie erneut Ihren SPL-Wert fest
- Augenkreisen (S. 116)

28. Zwanghaftes Grübeln

- Stellen Sie Ihren SPL-Wert fest (S. 127)
- Atemgleichgewicht (S. 77)
- Polaritätsumkehrungen (S. 92–93)
- Klopfsequenz: (S. 90, 115, 174–180)

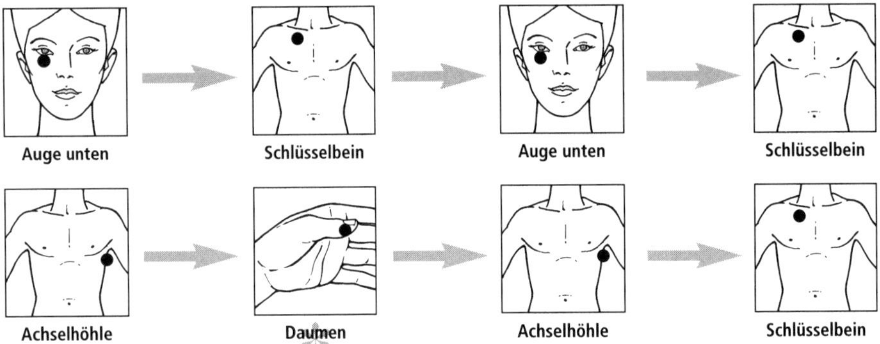

- Brücke (S. 116–117)
- Wiederholen Sie die Klopfsequenz
- Stellen Sie erneut Ihren SPL-Wert fest
- Augenkreisen (S. 116)

Bewußter Vorsatz:

»Ich lasse diese Gedanken los, weil es mir dann besser geht.«

Alternativen:

»Meine Gedanken sind ruhig, ich bin entspannt.«
»Ich bin mit mir und anderen im Reinen.«
»Ich lasse die Vergangenheit ruhen.«

Wählen Sie diejenige Aussage, die der Situation am nächsten kommt, oder verwenden Sie eine Variante, die sich für Sie richtig anfühlt.

10 Tohuwabohu: Die Korrektur von Polaritätszusammenbrüchen

Damit die ESM-Techniken greifen können, müssen alle Energiesysteme des Körpers richtig gepolt sein. Die Übungen zum Atemgleichgewicht und zur Polaritätsumkehrung am Anfang jeder Behandlungsanleitung stellen sicher, daß sowohl die Polarität des Körpers als auch die der Gedanken korrekt ausgerichtet ist.

Wenn Sie die im achten Kapitel dargestellten Standardverfahren ausprobiert und trotzdem keine wesentliche Änderung Ihres SPL-Werts erfahren haben, macht Ihnen möglicherweise ein sogenannter Polaritätszusammenbruch zu schaffen. Bei einem solchen Zusammenbruch kann *keinerlei Polarität* nachgewiesen werden. Es läßt sich also nichts umkehren und berichtigen. Stellen Sie sich einen großen Parkplatz ohne eingezeichnete Stellplätze vor, auf dem die Autos kreuz und quer parken – Chaos total. Ein ähnliches Durcheinander scheint auch bei der elektromagnetischen Energie mancher Menschen aufzutreten. Und wenn diese Energie jegliche Ausrichtung verloren hat, geht gar nichts mehr. Da ein Polaritätszusammenbruch die Polung des ganzen Systems beeinträchtigt, kann nichts von dem wirksam werden, was wir zur Behandlung eines emotionalen Problems anwenden. Um auf irgendwelche Umkehrungen eingehen zu können, müssen wir, um bei unserem Bild zu bleiben, zuerst alle Autos in Reih und Glied aufstellen.

Emotionale Störungen äußern sich auf hierarchisch geordnete Art und Weise. Den Anfang bildet vielleicht eine intensive emotionale Erfahrung, die bestehen bleibt, wenn das auslösende Ereignis schon längst vorüber ist. Polaritätsstörungen im Körper oder in der Gedankenenergie können dafür verantwortlich sein, daß ein emotionaler Kurzschluß auftritt und die natürlichen Mechanismen des Körpers unterbricht, mit denen emotionale Störungen normalerweise aufgelöst werden. Ein Polaritätszusammenbruch greift gravierend in das System ein und kann seinerseits Polaritätsstörungen hervorrufen. Möglicherweise sind diese Polaritätszusammenbrüche auf »Energietoxine« wie Elektrosmog oder Allergene zurückzuführen, die jeden Versuch blockieren, das zugrundeliegende Problem zu behandeln. Doch obwohl nicht alle Gründe für Polaritätszusammenbrüche bekannt sind, können sie beseitigt werden.

Die Fünfstufige Atemübung: Heilmittel gegen Polaritätszusammenbrüche

Ehe Sie vielleicht zu dem (irrtümlichen) Schluß kommen, daß ESM bei Ihnen nicht wirkt, möchten wir Sie ermuntern, die nachstehend beschriebene Atemübung in fünf Schritten durchzuführen. Aber als erstes sollten Sie ein großes Glas Wasser trinken. Als »elektrische« Lebewesen brauchen wir sehr viel Wasser, damit unsere Leitungen richtig arbeiten können. Die elektrochemischen Prozesse in unserem Körper sind auf Wasser als Medium der elektrischen Leitfähigkeit angewiesen. Ähnlich wie eine Autobatterie, die ohne Wasser schnell den Geist aufgäbe, reagiert auch der menschliche Körper mit Fehlfunktionen, wenn er nicht genug Flüssigkeit zur Verfügung hat. Wasser sorgt für das Elektrolyt-Gleichgewicht, das für den optimalen Ablauf der Körperchemie und der Zellfunktionen nötig ist. Außerdem verstärkt es die elektrischen Signale des Klopfens. Zuviel Wasser kann man eigentlich gar nicht trinken.

Die Fünfstufige Atemübung wurde von Dr. Robert Callahan entwickelt. Bei dieser Methode verwenden wir die Punkte, die in der Verhaltenskinesiologie als »Gehirnschalter« bezeichnet werden. Diese »Gehirnschalter« sind nichts anderes als die beiden Akupunkturpunkte am Schlüsselbein, die einen Meridiankreis und die Halsschlagadern anregen, was eine verstärkte Zufuhr sauerstoffreichen Blutes zum Gehirn zur Folge hat.

Bewußtes Atmen ist eine altbewährte Methode zur inneren Regulierung, die bei der Kämpfe-oder-Fliehe-Reaktion stabilisierend wirkt. Dr. Herbert Benson hat gezeigt, wie spezielle Atemübungen die »Adrenalin-Reaktion« umdrehen und den Körper veranlassen können, die Richtung der »Entspannungsreaktion« einzuschlagen. Entspannungsatmung wirkt auf die meisten Bereiche des autonomen Nervensystems, die ihrerseits die automatisch regulierten Körperfunktionen steuern. Und der größte Teil der Symptome, in denen sich Emotionen widerspiegeln, wird durch Vorgänge im autonomen Nervensystem erzeugt.

Auf der Ebene der bioelektrischen Energie ist unsere Atmung eng mit der »energetischen Atmosphäre« der Erde verbunden, weil sie Moleküle, Atome und subatomare Teilchen mit dem ganzen Planeten teilt. Nach Überzeugung der ayurvedischen Philosophie fließen die vitalen Lebenskräfte mit dem Atem durch unseren Körper.

Bei der Fünfstufigen Atemübung verwenden wir (ähnlich wie bei der Übung zum Atemgleichgewicht) Grundsätze des Yoga und der Mediation, um unsere Lebenskräfte anzuregen. Die Autorin und Psychologin Dr. Dorothea Hover-Kramer sagt dazu: »Wenn wir mit unserer Atmung arbeiten, arbeiten wir mit Lebenskraft, mit Energie. Deshalb führt Konzentration auf die Atmung zu einem entspannten Zustand und läßt uns unmittelbar erfahren, wie unaufhörlich ein Strom von Energie durch unseren Körper fließt.« Bei dieser fünfstufigen Übung kreuzen wir die Mittellinie des Körpers abwechselnd mit beiden Händen, während wir auf den Punkt in der Vertiefung am Handrücken (HR) klopfen und gleichzeitig eine bestimmte Atmungsfolge einhalten. Sie richtet die nicht vorhandene oder gestörte elektromagnetische Polarität wieder auf und polarisiert den elektromagnetischen Fluß innerhalb des Körpers so, daß er wieder ins Gleichgewicht kommt.

In unserer klinischen Praxis haben wir erlebt, wie ein Polaritätszusammenbruch – unabhängig von seinem Ursprung – nicht nur Behandlungen mit ESM, sondern auch Hypnose, EMDR sowie kognitive und andere Therapien beeinträchtigt. Mit der Fünfstufigen Atemübung läßt sich die elektromagnetische Energie des Körpers sehr wirkungsvoll ordnen – zumindest so lange, bis die ESM-Sequenz greift. Wenn eine Behandlung wegen eines Polaritätszusammenbruchs nicht funktioniert und die emotionale Störung auf vergangenen Ereignissen beruht, schafft diese Atemübung oft rasch Abhilfe.

Danach kann dann das Problem selbst in Angriff genommen werden. Sie werden eine Linderung verspüren, und selbst wenn Ihre Polarität erneut zusammenbrechen sollte, wird das merkwürdigerweise nicht dazu führen, daß das alte Problem wieder an die Oberfläche kommt. Die Wirkung hält vielmehr vor. Bleibt das Thema dagegen weiterhin eine Belastung oder gerät Ihre Polarität wieder durcheinander, kann der emotionale Leidensdruck erneut auftreten und erforderlich machen, daß Sie die Atemübung wiederholen. Diese Situation tritt häufig dann auf, wenn es um ein suchtähnliches Verlangen nach Zigaretten, Nahrungsmitteln oder anderen Substanzen geht. Hier wirkt ein Bestandteil des konsumierten Stoffes als *Energietoxin* (beispielsweise bei Nikotin, bei manchen künstlichen Süßstoffen und Konservierungsmitteln oder bei großen Mengen Zucker). Es kann sein, daß man einige Zeit ganz darauf verzichten muß, bis die Substanz vollständig aus dem Körper ausgeschieden ist und ihre toxischen Wirkungen aufgehört haben. Mehr über Energietoxine erfahren Sie am Ende des Kapitels.

Die Fünfstufige Atemübung

Für diese Übung benötigen Sie nur ein paar Minuten, doch sie wirkt unglaublich! Sie müssen nur eine aus fünf Schritten bestehende Atemfolge achtmal wiederholen. Dabei legen Sie abwechselnd rechte und linke Hand in verschiedenen Stellungen auf einen der beiden Schlüsselbein-Punkte (SB), während Sie gleichzeitig mit der freien Hand auf den Punkt in der Vertiefung des Handrückens (HR) klopfen.

Wenn Ihnen das verwirrend vorkommt, sollten Sie das Verfahren unter dem Gesichtspunkt der Polarität betrachten: Mit dieser Übung sorgen Sie für eine kontinuierliche Polarität, indem Sie zunächst die Vorderseite der Finger (wir bezeichnen sie als Südpol) auf den Schlüsselbein-Punkt (SB) legen. Anschließend berühren Sie diesen Punkt mit der Rückseite der Finger (dem Nordpol). Um den SB-Punkt mit der Rückseite Ihrer Finger berühren zu können, ballen Sie am besten die Hand zur Faust und umfassen dabei den Daumen oder legen ihn an den Zeigefinger an.

Doch wenden wir uns zunächst einmal der Atmung zu. Hier die fünf Schritte:

1. Atmen Sie tief ein; halten Sie fünf Sekunden die Luft an.
2. Atmen Sie *halb* aus; halten Sie diesen Zustand fünf Sekunden lang.
3. Atmen Sie ganz aus; halten Sie diesen Zustand fünf Sekunden lang.
4. Atmen Sie *halb* ein; halten Sie diesen Zustand fünf Sekunden lang.
5. Atmen Sie etwa fünf Sekunden lang normal.

Anmerkung: Halb ein- oder ausatmen ist nur eine Annäherung; es gibt natürlich keine exakte Mitte.

Nun folgen die acht Handstellungen. Denken Sie daran: In jeder Stellung führen Sie einen vollständigen Atmungszyklus in fünf Schritten aus, während Sie mit der anderen Hand ununterbrochen auf den Handruckenpunkt klopfen.

1 Die Innenseite der rechten Hand berührt den rechten Schlüsselbein-Punkt (SB).

2 Die Innenseite der rechten Hand berührt den linken Schlüsselbein-Punkt.

3 Die Rückseite der Finger der rechten Hand (ballen Sie sie zur Faust) berührt den rechten SB-Punkt.

4 Die Rückseite der Finger der rechten Hand berührt den linken SB-Punkt.

Hände tauschen.

5 Die Innenseite der linken Hand berührt den rechten Schlüsselbein-Punkt.

6 Die Innenseite der linken Hand berührt den linken Schlüsselbein-Punkt.

❼ Die Rückseite der Finger der linken Hand berührt den rechten Schlüsselbein-Punkt.

❽ Die Rückseite der Finger der linken Hand berührt den linken Schlüsselbein-Punkt.

Praktische Hinweise: Um das Verfahren möglichst mühelos durchführen zu können, sollten Sie folgendermaßen vorgehen:

1. Üben Sie zunächst die Atemfolge in fünf Schritten, bis Sie sie mühelos beherrschen.
2. Üben Sie dann den Ablauf der acht Handstellungen, bis Sie damit vertraut sind.
3. Am Schluß beziehen Sie dann das ununterbrochene Klopfen auf den Handrückenpunkt mit ein.

Beim ersten Mal sollten Sie den ganzen Ablauf sehr langsam durchführen, damit Sie entspannt bleiben und Selbstvertrauen gewinnen. Bei späteren Anwendungen können Sie so schnell vorgehen, wie es für Sie angenehm ist. Schon bald wird sich die Dauer der Behandlung bei drei bis fünf Minuten einpendeln.

Nach der Fünfstufigen Atemübung fühlt man sich oft entspannt und möglicherweise sogar schläfrig. Das kommt aber nicht von der Langeweile, sondern ist eine Folge der wiederhergestellten Polarität des Körpers. Sobald Sie das Verfahren abgeschlossen haben, wenden Sie sich wieder der Behandlungssequenz zu, mit der Sie Probleme hatten. Dazu beginnen Sie wieder mit Schritt 3, der die Polaritätsstörungen korrigiert. Jetzt sollte es Ihnen gelingen, Ihren Leidensdruck auf den gewünschten Wert zu senken.

Ist das Problem auch durch diese Atemübung nicht zu beheben, dürfte wahrscheinlich ein Energietoxin im Spiel sein.

Energietoxine

Energie-»Gifte« können in vielen Formen auftreten. Zu den häufigsten zählen: elektromagnetische Strahlung, Chemikalien wie Pestizide oder Lösungsmittel, Lebensmittelzusätze und sogar manche Nahrungsmittel, belastende Lebensumstände und auch die Nähe anderer Menschen mit zusammengebrochener Polarität. Diese Faktoren beeinflußen allerdings nicht alle Menschen gleichermaßen. Zwar reagieren die meisten empfindlich auf elektromagnetische Strahlung und Insektizide, doch gibt es auch Energietoxine, die bei dem einen giftig wirken und bei dem anderen nicht. Ihre schädigenden Effekte können unterhalb der Schwelle liegen, an der eine allergische Reaktion ausgelöst würde, aber trotzdem das elektromagnetische Energiesystem des Körpers ganz gründlich durcheinanderbringen. Und sie können Auslöser für einen Polaritätszusammenbruch sein. Mit der Fünfstufigen Atemübung läßt sich die Wirkung des Toxins häufig lange genug ausschalten, so daß man die emotionsspezifische Behandlungsanleitung durchführen und ihre Wirkung stabilisieren kann.

Elektromagnetische Strahlung wirkt sich auf viele Menschen schädlich aus, auch wenn einschlägige Untersuchungen nur eine schwache Korrelation zwischen dieser Strahlungsart und Krankheiten wie Krebs erbracht haben. Und keine Studie deckte einen ausreichenden Zeitraum ab, um mögliche langfristige Gesundheitsschäden abschätzen zu können. Die Wirkung elektromagnetischer Felder ist nur schwer zu messen, weil es keine verläßliche Möglichkeit gibt, eine Kontrollgruppe zu bilden. In gewissem Maße sind wir praktisch alle (immer) elektromagnetischer Strahlung ausgesetzt – in unserer natürlichen Umwelt und durch unsere Nähe zu den Begleiterscheinungen des modernen Lebens: Computer, Handys, Mikrowellenherde. Untersuchungen konzentrieren sich oft auf die Spitzenwerte der elektromagnetischen Strahlung in der Nähe von Hochspannungsleitungen, Mikrowellen- oder Rundfunksendern. In manchen der untersuchten Bereiche treten bestimmte Arten von Krebserkrankungen tatsächlich häufiger auf.

Wir wissen aber nicht, ob die Auswirkungen der elektromagnetischen Felder außerhalb der Zonen mit hoher Strahlenbelastung nennenswert geringer sind. Und die Wirkung dieser Felder auf unsere Emotionen ist natürlich erst recht noch lange nicht erforscht.

Wenn in Ihrer Umgebung Energietoxine vorhanden sind, aber nicht mit einer bestimmten Substanz in Verbindung gebracht werden können, ist professionelle Hilfe angeraten. Spezialisten sind oft in der Lage, Energietoxine festzustellen und mit Hilfe von Gedankenenergie-Therapien zu behandeln. In unserer klinischen Praxis diagnostizieren und behandeln wir diese schädlichen Einflüsse als eigenständiges Problem, nicht anders als Ärger oder Furcht. In den meisten Fällen ist die entsprechende Substanz nach der Behandlung nicht mehr schädlich für das System.

Diagnose und Behandlung sind aber ziemlich kompliziert: Sie schließen Muskeltests ein, der schädliche Stoff muß in die Nähe verschiedener Körperstellen gebracht werden, während man auf sie klopft, und es kommen noch weitere Prozeduren hinzu. Führt auch diese Behandlung nicht zum Erfolg, kann das Problem mit Hilfe der Total Body Modification (TBM, etwa »Umfassende Körperumstellung«) gelöst werden. Ein Homöopath oder Heilpraktiker kann Ihnen vielleicht einen TBM-Spezialisten in Ihrer Nähe nennen. Fachleute für Diagnose und Behandlung von Energietoxinen sind auch in den allgemeinen Hinweisen aufgeführt.

Teil 4

So bewahren und optimieren Sie die Vorteile von ESM

11 Leistung und schöpferische Kraft: Die Bonusrunde

Bis jetzt haben Sie ESM dazu verwendet, seit langem bestehende emotionale Probleme zum Verschwinden zu bringen oder anhaltende Streßbelastungen in den Griff zu bekommen. Doch die Abwesenheit oder die Verringerung von Streß ist nicht der Endzweck von ESM. Die Absicht ist vielmehr, daß Sie sich glücklich, selbstbewußt und erfüllt fühlen. Es zielt darauf ab, daß Sie, wie es der Autor Joseph Campbell ausdrückt, »Ihr Glück einlösen« können. Nachdem Sie nun eine gewisse Übung darin haben, Ihren SPL-Wert von 10 auf 0 zu drücken, zeigen wir Ihnen, wie Sie ESM dazu verwenden können, auf der positiven Seite von 0 auf 10 zu kommen. Wenn es darum geht, Ihre Motivation und Ihr Selbstvertrauen zu stärken, kann ESM Wunder wirken und Ihnen Wege zu neuer und größerer Lebensfreude eröffnen. Wenn wir die Behandlungssequenzen gegen emotionalen Leidensdruck mit der Reparatur eines Kurzschlusses in einer Batterie gleichsetzen, dann kann man den Aufbau positiver Gedanken zu Ihren Zielvorstellungen mit ihrer vollen Aufladung vergleichen.

Manchmal setzen uns unsere emotionalen Beschwerden derart zu, daß wir schon glücklich wären, uns einigermaßen normal zu fühlen, anstatt verzweifelt oder veränstigt. Wir hoffen inständig auf Linderung und sind vollkommen zufrieden, wenn uns ESM hilft, wenigstens unser Unglücklichsein in den Griff zu bekommen. Die Vorstellung, unsere Träume aktiv zu verwirklichen, mag einem zunächst fast zuviel des Guten erscheinen. Doch nachdem Sie es nun schon einmal von negativ zu neutral geschafft haben, zeigt Ihnen dieses Kapitel, wie Sie mit der dreiphasigen Optimierungsanleitung in den Vorwärtsgang schalten und Ihre Ziele und Träume verwirklichen können. *Das ist die Bonusrunde.*

Erinnern Sie sich noch an Suzanne aus der Einführung, die unter anderem schreckliche Angst davor hatte, auf der Autobahn zu fahren? Sie ist ein gutes Beispiel, wie ESM zur Steigerung von Leistung und Schaffenskraft eingesetzt werden kann. In unserer Sitzung arbeiteten wir zunächst daran, ihre Angst auf den Wert Null zu bringen, damit sie wieder in der Lage war, die Autobahn zu benutzen. Doch dann ermunterte ich sie, den nächsten Schritt zu unternehmen, nämlich die positive Vorstellung aufzubauen, daß sie »gern auf der Autobahn fährt«. Sie glaubte, ich hätte sie nicht mehr alle, als ich ihr sagte: »Wir sollten das nicht bloß neutralisieren, sondern eine positive Vorstellung verankern.« Ich bat sie, mich von zu Hause aus anzurufen und mir mitzuteilen, wie es ihr ergangen war. Nun, sie erzählte, daß sie es regelrecht *genossen* hätte, auf der Autobahn zu fahren. Obwohl es ihr ein Rätsel war, lachte sie noch immer, als sie mich anrief.

Was hält Sie zurück?

Sind Sie so erfolgreich und tatkräftig, wie Sie es sich wünschen? Haben Sie Zutrauen zu Ihren Fähigkeiten daheim und am Arbeitsplatz, im gesellschaftlichen Leben und beim Sport? Sind Sie motiviert, weiter zu wachsen und zu lernen und alle Ihre Fähigkeiten einzusetzen? Falls nicht, was hindert Sie daran? Jack Nicklaus hat geschrieben, daß bei einem Golfprofi neunzig Prozent des Erfolgs mental zustandekommen. Da die Theorie des EMS besagt, daß Denken und Emotion ineinander verwoben sind, sind auch unsere Gefühle hinsichtlich unserer Leistung und unserer Kreativität Kandidaten für das Emotionale Selbstmanagement.

Probleme der Leistungsfähigkeit und der Schöpferkraft treten in allen Lebensbereichen auf. Manche wollen bessere Partner oder Eltern werden oder ihre Fähigkeiten an führender Position in der Kommunalpolitik, einer Kirche, Schule oder Dienstleistungsorganisation ausbauen. Andere möchten ihr Tennisspiel verbessern oder in die Olympiamannschaft aufgenommen werden. Vielleicht geht es um Reden in der Öffentlichkeit, bevorstehende Prüfungen oder einfach darum, sich auf Empfängen und Cocktailpartys wohler zu fühlen. Wer von uns hat nicht das eine oder andere Mal gezögert oder eine

Herausforderung gescheut, bei der er möglicherweise scheitern könnte? Wer hat sich keine Fehler vorzuwerfen? Wer wird nicht von irgend etwas daran gehindert, seine Träume zu verwirklichen? Anders ausgedrückt: Wer könnte nicht in dem einen oder anderen Lebensbereich etwas optimieren?

Was steht uns im Weg, unsere Ziele zu erreichen? Ganz allgemein gesagt: Streß. Daniel Goleman (seine Arbeit über emotionale Intelligenz haben wir im fünften Kapitel erwähnt) zufolge haben 126 Studien mit insgesamt 36 000 Teilnehmern gezeigt, daß die akademischen Leistungen mit zunehmender Besorgnis der Prüflinge abnahmen, was sich in Noten und anderen Erfolgsmaßstäben äußerte. Mit anderen Worten: Angst wirkt leistungsmindernd.

Die meisten Hindernisse legen wir uns – egal ob bei Arbeit, Hobby oder Sport – selber in den Weg, und zwar in Form von Ängsten. Psychische Anspannung und Angst können Konzentrationsmangel, Erinnerungslücken, wirres Denken und Beeinträchtigungen motorischer Fähigkeiten zur Folge haben. Streß kann sich als Zaudern, fehlendes Selbstvertrauen oder mangelnde Motivation äußern, als Schreibhemmung, Prüfungsangst oder eine beliebige Anzahl schlecht verhüllter Formen von Selbstzerstörung. Viele Probleme beruhen auf Angst. Eine Sportlerin, die bei den letzten Wettkämpfen schwache Leistungen gezeigt hat, verliert das Vertrauen in ihre Fähigkeit, es beim nächsten Mal wieder besser zu machen. Oder sie ist frustriert und ärgert sich über sich selbst. Jemand, der schreckliche Angst vom Scheitern hat, bringt kaum die Motivation auf, es noch einmal zu versuchen. Hinter zögerndem Verhalten und jener Art von Perfektionismus, die uns davon abhält, unsere Arbeit zu erledigen, steckt allzuoft einfach die Angst, zu versagen.

Den meisten von uns ist diese Angst vertraut. Wir fürchten uns davor, etwas überhaupt in Angriff zu nehmen, sobald uns die Gefahr zu groß erscheint, daß wir es *nicht* schaffen. Es gar nicht erst zu versuchen, erweist sich als schützende Zuflucht vor dem Schmerz und der Scham über mögliche Fehler. Natürlich berauben wir uns damit auch der Möglichkeit, über uns selbst hinauszuwachsen und jene Belohnungen einzustecken, die auf uns warten, wenn wir uns den gefürchteten Schreckgespenstern stellen. Außerdem verschwinden die Ängste und Befürchtungen, die wir so zu vermeiden hoffen, nicht wirklich: Sie liegen nur in Wartestellung und nagen im Verborgenen – bis zur nächsten Herausforderung.

»Positiver« Streß

Nicht jeder Streß ist schädlich. Der Begriff »Eustress«, wörtlich »guter Streß«, bezieht sich auf die motivierende Kraft, die unsere Aktivitäten positiv antreibt. Die Aufregung wegen des bevorstehenden Urlaubs oder einer Beförderung ist ein Beispiel für positiven Streß.

Zwischen Leistungs- bzw. Lernvermögen und Streß oder Angst besteht eine komplexe Wechselbeziehung. Der optimale Streßpegel hängt von der vorliegenden Aufgabe und dem Charakter des mit ihr betrauten Individuums ab. In der Regel führt ein moderater Streßpegel eher zu Bestleistungen. Am unteren Ende der Streßskala ist man nicht ausreichend stimuliert, ähnlich einem Redner, dessen Vortrag flach und emotionslos wirkt. Am anderen Ende des Spektrums können übermäßige Streßreaktionen zu einer Lähmung führen, wie zum Beispiel bei der Bühnenangst oder der Bewegungshemmung, die ein Golfer möglicherweise vor einem wichtigen Turnier erlebt.

Leistungsverbesserung zielt nicht immer darauf ab, jemanden aus einem Tief herauszuholen oder die Dämonen der Angst und des Zauderns zu bekämpfen. Auch für Überflieger, die noch mehr leisten wollen, ist sie ein wirkungsvolles Hilfsmittel. Das zeigt uns zum Beispiel die Geschichte von Ellen:

Ellen war eine fähige und selbstbewußte Projektmanagerin bei einem großen Hersteller auf dem Verteidigungssektor. Sie suchte uns auf, weil sie, wie sie es nannte, »Risikomanagement« betreiben wollte. Nachdem sie eine innovative Lösung für eine seit längerem bestehende Herausforderung ihres Unternehmens gefunden hatte, gehörte Ellen nun dem Team auf höchster Ebene an, das das neue Konzept vorstellte. Man hatte ihr die Verantwortung für die Durchführung der Konferenz und die Präsentation ihrer Idee übertragen.

Auf der negativen Seite schien bei Ellen nur sehr wenig vorzuliegen. Alle ihre Ängste schienen produktiver Natur und trugen zu ihrer Motivation und Begeisterung bei. Eigentlich fürchtete sie nur, daß die Präsentation durch etwas Unvorhergesehenes unterbrochen oder verpatzt werden könnte. Ellen war sich bewußt, daß ihre Angst weitgehend irrational war und selbst der schlimmste denkbare Fall – ein Versagen der Projektionstechnik oder des Lautsprechersystems – keine Katastrophe, sondern allenfalls lästig sein würde.

Wir nahmen Ellens Angst ins Visier und senkten ihren SPL-Wert von 5 auf 0. In der zweiten Phase brachten wir dann folgende positive Aussage ins Spiel: »Ich bin zuversichtlich und gelassen und freue mich unter allen Umständen auf diese

Präsentation.« Innerhalb kurzer Zeit stieg Ellens Glaube an ihre Zielaussage von +6 auf +10 auf unserer Skala der »Gültigkeit der Aussage« (GDA-Skala). In der Endphase stellte sich Ellen sehr detailliert vor, wie sie ihren Vortrag hielt. Sie führte sich vor Augen, wie sie vor der Versammlung stand und ihre Dias und Schautafeln mit höchstem Selbstvertrauen und äußerst überzeugend vorführte.

Als Ellen unsere Praxis verließ, fühlte sie sich großartig. Sie versprach, uns gleich nach dem Vortrag in der folgenden Woche anzurufen, doch ich erhielt ihren Bericht erst Monate später. »Die Präsentation ist optimal gelaufen«, erzählte sie. »Ich fühlte mich hervorragend, und der Vizepräsident gratulierte mir unmittelbar danach für meine ausgezeichnete Arbeit. Ich möchte mich dafür entschuldigen, daß ich mich nicht früher gemeldet habe. Aber ich hatte das Gefühl, daß die eigentliche Prüfung darin bestand, ob wir den Auftrag bekommen würden oder nicht. Wenn man mit der Regierung verhandelt, gibt es eine Menge Hindernisse zu überwinden, bis der Vertrag steht, und was dabei herauskam, habe ich erst diese Woche erfahren. Wir haben uns einen Abschluß über mehrere Millionen Dollar gesichert, und ich weiß, daß unsere gemeinsame Arbeit dazu beigetragen hat. Ich werde Ihre Verfahren zum Risikomanagement allen Kollegen empfehlen. Danke.«

Die Optimierungs-Anleitung

Die ESM-Anleitung für Leistung und schöpferische Kraft zielt darauf ab, negative Überzeugungen kurzzuschließen. An ihrer Stelle bauen Sie dann positive und optimistische Einsichten über Ihre Zielvorstellungen und Träume auf. Mit diesem Verfahren können wir Ängste und Selbstzweifel durch optimistische Gedanken über das, was wir zu erreichen hoffen, ersetzen. Im Verlauf dieses Prozesses verinnerlichen wir realistische Selbstkonzepte in einem besonderen Lebensbereich.

Wenn Sie entdecken, daß es in Ihrer Macht steht, Ihr Leben in die Hand zu nehmen, gibt Ihnen das eine Menge Kraft. Die Optimierungs-Anleitung vermittelt Ihnen den Schwung, sich über die Gräben von Vermeidung, Zögern und anderen Abwehrhaltungen hinwegzusetzen und Ihre angestrebte Bestimmung zu erreichen.

Für alle Themen, die mit Leistung und schöpferischer Kraft zu tun haben – ob es nun darum geht, ein Rennen zu gewinnen, eine Rede zu halten oder einen wöchentlichen Bericht zu schreiben –, gilt dieselbe Anleitung. Sie ist in drei Phasen unterteilt. Unser Kollege, der Psychologe Greg Nicosia, hat für die Anwendungen zur Leistungssteigerung innerhalb des Emotionalen Selbstmanagements Unschätzbares beigetragen. Für seine kreativen Einfälle und seine Unterstützung sind wir ihm zu Dank verpflichtet.

Hier ein kurzer Abriß des Optimierungsverfahrens:

1. **Phase 1** läuft sehr ähnlich ab wie das, was Sie schon gemacht haben. In einem ersten Schritt stellen Sie fest, welche negativen Gedanken und Emotionen Sie daran hindern, das Ziel oder den Wunsch zu verwirklichen, mit dem Sie sich herumschlagen. Außerdem gehen Sie die unterschwelligen negativen Gefühle und Überzeugungen mit Hilfe der entsprechenden emotionsspezifischen Anleitungen (in vollem Umfang, einschließlich des Atemgleichgewichts und der Polaritätsumkehrungen!) an. Dabei sollten Sie Ihren SPL-Wert für dieses Problem so weit wie möglich gegen Null bringen. Den meisten Fällen von verminderter Leistung und mangelnder schöpferischer Kraft liegen Emotionen wie Furcht und Angst, Frustration oder Enttäuschung zugrunde.

2. Der gesamte Prozeß für Leistung und schöpferische Kraft ist um die Zielsetzung zentriert. In **Phase 2** legen Sie Ihr Ziel eindeutig fest und formulieren es als positive Aussage. Dann schätzen Sie, welchen Zahlenwert Ihre Überzeugung auf der GDA-Skala (Gültigkeit der Aussage, S. 243) hat. Als nächstes führen Sie eine Variante der Übung zur Polaritätsumkehrung durch, bei der Sie Ihre Zweifel zur Sprache bringen, das Ziel erreichen zu können. Zuletzt sprechen Sie Ihre positiven Aussagen je dreimal aus, während Sie nacheinander und ohne Unterbrechung auf vier verschiedene Punkte klopfen. Diesen Vorgang setzen Sie so lange fort, bis Sie alle eventuell auftauchenden Probleme bearbeitet haben und Ihr GDA-Wert bei +10 oder knapp darunter liegt.

3. **Phase 3** beginnt damit, daß Sie sich geistig vor Augen führen, wie Sie Ihr Ziel erreichen oder es bereits erreicht haben. Dann schätzen Sie, wie stark Sie an diese Vorstellung glauben. Dazu verwenden Sie eine Skala, die der GDA-Skala, (S. 243) der Phase 2 ähnelt; wir nennen sie GDV-Skala (Gültigkeit der Vorstellung, S. 248). Anschließend klopfen Sie jeweils etwa drei-

ßig Sekunden lang auf drei Punkte, während Sie sich gleichzeitig vor Augen führen, wie Sie Ihr Ziel erreichen. Machen Sie solange weiter, bis Sie bei einem Wert von +10 auf der GDV-Skala angekommen sind.

Die Optimierung in Aktion

Mit der folgenden Geschichte über Ron möchten wir demonstrieren, wie das Verfahren abläuft, und gleichzeitig auf die Feinheiten der Anleitung für Leistung und schöpferische Kraft eingehen.

Ron, leitender Angestellter im Ruhestand, spielt leidenschaftlich Golf. Doch als er in unsere Praxis kam, waren ihm seine einst heißgeliebten Golf-Ausflüge zur selbstquälerischen Tortur geworden. In letzter Zeit hatte er bei jedem neuen Anlauf schlechter gespielt als beim letzten Mal und war am Ende immer angespannt und mutlos nach Hause gegangen. Er erhoffte sich nicht besonders viel Hilfe von unserem seltsamen Verfahren. »Können Sie denn überhaupt etwas für mich tun, Doc?« fragte er in einem Ton, der seine geringen Erwartungen verriet.

1. **Phase 1:** In einem ersten Schritt mußten wir herausfinden, welche Gefühle und Überzeugungen Rons Wunsch untergruben, Golf auf höchstmöglichem Niveau zu spielen. Er selbst beschrieb sich als genervt und mutlos, aber vor allem als frustriert. »Ich schaffe es anscheinend nicht, richtig ins Spiel zu kommen«, klagte er. »Ich spiele so unbeständig. Mal driftet der Ball nach links und dann wieder nach rechts weg. Bei jedem zweiten Loch ende ich im Rough oder im Wald und eine innere Stimme sagt mir, wie blöd und unfähig ich bin.« Ron badete geradezu in Selbstkritik und behauptete, sein SPL-Wert auf der von 0 bis 10 reichenden Skala liege bei 12.

   Durch die Übung zum Atemgleichgewicht schien er sich ein wenig zu entspannen, und wir begannen, die Polaritätsstörungen zu korrigieren. Doch noch ehe wir richtig angefangen hatten, stellte er unzählige skeptische Fragen. Was sollte diese Übung? Weshalb sollte er Dinge über Risiken sagen, die ihm sinnlos vorkamen? Schließlich beruhigte er sich soweit, daß wir den Prozeß durchlaufen konnten, bei dem er sich seine negativen Gedanken und Gefühle vor Augen hielt. Wie so oft bei Problemen mit der Leistungsfähigkeit und der schöpferischen Kraft bewirkte schon allein die Polaritätsumkehrung eine merkliche Klärung der unterschwelligen negativen Emotionen und Gedanken.

Nun verspürte Ron vordringlich Angst um sein Spiel und die Tatsache, daß er in meiner Praxis saß und an seinem Problem arbeitete. Also nahmen wir zunächst diese Angst ins Visier. Nachdem sein SPL-Wert nicht unter 6 sinken wollte, sagte ich ihm, er solle in sich gehen und prüfen, ob da noch andere Gefühle seien, die ihn daran hinderten, auf 0 zu kommen. Nun gab er an, sich frustriert zu fühlen, weil nichts dazu führte, daß sich sein Spiel verbesserte. Als nächstes durchlief er sodann die Klopfsequenz gegen Frustration, worauf sein SPL-Wert wieder um ein paar Punkte abnahm. Aber irgend etwas schien ihn noch immer aufzuhalten, denn bei 3 blieb er hängen. Ich forderte ihn auf, noch einmal nachzufühlen, ob da nicht vielleicht noch eine Störungsschicht vorliege. »Enttäuschung«, bekannte er. »Ich bin sehr enttäuscht von mir.« Als er seine Enttäuschung näher betrachtete, stieg sein SPL-Wert sogar wieder auf 5. Doch nach der Sequenz für Enttäuschung fiel Rons Wert schließlich auf 0. Wir ließen die Behandlung mit einem Augenkreisen ausklingen. Ron gewann sichtlich Vertrauen in die Methode. Jetzt waren wir bereit, das Vorzeichen zu wechseln und Ron eine positive Meinung über sein Golfspiel einzuimpfen.

2. **Phase 2:** Nun mußte Ron sich sein Ziel deutlich machen und in eine positive Aussage umsetzen. Er dachte ein paar Minuten lang darüber nach, was er wirklich vom Golfspiel erwartete. Dabei half es ihm, die Augen zu schließen und sich daran zu erinnern, wieviel Freude ihm das Spiel früher gemacht hatte. Er meinte, daß es ihm nicht darum gehe, Turniere zu gewinnen. Er wollte lediglich das Ergebnis auf dem clubeigenen Golfplatz verbessern. Dann wurde ihm klar, daß es ihm auch ziemlich egal war, wie er im Vergleich zu seinen Golfkameraden spielte. Damit er seine Vorstellungen besser herausarbeiten konnte, fragte ich ihn: »Wie soll es sich anfühlen, wenn Sie Golf spielen? Was wollen Sie mit dem Spiel für sich erreichen?« Ron antwortete, er wolle sich nicht so verzagt und ängstlich fühlen, schon bevor er mit dem Spiel beginne, und nicht so frustriert über jeden schlechten Schlag sein. Wir wendeten die Formulierung ins Positive, um das »nicht« zu vermeiden. »Ich möchte Golf wieder so wie damals erleben, Spaß daran haben, möglichst gut sein und mehr Zutrauen zu meinem Spiel entwickeln«, erklärte er schließlich.

Als wir eine Reihe von Aussagen durchprobiert und alle negativen Formulierungen beseitigt hatten, legte sich Ron auf die folgende aktive und positiv gehaltene Formel fest: »Ich bin entspannt und zuversichtlich und genieße das

Spiel.« Nachdem Rons Ziel nun klar ausgesprochen und in der Gegenwart formuliert war, schätzte er den Wert seiner Aussage auf der bis +10 reichenden GDA-Skala (S. 243) auf +1. Damit brachte er zum Ausdruck, daß er nicht an diese Zielaussage glaubte, aber bereit war, sie als Möglichkeit zu betrachten. Wir wiederholten die Übungen zum Atemgleichgewicht und für die Polaritätsumkehrungen. Etwa zu der Zeit, als er diese Umkehrungen durchlief, übernahm Ron die Formulierungen der bewußten Vorsätze, um damit seinen unterschwelligen Zweifel und Unglauben hinsichtlich des erklärten Ziels anzuerkennen. Anschließend absolvierte Ron die Klopfsequenz, die seine positive Aussage in ihm verankern sollte: Augenbraue, unter der Nase, unter der Lippe, Mittelfinger. Während er ohne Unterbrechung klopfte, wiederholte Ron seine Zielaussage bei jedem Punkt dreimal: »Ich bin entspannt und zuversichtlich und genieße das Spiel.« Dann ließ Ron die Brücke folgen und wiederholte die Klopfsequenz, ehe er erneut seinen GDA-Wert schätzte. Dieses Mal lag er bei +8. Mittlerweile war Ron begeistert über seinen Erfolg. Er fühlte sich gut und wollte weitermachen, um vielleicht sogar auf +10 zu kommen. Ron schaffte es mit der Verstärkten Polaritätsumkehrung »Ich nehme mich ganz und gar an, auch wenn ich diese Aussage nicht *vollständig* glauben kann«, während er den NLR-Punkt massierte. Als er **Phase 2** mit einem Augenkreisen abgeschlossen hatte, lag sein GDA-Wert bei +10.

3. **Phase 3:** Auf dieser Stufe wird die Wirkung der neuen Aussage verstärkt und integriert. Dazu baut man sich ein inneres Bild des gewünschten Ziels auf. Bei Ron bedeutete das, daß er sich vorstellen sollte, wie er gut spielte und unabhängig vom Ergebnis sowohl auf dem Platz als auch danach Spaß daran hatte. Erneut korrigierten wir (mit leicht abgewandelten Formulierungen, siehe S. 244) mögliche Polaritätsstörungen. Dann ermunterte ich Ron, sich möglichst lebhaft vor Augen zu führen, wie er mit Vergnügen Golf spielte, wobei er alle Sinne mit einbeziehen sollte. Dazu gehörte, daß er sich den Platz und das Wetter bildlich vorstellte, vor seinem geistigen Auge sah, was er trug, und versuchte, seine Hand am Schläger zu spüren. Er malte sich aus, den Wind in den Bäumen zu hören, mit seinen Spielpartnern zu scherzen und die leichte Brise im Gesicht zu spüren, als er von weitem das Klubhaus bemerkte. Er lächelte; er roch das frischgemähte Gras auf den Fairways und hörte das Klikken des Putters, wenn der Ball eingelocht wurde. Ich forderte ihn auf, sich das Gefühl des Erfolges am Ende des Spiels zu vergegenwärtigen. Wie würde das aussehen? Würde er einen Drink schlürfen und den Sonnenuntergang be-

staunen? Würden andere Clubmitglieder vorbeikommen und ihm auf den Rücken klopfen, um ihm zu seinem großartigen Spiel oder zu einem besonders gelungenen Schlag zu gratulieren? Ich ermunterte Ron, sich die Vision möglichst realistisch, dreidimensional und aktiv auszumalen.

Als er das gewünschte Bild vollständig vor seinem geistigen Auge hatte, bewertete Ron seinen Glauben an diese Vorstellung mit Hilfe der GDV-Skala (S. 248). Dann klopfte er jeweils für etwa 30 Sekunden auf jeden der drei folgenden Behandlungspunkte: Achselhöhle, Augenbraue und unter der Lippe. Während er ununterbrochen auf diese Punkte klopfte, stellte er sich bei der besten Runde vor, die er je gespielt hatte, aber auch, daß er sich sogar dann gut fühlte und etwas daraus lernte, wenn er beim Einlochen verschlug oder in einem Bunker landete. Zum Schluß absolvierte er die Brücke und wiederholte die Klopfsequenz mit seiner positiven Vorstellung. Dann bestimmte Ron erneut seinen GDV-Wert und wiederholte den Prozeß, bis er auf +10 kam. Nun gab er an, sich beim Gedanken an das nächste Golfspiel vollkommen wohl zu fühlen. Das allein kam ihm schon recht bemerkenswert vor. »Diese ....-Methode ist wirklich gut«, meinte er, »oder vielleicht nicht?«. Aber natürlich kam es nicht so sehr darauf an, wie positiv Ron alles sah, als er ging. Was wirklich zählte, waren die Auswirkungen auf sein Golfspiel.

Was Ron geschah, erleben die meisten anderen auch. Sind Besorgnisse und Ängste erst einmal abgeklungen, können sich die verborgenen Talente und Fähigkeiten ungehindert entfalten. Ron rief eine Woche später an und erzählte: »Das Klopfen hat wirklich geholfen. Ich weiß noch immer nicht, was ich davon halten soll, aber ich habe eben eine 74er Runde gespielt. Das ist das beste Ergebnis, das ich auf diesem Kurs je hatte.«

Das ist natürlich nicht alles

Sie haben doch sicher nicht geglaubt, so einfach davonzukommen, oder? Mittlerweile ist Ihnen vielleicht aufgegangen, daß wir Ihnen noch einiges mehr darüber zu sagen haben, wie Sie diese Verfahren *genau* durchführen müssen, damit sie ganz sicher nichts falsch machen und die besten und schnellsten Ergebnisse erzielen. Voraussetzung für den Erfolg dieser ESM-Anwendung ist es, daß Sie Ihre Hausaufgaben gemacht und ein wenig Erfahrung (und Erfolge) mit den Basisabläufen gesammelt haben. Die Optimierungsanleitung finden Sie weiter unten in diesem Kapitel. Vorher gibt es noch eine ausführlichere Lektion zu den drei Phasen dieser Behandlungsanleitung.

Mehr zu Phase 1: Legen Sie Ihre Furcht und Ihre Verweigerungshaltung ab

Man mag ihn unterschiedlich bezeichnen, doch die meisten Grundüberzeugungen haben einen gemeinsamen Hemmschuh: die Angst. Ängste können in vielerlei Verkleidungen auftreten: die Angst, erwischt zu werden, zu sterben, ausgenutzt zu werden, unangenehm aufzufallen, zurückgewiesen oder arbeitslos zu werden, sich dumm vorzukommen, die Achtung anderer zu verlieren, sich unzulänglich zu fühlen oder sogar die Angst, niemals glücklich zu werden – all diese Ängste können uns im Weg stehen. Oft ist eine lange Liste von Befürchtungen und Zweifeln an der Bildung oder Aufrechterhaltung negativer Grundüberzeugungen beteiligt. Angst kann unsere kühnsten Anstrengungen auf dem Weg zu unseren Zielen blockieren. Wenn wir genauer hinsehen, erkennen wir, daß die meisten unserer Befürchtungen sich auf Folgen oder Umstände beziehen, die in unserer Vergangenheit niemals passiert sind und auch in der Zukunft nur mit sehr geringer Wahrscheinlichkeit eintreten werden. Diese Beobachtung hat uns veranlaßt, das Wort »Angst« in die Bezeichnung »für wahr gehaltene falsche Annahme« umzumünzen. Bei noch genauerem Hinsehen entdecken wir wahrscheinlich, daß die meisten unserer Ängste auf ziemlich wackeligen Beinen stehen. Dennoch können sie bei der Verfolgung unserer Ziele sich selbst bewahrheitende Nebenwirkungen entwickeln. Und deshalb müssen sie verschwinden.

Wenn Sie ihre schöpferischen Kräfte oder Ihre Leistungsfähigkeit verbessern wollen, lautet die erste Regel: Seien Sie rückhaltlos ehrlich zu sich selbst. Ob Sie dazu bereit sind oder nicht – jetzt ist die Zeit gekommen, Ihre Ängste und Selbstzweifel und deren Verleugnung aufzugeben. Wenn Sie auch nur den leisesten Zweifel hegen, ob Sie sich durch Angst vor dem Scheitern oder durch selbstzerstörerische Überzeugungen von etwas abhalten lassen: Akzeptieren Sie diese Tatsache und tun Sie etwas dagegen! Bleiben Sie nicht in der Verleugnung stecken! Sobald Sie Angst und Selbstzweifel zugeben, gewinnen Sie Macht über sie, und damit sind Sie einen Schritt weitergekommen. Vertrauen Sie uns. *Vertrauen Sie sich selbst.*

In **Phase 1** soll alles an negativen Gefühle und Gedanken neutralisiert werden, was Ihre positiven Absichten behindert. Aber wie viele nicht zugegebene Gefühle lauern noch dahinter, wenn man sagt: »Ich bestehe diese Prüfung«, oder: »Meine Präsentation wird sie alle umhauen«, oder auch: »Ich werde dieses Turnier gewinnen«? Höhnt da nicht eine ständig präsente innere Stimme: »Das kannst du doch nicht«, oder: »Das solltest du besser nicht tun« oder: »Das wird dir noch leid tun«?

Gary Craig, der die *Emotional Freedom Techniques* (etwa: Methoden zur emotionalen Befreiung) entwickelt hat, bezeichnet diese negativen Überzeugungen als »letzte Instanz«, die sich in unsere positiven Vorsätze oder Absichten einschleicht und sie abfällig und miesmacherisch kommentiert. Wir sagen zu Beispiel: »Morgen gehe ich zum Chef und mache ihm klar, daß ich eine Gehaltserhöhung verdiene.« Das ist schön, aber achten Sie auf die letzte Instanz. Diese innere Stimme erklärt nämlich: »Gut, aber ... dann wird man auch mehr von mir erwarten, und was, wenn ich dem nicht gerecht werden kann?« Phase 1 räumt den Schutt aus unserem Leben und legt den Grundstein für eine stärkere Selbsteinschätzung. Das Motto dieser Phase lautet: »Aufgeben und loslassen.«

Mehr zu Phase 2: Setzen Sie sich Ziele und glauben Sie daran

Obwohl die gesamte Anleitung für Leistung und schöpferische Kraft ohnehin zielorientiert ist, soll Ihnen **Phase 2** besonders dabei helfen, Ihr persönliches Ziel zu formulieren, und den festen Glauben an dieses Ziel zu verankern. Wie Davids Geschichte zeigt, läßt sich jeder Lebensbereich unter dem Gesichtspunkt einer Zielsetzung angehen. Denn schließlich geht es im wesentlichen immer darum, die negativen Emotionen auszumerzen und sie durch einen klaren und positiven Vorsatz zu ersetzen.

Negative und unproduktive Emotionen nagen an der gesunden Kommunikation und der gegenseitigen Achtung in einer Partnerschaft. David, ein intelligenter und einfühlsamer Unternehmer, mußte das erfahren, als ihm eine Beziehung nach der anderen in die Brüche ging. Wenn man sich seine Vorgeschichte anschaut, war das freilich nicht weiter verwunderlich. Nach dem Tod seiner Eltern (er war gerade sechs Jahre alt) wurde er von den Großeltern aufgezogen. Keine Frau hatte es je geschafft, David davon zu überzeugen, daß sie ihn nicht verlassen würde. Keine noch so intensive Zuwendung reichte aus, ihm seine Unsicherheit zu nehmen. Jeder Verlust erneuerte seinen alten Schmerz und machte sein Bedürfnis stärker. Jetzt war er wieder in eine Frau verliebt, bei der er von Anfang an schreckliche Angst hatte, sie zu verlieren.

David verstand sehr gut, daß es nicht an der jeweiligen Frau lag, wenn es ihm nicht gelang, eine Beziehung aufrechtzuerhalten, sondern allein an seiner Angst. Zunächst arbeiteten wir deshalb an Davids unterschwelligen Ängsten vor dem Verlassenwerden und der Frustration, keine Partnerin zu finden. Als nächsten Schritt mußten wir eine konstruktive Aussage finden, mit der er – auf der Basis einer positiveren Selbsteinschätzung – ausdrücken konnte, wie er sich in einer Beziehung verhalten wollte. Wie wollte sich David fühlen? Was wünschte er, über seine Beziehung sagen zu können? Eine »richtige« Antwort konnte es da nicht geben. Am Ende lautete Davids Formel so: »Ich vertraue auf Eileens Liebe zu mir, und es geht mir auch gut, wenn ich nicht mit ihr zusammen bin.« Dieser Vorsatz nahm Bezug auf seine Angst und das daraus resultierende Klammerverhalten, das die Frauen letztlich vertrieben hatte.

Hinweise zur Zielsetzung

Im Zentrum jeder Optimierungsanleitung steht die richtige Zielsetzung. Die fundamentale Notwendigkeit, ein klar definiertes Ziel zu haben, kann gar nicht oft genug betont werden. So, wie ein Segelschiff ohne eindeutigen Bestimmungsort keinen günstigen Wind findet, können auch Sie keine der von Ihnen gewünschten Veränderungen erfolgreich durchsetzen, wenn Sie keine klar umrissenen Ziele haben. Die folgenden Leitlinien sollen Ihnen helfen, Ihr Ziel herauszuarbeiten.

- **Benennen Sie ihre Absicht ganz genau.** Es bringt nichts zu sagen: »Ich lerne ein Musikinstrument.« Selbst der Satz: »Es macht mir Spaß, Klavierspielen zu lernen« ist noch zu allgemein. »Es macht mir Spaß, zweimal die Woche Klavierstunden an der Musikschule zu nehmen«, ist schon viel besser. »Ich will ein hervorragender Trainer für meine Fußballmannschaft sein«, ist nicht genau genug formuliert. Was genau ist notwendig, damit Sie ein besserer Trainer werden? Bessere Taktik? Mehr Geduld und Verständnis? Mehr aufmunternde Worte? Mehr Spiele gewinnen? Die vom Vereinspräsidenten gesetzten Ziele erreichen? Mangelnde Klarheit kann zu verworrenen Zielen führen.

Je spezieller die Aussage, desto größer ist die Chance auf ein positives Ergebnis. Vage oder unklare Vorsätze sind schwer durchzuhalten, weil zu viel Spielraum für Interpretationen bleibt. Ohne klare Erfolgsdefinition fällt es uns schwer, unseren Erfolg zu beurteilen. Stecken (und formulieren) Sie Ihr Ziel so klar wie möglich!

- **Teilen Sie hohe Ziele in Zwischenschritte auf.** Nehmen wir an, Ihr Ziel sei es, in die olympische Rudermannschaft aufgenommen zu werden. Überlegen Sie, was alles dazu gehört, dieses Ziel zu erreichen, und legen Sie Zwischenziele fest. Zunächst könnte das Ihren Trainingsplan für die anstehenden Ausscheidungsrennen betreffen und anschließend Ihr Abschneiden bei diesen Wettkämpfen. Zusätzlich könnten Sie sich vornehmen, Ihre Ausdauer und Kraft zu steigern.

- **Wählen Sie ein positives Ziel,** etwas, das Sie erreichen wollen, – nicht etwas, das sie lieber *nicht* erleben wollen. Denken Sie an das, was Sie gewinnen möchten, und nicht an das, was Sie zu verlieren fürchten. In der Regel ist es vorteilhaft, das Ziel mit einer positiven emotionalen Erinnerung zu verknüpfen. Die Verbindung eines Ziels mit einem früheren Erfolgserlebnis unterlegt Ihre laufenden Bestrebungen mit einem positiven Grundgefühl. Wenn Sie zum Beispiel eine mitreißende Rede bei der Jahresversammlung Ihres Sportvereins halten wollen, bringen Sie dieses Ziel einfach mit den Gefühlen in Verbindung, die Sie hatten, als Sie in der Schule für Ihre Mitwirkung in der Theatergruppe ausgezeichnet wurden.

- **Achten Sie darauf, daß Ihre Ziele realistisch und erreichbar sind.** Es ist natürlich nicht schlecht, hochfliegende Pläne zu haben, aber normalerweise arbeiten wir härter, wenn unsere Ziele in der Realität verankert sind. Wenn Sie fünfundvierzig sind, keine Noten lesen können und sich zum Ziel gesetzt haben, ein weltberühmter Jazzflötist zu werden – nun, wir wollen hoffen, daß Sie viel, viel Zeit zum Üben haben. Nehmen Sie sich auf jeden Fall erst einmal vor, in Ihrem örtlichen Club aufzutreten, ehe Sie die New Yorker Carnegie Hall ins Auge fassen. Überzogene Zielvorstellungen lassen zuviel Raum für Ängste und Selbstzweifel. Bei unrealistischen Zielen ist das Scheitern vorprogrammiert.

Zur Feinabstimmung des Positiven Vorsatzes

Jetzt ist es an der Zeit, Ihr persönliches Ziel als *positiven Vorsatz* auszudrükken. Die folgenden Fragen helfen Ihnen, eine genaue Formulierung für das zu finden, was Sie erreichen wollen.

- ✗ Wie möchte ich mich in der Situation fühlen?
- ✗ Wie würde ich mich fühlen, wenn mir keinerlei Hindernisse im Weg stünden?
- ✗ Was möchte ich gern erreichen, das mir im Augenblick noch unerreichbar scheint?
- ✗ Was würde ich im Hinblick auf die anstehende Herausforderung gern glauben, was ich im Moment noch nicht glauben kann?
- ✗ Welche Aussage drückt aus, wie ich mich gern fühlen möchte?
- ✗ Welchen positiven Gedanken möchte ich haben?

An dieser Stelle können Sie anfangen, zu *formulieren, was Sie sich wünschen.*

- ✗ »Ich möchte zuversichtlich und fähig sein, diese Prüfung (oder welche Aufgabe es auch sein mag) zu bestehen.«
- ✗ »Ich möchte überzeugt sein, daß ich diese Aufgabe gut bewältigen und dann mein Leben weiterführen kann.«
- ✗ »Ich möchte das Gefühl haben, daß ich es verdiene, zu siegen.«
- ✗ »Ich möchte gern glauben, daß ich diese bedrohliche Erkrankung überwinden kann.«
- ✗ »Ich wäre glücklich, wenn ich es schaffte, etwas anzupacken und dieses ewige Zaudern zu durchbrechen.«

Nehmen Sie sich ein wenig Zeit zum Nachdenken und *formulieren Sie dann Ihr Ziel als positive Aussage.* Diese Aussage muß keine bestimmte Form haben. Wesentlich ist nur, daß sie absolut positiv ist und keine negativen Wörter wie »kein«, »nicht« oder »niemals« enthält. Sagen Sie also: »Ich nehme nur noch gesunde Nahrung zu mir« und nicht: »Ich esse keine ungesunden Sachen mehr«. Sagen Sie: »Ich bestehe meine Matheprüfung mit Glanz und Gloria«

statt: »Bei der Matheprüfung werde ich nicht hängenbleiben und nichts vergessen, was ich gelernt habe«. Je aktiver der Vorsatz formuliert ist, desto wirksamer scheint er zu sein.

Wählen Sie für Ihre Aussage die Gegenwart. Ein Sportler könnte zum Beispiel sagen: »Wenn ich unter Druck stehe, setze ich diesen Druck in Höchstleistung um.« Ein Manager sagt vielleicht: »Mein Vortrag läuft glatt und wird begeistert aufgenommen.« Manchmal scheint es anmaßend zu klingen, wenn man sein Ziel in der Gegenwart formuliert. Wir haben jedoch die Erfahrung gemacht, daß Aussagen in der Gegenwartsform eine aktivere Reaktion hervorrufen.

Hier ein paar Beispiele für positiv formulierte Vorsätze:

- »Ich trage meinen Fall überzeugend vor und spreche ruhig und deutlich.«
- »Ich erinnere mich an alles, was ich während der Vorbereitungen für die Anwaltsprüfung gelesen habe.«
- »Mir fällt eine kreative Antwort auf unsere Personalknappheit ein.«
- »Ich *freue mich* auf meinen Vortrag vor dem Buchclub am Sonntag.«
- »Ich bin entspannt und zuversichtlich, wenn ich dem Elternbeirat meine Vorschläge für das Veranstaltungsprogramm präsentiere.«
- »Es macht Spaß, auf Partys zu gehen und neue Leute kennenzulernen.«

Wenn man gerade ein Tief durchmacht, ist es nicht leicht, sich eine positive Aussage zu einem Ziel einfallen zu lassen – und es ist noch schwerer, daran zu glauben. Als Hector, ein hochklassiger Gewichtheber, zu mir kam, war er deprimiert und verzweifelt. Beim letzten Wettkampf hatte er nur zwei Preise gewonnen, obwohl man weit mehr von ihm erwartet hatte. »Jedesmal, wenn ich angetreten bin, habe ich mir gedacht: ›Das schaffe ich nicht‹«, beklagte er sich. Sein Trainer hatte keine Ahnung, wie er Hector aus diesem Tief befreien und wieder auf die Siegerstraße bringen sollte.

Hector war fasziniert von den Muskeltests, mit denen ich seine Polaritätsstörungen diagnostizierte. Dieser Gewichtheber der Weltklasse hatte bei der Anwesenheit unbewußter negativer Gedanken plötzlich Muskeln aus Pudding! Das machte ihn neugierig. Im Verlauf des Verfahrens wandten wir zunächst die emotionsspezifischen Sequenzen an, um die negativen Gedanken und Emotionen auszumerzen, die Hector so zusetzten.

In **Phase 2** hatte Hector jedoch größte Schwierigkeiten, ein Ziel in positiven Worten auszudrücken. Das beste, was ihm anfangs einfiel, war: »Ich werde nicht nervös werden« und »Nächstes Mal werde ich nicht daran denken, aufzugeben«. Wir arbeiteten weiter an seinen negativen Gedanken, bis wir schließlich zwei Aussagen fanden, die unterschiedliche Aspekte seiner Schwierigkeiten erfaßten. Eine bezog sich auf seine Konzentration, die andere sollte ihm helfen, seine körperlichen Reserven zu sammeln, wenn er die enormen Gewichte stemmte: »Wenn ich die Stange in die Hand nehme, ist meine Konzentration so fest wie ein Schraubstock« und »Wenn ich das Gewicht anhebe, arbeiten alle meine Muskeln zusammen, und ich fühle und handle wie der Champion, der ich bin.«

Nun gingen wir dazu über, Nägel mit Köpfen zu machen. In **Phase 3** stellte sich Hector bildlich vor, wie er an einem Wettkampf teilnahm, wie er die Anfeuerungen seines Trainers hörte, sich der Stange näherte und den Schweißgeruch in der Arena wahrnahm. Er sah sich, wie er die Siegertrophäe entgegennahm, hörte den Applaus und den Jubel der Zuschauer und anschließend die Fragen der Sportreporter, die ihn interviewen wollten.

Bei den folgenden Meisterschaften gewann Hector in all seinen sechs Disziplinen, und auch danach blieben seine Leistungen auf dem hohen Niveau, das nach Ansicht seines Trainers seinen Möglichkeiten entsprach. »Mein Trainer und ich sind sehr beeindruckt und glücklich«, erzählte er mir nach dem Wettkampf. »Ich verstehe zwar nicht recht, was zum Kuckuck Sie mit mir angestellt haben, aber ich fühle mich stärker als je zuvor und traue mir viel mehr zu.«

Sobald Sie sich für Ihren positiven Vorsatz entschieden haben, bewerten Sie ihn mit Hilfe der GDA-Skala (S.243) und fangen mit der Optimierungsanleitung an. Es kommt vor, daß jemand durch die Formulierung der Aussage daran gehindert wird, einen GDA-Wert von +10 zu erreichen. Einer unserer Klienten blieb beispielsweise mit folgendem Vorsatz stecken: »Ich bin ein guter Versammlungsleiter und führe meine Konferenzen fair und mit Schwung.« Diese Aussage führte zu der Angst, ob er wirklich immer so fair war. Um seine störenden Gefühle zu neutralisieren, gingen wir ein Stück zurück und führten die Klopfsequenz für Angst in Zusammenhang mit seinen negativen Gedanken über Unfairneß durch. Anschließend war er in der Lage, die Phase 2 zügig zu durchlaufen.

Wenn Sie sich Ihren positiven Vorsatz oder die bildliche Vorstellung in **Phase 3** einrichten, kann es sein, daß Sie auf ein unerwartetes negatives Gefühl stoßen. In diesem Fall gehen Sie zu der entsprechenden Klopfsequenz zurück, die Sie solange anwenden, bis Sie nicht mehr blockiert sind, das heißt, bis das negative Gefühl auf einen SPL-Wert von 1 oder 0 gesunken ist.

Die GDA-Skala: So messen Sie, ob Sie wirklich daran glauben

Die GDA-Skala zur Gültigkeit der Aussage, die wir in Phase 2 der Optimierungsanleitung verwendet haben, gibt an, wie stark jemand an seine positive Aussage glaubt. Sie beginnt bei Null, das heißt, Sie sind überzeugt, daß die Aussage unwahr ist. Der oberste Wert +10 sagt hingegen aus, daß die Aussage Ihrer Ansicht nach absolut wahr und gültig ist.

Skala für die Gültigkeit der Aussage (GDA)	
0	Ich glaube überhaupt nicht an die Aussage.
1	Ich halte die Aussage zumindest für möglich.
2	Ich spüre eine gewisse Hoffnung, daß die Aussage wahr werden könnte.
3	Ich kann die Aussage mit einer früheren Erfahrung in Verbindung bringen, die die Möglichkeit stützt, an sie zu glauben.
4	Die Aussage trägt ein Körnchen Wahrheit in sich.
5	Die positive Aussage beginnt glaubhaft zu werden.
6	Ich kann erkennen, daß die positive Aussage schon teilweise wahr geworden ist.
7	Die Aussage kommt mir wahr vor, aber ich habe noch ein paar Vorbehalte.
8	Die Aussage kommt mir größtenteils wahr vor, aber ich habe noch Zweifel.
9	Die Aussage kommt mir fast vollständig wahr vor.
10	Ich bin überzeugt, daß die Aussage wahr ist – ich glaube ganz ohne jeden Zweifel daran.

Polaritätsumkehrungen der Phase 2

In jeder Phase der Optimierungsanleitung werden Polaritätsstörungen korrigiert. Hier in Phase 2 richtet sich der Anteil des bewußten Vorsatzes, der sich normalerweise auf »mein Problem« bezieht, auf die negativen Gedanken oder Selbstzweifel, die Sie daran hindern, uneingeschränkt an sich zu glauben. Diese Variante schaltet alle negativen Aspekte aus, die Sie davon abhalten, die positive Aussage vollständig anzunehmen und zu glauben. *Diese Polaritätsumkehrungen zielen ganz einfach auf den Unglauben insgesamt.* Es ist nicht nötig, die besonderen Umstände anzusprechen. Wie Sie sehen werden, bleibt die Struktur unverändert, auch wenn die Worte wechseln.

Während Sie sich auf die Polaritätsumkehrungen vorbereiten, sollten Sie an alles denken, was Ihren uneingeschränkten Glauben an die positive Aussage beeinträchtigen könnte. Wenn Sie die folgende Übung dann ausführen und jede Ihrer Aussagen dreimal wiederholen, denken Sie an den Unglauben, der Ihnen im Weg steht.

Übung zur Polaritätsumkehrung (PU): Variation zu Phase 2

Die Korrektur der allgemeinen Polaritätsumkehrung bleibt unverändert.

Während Sie den NLR-Punkt massieren: »Ich nehme mich ganz und gar an, auch mit all meinen Problemen und Unzulänglichkeiten.«

PU Beibehaltung. *Massieren Sie dabei den NLR-Punkt.*
Bewußter Vorsatz: »Ich nehme mich ganz und gar an, auch wenn ich die Schwierigkeit, meine Zielaussage zu glauben, behalten will.«

PU Zukunft. *Klopfen Sie dabei auf den Punkt unter der Nase.*
Bewußter Vorsatz: »Ich nehme mich ganz und gar an, auch wenn ich weiterhin Schwierigkeiten haben werde, meine Zielaussage zu glauben.«

PU Berechtigung. *Klopfen Sie dabei auf den Punkt unter der Lippe.*
Bewußter Vorsatz: »Ich nehme mich ganz und gar an, auch wenn ich es nicht verdient habe, diesen Unglauben zu überwinden.«

PU Eigene Sicherheit. *Massieren Sie dabei den NLR-Punkt.*
Bewußter Vorsatz: »Ich nehme mich ganz und gar an, auch wenn es ein Risiko für mich bedeutet, diesen Unglauben zu überwinden.«

PU Sicherheit anderer. *Massieren Sie dabei den NLR-Punkt.*
Bewußter Vorsatz: »Ich nehme mich ganz und gar an, auch wenn es ein Risiko für andere birgt, wenn ich diesen Unglauben überwinde.«

PU Erlaubnis. *Massieren Sie dabei den NLR-Punkt.*
Bewußter Vorsatz: »Ich nehme mich ganz und gar an, auch wenn es mir nicht möglich ist, die Schwierigkeit zu überwinden, an meine Zielaussage zu glauben.«

PU Genehmigung. *Massieren Sie dabei den NLR-Punkt.*
Bewußter Vorsatz: »Ich nehme mich ganz und gar an, auch wenn ich es mir nicht gestatte, die Schwierigkeit zu überwinden, meine Zielaussage zu glauben.«

PU Notwendigkeit. *Massieren Sie dabei den NLR-Punkt.*
Bewußter Vorsatz: »Ich nehme mich ganz und gar an, auch wenn ich nicht das nötige tue, um diesen Unglauben zu überwinden.«

PU Eigener Nutzen. *Massieren Sie dabei den NLR-Punkt.*
Bewußter Vorsatz: »Ich nehme mich ganz und gar an, auch wenn es nicht gut für mich ist, diesen Unglauben zu überwinden.«

PU Fremder Nutzen. *Massieren Sie dabei den NLR-Punkt.*
Bewußter Vorsatz: »Ich nehme mich ganz und gar an, auch wenn es nicht gut für andere ist, wenn ich diesen Unglauben überwinde.«

PU Ureigenes. *Massieren Sie dabei den NLR-Punkt.*
Bewußter Vorsatz: »Ich nehme mich ganz und gar an, auch wenn mich meine ureigene persönliche Blockade daran hindert, diesen Unglauben zu überwinden.«

Mehr über Phase 3: Die Zukunft ist da

Im Mittelpunkt von Phase 3 stehen Bildphantasien, mit denen wir das positive Denken weiter stärken. Es ist bekannt, daß Bildsymbolik die Sprache des Unbewußten ist. Unsere Methode, auf Meridianpunkte zu klopfen, während wir uns unser Ziel lebhaft und aktiv vor Augen führen, ist sehr wirkungsvoll. Indem Sie sich Ihr Ziel oder den Weg zu ihm bildlich vorstellen, programmieren Sie nach unserer Überzeugung Ihr Gehirn darauf, sich die Informationen und das Material zu beschaffen, die zur Verwirklichung Ihres Ziels notwendig sind.

Die besten bildhaften Vorstellungen umfassen mehr als nur visuelle Aspekte. Bei unserer Arbeit mit der Hypnose haben wir entdeckt, daß gelenkte Phantasien am besten wirken, wenn sie möglichst viele unserer fünf Sinne einbeziehen. Die erfolgreichsten bildlichen Vorstellungen lassen sich zudem auf aktives Verhalten ein und erfassen sowohl den Prozeß, der zum gewünschten Ziel führt, als auch das Endergebnis auf möglichst positive Weise.

Bildphantasien zur Leistungsfähigkeit fallen in zwei Kategorien: Vorstellungen über den Verlauf und Vorstellungen des Ergebnisses. Die *Vorstellungen über den Verlauf* sind genau das, was ihr Name sagt: Sie stellen sich aktiv vor, wie Sie die mit Ihrem Ziel verknüpfte Tätigkeit oder Aufgabe durchführen. Ron zum Beispiel spielte den ganzen Vorgang des Einlochens in Gedanken durch, spürte, wie er den Schläger hielt und dem Ball die richtige Richtung gab. Ron malte sich den Ablauf in fünf Schritten aus:

1. Unebenheiten und Strich des Greens prüfen
2. Gefälle oder Steigung bestimmen
3. Den Putter sanft wie einen Jungvogel in die Hand nehmen
4. Mit den Augen der Linie folgen, auf der der Ball ins Loch rollen wird
5. Hören, wie der Ball ins Loch fällt

Für den Verlauf einer erfolgreichen Rede oder eines Vortrags könnten Sie sich vorstellen, wie Sie alles noch einmal in aller Ruhe durchgehen, Ihrem Material vertrauen, den Vortrag flüssig und mit Engagement halten und dabei sehen, daß das Publikum positiv reagiert oder sogar applaudiert und Ihre Präsentation lobt. Ellen, von der wir am Anfang dieses Kapitels erzählt haben, hat es so gemacht.

Die Wirksamkeit der Vorstellungen zum Verlauf hat sich auf vielen Gebieten erwiesen. Bei einem der ersten einschlägigen Experimente forderte Barbara Kolaney vom Hunter College eine Gruppe von Versuchspersonen auf, im Hof Basketball-Freiwürfe mit richtigen Bällen zu trainieren, während die andere Gruppe ebensoviel Zeit damit zubringen sollte, die Freiwürfe in Gedanken zu üben. Sie fand heraus, daß anschließend beide Gruppen gleich gute Ergebnisse bei richtigen Freiwürfen erzielten. Zweifellos werden bestimmte feinmotorische Fähigkeiten und Leistungen durch mentales Üben verbessert. Eine neuere Untersuchung, die mehr als hundert Studien zur mentalen Vorstellung zusammenfaßt, hat gezeigt, daß mehr als drei Viertel aller Studien signifikant positive Ergebnisse lieferten. Es ist nicht ungewöhnlich, daß Skirennläufer, während sie auf ihren Start warten, mit geschlossenen Augen die ganze Strecke in Gedanken abfahren und auf ihrem imaginären Weg durch die Slalomstangen alle Körperbewegungen nachvollziehen. Mentale Vorgänge sind eine ausgezeichnete Ergänzung zur Entwicklung körperlicher Fähigkeiten. Damit die Methoden der bildlichen Vorstellung funktionieren können, muß man natürlich die grundlegenden Bewegungsabläufe von Tätigkeiten wie Golf, Tennis, Billard, Skilaufen, Snowboarden etc. bereits beherrschen. Doch die Verbindung von körperlichem Training mit mentalen Vorstellungen ist überaus wirkungsvoll.

Das Gegenstück zur bildlichen Vorstellung des Ablaufs ist die *Vorstellung des Ergebnisses.* Sie richtet den Vorsatz auf die Zeit nach dem Ereignis bzw. dessen Resultat. Die Vorstellung des Ergebnisses könnte zum Beispiel den Applaus des Publikums nach Ihrer Rede einbeziehen oder die Phantasie, daß der von Ihnen gewonnene Pokal bereits in Ihrem Wohnzimmer steht. Wenn wir das Endergebnis unserer Anstrengungen in Gedanken vor uns sehen, als wäre es bereits eingetreten, scheinen wir damit Mechanismen des Gehirns in Gang zu setzen, die die für unseren Erfolg bedeutsamen Informationen herausfiltern. Diese Mechanismen kommunizieren mit unserem Körper und unterstützen so den Lernprozeß, der dazu führt, daß wir die phantasierte Erfahrung auch tatsächlich realisieren können.

In **Phase 3** wird die Formulierung der Polaritätsumkehrungen so abgewandelt, daß sie mögliche negative Themen in Zusammenhang mit unseren bildlichen Vorstellungen widerspiegeln. Die GDV-Skala zeichnet nach, wie der Glaube an unsere Phantasie sich dem Wert +10 nähert.

Skala für die Gültigkeit der Vorstellung (GDV)	
0	Ich glaube überhaupt nicht an die Vorstellung.
1	Ich halte die Vorstellung zumindest für möglich.
2	Ich spüre eine gewisse Hoffnung, daß die Vorstellung wahr werden könnte.
3	Ich kann die Vorstellung mit einer früheren Erfahrung in Verbindung bringen, die die Möglichkeit stützt, an sie zu glauben.
4	Die Vorstellung trägt ein Körnchen Wahrheit in sich.
5	Die positive Vorstellung beginnt glaubhaft zu werden.
6	Ich kann erkennen, daß die positive Vorstellung schon teilweise wahr geworden ist.
7	Die Vorstellung kommt mir wahr vor, aber ich habe noch ein paar Vorbehalte.
8	Die Vorstellung kommt mir größtenteils wahr vor, aber ich habe noch Zweifel.
9	Die Vorstellung kommt mir fast vollständig wahr vor.
10	Ich bin überzeugt, daß die Vorstellung wahr ist – ich glaube ganz ohne jeden Zweifel daran.

Übung zur Polaritätsumkehrung (PU): Variation zu Phase 3

Denken Sie daran, jede Aussage dreimal zu wiederholen. Die Korrektur der allgemeinen Polaritätsumkehrung bleibt unverändert:

Während Sie den NLR-Punkt massieren: »Ich nehme mich ganz und gar an, auch mit all meinen Problemen und Unzulänglichkeiten.«

PU Beibehaltung. *Massieren Sie dabei den NLR-Punkt.*
Bewußter Vorsatz: »Ich nehme mich ganz und gar an, auch wenn ich die Schwierigkeit, meine Wunschvorstellung zu glauben, behalten will.«

PU Zukunft. *Klopfen Sie dabei auf den Punkt unter der Nase.*
Bewußter Vorsatz: »Ich nehme mich ganz und gar an, auch wenn ich weiterhin Schwierigkeiten haben werde, meine Wunschvorstellung zu glauben.«

PU Berechtigung. *Klopfen Sie dabei auf den Punkt unter der Lippe.*
Bewußter Vorsatz: »Ich nehme mich ganz und gar an, auch wenn ich es nicht verdient habe, diesen Unglauben zu überwinden.«

PU Eigene Sicherheit. *Massieren Sie dabei den NLR-Punkt.*
Bewußter Vorsatz: »Ich nehme mich ganz und gar an, auch wenn es ein Risiko für mich bedeutet, diesen Unglauben zu überwinden.«

PU Sicherheit anderer. *Massieren Sie dabei den NLR-Punkt.*
Bewußter Vorsatz: »Ich nehme mich ganz und gar an, auch wenn es ein Risiko für andere birgt, wenn ich diesen Unglauben überwinde.«

PU Erlaubnis. *Massieren Sie dabei den NLR-Punkt.*
Bewußter Vorsatz: »Ich nehme mich ganz und gar an, auch wenn es mir nicht möglich ist, die Schwierigkeit zu überwinden, an meine Wunschvorstellung zu glauben.«

PU Genehmigung. *Massieren Sie dabei den NLR-Punkt.*
Bewußter Vorsatz: »Ich nehme mich ganz und gar an, auch wenn ich es mir nicht gestatte, die Schwierigkeit zu überwinden, an eine positive Vorstellung zu glauben.«

PU Notwendigkeit. *Massieren Sie dabei den NLR-Punkt.*
Bewußter Vorsatz: »Ich nehme mich ganz und gar an, auch wenn ich nicht das nötige tue, um diesen Unglauben zu überwinden.«

PU Eigener Nutzen. *Massieren Sie dabei den NLR-Punkt.*
Bewußter Vorsatz: »Ich nehme mich ganz und gar an, auch wenn es nicht gut für mich ist, diesen Unglauben zu überwinden.«

PU Fremder Nutzen. *Massieren Sie dabei den NLR-Punkt.*
Bewußter Vorsatz: »Ich nehme mich ganz und gar an, auch wenn es nicht gut für andere ist, wenn ich diesen Unglauben überwinde.«

PU Ureigenes. *Massieren Sie dabei den NLR-Punkt.*
Bewußter Vorsatz: »Ich nehme mich ganz und gar an, auch wenn mich meine ureigene persönliche Blockade daran hindert, diesen Unglauben zu überwinden.«

Das ist eigentlich schon alles. Bevor wir auf die Anleitung zu sprechen kommen, hier noch eine Geschichte über ESM, die zeigt, wie Kristi dazu kam, das Unglaubliche zu glauben:

Die siebzehnjährige Kristi wurde von ihrem Vater zu uns geschickt, weil der sich wegen ihrer zunehmenden Prüfungsangst Sorgen machte. Sie war eine attraktive und sportliche Schülerin mit guten Noten, hatte aber solche Angst, beim Eignungstest für die Universität schlecht abzuschneiden, daß sie schon bei den Prüfungsübungen ungenügende Leistungen zeigte. Kristi versuchte ihre aktuellen Probleme damit zu erklären, daß sie schon immer Bammel vor Prüfungen und vor Sportwettkämpfen oft regelrecht Magenbeschwerden gehabt hätte. Dieses Mal war es jedoch viel schlimmer. Zum ersten Mal im Leben war es so, daß Kristi dem Lernen aus dem Weg ging und laufend Ausreden suchte. Während der Prüfungen korrigierte sie ständig an ihren Antworten herum und geriet dadurch regelmäßig in Zeitnot. Weil der Eignungstest so entscheidend dafür war, daß sie an dem von ihr gewünschten College aufgenommen wurde, fühlte sich Kristi völlig überfordert. »Ich bring' das einfach nicht«, erklärte sie. »Ich glaube nicht, daß ich so klug bin, wie alle meinen.«

Ich fragte Kristi, ob sie sich vorstellen könnte, sich auf Prüfungen zu freuen, noch ehe sie meine Praxis wieder verlassen hätte. Ich erntete einen dieser angeödeten Blicke, den Teenager für Erwachsene zur Vollkommenheit entwickelt haben. »Sie machen wohl Witze«, antwortete sie. »Das ist vollkommen unmöglich.«

Zu Beginn von **Phase 1** bezifferte Kristi ihren Leidensdruck wegen der Eignungstests mit einem SPL-Wert von 9. Wir forderten sie auf, sich ihre negativen Gedanken bewußt zu machen, und korrigierten ihre Polaritätsstörungen. Als wir dabei die Sequenz für Erwartungsangst durchliefen, zeigte sich Erleichterung auf ihrem Gesicht, und ihre verkrampfte Mundpartie entspannte sich. Das weckte ihr Interesse. War sie anfangs vielleicht nur gekommen, um ihrem Vater einen Gefallen zu tun, so hatte sich jetzt etwas verändert. Phase 1 beendeten wir mit einer weiteren Klopfsequenz, die dem Zaudern galt, das sich in ihre Lerngewohnheiten eingeschlichen hatte.

Während der nächsten Phase brachten wir einige Zeit damit zu, Kristi zu einer passenden Formulierung ihrer Zielaussage zu verhelfen. Ich fragte sie, was sie bezüglich der zu absolvierenden Prüfungen gern von sich selbst glauben wollte. »Nun, es würde mich sehr wundern, wenn ich plötzlich Spaß daran hätte, Prüfungen zu machen«, erklärte sie. Offenbar fühlte sie sich durch meinen Kommentar am Anfang und ihr wachsendes Selbstvertrauen zu dem Versuch ermutigt, eine möglichst ausgeprägte positive Aussage zu formulieren. Sie räumte ein, daß sie zu diesem Zeitpunkt keine Angst mehr vor Prüfungen hatte. Warum sollte sie also nicht sogar ein positives Gefühl dafür entwickeln?

Schließlich entschied sich Kristi für den Vorsatz: »Ich bringe bei Prüfungen gute Leistungen und nehme gern daran teil.« Anfangs bewertete sie ihre Überzeugung mit +1 auf der GDA-Skala. Nach Abschluß der **Phase 2** mit der Übung zur Polaritätsumkehrung und der Klopfsequenz für Leistung war sie bei +10 angekommen.

In **Phase 3** spielte Kristi in Gedanken durch, wie sie künftige Prüfungen absolvierte, sich dabei wohl fühlte, das Erlebnis genoß und ihre Testergebnisse begutachtete. Als Ihr Vater sie abholte, verkündete sie: »Weißt du, Dad, ich freue mich richtig auf die Prüfung am Donnerstag.« Er war wie vom Donner gerührt. Jetzt sah *er* mich so seltsam an. Ich zuckte nur mit den Schultern. Ein paar Wochen später rief er an und teilte mir mit, daß Kristi ihre Punktzahl bei den Übungstests erheblich gesteigert hatte.

Die Fähigkeit, Gedanken für eine Leistungssteigerung einzusetzen, ist nicht neu. Neu ist dagegen, daß wir die elektrische Energie des Körpers einbeziehen, um diese Gedanken in uns zu verankern und zu verstärken, was zu einer wirkungsvollen Integration von Geist und Körper führt. In vielen Situationen werden Sie die positiven Ergebnisse sofort verspüren. Wollen Sie die Optimierungsanleitung für langfristige Ziele einsetzen, sollten Sie ein paar Wochen lang täglich damit arbeiten, ehe Sie Ihren Erfolg bewerten.

Die Optimierungsanleitung

Phase 1

- SPL (S. 127), während Sie über die Blockaden nachdenken, die Sie daran hindern, Ihr Ziel zu erreichen.
- Übung zum Atemgleichgewicht (S. 77).
- Übung zur Polaritätsumkehrung, während Sie sich in Gedanken mit negativer Selbsteinschätzung beschäftigen (S. 92–93).
- Führen Sie die Klopfsequenzen für die spezifischen Emotionen aus, die sich negativ auf Ihr Ziel auswirken. Wenn Sie Schwierigkeiten bekommen, können Sie es zunächst mit den Verstärkten Polaritätsumkehrungen (S. 169) oder der zusammenfassenden Klopfsequenz aus der Anleitung (Nr. 27, S. 211) versuchen. Sollte sich Ihr SPL-Wert noch immer nicht verringern, greifen Sie auf die Informationen über die Ar-

beit mit vielschichtigen Problemen im 6. Kapitel (S.119 ff) und den Abschnitt über Problembewältigung im 8 Kapitel (S. 162 ff) zurück. Nach jeder Klopfsequenz geht es dann so weiter:

- Brücke
- Wiederholung der Klopfsequenz
- Erneute Einschätzung des SPL-Werts
- Augenkreisen

Phase 2

- Entscheiden Sie sich für eine positive Aussage, die Ihr Ziel klar zum Ausdruck bringt.
- Schätzen Sie mit Hilfe der GDA-Skala (Seite 243) ein, wie stark Sie an diese Aussage glauben.
- Atemgleichgewicht (optional, falls Sie alle drei Phasen in einer Sitzung absolvieren).
- Polaritätsumkehrungen mit der Variante von Seite 244.
- Klopfsequenz:

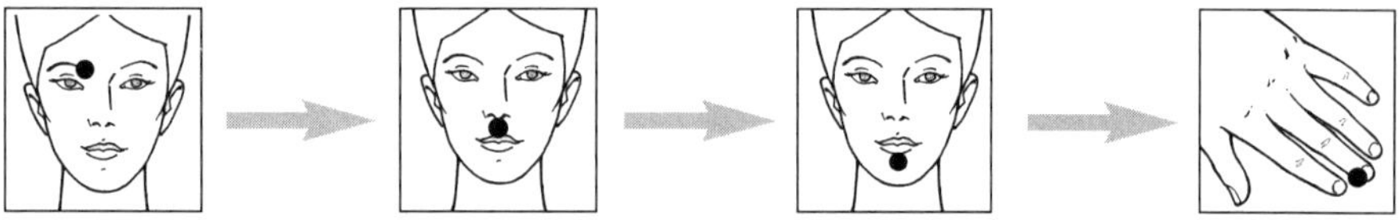

Augenbraue — **Unter der Nase** — **Unter der Lippe** — **Mittelfinger**

Während Sie Ihre Zielvorstellung an jedem Punkt dreimal aussprechen, klopfen Sie ohne Unterbrechung.

- Brücke
- Wiederholen Sie die obenstehende Klopfsequenz
- Schätzen Sie erneut Ihren GDA-Wert. Wenn er bei +10 liegt oder Sie in diesem Stadium mit +8 oder +9 zufrieden sind, weiter mit:
- Augenkreisen

Anmerkung: Wenn Sie blockiert sind und nicht den gewünschten Wert erreichen, wenden Sie zunächst die Verstärkte Polaritätsumkehrung von Seite 169 an. Durchlaufen Sie dann erneut die Klopfsequenz mit den positiven Zielaussagen zu Ihrem Ziel, die Brücke und wieder die Klopfsequenz mit der positiven Aussage.

Phase 3

- Spielen Sie in Gedanken durch, wie Sie Ihr Ziel erreichen werden – und zwar den gesamten Ablauf einschließlich Endergebnis.
- Schätzen Sie mit Hilfe der GDV-Skala auf Seite 248 ein, wie stark Sie an diese Wunschvorstellung glauben.
- Atemgleichgewicht (optional, falls Sie alle drei Phasen in einer Sitzung absolvieren)
- Polaritätsumkehrungen (die Variante von Seite 248)
- Klopfsequenz:

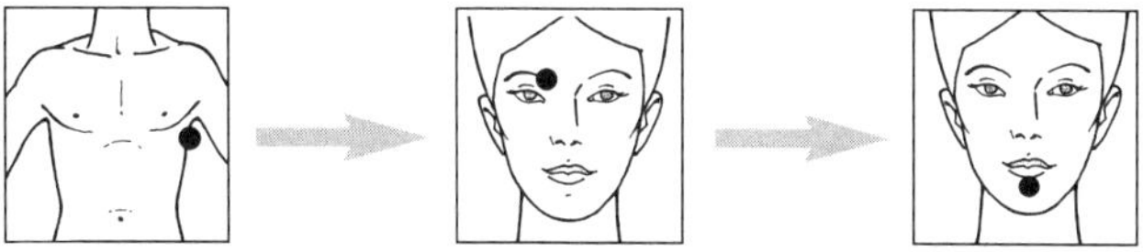

Achselhöhle **Augenbraue** **Unter der Lippe**

Dreißig Sekunden für jeden Punkt; spielen Sie während dessen in Gedanken vollständig den Ablauf und das Ergebnis durch, wie Sie Ihr Ziel erreichen.

- Brücke
- Wiederholen Sie die Klopfsequenz und die gedankliche Vorstellung wie oben
- Schätzen Sie erneut Ihren GDV-Wert ein; wenn er bei +10 liegt oder Sie in diesem Stadium mit +8 oder +9 zufrieden sind, weiter mit:
- Augenkreisen

Anmerkung: Wenn Sie blockiert sind und nicht den gewünschten Wert erreichen, wenden Sie zunächst die Verstärkte Polaritätsumkehrung von Seite 169 an. Durchlaufen Sie dann erneut die Klopfsequenz, immer mit Ihren Wunschvorstellungen im Kopf, danach die Brücke und die Klopfsequenz mit der positiven Zielaussage. Sie können diese dritte Phase verlängern oder ganz wiederholen, wenn Sie Ihren Vorsatz verstärken wollen.

Wenn Wünsche in Erfüllung gehen

Werden die Verbesserungen, die wir durch unsere Zielsetzung erreichen, Bestand haben? Das hängt nicht zuletzt davon ab, ob wir es mit einem einzelnen und speziellen Ereignis zu tun haben oder mit einer größeren, längerfristigen Angelegenheit. Bezieht sich unser Ziel auf eine Prüfung, ein wichtiges Datum, einen Leichtathletikwettkampf oder eine Rede, wird eine Behandlung wahrscheinlich ausreichen. Bei dauerhaften Problemen – Schule und Universität allgemein, Karriere, regelmäßigen Wettkämpfen –, wo die Bedingungen wahrscheinlich komplizierter und vielfältiger sind, kann es sein, daß Sie die Optimierungsanleitung wiederholt anwenden müssen. Manchmal bleibt die Wirkung bestehen, bis sich ein Wandel der ursprünglichen Situation ergibt: Wir erreichen eine höhere Wettbewerbsebene oder treten eine Stelle bei einer anderen Firma an.

Doch auch wenn die Verbesserung nicht dauerhaft anhält, haben Sie jetzt das Rüstzeug, die Behandlungen bei Bedarf jederzeit auszuführen. Bei Fragen der Zielsetzung treten oft Polaritätsstörungen auf, die korrigiert werden müssen. Zum Beispiel korrigierte Ron (Sie erinnern sich an sein verbessertes Golfspiel?) im Zuge einer regelmäßigen »Auffrischung« jedesmal seine Polaritätsstörungen, bevor er zum Golfen ging. Auch das erneute Durchspielen der Wunschvorstellung, daß man sein Ziel erreicht, baut einen auf. Jede Ausführung einer Behandlungssequenz stärkt das Fundament Ihres Selbstvertrauens und Ihre Motivation in dieser Frage und befördert negative Überzeugungen ins Abseits.

Schon allein das Bewußtsein, daß man über Mittel verfügt, mit denen sich unser Leben positiv verändern läßt, gibt einem sehr viel Energie. Haben wir eine positive Überzeugung verinnerlicht, die mit unseren Zielen und unserem Selbstbild in Einklang steht, werden wir bessere Arbeiter, bessere Freunde und bessere Eltern. Wir sind voller positiver Vorsätze. Unser persönliches Wissen um den eigenen Wert ist auch gut für alle anderen.

Die hier vorgestellte Optimierungsanleitung tangiert nur die Oberfläche der Anwendungsmöglichkeiten für ESM. Wir entdecken immer neue, entwickeln sie ständig weiter und hoffen, diese neue Ausrichtung des Emotionalen Selbstmanagements in einem künftigen Buch ausweiten zu können. Genießen Sie Ihre Erfolge und vergessen Sie nicht, daß *jede* Erfahrung ihren Wert hat und als Teil unseres Lernprozesses genutzt werden kann. Und viel Spaß, wenn Sie diese Methoden mit Ihren Freunden und Ihrer Familie teilen!

12 Bleiben Sie emotional fit

Wir sind sicher, daß Sie mit den hier vorgestellten Methoden mittlerweile sichtbaren Erfolg hatten. Wenn Sie die Verfahren gut gelernt und richtig angewandt haben, sollten Sie weniger Streß und mehr Zutrauen in Ihre Fähigkeit empfinden, allen anfallenden Problemen mit klarem Verstand zu begegnen. Die emotionalen Beeinträchtigungen, die Sie veranlaßt haben, Geld für dieses Buch auszugeben, sind verschwunden, oder Sie haben sie zumindest im Griff. Und vielleicht haben Sie sogar erstmals seit vielen Jahren eine neue, positive Zukunftsvision.

Doch wenn es Ihnen so geht wie den meisten, wenden Sie sich, sobald Sie keine emotionalen Nöte mehr spüren, anderen, dringenden Verpflichtungen oder Problemen zu. Die traurige Erinnerung schwindet, und das Leben geht weiter. So ist der Mensch. Obwohl wir in der Regel nach Lust streben und Schmerzen vermeiden wollen, neigen wir dazu, uns in Krisen zu stürzen. Erst halten wir buchstabengenau und unbeirrbar eine gesunde Diät ein und treiben Sport. Doch kaum ist das Idealgewicht erreicht, stellen wir häufig alles ein, was uns zu diesem Ziel geführt hat, und sind ziemlich bald wieder da, wo wir angefangen haben. Manche Paare verbringen Monate in Therapie und lernen, wie sie ihre Partnerprobleme bewältigen können. Mit neuem Verständnis und ihren neuen Fähigkeiten verläuft das häusliche Leben wieder ruhig und glücklich. Doch mit der Zeit vergessen sie, was sie über freundliche Worte und aufmerksames Zuhören gelernt haben, und lassen es zu, daß sich wieder Konflikte und Nörgeleien einschleichen.

Im Verlauf unserer klinischen Tätigkeit haben wir eine Menge über das Wesen des Menschen gelernt. Wir haben erlebt, daß Menschen keine Mühe scheuen, um ihre zerstörerische emotionale Pein zu lindern. Die Erleichterung, die sie durch ESM, Hypnose, EMDR, kognitive und andere Therapien erfahren, begeistert sie. Sie verlassen die Behandlung mit neuer Hoffnung, mit einer neuen Ausrichtung und neuen Fähigkeiten, den Herausforderungen des Lebens zu begegnen. Aber ohne einen gewissen motivierenden Streßpegel neigt der Mensch dazu, die Instrumente, mit denen er seine Probleme überwinden konnte, zu vernachlässigen und schließlich sogar zu vergessen. Das geschieht ständig. Allmählich geht man wieder im Streß unter oder fühlt sich, vielleicht auch wegen eines neuen Problems, erneut unglücklich. Jedenfalls gerät das emotionale Gefüge durcheinander, und man hat nurmehr eine vage Vorstellung davon, wie alles wieder ins Lot kommen könnte.

ESM im Alltag

Die »Instandhaltung« ist ein wesentlicher Bestandteil des Emotionalen Selbstmanagements. Es ist ein bißchen wie Zähneputzen: nicht besonders unterhaltsam oder aufregend, erspart langfristig aber eine Menge unnötiger Schmerzen und Unannehmlichkeiten. So wie regelmäßige Zahnarztbesuche vor Karies, Wurzelbehandlungen und Zahnersatz schützen können, hält die regelmäßige Anwendung von ESM-Techniken Ihr emotionales Gleichgewicht fit. Betrachten Sie es einfach als »emotionale Hygiene«.

Wir raten Ihnen dringend, dieses Buch nicht irgendwo ins Regal zu stellen und es nur noch im Falle einer künftigen Krise zu konsultieren. Es kostet Sie nur ein paar Minuten täglich, Elemente von ESM in Ihren Alltag zu integrieren – und so neuen emotionalen Störungen vorzubeugen. Damit Sie immer über die nötige geistige Klarheit verfügen, wenn Sie Entscheidungen treffen und Probleme lösen müssen. Ruhe und Ausgeglichenheit sind bekanntlich die besten Hilfsmittel, wenn es darum geht, Ihr persönliches Potential optimal auszuschöpfen.

Je mehr Sie die ESM-Techniken üben, desto leichter werden sie Ihnen fallen. Schon nach relativ kurzer Zeit werden Sie in der Lage sein, einige durchzuführen, ohne das Buch zu Rate ziehen zu müssen. So haben Sie die ESM-Instrumente immer zur Verfügung. Vielleicht sind Sie ja schon auf dem besten Weg dorthin. Ist Ihnen ESM erst einmal in Fleisch und Blut übergegangen, werden Ihre Erfolge und die erkennbaren Vorteile garantiert dafür sorgen, daß Sie die Techniken in allen Lebensbereichen und bei allen auftauchenden Problemen einsetzen.

Ursprünglich benutzte Gregory ESM dazu, seinen Schmerz und seine Trauer um seinen Vater zu lindern, die noch drei Jahre nach dessen Tod nicht geringer geworden waren. »Mein Leben stand still, so als würde ich darauf warten, daß er mich ruft. Ich glaube, ich wollte einfach nicht akzeptieren, daß er tot war«, sagte er. »Das ist schwer zu erklären. Seltsam, aber jetzt, wo ich losgelassen habe, denke ich ganz anders an ihn. Es ist, als wäre er auf eine stille, innere Art immer bei mir.« Nachdem Gregory sich von seinem Vater verabschieden konnte, war er endlich wieder in der Lage, sich auf seine Arbeit zu konzentrieren, seiner Frau und seinen zwei Töchtern mehr Aufmerksamkeit zu widmen und sich am Leben zu freuen.

Gregory hat erkannt, welchen Wert ESM-Methoden für viele Aspekte seines Lebens haben. Jeden Morgen führt er die Übungen zum Atemgleichgewicht und zur Polaritätsumkehrung durch, und vor seinen wöchentlichen Vorträgen an seiner Arbeitsstelle wendet er die Schnellentspannung an. Er spielt begeistert Tennis und ist zu dem Ergebnis gekommen, daß eine Korrektur der Polaritätsstörungen vor einem Match viel ausmacht. Kurz: Gregory glaubt, daß er über die notwendigen Instrumente verfügt, sein Leben besser zu steuern.

Machen Sie es sich zur Gewohnheit

Die probateste Methode, vorteilhaftes Verhalten zu einem festen Bestandteil des Lebens zu machen, besteht darin, es in ein regelmäßiges Ritual einzubauen. Das halten wir so, wenn wir jeden Morgen duschen, Gymnastik machen oder unsere Vitamine einnehmen. Freundschaften pflegen wir durch wöchentliche Telefonate oder monatliche Verabredungen zum Essen. Der Sonntagsbraten ist ein Familienritual, und kleine Kinder erwarten mit Recht ihre allabendliche Gute-Nacht-Geschichte.

Ein regelmäßig angewandtes ESM-Programm hält Ihr Gefühlsleben stabil. Wenn Sie Ihre Energie regelmäßig ins Gleichgewicht bringen, heißt das nicht, daß Sie nie mehr ärgerlich, ängstlich oder traurig sein werden. Es bedeutet, daß Sie diese Emotionen *durchleben*, daraus entnehmen, was Sie lernen müssen, und sie dann wieder loslassen. Sie lernen einzuschätzen, ob Sie gegen Ihren Streß angehen und Ärger oder Angst zügeln müssen. Dieses Abchecken ist wie ein Rauchmelder, der Sie auf frühe Warnsignale sich abzeichnender Probleme aufmerksam macht.

Im folgenden Kasten finden Sie einen Vorschlag für ein regelmäßiges ESM-Übungsprogramm. Es enthält eine einfache tägliche Auffrischung und einen wöchentlichen Emotions-Check. Voraussetzung dafür ist, daß Sie die entsprechenden Behandlungssequenzen für alle eventuellen emotionalen Störungen angewandt haben und frei von emotionalem Leidensdruck sind. Das regelmäßige ESM-Übungsprogramm zielt darauf ab, daß Sie ein Gefühl der Ausgewogenheit und Klarheit aufrechterhalten können.

Gleichgewichtsstabilisierung mit ESM

Tägliche Auffrischung:	Atemgleichgewicht (2 Minuten)
	Polaritätsumkehrung allgemein (15 Sekunden)
Wöchentlicher Emotions-Check:	Korrektur aller Polaritätsstörungen (3 Minuten)
	Einstimmen; SPL-Wert schätzen (1 Minute); falls nötig, störende Probleme oder Gefühle mit der passenden Anleitung ansprechen
Immer verfügbar:	Rapid Relaxer (Schnellentspannung)
Nützlich:	Optimierungsanleitung

Manche emotionalen Störungen erfordern eine intensivere Nachsorge. Schlechte Angewohnheiten und Zwangsverhalten haben zum Beispiel einen eingebauten Rückfallfaktor. Systemische Belastungen wie chronische Schmerzen und die dem PMS zugrundeliegenden hormonellen Zyklen machen gleichfalls regelmäßige Behandlung nötig. Auch anhaltender Leidensdruck wie Trauer oder Einsamkeit oder die Frustration über einen nörgelnden Vorgesetzten können häufigeres Eingreifen erfordern. Im Anschluß an dieses allgemeine Erhaltungsprogramm folgt unser Vorschlag für ein sechswöchiges Stabilisierungsprogramm für kompliziertere Situationen.

Tägliche Auffrischung

Die Übung zum Atemgleichgewicht führen Sie einmal täglich aus, um Ihre Gedanken zu sammeln, Ihr Urteilsvermögen auszubalancieren und Ihre Kreativität zu wecken. Anschließend richten Sie die Polarität Ihres Körpers aus. Wenden Sie die allgemeine Polaritätsumkehrung an. Massieren Sie dabei den NLR-Punkt und denken an Ihr Selbstwertgefühl, indem Sie dreimal wiederholen: »Ich nehme mich trotz meiner Probleme, Beschränkungen und Frustrationen ganz und gar an.« Die allgemeine Polaritätsumkehrung hilft Ihnen, Ihr Leben klar im Blick zu behalten, und fördert ein allgemeines Gefühl der Selbstachtung. Es kann sein, daß Sie sich nach dieser Übung auf die eine oder andere Weise weniger ernst und die Welt leichter nehmen. Sie können sie wiederholen, so oft Sie wollen, um Ihr Wohlbefinden aufzubauen. Die allgemeine Polaritätsumkehrung läßt sich überall durchführen: Für die meisten Beobachter dürfte es so aussehen, als würden Sie einen schmerzenden Muskel massieren. Die Aussage können Sie sich dabei stumm vorsagen oder ausgeschrieben denken.

Diese tägliche Auffrischung läßt sich im Bett vor dem Aufstehen praktizieren, aber auch im Büro auf einem bequemen Stuhl oder im (geparkten!) Auto. Versuchen Sie, sie täglich zur gleichen Zeit an einem ruhigen Ort auszuführen.

Wöchentlicher Emotions-Check

Um sicherzustellen, daß Ihre emotionale Stabilität nicht durch verborgene Saboteure gefährdet wird, sollten Sie sich einmal pro Woche ein paar Minuten Zeit nehmen und die vollständige Übung zur Polaritätsumkehrung (Seite 296) durchführen. Sprechen Sie in den bewußten Vorsätzen als »Problem« jede Herausforderung oder aktuelle Auseinandersetzung an. Selbst wenn Ihnen keinerlei Leidensdruck bewußt ist, kann es nicht schaden, wenn Sie sich in einer ruhigen Minute auf Ihre Gefühle einstellen. So fangen Sie emotionale Probleme ab, ehe sie Sie stören oder ablenken können. Stellen Sie den SPL-Wert jeder auftauchenden Störung fest und wenden Sie nötigenfalls die vollständige Anleitung gegen das betreffende Problem an.

Rapid Relaxer – Rasche Hilfe in der Not

Vergessen Sie die ESM-Geheimwaffe nicht. Die Schnellentspannung (Seite 298) können Sie immer und überall anwenden und Ihren inneren Druck in nur dreißig Sekunden halbieren. Diese schnelle Hilfe kommt gerade recht für die alltäglichen Belastungen, die auftreten, wenn Sie weder Zeit noch Gelegenheit für eine vollständige Behandlung haben. Denken Sie jedoch daran, daß der Rapid Relaxer nur vorübergehend wirkt – für etwa eine halbe bis eine Stunde – und nur Symptome lindert, aber keine länger anhaltende therapeutische Lösung darstellt. Dennoch können Sie die Übung wiederholen, um ihre Wirkung zu verstärken. Werden Sie nervös, wenn Sie in der Firma einen Vortrag halten müssen? Schlaffen Sie immer noch ab, wenn Sie von der Arbeit nach Hause kommen und sich den Forderungen Ihrer drei kleinen Kinder ausgesetzt sehen? Sind Sie eben auf Ihren Vordermann aufgefahren? Während Sie auf die Polizei warten, die den Unfall aufnehmen soll, ist Zeit für die Schnellentspannung.

Diese Übung kann rasche Hilfe in der Not bieten, wenn es einmal eng wird. Es ist etwa so, als würden Sie einen Riß im Hosenboden mit ein paar schnellen Stichen flicken. Es wird wahrscheinlich nicht lange halten, und zu Hause werden Sie es richtig reparieren müssen. Aber bis dahin ist der Tag gerettet. Wir empfehlen Ihnen, die Übung auswendig zu lernen, damit Sie diese emotionale erste Hilfe jederzeit parat haben. Als Eselsbrücke können Sie sich ein belegtes Brot vorstellen, mit einer Brücke zwischen zweimaligem Augenkreisen. Seite 298 hilft Ihnen, Ihr Gedächtnis aufzufrischen. Wiederholen Sie den Rapid Relaxer so oft Sie wollen oder glauben, schnelle Entspannung nötig zu haben.

Nutzen Sie die Optimierungsanleitung

Sie können Ihr emotionales Wohlbefinden weiter steigern, wenn Sie die Optimierungsverfahren regelmäßig anwenden. Eine solide Grundlage emotionaler Stabilität versetzt Sie in die Lage, mehr Zeit und Energie auf Ihre persönlichen Ziele, Träume und Wunschvorstellungen zu verwenden. Was würden Sie gerne tun? Können Sie sich eine Beförderung vorstellen? Würden Sie gerne Ihre Investment-Strategien verbessern? Sich um den Vorsitz im Elternbeirat bewerben? Wollen Sie lernen, wie man spannend Geschichten erzählt oder eine bessere Konversation führt? Setzen Sie die Optimierungsanleitungen kreativ ein. Es gibt viele Gebiete, auf denen wir unsere Lebensqualität verbessern können.

Als tägliche Übung bietet sich die folgende Kurzversion der Optimierungsanleitung an, die gerade mal fünf Minuten beansprucht.

Während des wöchentlichen Checks:

1. Legen Sie das Ziel fest, auf das Sie hinarbeiten wollen, und lassen Sie sich eine positive Aussage einfallen, die dieses Ziel ausdrückt. (Tips dazu im Abschnitt »Feinabstimmung des positiven Vorsatzes«, Seite 240.)

täglich:

2. Führen Sie die allgemeine Polaritätsumkehrung durch.
3. Weiter geht es mit der Klopfsequenz AB, UN, UL, MF, während Sie die positive Aussage zu Ihrem Ziel an jedem Punkt dreimal wiederholen, ohne mit dem Klopfen aufzuhören.
4. Führen Sie sich bildhaft den Ablauf vor Augen, mit dem Sie Ihr Ziel erreichen. Dazu gehört die Klopfsequenz AH, AB, UL, wobei Sie ohne Unterbrechung dreißig Sekunden lang auf jeden Punkt klopfen.
5. Schließen Sie mit dem Augenkreisen.

Halten Sie dieses Verfahren durch, bis Sie erreicht haben, was Sie sich vorgestellt haben. Dann denken Sie sich eine andere Zielaussage aus, die sich auf einen anderen Aspekt der Ausgangssituation bezieht, und machen weiter wie beschrieben.

Anmerkung: Nimmt Ihr Glaube an die Gültigkeit der positiven Aussage (GDA, S. 243) oder der Vorstellung (GDV, S. 248) nicht spürbar zu, gehen Sie zum elften Kapitel zurück und führen die vollständige Version der Optimierungsanleitung durch. Die Kurzfassung soll nur als Verstärkung dienen und ist möglicherweise nicht wirksam, wenn Sie sich mit einem vollkommen neuen Gebiet oder Thema befassen.

Sechs-Wochen-Programm gegen chronischen und fortgesetzten Streß

Wenn Ihr ursprüngliches Problem wieder auftaucht, Ihre emotionale Belastung von fortgesetztem Streß herrührt oder dieser mit einer ESM-Behandlung nicht verschwinden will, müssen Sie zu steuern versuchen, was Sie nicht ausschalten können. Die Sechs-Wochen-Stabilisierung ist ein Erhaltungsprogramm, das bei hartnäckig wiederkehrendem oder fortdauerndem Streß angezeigt ist.

Täglich:

1. Atemgleichgewicht.
2. Wenden Sie sechs Wochen lang zehnmal täglich die Polaritätsumkehrung an. Das heißt, Sie müssen sich jede Stunde fünfzehn Sekunden Zeit nehmen und den NLR-Punkt massieren, während Sie dreimal wiederholen: »Ich nehme mich ganz und gar an, auch mit meinen Problemen und Beschränkungen.«
3. Die vollständige Übung zur Polaritätsumkehrung. Nennen Sie das Problem beim Namen, während Sie die Umkehrungen durchführen: »Ich nehme mich ganz und gar an, auch wenn ich meinen Kaufzwang niemals überwinden werde«, oder: »... auch wenn ich es nicht verdiene, diesen Schmerz zu überwinden«, »auch wenn ich weiterhin einsam sein werde« oder: »... auch wenn es eigentlich unmöglich ist, soviel abzunehmen.«

Wöchentlich:

Wenden Sie als Teil Ihrer Selbstüberprüfung einmal wöchentlich die vollständige Behandlungsanleitung gegen Ihr spezielles Problem an. Schreiben Sie sich Ihren SPL-Wert auf, damit Sie Ihre wöchentlichen Fortschritte verfolgen können.

In den meisten Fällen führt das Sechs-Wochen-Programm zur vollständigen Auflösung des Problems. Während Sie dieses Programm anwenden, um anfallendem Streß vorzubeugen, wird sich die Korrektur verfestigen und nach etwa sechs Wochen stabil bleiben. Danach dürfte es reichen, nur den Standardplan zur Aufrechterhaltung auszuführen, solange Sie sich regelmäßig auf Ihr Befinden hin überprüfen. Das Sechs-Wochen-Erhaltungsprogramm war ein wichtiger Bestandteil der Behandlung, mit der Donna aus dem siebten Kapitel ihr zwanghaftes Plätzchenessen ausschaltete. Sollten Sie irgendwann den Eindruck haben, daß Ihre Angewohnheit wieder aus dem Ruder läuft, können Sie natürlich zweimal täglich die komplette Übung zur Polaritätsumkehrung durchführen oder täglich die gesamte Behandlungssequenz praktizieren, um Ihren Leidensdruck wieder voll und ganz in den Griff zu bekommen.

Wer braucht das Sechs-Wochen-Programm?

Die meisten anhaltenden Belastungen, die mit diesem Programm behandelt werden, fallen in eine der folgenden vier Kategorien:

- ✗ störende Angewohnheiten und Sucht- oder Zwangsverhalten
- ✗ Schmerzen und chronische körperliche Symptome
- ✗ anhaltende Streßbelastung und zukunftsbezogene Probleme
- ✗ fortwährender Ärger.

Störende Angewohnheiten und Sucht- oder Zwangsverhalten

Das sechswöchige Stabilisierungsprogramm ist immer dann angezeigt, wenn jemand einen zwanghaften oder suchtähnlichen Drang nach Zigaretten oder Nahrungsmitteln, zum Nägelbeißen, Einkaufen oder zum Glücksspiel verspürt. Die erste Anwendung der gesamten Sequenz kann ein paar Stunden bis einige Tage lang wirken. Weil der Auslöser für das Verhalten jedoch ständig präsent ist oder die Substanz selbst abhängig macht, wird der Drang wahrscheinlich früher oder später zurückkehren. Substanzen wie Nikotin, Koffein oder weißer Zucker sind starke Auslöser für Polaritätsstörungen, und deshalb ist es oft notwendig, die gesamte Behandlungsanleitung anzuwenden.

Schmerzen und chronische körperliche Symptome

Selbst nach einer erfolgreichen ESM-Behandlung kann es vorkommen, daß emotionale Störungen in Verbindung mit körperlichem Unwohlsein oder Schmerz erneut auftreten. Es ist möglich, daß die körperliche Ursache des Unwohlseins Polaritätsstörungen verursacht, die die Wirkung der Klopfsequenz beeinträchtigen. Auch andere Faktoren, die sich aus der physiologischen Ursache der Schmerzen herleiten, können eine regelmäßige Wiederholung der Behandlung erforderlich machen.

Oftmals gelingt es mit dem Sechs-Wochen Programm, die Häufigkeit und Intensität von Schmerzgefühlen zu verringern, und es trägt dazu bei, die Belastungen im frühesten Stadium abzufangen. Sobald Sie bemerken, daß Ihr psychischer Leidensdruck infolge chronischer Schmerzen oder andauernden körperlichen Unwohlseins wieder zunimmt, wenden Sie die vollständige Anleitung gegen Schmerzen an. Die Klopfsequenz bringt eine gewisse Erleichterung und kann wiederholt werden, so oft es nötig ist. Denken Sie daran, daß ESM vielleicht nicht alles Unbehagen, das von körperlichen Schmerzen herrührt, beseitigen kann. Ziel der Behandlung ist es, die *emotionalen* Beschwerden und Nöte zu verringern oder aufzuheben, die mit den Schmerzen einhergehen.

Anhaltende Streßbelastung und zukunftsbezogene Probleme

In unsere Tage können Einsamkeit, Schuldgefühle, Trauer und Eifersucht eingewoben sein. Ängste und Befürchtungen wegen künftiger Ereignisse können uns im Griff haben, bis der befürchtete Vorfall oder die Situation vorüber sind. Wahrscheinlich hat Ihnen die Anwendung der entsprechenden ESM-Sequenzen hier einige Erleichterung verschafft; falls erforderlich, können sie jederzeit wiederholt werden. Taucht das Gefühl dennoch wieder auf, ist es wahrscheinlich nicht mehr so stark wie am Anfang und wird mit jeder Behandlung schwächer werden. Doch bei einem Problem, das ständig präsent ist, empfiehlt sich das sechswöchige Stabilisierungsprogramm.

Vielleicht erinnern Sie sich noch an Kathy, die Angst vor einem geschäftlichen Wagnis hatte, während sie um ihren erst kürzlich verunglückten Sohn trauerte. Bei ihr gehörte das Sechs-Wochen-Programm zum Gefühlsmanagement. Das Ende der Beziehung mit ihrem Freund hatte eine Leerstelle in ihrem Leben hinterlassen. Das bedeutete, daß sie sich wieder in verschiedene Verabredungen stürzen mußte. Kathy nutzte die ESM-Anleitung gegen Angst, um bei den ersten Treffen ruhiger und gelassener zu sein. Und sie stellte fest, daß ihr die Übung zum Atemgleichgewicht kurz vor dem Schlafengehen eine erholsame Nacht bescherte.

Doch der eigentliche Durchbruch stellte sich erst ein, als Kathy die allgemeine Polaritätsumkehrung sechs Wochen lang mindestens zehnmal täglich durchführte. »Am Anfang sträubte ich mich dagegen«, sagt Kathy heute. »Es schien mir ziemlich viel verlangt, jede Stunde etwas zu tun. Doch dann merkte ich, daß ich mich anschließend meistens sehr viel ruhiger und konzentrierter fühlte. Inzwischen scheint die Veränderung anzuhalten; trotzdem mache ich die Übung immer noch mehrmals täglich, weil ich einfach das Gefühl habe, daß sie mir unheimlich gut tut.«

Fortwährender Ärger

Manchmal bleibt der emotionale Aufruhr erhalten, weil er immer wieder neu angefacht wird. Steter Ärger, wie er durch einen diktatorischen Vorgesetzten, eine ständig jammernde Kollegin, wiederkehrende Frustsituationen mit den Kindern oder laute Nachbarn hervorgerufen wird, kann möglicherweise ein Spezialprogramm erforderlich machen.

Diese Art von Problemen geht man am besten an, indem man zusätzlich zum Sechs-Wochen-Programm die Optimierungsanleitung nutzt. Das heißt, man konzentriert sich auf ein mit einer Lösung verknüpftes Ziel. Insbesondere die zur Leistungssteigerung dienenden Sequenzen von Phase 2 und 3 können Ihnen helfen, effizienter mit einer fortdauernden Herausforderung umzugehen. Vielleicht schlagen Sie noch einmal das elfte Kapitel auf, um sich die Anwendung der vollständigen Optimierungsbehandlung in Erinnerung zu rufen, oder Sie verwenden die Kurzversion, die Sie weiter vorn in diesem Kapitel finden.

Dahinter steckt die Überlegung, wie Sie die Zielsetzungstechniken am besten auf Ihre spezielle Situation anwenden. Jonathan war, wie Sie sich vielleicht noch erinnern, bei einem Raubüberfall schwer entstellt worden. Er nutzte die Möglichkeiten des Optimierungsprogramms, um gleich mehrere Aspekte seiner Situation in den Griff zu bekommen.

Nachdem Jonathan durch die erste ESM-Behandlung eine überwältigende Linderung seiner emotionalen Leiden erfahren hatte, sah er sich mehreren fortdauernden Herausforderungen gegenüber. Zum einen, und das dürfte kaum verwundern, war er häufig in Auseinandersetzungen mit seiner Versicherung verstrickt, die wiederholt seine Ansprüche in Frage stellte, weil sie ihre Ausgaben gering halten wollte. Er mußte ständig damit rechnen, daß Bewilligungen und Kostenerstattungen verschleppt wurden.

Jonathan merkte, daß er diese Situationen besser steuern konnte, wenn er die Optimierungsmethoden anwandte. Als Ziel gab er sich vor: »Ich bin geduldig und ruhig und lasse mich vom Frust über die Bürokraten nicht unterkriegen.«

Über diesen positiven Vorsatz hinaus wandte Jonathan die bildlichen Vorstellungen der Phase 3 an und prägte sich aktive Phantasien ein, in denen er ruhig blieb und vernünftig zu seinen Gunsten argumentierte. In Gedanken spielte er seinen Erfolg durch, erlebte, wie er voll ausbezahlt wurde, Schecks im Briefkasten fand und wie der zuständige Sachbearbeiter der Versicherung seine Ansprüche anerkannte. Wie er herausfand, konnte er diesen Prozeß mit einer täglichen Sitzung von nur vier oder fünf Minuten Dauer verstärken, was ihm Geduld und Ausgeglichenheit bewahrte.

Verfolgen Sie Ihre Fortschritte!

Vielen Leuten ist es eine Hilfe, eine Art Tagebuch über ihre Erfahrungen mit ESM zu führen. Halten Sie die aufkommenden Gefühle und die entsprechenden Umstände schriftlich fest. Schreiben Sie auf, welche Klopfsequenz Sie angewandt haben. Notieren Sie den anfänglichen SPL-Wert und wie Sie sich nach dem Abschluß gefühlt haben. Auch ganz einfache Notizen helfen Ihnen, Ihre Fortschritte zu verfolgen. So können Sie feststellen, welche Verfahren besonders hilfreich waren und wie Sie mit bestimmten Problemen umgegangen sind. Vergessen Sie nicht, Ihre Fortschritte und Ihre guten Gefühle zu erwähnen, denn damit erinnern Sie sich später daran, daß harte Arbeit sich auszahlt.

Anna hatte ihre Stimmungsschwankungen im Rahmen des prämenstruellen Syndroms als derart störend empfunden, daß sie sich seit kurzem mit Antidepressiva zu helfen versuchte. Trotzdem zog sie sich jeden Monat für fast zwei Wochen weitgehend zurück, um nicht in Konflikte mit Freunden, Familie und Kollegen zu geraten. Kein Partner hielt ihre Launenhaftigkeit länger als ein paar Monate aus. Bevor sie zu uns kam, hatte Anna es zusätzlich zu den verschriebenen Medikamenten mit Kognitiver Therapie, Hypnose und Gruppentherapie versucht. Sie hatte sich damit abgefunden, daß sie sich die meiste Zeit einsam und mies fühlte.

Bei Anna brachte die Übung zur Polaritätsumkehrung einen entscheidenden Durchbruch. Schon die Korrektur der Störungen verbesserte ihre Stimmung und ihre Einstellung. Negative Haltung und Reizbarkeit verschwanden fast augenblicklich, und zum ersten Mal seit Jahren war sie imstande, einige positive Aspekte ihres Lebens anzuerkennen. Sie hatte eine gute Stelle, und ihr Vorgesetzter schätzte sie. Sie hatte Freunde, die sie verstanden und akzeptierten – und wußten, wann man sie besser in Ruhe ließ.

Im wesentlichen hielt sich Anna an das Sechs-Wochen-Programm, wobei sie allerdings *alle* Polaritätsstörungen *dreimal täglich* korrigierte. Das Ziel oder Problem, das sie in den Aussagen ansprach, nannte sie »meine PMS-Symptome«. Mit diesen Korrekturen sah Anna sich in der Lage, ihre extremen Stimmungen unter Kontrolle zu bringen, was ihr das Gefühl gab, ihr Leben wieder selbst im Griff zu haben, nachdem sie jahrelang ihren Monatszyklen ausgeliefert gewesen war.

Das Tagebuch ihrer Stimmungen und Symptome und der von ihr verwendeten Behandlungsverfahren trug ganz wesentlich zu Annas Fortschritten bei. Sie zeichnete das Muster ihrer monatlichen Stimmungsumschwünge auf und notierte, wann sie die Polaritätsumkehrungen durchführte, das Atemgleichgewicht übte oder zum »Spontanheiler« Rapid Relaxer greifen mußte. Sie fand heraus, wann es sinnvoll war, intensive Emotionen mit einer vollständigen Behandlung anzugehen, und lernte im Verlauf einiger Monate, was für sie in Frage kam und welche ESM-Technik wann nützlich war. Die Aufzeichnungen über ihre Gefühle und die Behandlungen machten es Anna möglich, ihre Fortschritte zu erkennen. Das klare Bild des bereits Erreichten spornte sie an, weiterzumachen. Immer wenn sie besonders mutlos oder gereizt war, warf Anna einen Blick in ihre Aufzeichnungen und rief sich in Erinnerung: »Es hilft!«

Das Partnersystem: ESM mit Freunden und der Familie

Wenn Sie regelmäßig Sport treiben, haben Sie sicher schon bemerkt, wie wertvoll es sein kann, einen Trainingspartner zu haben. Es gibt einem Motivation und gewährleistet, daß man auch bei »Durchhängern« nicht so schnell aufgibt. Ein Trainingspartner teilt unsere Siege und Niederlagen. Er spornt uns an, Kurs zu halten, wenn wir schlapp oder faul sind. Bei ESM ist ähnlich: Auch hier kann man am meisten profitieren, wenn man einen Freund oder Familienangehörigen hat, der es ebenfalls anwendet.

Zunächst sollten Sie potentielle Partner – Freunde oder Familienmitglieder – mit ESM bekanntmachen. Anderen mitzuteilen, was Ihnen geholfen hat, ist ein guter Anfang. Positive Aussagen sind sehr verlockend. Setzen Sie Ihre eigenen guten Erfahrungen und das wiedergefundene Wohlbefinden ein, um Interesse und Neugierde zu wecken. Zeigen Sie anfangs grundlegende Übungen wie die zum Atemgleichgewicht oder den Rapid Relaxer. Sobald die anderen positive Erfahrungen damit machen, werden sie natürlich mehr darüber hören wollen.

Wenn es darum geht, dem Ehegatten oder Partner nahezubringen, daß ESM auch bei ihm oder ihr wirken könnte, ist es besonders wichtig, den richtigen Augenblick abzupassen. Haben Sie sich gerade mit Ihrem oder Ihrer Liebsten gestritten, und er ist offensichtlich verärgert, empfiehlt es sich in der Regel nicht, ihm oder ihr zu sagen, Sie hätten die richtige Lösung für seine oder ihre emotionalen Belastungen. In solchen Momenten wehren Menschen erfahrungsgemäß alles ab und reagieren keineswegs positiv auf Vorschläge. Warten Sie also lieber einen Zeitpunkt ab, zu dem der andere keinen Grund hat, Ihre Idee zurückzuweisen – das heißt, wenn Sie in dem Zusammenhang nichts zu gewinnen oder zu verlieren haben. Eine gute Gelegenheit ist zum Beispiel, wenn Sie sehen, daß der andere sich wegen eines Dritten oder einer Arbeitssituation aufregt. Wenn Sie in einem solchen Augenblick die Übung zum Atemgleichgewicht ansprechen, kann das den Streß mindern und den anderen davon überzeugen, wie gut ESM funktioniert.

Am besten bringen Sie anderen ESM bei, indem Sie den Ablauf beim gemeinsamen Üben einfach vormachen. Sofern Sie den Anleitungen dieses Buches gefolgt sind und sich die ESM-Techniken eingeprägt haben, können Sie die Körperhaltung für das Atemgleichgewicht oder die Klopfsequenzen mühelos vorführen. Während der Übungen sprechen Sie die Vorsätze gemeinsam mit dem Übungspartner aus. Beim ersten Versuch sollten Sie genau darauf achten, daß der andere alles richtig macht. Klopft er kräftig genug und nicht zu langsam? Wiederholt er jede Aussage dreimal? Sie können ESM-Aspiranten bei den Augenbewegungen für die Brücke und das Augenkreisen helfen, indem Sie sie auffordern, mit den Augen Ihrer Handbewegung zu folgen. Und im gemeinsamen Gepräch lassen sich Störungen leichter formulieren.

Die folgende Geschichte von Jay und Danielle zeigt, wie ESM-Partner einander auf vielfache Weise unterstützen und ermutigen können:

»Als wir zu Ihrem ESM-Workshop kamen, hatten wir jede Menge Probleme«, erzählte uns Jay einige Monate später am Telefon. »Danielle war durch den Brustkrebs ihrer Schwester belastet, der die seit langem bestehenden Animositäten zwischen den Schwestern an den Tag brachte. Ich selbst erstickte in Arbeit, weil wir unser Eisenwarengeschäft auf annähernd die dreifache Größe ausbauten. Unsere persönlichen Probleme griffen auch auf unsere Ehe über, und wir machten uns gegenseitig das Leben schwer, anstatt einander zu unterstützen.«

Während des Workshops erlernten Jay und Danielle alle ESM-Verfahren und nutzten zusätzlich bestimmte ESM-Anleitungen, um ihre persönlichen emotionalen Schwierigkeiten zu behandeln. Als sie uns verließen, fühlten sie sich schon viel ruhiger. Sie glaubten, über das nötige Rüstzeug zu verfügen, ihre Ausgeglichenheit zu erhalten. Über die normale Erhaltungsübung hinaus führte Danielle das Sechs-Wochen-Programm durch, das ihren anhaltenden Ärger über die Schwester zum Thema hatte. Jay orientierte sich am normalen Erhaltungsprogramm. Er arbeitete jeden Tag mit den Zielaussagen und den gelenkten Wunschvorstellungen der Optimierungsanleitung, um mit den Herausforderungen seiner Geschäftserweiterung zurechtzukommen. Beide berichteten, daß die wechselseitige Ermutigung ausgesprochen hilfreich war. Sie gewöhnten sich an, die Übungen zum Atemgleichgewicht und zur Polaritätsumkehrung gemeinsam zu machen, ehe sie zu Bett gingen. Auch ihre wöchentlichen Gefühls-Checks führten sie zusammen durch, weil sie merkten, daß sie damit ein Gespür dafür bekamen, was im Gefühlsleben des anderen ablief. Führte einer der beiden eine Behandlungssequenz aus, leistete ihm der andere Hilfestellung.

»Wenn Jay merkt, daß ich die allgemeine PU vergesse, massiert er seinen eigenen NLR-Punkt, um mich daran zu erinnern«, erzählte Danielle. »Ich habe den Eindruck, daß er sich richtig um mich kümmert. Ich mache es genauso, wenn mir auffällt, daß er seine Zielsetzungsübung nicht richtig macht.«

»Unsere Probleme sind nicht völlig verschwunden«, sagt Jay. »Ihre Schwester erholt sich noch immer von dem Eingriff und der Chemotherapie, und ich arbeite weiterhin viel zu viel, auch wenn ich neue Strategien entwickle und erkennen kann, daß bald alles anders wird. Aber wir sind inzwischen sehr viel ruhiger und fühlen uns durch den anderen mehr unterstützt. Vorwürfe oder Nörgeleien gibt es nicht mehr. Danielle hat ihrer Schwester beigebracht, ESM anzuwenden, und das hat allen sehr gut getan. Meine Kollegen habe ich bis jetzt noch nicht davon überzeugen können, es zu versuchen, aber sie können sehen, wie sich meine Einstellung und meine Energie verändert haben. Ich denke, es ist nur eine Frage der Zeit.«

Wenn Sie sich an eines der vorgeschlagenen Erhaltungsprogramme halten und mit den ESM-Techniken vertraut sind, werden Sie – das wenigstens hoffen wir – genügend Zutrauen in Ihre ESM-Fähigkeiten gewinnen, um sich eine eigene Behandlung zusammenstellen zu können. Schneiden Sie sich ein persönliches Programm zu, das auf Ihre ureignen emotionalen Herausforderungen Bezug nimmt und zu Ihrer Zeiteinteilung und Ihrem Lebensstil paßt. So profitieren Sie von den ESM-Techniken, die bei Ihnen am besten angeschlagen haben.

13 ESM beim Nachwuchs

Elternfreuden sind zwangsläufig mit einem gewissen Maß an Kummer und Sorgen verbunden. Es bricht uns das Herz, ein schreiendes Baby nicht trösten zu können. Und wenn wir zuschauen müssen, wie unsere Sprößlinge leiden, weil sie mit den normalen Belastungen des Wachstums und Erwachsenwerdens hadern, ist das für uns kaum weniger schmerzlich und verwirrend als für sie. Es kann einem viel abverlangen, einen Sinn in der Widerborstigkeit Heranwachsender erkennen zu wollen, besonders dann, wenn sie entschlossen scheinen, uns für ihre Wut und ihren Schmerz verantwortlich zu machen. Elternschaft heißt auch Herausforderung, Kummer und Sorge.

Die gute Nachricht? Nun, ESM-Methoden können bei Kindern jeden Alters Wunder wirken – angefangen beim einwöchigen Säugling bis hin zum genervten Teenager, den die ganze Welt anödet. Es ist ein wunderbares Gefühl, wenn man imstande ist, einen hysterisch plärrenden Schreihals zu besänftigen, einem Zweitkläßler bei der Überwindung seiner Schulangst zu helfen oder einem Teenager beizubringen, wie er mit Hilfe von ESM ruhig in eine Abschlußprüfung geht. Die Instrumente des ESM sind nicht nur ein Segen für Eltern, sondern auch für Lehrer und Kinderbetreuer.

Auf welche Weise die ESM-Behandlungen angewandt werden, hängt von dem kognitiven und emotionalen Entwicklungsstand des Kindes ab. Je jünger das Kind, desto elementarer ist seine emotionale Störung und entsprechend einfach die Technik, mit der es beruhigt werden kann. Bei Säuglingen und Kleinkindern wendet man am besten eine Variante der allgemeinen Polaritätsumkehrung an: Man klopft auf die Hand des Babys, während man es im Arm hält.

Auch bei Kindern im Grundschulalter wurzeln die meisten Beschwerden noch in einer Störung der Polarität. Natürlich sind die emotionalen Belastungen kleiner Kinder in der Regel weniger komplex als die von Erwachsenen, aber andererseits sind bei ihnen auch die sozialen Fähigkeiten weniger entwickelt, mit denen sie ihr emotionales Leid eindämmen oder sich selbst beruhigen könnten. Es sind deshalb die Eltern, die das Problem diagnostizieren und behandeln müssen. In manchen Fällen, bei denen sich spezielle Ängste oder unangepaßte Verhaltensmuster herausgebildet haben, können sie eine vollständige Behandlungssequenz durchführen. Dazu klopfen sie anstelle des Kindes und sprechen auch die bewußten Vorsätze aus.

Heranwachsende sind der vollen Palette hormongesteuerter Emotionen und einer ganzen Reihe sozialer Zwänge und Entscheidungen ausgesetzt. Auch wenn sie sich gegen Autoritäten sträuben, kann man Teenagern beibringen, ESM für sich zu nutzen. Kinder, die von ihren Eltern mit ESM behandelt wurden, sind in aller Regel ganz wild darauf, endlich selbst klopfen zu dürfen.

Die Gefühle des Kindes verstehen

Teil des Sozialisierungsprozesses ist, unseren Kindern beizubringen, ihre Gefühle und Impulse so zu steuern, daß ein gutes Verhältnis und eine produktive Zusammenarbeit mit anderen möglich wird – in der Familie und außerhalb. Sie als Eltern lehren Ihr Kind, mit seinen Gefühlen zurechtzukommen. Sie entwickeln ein Gespür für die Gefühle Ihres Kindes und die Möglichkeiten, sein Leid zu lindern. Geht es ihm besser, wenn Sie mit ihm reden? Müssen Sie es zuerst in den Arm nehmen? Ist es der beste Trost für Ihr kleines Mädchen, wenn Sie es durch gemeinsames Plätzchenbacken ablenken? Sollen Sie Ihr widerspenstiges Fräulein Tochter tadeln oder ausschimpfen? Sollen Sie dem aufmüpfigen Herrn Sohn das Taschengeld sperren oder Hausarrest verhängen?

Die Anwendung von ESM bei Kindern kann Gespräche nicht ersetzen. Reden Sie mit Ihrem Kind und erklären Sie ihm, wie es mit Ärger umgehen kann, wie es die Angst überwindet, ein Spielzeug zu verlieren, oder wie es die Frustration bewältigt, wenn es mit anderen teilen muß. Kinder brauchen die Anleitung einfühlsamer Erwachsener, um verstehen zu lernen, was sie fühlen. Nur so gelingt es ihnen, mit gesunden Verhaltensweisen und in produktiver Weise auf starke Emotionen zu reagieren.

Es würde den Rahmen dieses Buches sprengen, wenn wir erörtern wollten, wie mit speziellen emotionalen Problemen bei Kindern umzugehen ist. Jedes Kind ist einzigartig. Jede Familie ist anders. Wir wollen nur darauf hinweisen, daß einem Kind im Falle familiärer Probleme wahrscheinlich erst dann geholfen werden kann, wenn die Eltern ihre eigenen emotionalen Probleme angegangen haben. Eltern, die ihren Kindern beibringen wollen, wie sie ihre Emotionen steuern können, sollten ihnen am besten konstruktive Verhaltensweisen vorleben. In Familien mit Verhaltensauffälligkeiten haben die Eltern selbst Schwierigkeiten und können wegen ihrer eigenen Probleme nicht erkennen, wie die Fehler im Beziehungsgefüge zu korrigieren wären. Um ihren Kindern helfen zu können, brauchen sie zunächst selbst professionelle Hilfe. Auch wenn ein Kind ein schwerwiegendes emotionales Problem hat oder auffälliges Verhalten zeigt, sollte unbedingt ein Arzt oder Psychologe aufgesucht werden.

In den meisten Fällen aber können ESM-Techniken die emotionalen Belastungen eines Kindes lindern. Am häufigsten kommt dabei die Behandlung von Polaritätsstörungen in Frage, denn wenn diese nicht korrigiert werden, beeinträchtigen sie die Selbstkontrolle des Kindes. Außerdem können diese Methoden dabei helfen, eingefahrene Verhaltensmuster aufzubrechen, bevor sie Probleme verursachen. Diese Muster erkennen Sie daran, daß natürliche Ausgleichsmechanismen nicht greifen und Ihr Kind nicht imstande ist, sich von störenden emotionalen Zuständen zu befreien. Es schafft es nicht, sich nach seinem Wutanfall zu beruhigen. Das Mädchen findet einfach keinen Weg, Freundschaften zu schließen oder mit ihrer älteren Schwester zurechtzukommen. Der Junge findet keine Lösung für seinen Leidensdruck und schleppt immer das gleiche Problem mit sich herum.

ESM kann dem Aufbau von Streßbelastungen vorbeugen, die Kinder in einer emotionalen Endlosschleife gefangen halten, aus der sie nicht mehr so schnell ausbrechen können. Mit den richtigen Techniken lassen sich Gewohnheiten eines Buben abschleifen, die sich unbehandelt zu größeren und komplizierteren Problemen auswachsen könnten. Oft wird der Streß eines Kindes schon durch eine einfache Polaritätskorrektur beträchtlich verringert. Es beruhigt sich, kann die Situation überdenken, gelassener darüber reden und sie schließlich bereinigen. Da die Komplexität der Probleme und die Behandlungen sich je nach Alter unterscheiden, erörtern wir die Anwendung von ESM bei Kindern in drei Stufen: ESM bei Säuglingen und Kleinkindern, bei Kindern im Grundschulalter und bei Heranwachsenden.

Säuglinge und Kleinkinder

So etwas passiert allen Eltern: Eben noch gluckst das herzige Baby vergnügt und zufrieden, und im nächsten Moment plärrt es aus Leibeskräften. Dabei ist es weder naß, noch hungrig, noch müde. Sie reden mit ihm, nehmen es auf den Arm, spielen ihm seine Spieluhr vor oder lassen das Mobile über dem Bettchen kreisen: Nichts vermag es abzulenken oder zu trösten. Manchmal scheint es unmöglich, das Kind aus seinem Zustand herauszuholen, und sein Geschrei zerreißt uns das Herz.

Für Eltern kann es sehr belastend sein, zuschauen zu müssen, wie sich ihr Kind von einem vergnügt vor sich hin brabbelnden Wonneproppen zu einem unausstehlichen und hartnäckigen Schreihals entwickelt. Ist kein offenkundiger Anlaß erkennbar, liegt die Erklärung nahe, daß das Kind eine plötzliche Polaritätsstörung erfahren hat. Diese Umkehrungen scheinen quasi aus heiterem Himmel aufzutreten. Meistens legt sich der Sturm so schnell, wie er gekommen ist, aber es kommt auch vor, daß er Stunden anhält, während die Eltern besorgt sind und allmählich selber bald verrückt werden. Denken Sie daran, daß wir durch Polaritätsstörungen anderer, mit denen wir in engem oder häufigen Kontakt stehen (also auch unserer Kinder), selber stark beeinflußt werden können.

Selbstverständlich können Kinder solche Störungen am Ende auch auf natürliche Weise überwinden. Wie Erwachsene verfügen sie über einen eingebauten Mechanismus zur Selbstkorrektur der Polarität. Es ist ungewöhnlich, daß die Verstimmung oder der Gefühlssturm eines Kindes länger als ein paar Stunden anhält, ganz zu schweigen von mehreren Tagen. Doch es scheint, daß Kinder, wenn sie älter werden, zunehmend längere Perioden gedrückter Stimmung durchmachen. Und wenn sich diese negativen Reaktionsmuster einschleifen, wachsen sie sich vielleicht später im Leben zu ernsteren Stimmungsschwankungen aus. Mit ESM können Sie diese Gefühlszustände behandeln, bevor sie sich festsetzen und gravierende Folgen zeitigen.

Miguel und Lily kamen in unsere Praxis, weil ihr achtzehn Monate alter Javier seit kurzem unkontrollierbare Gefühlsausbrüche bekam. Eben noch war er niedlich und friedlich, doch im nächsten Moment brach der brüllende Terror aus. Das Kind plärrte und schrie und war nicht mehr zu beruhigen. Es schien keine Erklärung zu geben – er hatte weder Hunger noch Schmerzen, er war noch nicht einmal müde. Die Eltern waren ratlos – nichts schien geeignet, die Gefühlsausbrüche zu beenden. Während dieser Erregungsanfälle trat Javier vehement gegen die Seiten seines Bettchens, warf mit Spielsachen und wehrte sich nach Kräften, wenn man ihn hoch- oder in den Arm nahm. War ein Bedürfnis gestillt, wollte er etwas anderes. Lily war nahe daran, alles hinzuwerfen, und Miguel war wütend.

Die beiden verließen unsere Praxis mit einigen Ratschlägen und Anweisungen, wie sie ESM bei Javier anwenden konnten. Wie vorherzusehen, war der während der Visite ruhig und beherrscht geblieben. Noch am selben Abend aber drehte Javier wieder durch, und sie hatten Gelegenheit, die Behandlung auszuprobieren. Sie bestand im wesentlichen aus sanftem, aber nachdrücklichem Klopfen auf Javiers Handkante und den Worten: »Ich liebe dich, Javier, auch wenn du wütend und verärgert bist.« Das half sofort. Javier beruhigte sich zusehends, seine Tränen versiegten, und er wurde wieder »vernünftig«. Die Eltern konnten ihn sogar mit einem Aufziehspielzeug ablenken – und das alles innerhalb von zwei Minuten. Miguel und Lily berichteten, daß die Behandlung zwar nicht immer wirkte, aber Javiers Ausbrüche in den meisten Fällen abstellen konnte – und vor allem wurden die Anfälle insgesamt seltener und kürzer.

Anleitung zur Polaritätsumkehrung

Zur Korrektur von Polaritätsstörungen eines Säuglings oder Kleinkindes halten Sie das Kind in Ihren Armen. Klopfen Sie sacht, aber nachdrücklich auf den Behandlungspunkt an der Handkante (HK) und wiederholen Sie dreimal den Satz: »Ich liebe dich, Schätzchen (oder der Name des Kindes), auch wenn du dich so fühlst.« Bei Kindern unter sechs Monaten müssen Sie nicht einmal den Satz aussprechen. Es kann durchaus genügen, auf den HK-Punkt (siehe Seite 177) zu klopfen.

Oft ist es hilfreich, gleichzeitig den Rücken des Kindes zu streicheln, während Sie auf seine Handkante klopfen. Zieht das Kind seine Hand weg, sollten Sie sie nicht gewaltsam festhalten. Und wenn sich das Kind wehrt, warten Sie besser einige Zeit und versuchen es dann erneut.

Wie Sie mittlerweile wissen, sind die Aussagen, die Sie verwenden, in keiner Weise absolut oder festgelegt. Es kommt auf das Thema oder die Absicht an, nicht auf die Worte, in die man sie kleidet. Jede Äußerung der Liebe, die auf das Kind gerichtet ist, baut das Gedankenenergiefeld von Liebe und Selbstachtung auf. Wir glauben, daß ein von Eltern oder fürsorglichen Erwachsenen geschaffenes Energiefeld das betreffende Kind mit einschließt und beeinflußt. Werden die Aussagen laut ausgesprochen, richtet das auch die Gedanken des Kindes aus.

Wenn das Leid mit dem Körper mitwächst

Die emotionale Entwicklungskurve der ersten Lebensjahre ist atemberaubend. Vom ersten Tag an sind Kinder in der Lage, Schmerz und Unbehagen, Frustration und Zufriedenheit, Hunger oder Durst mit einer Vielzahl von Lauten, Schreien und Gesichtsausdrücken mitzuteilen. Etwa vom sechsten Monat an können Babys auch Ärger, Erschrecken, Freude und Aufregung zeigen. Und ein Zweijähriger bringt – leidgeprüfte Eltern wissen ein Lied davon zu singen – Schuldgefühle und Eifersucht, Ungeduld und Widerspenstigkeit klar zum Ausdruck.

Sobald die Gefühlsskala des Kindes breiter wird, empfiehlt es sich, genau festzustellen, was das Kind gerade fühlt – auch wenn es selbst nicht imstande ist, es genau zu benennen. Säuglinge und Kleinkinder leben immer im gegenwärtigen Augenblick. Sie können davon ausgehen, daß alles, was ihnen Schmerz bereitet, vordringlich ist. Sie müssen kleine Kinder nie auffordern, sich auf das einzustimmen, was sie stört, den sie befinden sich ständig »im Hier und Jetzt«. Trotzdem ist es hilfreich, wenn Sie das Gefühl Ihres Kindes genau definieren können, damit Ihre Aussage möglichst getreu widerspiegelt, was es empfindet.

Wenn Sie den Eindruck haben, daß Ihr Kind frustriert ist, sagen Sie: »Ich liebe dich, Schätzchen, auch wenn du frustriert bist.« Ist es ärgerlich, lautet die Aussage: »... auch wenn du ärgerlich bist.« Und erlebt es einen scheinbar grundlosen Gefühlsausbruch, der keiner spezifischen Emotion zuzuordnen ist, sagen Sie: »Ich liebe dich immer, auch wenn du aufgeregt bist« oder »Ich liebe dich sehr, auch wenn du dich so fühlst.« Bei Säuglingen und Kindern wirkt es besonders beruhigend, wenn Sie die Aussagen singen oder im Singsang vortragen.

Es ist immer am besten, wenn Sie das Kind während der Behandlung halten oder umarmen können. Manchmal ist es praktischer, wenn einer das Kind auf dem Arm hält, während ein anderer (das kann auch ein älteres Geschwister sein) klopft. Möglicherweise wird das Kind durch Ihre Worte und das Klopfen vorübergehend abgelenkt. Doch die meiste Zeit dürfte es von seinem emotionalen Zustand so sehr in Anspruch genommen sein, daß es kaum bemerkt, was Sie mit ihm machen. Nachdem Sie das Mittel gegen Polaritätsstörungen angewandt haben, überlassen Sie das Kind eine Weile sich selbst und sehen zu, wie es sich beruhigt. Dann können Sie mit einer Ablenkung, einem Spiel oder etwas anderem weitermachen, von dem Sie glauben, daß es helfen könnte.

Das Ergebnis ist oft verblüffend. In mehr als der Hälfte aller Fälle wird die Stimmung des Kindes innerhalb von weniger als einer Minute in Ruhe umschlagen. Lassen Sie sich aber nicht entmutigen, wenn es beim ersten Mal vielleicht nicht klappt. Denken Sie daran, daß es auch nützlich ist, wenn es nicht immer hundertprozentig und auf Anhieb wirkt. Ist es nicht beruhigend zu wissen, daß Ihnen nun noch ein weiteres Werkzeug zur Verfügung steht, das Ihnen und Ihren Kindern hilft?

Kimmy, die Tochter von Marci und Vincent, war wirklich ein süßes Kind – bis sie drei wurde. Da nämlich begann sie jeden zweiten Tag Weinanfälle zu bekommen, ihren Eltern zu widersprechen, Essen zu verweigern, das sie eigentlich gern mochte, und ihren neunjährigen Bruder zu verspotten. Hatte sie sich nach zehn Minuten (manchmal auch bis zu einer halben Stunde) nicht beruhigt, schickte Vincent sie in der Regel für eine »Auszeit« auf ihr Zimmer. Doch auch das half nur selten. Kimmy wurde eher noch hysterischer und erweiterte ihr Repertoire um Füßestampfen und durchdringendes Geschrei.

Wir brachten Marci das Mittel gegen Polaritätsstörungen bei. Dazu hält sie Kimmys kleine Hand in ihrer und streicht mit der anderen sacht über Kimmys Stirn. Sie klopft sanft auf den Punkt an Kimmys Handkante und wiederholt dabei leise: »Ich liebe dich, Kimmy, auch wenn du aufgeregt bist.« Das macht sie solange, bis Kimmy ihre Hand wegzieht oder sich windet, um losgelassen zu werden. Wenn die Eltern das Mittel gegen Umkehrungen anwenden, beruhigt Kimmy sich in der Regel schnell und ist wieder das liebenswerte kleine Mädchen.

Vincent stand der Technik zunächst ablehnend gegenüber, da er überzeugt war, Strenge oder eine erhobene Stimme seien die beste Lösung. Am Anfang hob Vincent die Zeiten hervor, zu denen die Polaritätskorrektur *nicht* wirkte, um zu belegen, daß die ganze Idee »lächerlich« sei. Es dauerte eine Weile, bis auch er erkannte, daß das Mittel tatsächlich wirkt. Kimmy hatte inzwischen weniger Gefühlsausbrüche, und sie waren auch nicht mehr so heftig. Obwohl Vincent immer noch »Auszeiten« verfügt, wenn er selber verärgert oder gereizt ist, führt er mittlerweile auch oft die Polaritätsumkehrung mit Kimmy durch.

Kinder im Grundschulalter

Vom Kindergartenalter bis etwa zur sechsten Klasse macht die emotionale Spannweite der Kinder und ihre Fähigkeit, Gefühle zu verstehen und zu steuern, große Entwicklungssprünge durch. Und natürlich kann auch diese Altersstufe noch unerklärliche Gefühlsausbrüche erleben oder die Beherrschung verlieren. Dann sind die Kinder gewöhnlich so erregt, daß man sie nicht beruhigen oder zur Vernunft bringen kann. Doch in der Regel müssen sie sich nun mit leiseren, aber auch komplizierteren Gefühlen herumschlagen: Selbstsucht, Schüchternheit, Schmollen, Kränkungen und Verlegenheit. Die Komplexität der Polaritätsstörungen wächst mit den Kindern mit. In diesem Stadium gibt es Situationen, in denen eine vollständige ESM-Behandlung erforderlich wird.

Selbstverständlich sind kleinere Kinder in der Regel noch nicht in der Lage, genau zu erkennen, was sie durcheinanderbringt. Ein kleines Kind wird kaum sagen: »Ich habe kein Selbstvertrauen in der Schule« oder »In der Schule werde ich immer verlegen«. Es dürfte noch nicht einmal begreifen, was seine Angst oder seinen Widerstand auslöst. Wahrscheinlich drückt es sein Unbehagen mit dem Satz aus: »Ich *will* nicht mehr in die Schule gehen.« An dieser Stelle ist das Verständnis der Eltern gefordert. Hat das Kind Angst? Wovor? Oder ist es ärgerlich, verlegen oder einsam? In diesem Entwicklungsstadium müssen Sie Ihr Kind noch immer nicht eigens auffordern, über das Problem nachzudenken: Das richtige Gedankenfeld wird automatisch aktiviert.

In den meisten Fällen ist es auch noch zu früh, das Kind die Klopfsequenzen selbst ausführen zu lassen. Versuchen Sie einmal, eine wütende Sechsjährige sagen zu lassen: »Ich bin vollkommen in Ordnung, auch wenn ich mich grauenhaft fühle.« Mit acht oder neun können die Kinder aber oft schon die Klopfsequenzen anwenden und die entsprechenden Aussagen machen, sofern ihnen ein Erwachsener dabei hilft.

Wenn Kinder mit einem längerfristigen Fehlverhalten oder Problem zu tun haben, kann ESM äußerst wirksam sein. Vielleicht merken Sie zum Beispiel, daß Ihr Kind eine Abneigung gegen Hausaufgaben entwickelt oder sich weigert, zur Schule zu gehen, daß es gegenüber Klassenkameraden schüchtern ist oder Schwierigkeiten hat, Spielsachen mit anderen zu teilen. Bei dieser Art von Problemen ist es wichtig, das Verhalten zu behandeln, bevor es sich verstärkt oder das Kind noch mehr leidet. Läßt man diese Gefühle unbegrenzt weiterlaufen, besteht die Gefahr, daß sie zu einem eingefleischten Verhaltensmuster werden, das ins Teenageralter und bis ins Erwachsensein mitgenommen wird.

Ehe Sie Ihr Kind etwas bearbeiten lassen, was wie ein kumuliertes Verhaltensmuster aussieht, müssen Sie sicher sein, daß *Sie* ruhig und gelassen sind. Streß der Eltern kann ungewollt auch beim Kind Streß hervorrufen, wodurch die Situation nur noch schwer in den Griff zu bekommen ist. Die Herausforderung für Eltern besteht darin, angesichts des Leids ihres Kindes ruhig zu bleiben. Das kann bedeuten, daß Sie zunächst sich selbst mit ESM behandeln müssen. Auch die zwischen Eltern und Kindern auftretenden völlig normalen Macht- und Autoritätskonflikte können die Anwendung der ESM-Verfahren erschweren, insbesondere dann, wenn das Kind mitten in emotionalem Aufruhr steckt.

Der Augenblick, in dem die quälende Emotion zum ersten Mal auftritt, ist der beste Zeitpunkt für den Einsatz von ESM bei Kindern. Äußert sich das Problem beispielsweise als allabendlicher Kampf um die Hausaufgaben, könnten Sie jede Hausaufgabensitzung mit einer Behandlung einleiten. Der Trick dabei ist, daß man es vermeidet, einem Kind ESM »beizubringen«, das ohnehin mit emotionalen Problemen kämpft und damit einen zusätzlichen Frustrationsschub verpaßt bekäme. Vater oder Mutter sollten die Klopfsequenz bei dem Kind einfach so lange anwenden, bis es Interesse zeigt oder in der Lage ist, es selbst zu machen.

Der ständige Kampf des zehnjährigen Bobby mit der Schule und um die Hausaufgaben machten der ganzen Familie das Leben schwer. Dem Schulpsychologen, der ihn wegen seiner Lernstörungen und anderer ernster Probleme untersuchte, hatte Bobby erzählt, daß er nicht begreifen könne, warum ihm Lesen und Aufsatzschreiben so schwer fielen. Oft verstand er die Aufgaben nicht, und dann kam er sich dumm vor und war unzufrieden mit sich selbst. Eine Weile bekam Bobby Nachhilfe, aber auch der Nachhilfelehrer war bald frustriert, weil Bobby bei schwierigeren Aufgaben vorschnell resignierte. Die Eltern hatten alles mögliche versucht, Bobby Geduld und ein gutes Lernverhalten beizubringen – und sich auch selber bemüht, Geduld zu lernen. Es half alles nichts: Zur Hausaufgabenzeit war Kampfstimmung angesagt.

Als Bobbys Eltern in unsere Praxis kamen, erzählten sie, wie schmerzlich es für sie sei, ihren Sohn so unglücklich zu sehen. In letzter Zeit hatte er sogar angefangen, mit den Zähnen zu knirschen und sich mit der flachen Hand vor die Stirn zu schlagen und dabei zu sagen: »Ich bin zu blöd. Ich krieg' das einfach nicht auf die Reihe.« Sie überlegten, ob ihm vielleicht Hypnose helfen könnte. Da ich bereits ahnte, daß eine geringe Frustrationstoleranz Teil von Bobbys Schwierigkeiten war, machte ich ihnen den Vorschlag, es erst einmal mit ESM zu versuchen und abzuwarten, ob Bobby dadurch nicht mehr Geduld mit sich selbst gewinnen könne. Dazu mußten sie allerdings lernen, das Verfahren bei Bobby anzuwenden, und Bobby selbst müßte natürlich auch einverstanden sein. Wir vereinbarten also einen Termin.

Als Bobby ankam, strahlten seine Augen, und er war neugierig und wißbegierig, aber auch ein wenig mißtrauisch. Auf die Frage, was er von alledem hielte, antwortete er: »Das weiß ich noch nicht. Manchmal komme ich mir so dumm vor, weil ich einfach nicht verstehe, was wir in der Schule lesen. Und mit den Hausaufgaben komme ich die meiste Zeit überhaupt nicht klar.«

Ich erklärte Bobby und seinen Eltern, daß sie nun etwas lernen würden, das seine Frustrationen verringern und seine Konzentration verbessern könnte – was erwartungsgemäß allgemeine Zustimmung fand. Gemeinsam mit seinen Eltern ließen wir Bobby die Übungen zum Atemgleichgewicht und zur Polaritätsumkehrung sowie die Klopfsequenz für Frustration ausführen. Für die Eltern war das sicherlich auch recht nützlich.

Die intensive Frustration, die er üblicherweise bei seinen Hausaufgaben empfand, konnte Bobby in unserer Praxis nicht spüren. Doch um dieses Instrument immer zu Verfügung zu haben, wenn es gebraucht wurde, mußten Bobby und seine Eltern die Abfolge des Verfahrens so gut beherrschen, daß sie es leicht alleine anwenden konnten. Wir übten den ganzen Ablauf einige Male wie eine Tanzgruppe gemeinsam ein, und ich nahm eine Kassette mit den Anweisungen auf. Bobby genoß es sichtlich, daß die ganze Familie gemeinsam lernte.

Nach zwei Wochen hatte Bobbys Frustration beträchtlich abgenommen. Jetzt war folglich die Zeit für die Optimierungsanleitung gekommen. Bei einer weiteren Sitzung zeigte ich Bobby und seinen Eltern, wie sie eine positive Zielaussage ausarbeiten konnten. Bobby fiel dazu folgendes ein: »Ich packe das; ich verstehe den Stoff.« Diese Aussage enthielt alle notwendigen Elemente, das heißt, sie war positiv und in der Gegenwartsform gehalten, und sie drückte das spezielle Problem aus. Ein Erwachsener hätte es vielleicht anders formuliert, aber für Bobby war dieser Satz gerade richtig.

Innerhalb von sechs Wochen besserten sich Bobbys Noten. Doch was noch wichtiger war: Er hatte aufgehört, sich frustriert gegen den Kopf zu schlagen, was, wie er erklärte, der Versuch gewesen war, »mir den Stoff in den Schädel zu hämmern.« Er nahm sich jetzt Zeit, seine Hausaufgaben durchzulesen, und stellte in der Klasse intelligente Fragen. Außerdem halfen ihm seine Eltern bei anderen ESM-Techniken, mit denen er seine Angst vor Prüfungen und Referaten reduzierte. Darüber hinaus vermittelte ihm seine aktive Teilnahme an der Lösung seiner Probleme auch größeres Selbstvertrauen. Er war ruhiger und hatte sogar ein wenig mehr Geduld mit seinem kleinen Bruder, eine unverhoffte Dreingabe für seine Eltern.

Die Anwendung von ESM hatte der ganzen Familie Vorteile gebracht. »Ich glaube, du mußt wieder mal klopfen«, zogen sie sich gegenseitig auf, wenn der eine oder der andere sich aufregte oder frustriert war. Und alle nutzten diese wertvollen neuen Hilfsmittel.

Die folgenden Zeichnungen sollen kleinen Kindern helfen, ihre seelische Belastung zu messen. Auch wenn es hier nur fünf Stufen sind, können Sie die Intensität der Gefühle Ihres Kindes recht gut einschätzen. Bitten Sie Ihr Kind, auf das Gesicht zu zeigen, das seinem Gefühl am ehesten entspricht. Sie können es aber auch fragen: »Bist du traurig? Machst du dir wegen irgendetwas Sorgen? Oder bist du wegen deiner Hausaufgaben frustriert?«

1 2 3 4 5

Da Sie Ihr Kind kennen und aufmerksam beobachten, können Sie auch die richtigen Aussagen formulieren. Sie können zum Beispiel sagen: »Ich hab' dich sehr gern, Liebes, auch wenn du deine Spielsachen mit keinem teilen willst.« Oder: »Ich hab' dich wirklich lieb, auch wenn deine Gefühle verletzt sind.« Sprechen Sie den Satz dreimal oder auch öfter aus, während Sie auf den Handkantenpunkt klopfen oder den NLR-Punkt reiben, je nachdem, was dem Kind angenehmer erscheint. Es ist nie von Nachteil, wenn Sie das Kind im Arm halten, auch wenn genervte Kinder sich zunächst dagegen sträuben, daß man sie liebkost.

Um festzustellen, wie die Behandlung gewirkt hat, fordern Sie Ihr Kind anschließend auf, wieder auf das Gesicht zu zeigen, das sein Befinden am besten ausdrückt.

Anleitung für eine vollständige Behandlung:

Macht Ihrem Kind ein komplexeres Problem wie Angst oder eine Phobie zu schaffen, kann eine komplette Behandlungssequenz notwendig werden. Sollten Sie zum Beispiel merken, daß Ihr Kind in der Schule wiederholt verlegen wird, können Sie ihm mit der Anleitung gegen Verlegenheit helfen. Ein Kind, dem das Gefühl der Demütigung in jungen Jahren erspart bleibt, wird vielleicht davor bewahrt, später unangemessene Scham zu empfinden. Auch wenn ein Kind nicht mit Frustrationen umgehen kann und deswegen Probleme mit Freundschaften oder mit dem Lernen bekommt, die sein Selbstwertgefühl beeinträchtigen, ist die Anwendung einer vollständigen Behandlungssequenz angebracht. Kaylas Geschichte illustriert, wie das bei einem kleinen Kind möglich ist:

Die sechsjährige Kayla wartete im Haus eines Freundes darauf, daß sie mit ihrer nächsten Schwimmlektion an die Reihe kam, als sie plötzlich aufschrie. Als ihre Mutter herbeirannte, entdeckte sie, daß Kaylas Beine voller Ameisen waren. Die widerlichen Krabbeltiere waren rasch abgewaschen, aber das Trauma blieb. Kayla verweigerte die Schwimmlektion und mußte ins Auto getragen werden. Eine Portion Eis und eine durchschlafene Nacht halfen ihr zwar, doch die Angst vor Ameisen blieb. Sobald sie draußen eine Ameise erblickte, kam sie schreiend ins Haus gerannt. Natürlich waren immer Ameisen im Hof. Sie bestand darauf, jedesmal getragen zu werden, wenn sie das Haus verließ, was bald mühsam und unbequem wurde. Nachdem Kaylas Mutter bei uns die Anleitung gegen Phobien gelernt hatte, erklärte sie ihr, daß sie ihr jetzt helfen könne. Da es Kayla sehr schwer fiel, auch nur über ihre Angst vor Ameisen zu sprechen, wurde sie von ihrer Mama aufgefordert, auf eines der Gesichter unserer Tabelle zu deuten, um ihr Gefühl zu bezeichnen. Wie zu erwarten, entschied Kayla sich für das sehr unglückliche Gesicht 5.

Die Mutter nahm Kayla auf den Schoß und korrigierte alle Polaritätsstörungen. Sie begann mit der allgemeinen PU, wobei sie sagte: »Kayla, ich hab' dich ganz lieb, auch wenn du Probleme hast und frustriert bist.« Dann ließ sie die gesamte Liste der Umkehrungen folgen: »... auch wenn du deine Angst vor Ameisen behalten willst«, »... auch wenn du weiterhin Angst vor Ameisen hast«, »... auch wenn du es gar nicht verdienst, deine Angst vor Ameisen zu überwinden«, bis hin zu: »... auch wenn es vielleicht nicht gut für andere ist, wenn du deine Angst vor Ameisen überwindest.« Anschließend absolvierten sie die Klopfsequenz gegen Phobien. Kaylas Mutter klopfte, und Kayla selbst sagte bei jedem Punkt: »Meine Angst vor Ameisen.« Dann klopfte die Mutter für Kayla auf den Handrückenpunkt und führte sie durch die Stationen der Brücke, wobei Kayla bei den Augenbewegungen dem Finger ihrer Mutter folgte. Nachdem sie die Klopfsequenz wiederholt hatten, zeigte Kayla schließlich auf das lächelnde Gesicht, als die Mutter sie nach ihrem Befinden fragte. Den Abschluß bildete das Augenkreisen, das Kayla von der Mutter vorgemacht wurde. Das Mädchen war fasziniert von der einfachen Klopf-Prozedur, die nur ein paar Minuten in Anspruch nahm. Als nächstes konnte die Mutter schon zusehen, wie Kayla im Hof spielte. »Ich habe vor Ameisen jetzt überhaupt gar keine Angst mehr«, erzählt sie jetzt stolz allen ihren Freunden.

Heranwachsende

Teenager können sehr gut auf ESM ansprechen. Sie empfinden es als Kompetenzgewinn, wenn sie eine Möglichkeit erhalten, ihre Gefühle zu kontrollieren. Die Vorstellung, die Techniken jederzeit anwenden und so ihre Sorgen und Frustrationen bessern zu können, kommt – wen wundert's? – in aller Regel prima an.

Natürlich sind die Erfahrungen, die Ihr Kind in seinem sozialen, schulischen und familiären Umfeld sammelt, wichtiger Bestandteil des Erwachsenwerdens und durch nichts zu ersetzen. Bevor Sie ESM-Methoden anwenden, sollten Sie deshalb genau herausfinden, wo die Ursachen des emotionalen Leidensdrucks liegen, und was Ihr Kind daraus lernen kann. Besonders bei Heranwachsenden kann es letztlich kontraproduktiv sein, ihren Leidensdruck zu beenden, bevor sie eine Ahnung davon bekommen konnten, ob das Gefühl nicht einen bestimmten Zweck erfüllt, oder überhaupt eine Chance hatten, die emotionalen Folgen ihrer Handlungen zu erleben. Ein Teenager soll sich durchaus darüber beklagen können, daß ihn »alles anödet«, daß er Probleme mit dem Freund oder der Freundin hat oder nicht in die Fußballmannschaft gewählt wird. Allein im Gespräch läßt sich schon ein Großteil der Belastung abbauen.

Die meisten Heranwachsenden lernen bereitwillig ESM, wenn sie den Eindruck haben, sie hätten genug gelitten. Dennoch kann es sich als schwierig erweisen, einem Teenager etwas beizubringen, wenn er wütend oder in Protesthaltung ist oder gerade wieder eine Phase durchmacht, in der jegliche Form von Autorität eo ipso abgelehnt wird. Dann empfiehlt es sich, auf den richtigen Augenblick zu warten – oder Sie erzählen ihm, wie die Methode bei Ihnen gewirkt hat. Im zwölften Kapitel finden Sie weitere Hinweise, wie man ESM anderen beibringt.

Wenn Ängste und Phobien auftreten, gleicht jede vernünftige Erklärung einem Kampf gegen Windmühlen. Die vierzehnjährige Grace hatte schreckliche Angst vor starken Boen und vor allem Gewittern, die in der Gegend, in der sie lebt, zu manchen Jahreszeiten sehr häufig sind. Heulende Stürme weckten in ihr panische Angst, das Haus würde einstürzen oder durch umfallenden Bäume beschädigt, obwohl es in der unmittelbaren Umgebung gar keine hohen Bäume gab und der Wind nur selten nennenswerte Schäden verursachte.

Während der Gewitterstürme verkroch sich Grace regelmäßig mit Gänsehaut unter die Bettdecke, oder sie bestand darauf, die Nacht im Bett der Eltern zu verbringen. Ihre Angst war ihr peinlich, da es für sie nie in Frage kam, einmal bei Freunden zu übernachten. Eines Abends, als sie über ihre Ängste sprachen, bat Grace ihre Mutter um Hilfe. Darauf hatte die Mutter nur gewartet. Sie machte eine Reihe von Behandlungsmöglichkeiten ausfindig, ehe sie schließlich an mich verwiesen wurde. Ich sprach am Telefon mit ihrer Mutter und schickte Literatur und ein Tonband, damit sie das Verfahren selber lernen und es Grace beibringen konnte.

Anfangs äußerte sich Grace skeptisch über das »seltsame Geklopfe«, doch andererseits sah sie keinen Grund, es nicht wenigstens einmal zu versuchen. Zum Zeitpunkt der Behandlung spürte sie allerdings nur einen SPL-Wert von 2, als sie sich den Sturm, der sie noch einen Monat zuvor in Angst und Schrecken versetzt hatte, in Erinnerung rief. Ohne Blitz und Donner zur Erzeugung eines aktiven Gedankenfelds war es nicht sehr wahrscheinlich, daß eine Behandlung dauerhaft wirksam sein würde. Doch um zumindest die Technik zu erlernen, korrigierte Grace die Polaritätsstörungen und durchlief mit Hilfe ihrer Mutter einen kompletten Zyklus gegen Phobien. Nachdem sie die Klopfsequenz zum zweiten Mal wiederholt hatte, forderte ihre Mutter sie auf, wieder an die Gewitter zu denken. »Mir fiel der gewaltige Sturm wieder ein, den wir gleich nach den Ferien im letzten Herbst hatten«, erzählte Grace, »und ich erinnerte mich daran, welche Angst ich damals hatte, daß vielleicht noch so ein Gewitter kommen könnte. Aber jetzt habe ich den Eindruck, als wäre diese Angst dumm gewesen.« Ihr SPL-Wert lag jetzt bei Null.

Der eigentliche Test für Grace war natürlich erst ihre Reaktion auf den nächsten Sturm. Der kam bereits in der Woche darauf, und der Wind fegte mit Böen von 80 km/h durch den Ort. Es war genau die Art von Sturm, bei der sich Grace sonst unter der Decke verkroch, doch dieses Mal »vergaß« sie ihn und sah den ganzen Samstag lang fern. Nun hatte ihre Mutter die berechtigte Hoffnung, daß Grace auch die Gewitter überstehen würde.

Die Natur spannte sie nicht lange auf die Folter. Schon ein paar Tage darauf braute sich ein heftiges Gewitter zusammen. Es war zwar nicht so stark wie das vorhergegangene, aber doch so heftig, daß Grace früher ins Bett geflohen wäre. Dieses Mal nahm Grace den Donner und den von Blitzen durchzuckten Himmel bewußt wahr. Sie verkroch sich nicht, und ihr Angstpegel stieg auf 6. Während der Donner rumpelte und grollte, begleitete die Mutter Grace erneut durch die gesamte Sequenz gegen Ängste und Phobien. Dabei fiel der SPL-Wert auf 2 und blieb für die Dauer des Gewitters gleich.

Für Grace war das ein riesiger Erfolg. Sie war mit sich zufrieden, da sie die Klopfsequenz selbst ausgeführt und damit Erfolg gehabt hatte. Sie war unglaublich erleichtert, daß sie sich nicht mehr wie »eine Irre« aufgeführt hatte.

Dieses Mal schien die Behandlung für Grace Bestand zu haben. Beim nächsten Gewitter stieg ihr Belastungswert zu keinem Zeitpunkt über 2, was ein vernünftiger Wert ist, wenn Blitz und Donner über einem krachen.

* * *

Verabredungen mit dem anderen Geschlecht gehören für Teenager zu den Situationen, die am meisten Ängste auslösen. Mit der Pubertät fangen Mädchen und Jungen an, gemeinsam etwas zu unternehmen, erste Schwärmereien zu entwickeln. Die angehenden Männer und Frauen kommen sich in Gesellschaft unbeholfen vor, sind empfindlich, was ihre äußere Erscheinung angeht, und ihrer selbst nicht sicher. Die Methoden des Emotionalen Selbstmanagements können Ihrem Kind im Teenageralter dabei helfen, diese und andere unangenehme Situationen wirksamer zu bewältigen.

Die fünfzehnjährige Angela litt unter leichtem Übergewicht und war sehr selbstkritisch wegen ihres Aussehens. Sie hatte nicht das Gefühl, in der Schule besonders beliebt zu sein. Eines Tages fragte sie ein Klassenkamerad, ob sie mit ihm ins Kino gehen wolle, doch dieses an sich erfreuliche und positive Erlebnis stürzte Angela in Ängste und Selbstzweifel. Würde sie ihm gefallen? Worüber sollten sie überhaupt reden? Was würden ihre Klassenkameraden denken? Sie wollte die Verabredung schon absagen, als ihren Eltern auffiel, daß sie so verängstigt und aufgeregt schien. Angela war dabei, ein sich selbst bewahrheitendes Szenario aufzubauen, das leicht mit dem enden konnte, was sie am meisten fürchtete: einer Zurückweisung.

Angelas Eltern hatten bereits Erfahrung mit ESM und waren nun richtig froh, ihre Tochter damit bekannt zu machen. Angela war bereit, es zu probieren, solange es sonst niemand erfuhr. Und tatsächlich war sie nach Absolvierung der Anleitung gegen Erwartungsangst imstande, ihre Ängste und Selbstzweifel zu überwinden.

Anschließend nutzten Angelas Eltern die Optimierungsanleitung, um ihr eine positive Vorstellung von sich selbst und dem bevorstehenden Date zu vermitteln. Als Folge davon konnte sie den Abend genießen, und obwohl der Junge sie nicht um eine weitere Verabredung bat, nahm sie es nicht persönlich. Von nun an bediente sich Angela öfters der Optimierungsanleitung für das Erreichen persönlicher Ziele, um positive Gedanken und Bilder aufzubauen. Ihre Eltern berichteten, daß Angela in den folgenden Monaten in der Schule und im Umgang mit ihren Freunden immer mehr Selbstvertrauen gewann. Die Zahl ihrer Verabredungen nahm deutlich zu. Sechs Monate darauf erfuhr ich bei einer Nachbesprechung mit ihren Eltern, daß Angela sich nun regelmäßig mit einem Jungen traf, den sie mochte und der ihre Zuneigung erwiderte. Sie fing sogar an, ihren Freundinnen Ratschläge für deren Verabredungen zu geben.

Beim Umgang mit Teenagern müssen Eltern sich stets darüber im klaren sein, wie ihr Nachwuchs auf Vorschläge oder Autorität reagiert. Wenn Ihr Sohn oder Ihre Tochter Angela ähneln, können Sie ihn oder sie direkt in ESM unterweisen. Doch Heranwachsende, die sich entziehen oder rebellisch sind, werden ihre Eltern einfach ausblenden. In solchen Situationen ist es möglicherweise besser, wenn Sie das Buch »herumliegen lassen« und – ganz beiläufig – erwähnen, wie ESM Ihnen geholfen hat. Vielleicht können Sie das Interesse eines Teenagers für ESM auch wecken, indem Sie darauf hinweisen, daß erfolgreiche Sportler oder andere von den jungen Leuten bewunderte Personen ebenfalls diese Methoden anwenden.

Für Eltern ist es ungemein befriedigend, den eigenen Kindern dabei helfen zu können, besser mit den Problemen des Lebens zurechtzukommen. Das Erlernen von ESM kann eine wunderbare Möglichkeit sein, die Belastung des Elternseins zu verringern und den – meist leicht zu beeindruckenden – jungen Leuten entsprechende Fähigkeiten vorzuführen.

14 Energie-Aussichten: Nach oben sind keine Grenzen gesetzt

Allen innovativen und kraftvollen Fortschritten zum Trotz steckt die energetische Psychologie noch immer in den Kinderschuhen. Immerhin sind angesichts der steilen Entwicklungskurve dieses Gebiets sicherlich laufend weitere Erfolge zu erwarten. Energie kann durchaus noch unentdeckte Dimensionen haben, mit denen sich die Mechanismen menschlichen Denkens und Fühlens weiter ausleuchten lassen. Neue technische Verfahren wie die Magnetoenzephalographie (MEG) und neue Anwendungen bereits existierender Technologien wie Kernspintomographie und Positronen-Emissions-Tomographie (PET), mit denen sich die physiologischen Korrelate der Gedankenenergie-Therapien erfassen lassen, werden neue Informationen über die Zusammensetzung der Gedanken liefern. Auch die Erforschung der Abläufe bei der Akupunktur und des Meridiansystems macht laufend Fortschritte. Vielleicht sind wir schon bald in der Lage, das Frequenzband bestimmter Emotionen in ähnlicher Weise zu entziffern, wie wir das Maß von Reiz und Reaktion mit dem Elektroenzephalographen messen können. Und sind diese Effekte erst einmal meß- und wiederholbar, werden Akzeptanz und Anwendung der energetischen Therapien rasch nachziehen. So wie wir schon heute mit Hilfe von Biofeedback physiologische Zustände kontrollieren können, wird uns künftige Technik vielleicht in die Lage versetzen, bestimmte Emotionen zu erkennen und zu fördern. In der Juliausgabe 1999 der Zeitschrift *Nature Neuroscience* erschien eine Studie von John Chapin, derzufolge elektrische Aktivitäten im Gehirn von Ratten, die zusammen mit deren Durstgefühlen auftraten, einen Roboter-Arm in Bewegung setzten, der den Tieren Wasser brachte. Uns liefert das den Beweis, daß bestimmte Gedankenaktivitäten identifiziert und nützlich umgesetzt werden können.

Die kommenden Jahre dürften eine Fülle neuer Behandlungsansätze im Bereich Gesundheitsfürsorge und menschlicher Entwicklung bringen. Die energetischen Therapien weisen uns den Weg, die vielleicht mächtigste Kraft überhaupt nutzbar zu machen: den menschlichen Willen. Aus der Quantenphysik wissen wir, daß sich die Konzentration von Gedankenenergie auf Materie auswirken kann. Mit anderen Worten: Die Fähigkeit, unsere *Gedanken* bewußt zu konzentrieren, kann die Energie im *Körper* beeinflussen. Die Entdeckung hochwirksamer Methoden, die Gedankenenergie zur Aufrechterhaltung der körperlichen wie der geistigen Gesundheit zu nutzen, steht kurz bevor. Befeuert von einem neuen Verständnis der körperlichen Energiesysteme, werden wir die »Macht des positiven Denkens« umfassend aktivieren können.

(K)eine Zukunftsvision

Schließlich wird fast jeder auf die eine oder andere Weise energetische Therapieformen nutzen, um seine persönliche Energie zu steuern: Sie sind leicht zu lernen, jederzeit ohne weitere Hilfsmittel anwendbar – und sie haben keine schädlichen Nebenwirkungen. Energetische Therapien werden zur Behandlung einer Vielzahl von Erkrankungen beitragen. Sie beseitigen selbstzerstörerische Polaritätsstörungen, was klassische Behandlungsformen besser ansprechen läßt, Leiden lindert und den Weg für Heilungsprozesse öffnet. Allein der Abbau von Streß und die damit verbundene Reduktion der Häufigkeit und Schwere von Krankheitsverläufen bildet einen fruchtbaren Boden für energetische Psychotherapien. Der Tag ist nicht mehr fern, an dem alle Therapeuten mit diesen Verfahren vertraut sein und sie innerhalb ihres Bereichs einsetzen werden.

Schon heute überweisen Ärzte Patienten mit schwer zu behandelnden Krankheiten an uns, damit wir ihnen bei der emotionalen Komponente dieser Leiden helfen. Außerdem bilden wir Mediziner in ESM zur unterstützenden Behandlung aus. Während der Arbeit an diesem Buch haben wir eine Pilotstudie begonnen, die die Wirksamkeit von ESM bei Menschen mit Klaustrophobie untersucht. Dabei werden die Veränderungen der Gehirnstrommuster, des Muskeltonus, des Herzschlags, der Hauttemperatur, der Atmung und der elektrischen Eigenschaften des Meridiansystems verfolgt. Neben einer Reihe physiologischer Meßverfahren kommt auch ein Gerät zur Meridianerkennung zum Einsatz. Schon vor Abschluß der Studie zeigt sich, daß nach einer ESM-Behandlung Veränderungen des Muskeltonus, der automatischen Nervenaktivitäten und anderer physiologischer Meßwerte auftreten. Außerdem konnten beträchtliche Verhaltensänderungen beobachtet werden, ja es war Versuchspersonen möglich, sich in einem Raum von der Größe einer Aufzugkabine einschließen zu lassen. Wen es interessiert: Auf unserer Website (siehe Nützliche Adressen, Seite 313) veröffentlichen wir regelmäßig den neuesten Stand der Studie.

Die Gedankenfeld-Therapie hat sich in Krisensituationen als äußerst wirksam erwiesen. Ein Therapeutenteam, das 1998 in Nairobi einen Kurs abhielt, konnte nach dem Bombenanschlag auf die dortige US-amerikanische Botschaft an Ort und Stelle tätig werden. Zusammen mit Dolmetschern gingen sie von Bett zu Bett und behandelten die bei der Explosion schwer verletzten und traumatisierten Menschen. Außerdem vermochten sie denjenigen zu helfen, die durch den Verlust geliebter Menschen oder den Anblick schwerverletzter Angehöriger einen Schock erlitten hatten. Eine unserer Schülerinnen, eine Missionarin und diplomierte Krankenschwester, flog 1999 mit einem Ärzteteam nach Albanien, um Kosovo-Flüchtlingen ESM beizubringen. Sie berichtete von vielen Erfolgen bei der Behandlung schwerer emotionaler Traumata und konnte neben der medizinischen Versorgung auch die schlimme psychische Belastung dieser Männer, Frauen und Kinder lindern.

ESM und die Evolution des Bewußtseins

ESM und die energetischen Psychotherapien stehen repräsentativ für die Entwicklung des menschlichen Bewußtseins. Als wir mit unserer Praxis anfingen, war unser Ziel, psychische Leiden zu lindern – also negative Wirkungen auszuschalten. Dann aber gingen wir dazu über, dieselben Prinzipien auch auf eine Verbesserung der Leistung in Beruf und Sport anzuwenden. Die Kurse, die wir bei Firmen und Organisationen abhielten, haben uns gezeigt, daß ESM auch hervorragend zur Erhöhung der Teamfähigkeit, Lösung von Konflikten, Streßreduzierung und allgemeinen Leistungssteigerung geeignet ist. Wir haben gerade erst angefangen, das breite Spektrum der Optimierungsmöglichkeiten durch ESM abzuklären.

Inzwischen sind wir noch ein Stück weitergekommen und setzen die Verfahren ganz allgemein für das Bewußtsein und die Heilung des menschlichen Geistes ein. Die Anwendungsmöglichkeiten von ESM gehen weit über den individuellen Bereich hinaus. Sie übertragen positive Energien auf größere Systeme: die Familie, die Schule, die örtlichen und globalen Gemeinschaften. Wenn Menschen über Mittel verfügen, mit denen sie ihre persönlichen Probleme lösen und ihre praktischen Schwierigkeiten beheben können, bleibt ihnen mehr Kraft, sich auf anderes zu konzentrieren. Wenn sie nicht mehr so stark auf sich selbst bezogen sind, wehren sie weniger ab und können über ihren engen Interessenshorizont hinaus auf die größere Welt blicken. Die Fähigkeit, etwas für die Gesellschaft zu tun und die Welt positiv zu beeinflussen, ist ein Schlüssel für spirituelles Wachstum und Selbstverwirklichung.

Angesichts der jüngsten Gewalttaten in Schulen und Gemeinden scheint es besonders entscheidend, jungen Leuten neue Möglichkeiten beizubringen, ihre emotionalen Probleme in den Griff zu bekommen und ein gesundes Selbstwertgefühl zu entwickeln. Falsch gesteuerte Wut, Ärger und der Schmerz über Zurückweisungen münden nur allzu leicht in sinnlose Gewalt. Möglicherweise besteht der direkteste Weg zur Lösung mancher gesellschaftlicher Probleme darin, die emotionale Intelligenz der Jugend zu steigern, bevor solche Probleme überhaupt auftauchen. Kinder verdienen es, Fähigkeiten mitzubekommen, mit denen sie die Komplexität des Lebens besser bewältigen können. Die Methoden des Emotionalen Selbstmanagements, die ein Gefühl von Kompetenz, Selbstvertrauen und sozialem Wahrnehmungsvermögen vermitteln, sprechen direkt eben *die* Probleme der Impulskontrolle an, die so häufig mit Gewalttätigkeit verbunden sind. Wir sind dabei, ein Trainingsprogramm für Lehrer und Berater zu entwickeln, um ESM auch im Schulbereich einsetzen zu können.

In einem Stadium der menschlichen Evolution, in dem uns das rasante Tempo neuer Technologien zu überwältigen droht, werden uns lebensrettende und lebensverbessernde psychologische Instrumente an die Hand gegeben, mit denen wir uns dem neuen Jahrtausend stellen können. ESM gibt uns das nötige Rüstzeug, unsere Vorsätze über unseren eigenen engen Horizont hinaus zu richten und die Menschheit letztlich auf einer Ebene in Verbindung zu bringen, auf der Sprachbarrieren und andere Unterschiede keine Rolle mehr spielen. Mit ihrer Hilfe können wir alle zum Wandel beitragen – nicht nur zu Hause, sondern auch in übergeordneten Gemeinschaften. Wir alle können etwas dafür tun, daß das globale Dorf ein sicherer und glücklicher Ort zum Leben wird.

15 Alle Verfahren auf einen Blick

Akupunkturpunkte für die Klopfsequenzen

Skala des persönlichen Leidensdrucks (SPL)

Skala zur Selbsteinschätzung der Belastung für Kinder

Übung zum Atemgleichgewicht

Übung zur Polaritätsumkehrung

Rapid Relaxer (Schnellentspannung)

Augenkreisen

Die Brücke

Verstärkte Polaritätsumkehrung

Optimierungsanleitung

Fünfstufige Atemübung

Akupunkturpunkte für die Klopfsequenzen

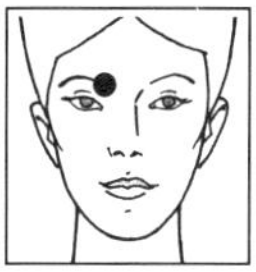
Augenbraue

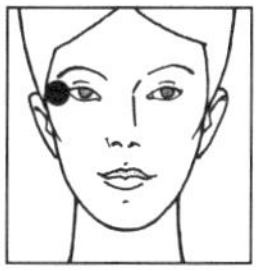
Augen außen

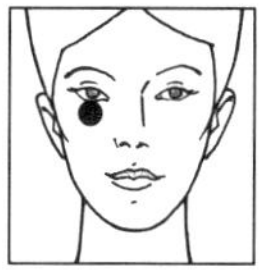
Auge unten

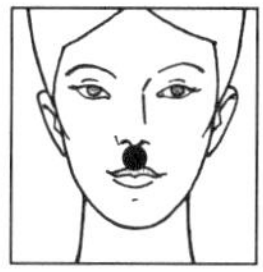
Unter der Nase

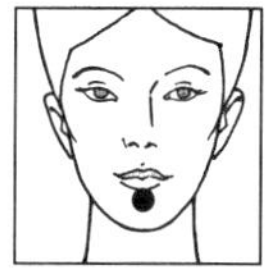
Unter der Lippe

Kleiner Finger

Zeigefinger

Mittelfinger

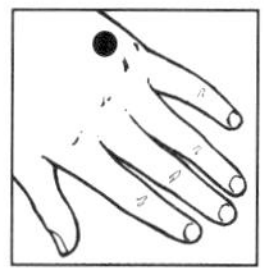
Handrücken-
punkt

Handrücken-
punkt x 50

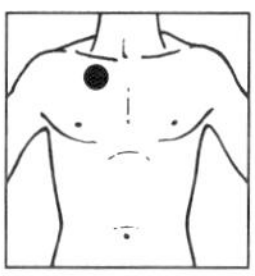
Schlüsselbein

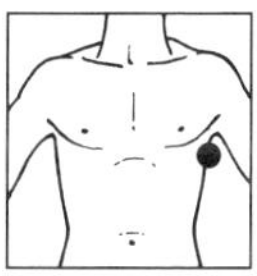
Achselhöhle

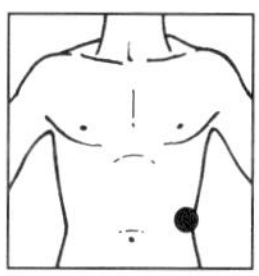
Rippenpunkt

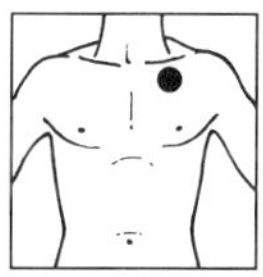
NLR-Punkt

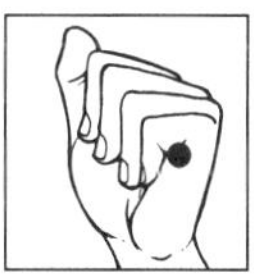
Handkante

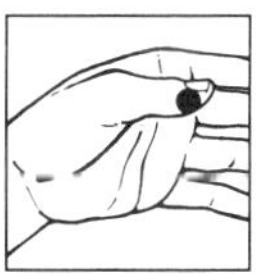
Daumen

Skala des persönlichen Leidensdrucks (SPL)

0 Keinerlei Leidensdruck. Ich fühle mich ruhig und vollkommen entspannt.
1 Neutral oder ganz passabel, aber nicht so entspannt wie möglich.
2 Leicht gereizt. Erste Zeichen von Spannungen oder diffusem Streß.
3 Leicht verstärktes Unbehagen, unerfreulich, aber beherrschbar.
4 Unbehagen oder Leidensdruck deutlich spürbar, möglicherweise Aufregung, aber erträglich.
5 Unbehagen ist sehr unangenehm, aber noch auszuhalten.
6 Unbehagen wird schlimmer und hat Auswirkungen auf mein Verhalten.
7 Unbehagen ist sehr stark, schmerzliche Gefühle durchdringen meinen Alltag.
8 Unbehagen wächst weiter, mein Denken ist ständig damit beschäftigt.
9 Unbehagen ist kaum mehr zu ertragen.
10 Äußerstes Unbehagen, schlimmer kann ich es mir nicht vorstellen. Ich habe Angst, die Beherrschung zu verlieren und kann an nichts anderes mehr denken.

Skala zur Selbsteinschätzung der Belastung für Kinder

Lassen Sie Ihr Kind auf das Gesicht zeigen, das seinem Gefühl am ehesten entspricht.

1

2

3

4

5

Übung zum Atemgleichgewicht

Die Übung dauert zwei Minuten. Am besten setzen Sie sich dazu auf einen Stuhl mit gerader Lehne, sie lässt sich aber auch im Liegen oder Stehen durchführen.

❶ Kreuzen Sie Ihren linken Knöchel vor den rechten Knöchel.

❷ Strecken Sie beide Arme gerade nach vorne aus.

❸ Legen Sie Ihren rechten Arm auf Höhe des Handgelenks über den linken.

❹ Setzen Sie die Drehbewegung fort, bis Ihre Hände vor der Brust liegen. Jetzt haben Sie die Mittellinie Ihres Körpers mit Händen, Armen und Beinen überkreuzt.

❺ Drehen Sie die Hände in Richtung auf die Magengrube.

❻ Drehen Sie die Handflächen so, daß sie zueinander zeigen. Verschränken Sie die Finger.

Anmerkung: Wenn es für Sie angenehmer ist, können Sie auch den rechten Knöchel vor den linken und das linke Handgelenk über das rechte legen. Wichtig ist nur, die ganze Anordnung jeweils umzukehren.

Sobald Sie die richtige Position eingenommen haben, atmen Sie durch die Nase ein, während die Zungenspitze den Gaumen berührt. Wenn Sie anschließend durch den Mund wieder ausatmen, liegt die Zunge jedoch auf dem Mundboden.

Konzentrieren Sie sich auf eine Vorstellung von Gleichgewicht, zum Beispiel auf die Ausgewogenheit von Körper und Geist oder einfach auf das Wort »Gleichgewicht«. Stellen Sie sich gleichzeitig ein Bild vor, das Ausgewogenheit symbolisiert – vielleicht eine Balkenwaage, eine Wippe oder einen Menschen, der auf einem Bein balanciert. Atmen Sie während der Übung, die etwa zwei Minuten dauert, unverkrampft weiter. Machen Sie sich keine Sorgen, wenn Sie den Gedanken oder das Bild nicht ständig festhalten können; falls Ihre Gedanken abschweifen, kommen Sie einfach wieder darauf zurück.

Übung zur Polaritätsumkehrung (PU)

Fangen Sie stets mit der Übung zum Atemgleichgewicht an, um die Polung des Körpers auszurichten. Setzen Sie sich dann bequem hin und klopfen oder massieren Sie den angegebenen Punkt, während Sie den jeweiligen Vorsatz dreimal aufsagen. Es spielt keine Rolle, wie schnell oder wie langsam.Sie sprechen: Verlassen Sie sich einfach auf Ihr Gefühl. Mit Ausnahme der PU Allgemein können Sie die Aussage jeweils auf Ihr spezielle Problem abstimmen. Also zum Beispiel »dieses Problem« durch »meine Ängste« oder »meine Wut über die Scheidung« ersetzen.

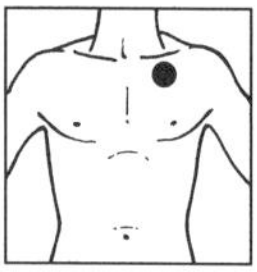

PU Allgemein. *Massieren Sie dabei den NLR-Punkt.*
Bewußter Vorsatz: »Ich nehme mich ganz und gar an, auch mit all meinen Problemen und Unzulänglichkeiten.«

PU Beibehaltung. *Massieren Sie dabei den NLR-Punkt.*
Bewußter Vorsatz: »Ich nehme mich ganz und gar an, auch wenn ich dieses Problem behalten will.«

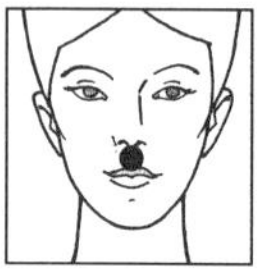

PU Zukunft. *Klopfen Sie dabei auf den Punkt unter der Nase.*
Bewußter Vorsatz: »Ich nehme mich ganz und gar an, auch wenn ich das Problem künftig weiter haben werde.«

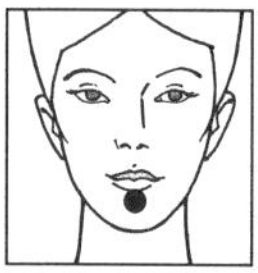

PU Berechtigung. *Klopfen Sie dabei auf den Punkt unter der Lippe.*
Bewußter Vorsatz: »Ich nehme mich ganz und gar an, auch wenn ich es nicht verdient habe, dieses Problem zu überwinden.«

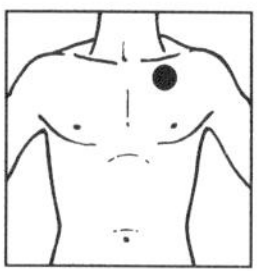

PU Eigene Sicherheit. *Massieren Sie dabei den NLR-Punkt.*
Bewußter Vorsatz: »Ich nehme mich ganz und gar an, auch wenn es ein Risiko für mich bedeutet, dieses Problem zu überwinden.«

PU Sicherheit anderer. *Massieren Sie dabei den NLR-Punkt.*
Bewußter Vorsatz: »Ich nehme mich ganz und gar an, auch wenn es ein Risiko für andere bedeutet, wenn ich dieses Problem überwinde.«

PU Erlaubnis. *Massieren Sie dabei den NLR-Punkt.*
Bewußter Vorsatz: »Ich nehme mich ganz und gar an, auch wenn es mir nicht möglich ist, dieses Problem zu überwinden.«

PU Genehmigung. *Massieren Sie dabei den NLR-Punkt.*
Bewußter Vorsatz: »Ich nehme mich ganz und gar an, auch wenn ich es mir nicht gestatte, das Problem zu überwinden.«

PU Notwendigkeit. *Massieren Sie dabei den NLR-Punkt.*
Bewußter Vorsatz: »Ich nehme mich ganz und gar an, auch wenn ich nicht das Nötige tue, um dieses Problem zu überwinden.«

PU Eigener Nutzen. *Massieren Sie dabei den NLR-Punkt.*
Bewußter Vorsatz: »Ich nehme mich ganz und gar an, auch wenn es nicht gut für mich ist, das Problem zu überwinden.«

PU Fremder Nutzen. *Massieren Sie dabei den NLR-Punkt.*
Bewußter Vorsatz: »Ich nehme mich ganz und gar an, auch wenn es nicht gut für andere ist, wenn ich dieses Problem überwinde.«

PU Ureigenes. *Massieren Sie dabei den NLR-Punkt.*
Bewußter Vorsatz: »Ich nehme mich ganz und gar an, auch wenn mich eine ureigene Blockade daran hindert, das Problem zu überwinden.«

Prägen Sie sich die folgende Liste der Polaritätsthemen ein, damit Sie die entsprechende Übung auch ohne schriftliche Vorlage jederzeit durchführen können. Der entsprechende Akupressurpunkt ist in Klammern genannt.

Allgemein (NLR-Punkt)

Beibehaltung (NLR-Punkt)

Zukunft (Unter der Nase)

Berechtigung (Unter der Lippe)

Eigene Sicherheit (NLR-Punkt)

Sicherheit anderer (NLR-Punkt)

Erlaubnis (NLR-Punkt)

Genehmigung (NLR-Punkt)

Notwendigkeit (NLR-Punkt)

Eigener Nutzen (NLR-Punkt)

Fremder Nutzen (NLR-Punkt)

Ureigenes (NLR-Punkt)

Rapid Relaxer (Schnellentspannung)

Die Schnellentspannung besteht aus einem Augenkreisen und einer Brücke, gefolgt von einem weiteren Augenkreisen. Da es sich bei beiden um eigenständige ESM-Verfahren handelt, sind sie nachfolgend auch separat beschrieben.

Augenkreisen

Die Schnellentspannung beginnt und endet mit einem fortgesetzten Augenkreisen, das gleichzeitig mit dem Klopfen auf den Handrückenpunkt durchgeführt wird. Achten Sie darauf, während der ganzen Übung den Kopf ruhig und gerade zu halten. Sie sollen nur die Augen und nicht den Kopf bewegen!

Beginnen Sie mit geschlossenen Augen. Öffnen Sie die Augen, schauen Sie nach unten (auf den Boden, falls Sie stehen oder auf den Schoß, falls Sie sitzen) und zeichnen Sie mit den Augen eine imaginäre, genau auf die Wand vor Ihnen zulaufende, gerade Linie auf den Boden. Lassen Sie Ihren Blick langsam über die Wand nach oben gleiten, bis er die Decke erreicht hat, und setzen Sie die imaginäre Linie schließlich in Richtung auf sich selbst fort, bis Sie über sich nach oben blicken. Dort lassen Sie Ihren Blick einige Zeit verweilen. Versuchen Sie es jetzt einmal. Die ganze Sequenz sollte etwa. acht Sekunden dauern.

Die Brücke

Diese Übung besteht aus einer Folge von Augenbewegungen, Summen und Zählen, während man gleichzeitig auf den Handrückenpunkt klopft. Die ganze Sequenz dauert ca. fünfzehn Sekunden.

❶ Beginnen Sie mit geöffneten Augen.

❷ Schließen Sie die Augen.

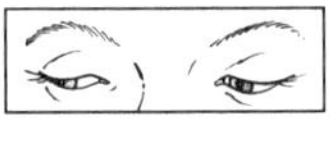

❸ Öffnen Sie die Augen und schauen Sie auf den Fußboden rechts von Ihnen.

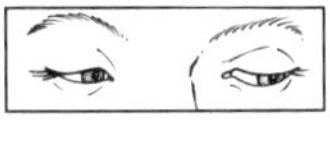

❹ Lassen Sie den Blick über den Boden nach links wandern.

5. Rollen Sie die Augen in einem vollen Kreis links herum. Achten Sie darauf, keinen Abschnitt der Kreisbewegung auszulassen. Sie müssen vielleicht ein paarmal üben, damit es wirklich ein vollständiger Kreis wird.

6. Rollen Sie die Augen jetzt in der entgegengesetzten Richtung einmal im Kreis.

7. Summen Sie etwa fünf Töne. Sie können eine bekannte Melodie wie »Happy Birthday to you« wählen oder einfach ein paar eigene Noten improvisieren.

1-2-3-4-5

8. Zählen Sie bis fünf.

9. Summen Sie erneut einige Töne.

Verstärkte Polaritätsumkehrung

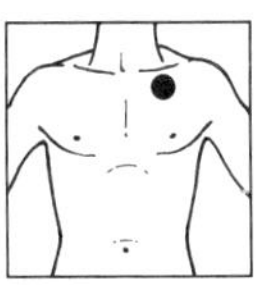

Reiben Sie den NLR-Punkt und wiederholen Sie dreimal den Satz: »Ich nehme mich ganz und gar an, auch wenn ich dieses Problem noch nicht vollständig überwunden habe.«

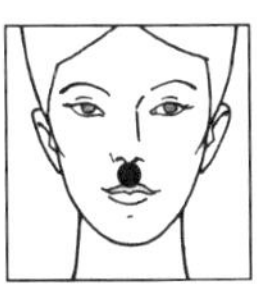

Klopfen Sie auf den Punkt unter der Nase (UN) und wiederholen Sie dreimal den Satz: »Ich nehme mich ganz und gar an, auch wenn ich dieses Problem vielleicht niemals überwinden werde.«

Optimierungsanleitung

Phase 1

- SPL (S. 294), während Sie über die Blockaden nachdenken, die Sie daran hindern, Ihr Ziel zu erreichen.
- Übung zum Atemgleichgewicht
- Übung zur Polaritätsumkehrung (S. 296), während Sie sich in Gedanken mit negativer Selbsteinschätzung beschäftigen.
- Führen Sie die Klopfsequenzen für die spezifischen Emotionen aus, die sich negativ auf Ihr Ziel auswirken. Wenn Sie Schwierigkeiten bekommen, können Sie es zunächst mit der Verstärkten Polaritätsumkehrung (S. 299) oder der Zusammenfassenden Klopfsequenz aus der Anleitung Nr. 27 (S. 211), versuchen. Sollte sich Ihr SPL-Wert noch immer nicht verringern, greifen Sie auf die Informationen über die Arbeit mit vielschichtigen Problemen im sechsten Kapitel (S. 119 ff) und den Abschnitt über Problembewältigung in Kapitel acht (S. 162 ff) zurück. Nach jeder Klopfsequenz geht es dann so weiter:
- Brücke (S. 298)
- Wiederholung der Klopfsequenz
- Erneute Einschätzung des SPL-Werts
- Augenkreisen (S. 298)

Phase 2

- Entscheiden Sie sich für eine positive Aussage, die Ihr Ziel klar zum Ausdruck bringt.
- Schätzen Sie mit Hilfe der GDA-Skala (S. 243) ein, wie stark Sie an diese Aussage glauben.
- Atemgleichgewicht (S. 295, optional, falls Sie alle drei Phasen in einer Sitzung absolvieren möchten)
- Polaritätsumkehrungen mit der Variante von S. 244
- Klopfsequenz:

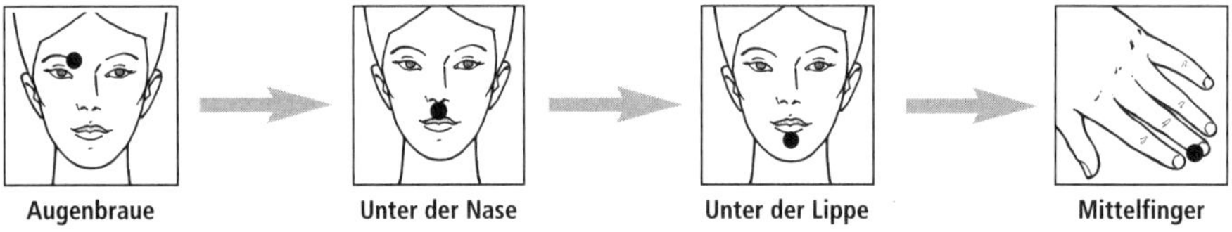

Während Sie Ihre Zielvorstellung an jedem Punkt dreimal aussprechen, klopfen Sie ohne Unterbrechung.

- Brücke (S. 243)
- Wiederholen Sie die obenstehende Klopfsequenz.
- Schätzen Sie erneut Ihren GDA-Wert (S. 243). Wenn er bei +10 liegt oder Sie in diesem Stadium mit +8 oder +9 zufrieden sind, weiter mit:
- Augenkreisen (S. 298)

Anmerkung: Wenn Sie blockiert sind und nicht den gewünschten Wert erreichen, wenden Sie zunächst die Verstärkte Polaritätsumkehrung von Seite 299 an. Durchlaufen Sie dann erneut die Klopfsequenz mit den positiven Zielaussagen (S. 300 unten), die Brücke und wieder die Klopfsequenz mit den positiven Zielaussagen.

Phase 3

- Spielen Sie in Gedanken durch, wie Sie Ihr Ziel erreichen – und zwar den gesamten Ablauf einschließlich Endergebnis.
- Schätzen Sie mit Hilfe der GDV-Skala auf Seite 248 ein, wie stark Sie an diese Wunschvorstellung glauben.
- Atemgleichgewicht (S. 295, optional, falls Sie alle drei Phasen in einer Sitzung absolvieren möchten)
- Polaritätsumkehrungen (die Variante von S. 248).
- Klopfsequenz:

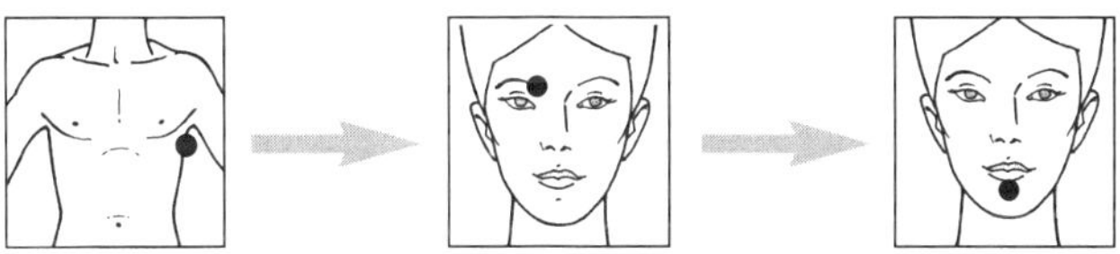

Achselhöhle — Augenbraue — Unter der Lippe

Dreißig Sekunden für jeden Punkt; spielen Sie währenddessen in Gedanken vollständig den Ablauf und das Ergebnis durch, wie Sie Ihr Ziel erreichen.

- Brücke
- Wiederholen Sie die Klopfsequenz und die gedankliche Vorstellung wie oben.
- Schätzen Sie erneut Ihren GDV-Wert ein; wenn er bei +10 liegt oder Sie in diesem Stadium mit +8 oder +9 zufrieden sind, weiter mit:
- Augenkreisen

Die Fünfstufige Atemübung

Für diese Übung müssen Sie eine aus **fünf Schritten bestehende Atemfolge achtmal wiederholen**. Dabei legen Sie abwechselnd rechte und linke Hand in verschiedenen Stellungen auf einen der beiden Schlüsselbein-Punkte (SB), während Sie gleichzeitig mit der freien Hand auf den Punkt in der Vertiefung des Handrückens (HR) klopfen.

Hier die fünf Schritte:

1. Atmen Sie tief ein; halten Sie fünf Sekunden die Luft an.
2. Atmen Sie *halb* aus; halten Sie diesen Zustand fünf Sekunden lang.
3. Atmen Sie ganz aus; halten Sie diesen Zustand fünf Sekunden lang.
4. Atmen Sie *halb* ein; halten Sie diesen Zustand fünf Sekunden lang.
5. Atmen Sie etwa fünf Sekunden lang normal.

Anmerkung: Halb ein- oder ausatmen ist nur eine Annäherung; es gibt natürlich keine exakte Mitte.

Hier nun die **acht Handstellungen**. Führen Sie in jeder Stellung einen vollständigen Atmungszyklus in fünf Schritten aus, während Sie mit der anderen Hand ununterbrochen auf den Handrückenpunkt klopfen.

1. Die Innenseite der rechten Hand berührt den rechten SB-Punkt.

2. Die Innenseite der rechten Hand berührt den linken SB-Punkt.

3. Die Rückseite der Finger der rechten Hand (ballen Sie sie zur Faust) berührt den rechten SB-Punkt.

4. Die Rückseite der Finger der rechten Hand berührt den linken SB-Punkt.

Tauschen Sie nun die Hände.

5. Die Innenseite der linken Hand berührt den rechten SB-Punkt.

6. Die Innenseite der linken Hand berührt den linken SB-Punkt.

7. Die Rückseite der Finger der linken Hand berührt den rechten SB-Punkt.

8. Die Rückseite der Finger der linken Hand berührt den linken SB-Punkt.

Praktische Hinweise: Um das Verfahren möglichst mühelos durchführen zu können, sollten Sie folgendermaßen vorgehen:

- Üben Sie zunächst die Fünfstufige Atemübung, bis Sie sie mühelos beherrschen.
- Üben Sie dann den Ablauf der acht Handstellungen, bis Sie damit vertraut sind.
- Am Schluß beziehen Sie dann das ununterbrochene Klopfen auf den Handrükkenpunkt mit ein.

Glossar

Akupunktur: Traditionelles chinesisches Therapieverfahren, bei dem spezielle Punkte des Meridiansystems mit feinen Nadeln stimuliert werden, um eine Heilwirkung auszulösen. Die Meridiane können auch durch Wärme, Druck, elektrischen Strom, Klopfen und andere Techniken angeregt werden.

Angewandte Kinesiologie: Eine Therapiemethode, die mit Hilfe manueller Muskeltests verschiedene Unausgewogenheiten des Körpersystems diagnostiziert und behandelt.

Atemgleichgewicht (Rhythmisches Atmen): Diese Übung hat sich aus dem Yoga und den daraus abgeleiteten Neuerungen des Ingenieurs Wayne Cook entwickelt. Die Atemübung dient dazu, die elektrische Energie des Körpers zu ordnen und ins Gleichgewicht zu bringen.

Augenkreisen: Eine ESM-Technik, die mit langsamen, gleitenden Augenbewegungen arbeitet. Das Augenkreisen ist Bestandteil des *Rapid Relaxer* und schließt auch eine erfolgreiche Behandlungssequenz ab, da es die Wirkung der Behandlung gewissermaßen besiegelt.

Behandlungspunkte: Die spezifischen Meridianpunkte, auf die man bei den Gedankenfeld-Therapien klopft.

Behandlungssequenz (Behandlungsanleitung): Eine vollständige ESM-Behandlung, die auf eine bestimmte Emotion oder ein Problem abzielt.

Bewußter Vorsatz: Formulierung eines bestimmten Ziels, die man sich als Teil einer ESM-Behandlung leise oder stumm vorsagt.

Bioelektrische Energien: Energie, die durch biologische Vorgänge wie zum Beispiel Nervenimpulse entsteht, elektrische Energie, die durch Muskelkontraktionen erzeugt wird, und die elektrischen Ladungen, die in Zellmembranen und anderen Bereichen des Körpers vorhanden sind.

Brücke: Eine ESM-Technik, die Gedanken zu einem speziellen Problem oder Ziel in verschiedene Gebiete des Gehirns integriert. Dazu dienen Aktivitäten wie Augenbewegungen, Zählen und Summen. Die Brücke ist Bestandteil der emotionsspezifischen Behandlungssequenzen und des *Rapid Relaxer.*

Chi: Die Bezeichnung für die Lebensenergie in der traditionellen chinesischen Medizin.

Elektromagnetisches Feld: Das mit bewegten elektrischen Ladungen verbundene Kraftfeld, das magnetische und elektrische Bestandteile vereint.

EMDR (Eye Movement Desensitization and Reprocessing, etwa: Desensibilisierung und Neuorientierung durch Augenbewegung): Ein von Dr. Francine Shapiro entwickeltes Verfahren zur Behandlung emotionaler Störungen mittels Augenbewegungen und anderen Lateralisierungsmethoden.

Emotionsbestimmung: Benennen der speziellen Gefühle, damit man genau die passende Klopfsequenz anwenden kann.

Energetische Psychologie: Ein wachsendes Teilgebiet der Psychologie, das für die Heilung mentaler, emotionaler und körperlicher Probleme elektromagnetische und andere energetische Prozesse einbezieht.

ESM (Emotionales Selbstmanagement): Ein System selbst anzuwendender Verfahren, die das mentale und emotionale Gleichgewicht wiederherstellen und emotionale Störungen lindern. Es basiert auf der Gedankenfeld-Therapie sowie auf Methoden aus den Bereichen der energetischen Psychologie und der Kognitiven Therapie.

ESM-Verfahren: Eine Vielfalt von Techniken, die die Energien des Körpers ordnen, Leidensdruck verringern und positive Gedanken und Vorstellungen für erfolgreiches Handeln verankern.

Fernwirkung: Ein Phänomen der Quantenphysik, bei dem ein Vorgang an einem Ort eine identische Reaktion an einer anderen Stelle hervorruft. Zum Beispiel spiegelt ein Photon die Änderung des Spins wieder, die bei seinem räumlich entfernten »Partnerphoton« vorgenommen wird.

Fünfstufige Atemübung: Sie richtet die Polarität des Körpers wieder auf, wenn diese nicht mehr feststellbar oder zusammengebrochen ist. Siehe *Polaritätszusammenbruch.*

GDA (Gültigkeit der Aussage): Skala zur Selbsteinschätzung, wie stark jemand an einen bestimmten Gedanken oder eine Einsicht glaubt. Sie wurde von Dr. Francine Shapiro als Teil der EMDR-Behandlung entwickelt. Bei ESM ist sie Bestandteil der Optimierungsanleitung.

GDV (Gültigkeit der Vorstellung): Skala zur Selbsteinschätzung, wie stark jemand an eine bestimmte bildhafte Vorstellung oder eine Folge solcher Phantasiebilder glaubt. Bei ESM ist sie Bestandteil der Optimierungsanleitung.

Gedankenfeld: Ein hypothetisches elektromagnetisches Energiefeld, das mit individuellen Denkkategorien korrespondiert, die ihrerseits in Verbindung mit spezifischen Emotionen stehen.

Gedankenfeld-Therapien: Eine Reihe von Therapieformen, die Merkmale des Denkens in Verbindung mit gewissen elektromagnetischen Eigenheiten des Körpers nutzen; sie zielen darauf ab, emotionale (und manchmal auch körperliche) Leiden zu beheben.

Hauptpunkte: Die Meridianpunkte, auf die sich die Klopfsequenz der jeweiligen ESM-Behandlung bezieht.

Klopfen auf den Handrückenpunkt (HR): Eine häufig angewandte ESM-Technik, bei der man auf eine Vertiefung am Handrücken klopft, die zwischen den Knöcheln von Ringfinger und kleinem Finger, etwa drei Zentimeter in Richtung Handgelenk, liegt.

Klopfsequenz: Lage und Reihenfolge der Akupunkturpunkte, auf die im Verlauf einer auf ein spezielles Thema oder Gefühl gerichteten ESM-Behandlung geklopft wird.

Meridiane: System der Körperbahnen, auf denen Zielpunkte der Akupunktur und ESM-Behandlungen liegen; sie sind um spezielle Organe oder Körpersysteme angeordnet.

Morphische Felder: Theoretisch angenommene Energiefelder, in denen Informationen gespeichert sind, die für die Ausformung oder Aufrechterhaltung eines Organismus nützlich sind. Die Theorie der Morphischen Felder ergänzt die Theorie der Genetischen Entwicklung.

Muskeltest: Bei dieser Methode nutzt man Muskelschwächen, um innerliche Leiden, Polaritätsstörungen und die Reaktion des Körpers auf äußere Einflüsse wie bestimmte Nahrungsmittel oder Medikamente herauszufinden.

Neurolymphatischer Reflexpunkt (NLR-Punkt): Ein Akupunkturpunkt, in dem mehrere Nerven zusammenlaufen und der mit dem Lymphsystem in Verbindung steht. Bei ESM nutzt man diesen Punkt häufig, um Polaritätsstörungen zu korrigieren.

Neuropeptide: Chemische Botenstoffe, die Informationen von einem Bereich des Körpers zu einem anderen übermitteln.

Optimierungsanleitung: Eine ESM-Behandlungssequenz, die Fragen des Leistungsvermögens und der schöpferischen Kraft anspricht. Sie umfaßt Zielsetzungen und Strategien bildlicher Vorstellungen.

Paradigma: Das Muster der Grundannahmen, die für die Erkenntnis oder Erklärung eines bestimmten Wissensbereichs gelten sollen; enthält in der Regel eine Reihe von Regeln und Parametern, mit denen man ein spezielles Gebiet erfaßt.

Piezoelektrischer Effekt: Ein mechanisches Phänomen: Bei bestimmten Kristallen entstehen, wenn man sie in Schwingungen versetzt, elektrische Entladungen. Das Prinzip wird häufig bei Gasanzündern genutzt.

Polarität: Eine Eigenschaft des Elektromagnetismus, die Energie in entgegengesetzten Merkmalen oder Richtungen wie plus/minus oder Nord/Süd anordnet.

Polaritätsstörung: Ein elektromagnetischer Zustand, bei dem Plus- und Minuspol vertauscht sind. Dieser Effekt kann Denkprozesse und das emotionale Gleichgewicht beeinträchtigen.

Polaritätsthemen: Themen, die im menschlichen Denken eine Schlüsselrolle spielen. Generelle Lebensthemen wie eigenes Verdienst, Berechtigung sowie Nutzen oder Schaden für andere sind ebenso Gegenstand der Übung zur Polaritätsumkehrung wie einzigartige individuelle Probleme.

Polaritätsumkehrung: Bezeichnung für eine Übung, mit der Polaritätsstörungen korrigiert werden können.

Polaritätszusammenbruch: Ein Zustand uneinheitlicher Polarität, der die Wirksamkeit von Therapien beeinträchtigt und negative emotionale und kognitive Symptome hervorrufen kann.

Quantenmechanik: Dieser Bereich der Physik befaßt sich mit der Struktur und dem Verhalten von Atomen und subatomaren Teilchen sowie Molekülen.

Quantentheorie: Eine mathematische Theorie dynamischer Systeme, in der die Variablen durch abstrakte mathematische Operatoren dargestellt werden, deren Verhalten durch bestimmte Eigenschaften definiert ist. In der Quantentheorie können subatomare Teilchen ein Verhalten zeigen, das sich signifikant vom Verhalten makroskopischer Objekte unterscheidet.

Rapid Relaxer (Schnellentspannung): Ein ESM-Verfahren, das aus einer *Brücke* zwischen zweimaligem *Augenkreisen* besteht. Es bringt schnelle, wenn auch nur vorübergehende emotionale Erleichterung.

Schwache Energien: Bezeichnung für Energiesysteme, die kaum oder nur indirekt nachweisbar sind.

SPL (Skala des persönlichen Leidensdrucks): Mit ihr wird das Maß des individuellen emotionalen oder physischen Leidens als Zahlenwert ausgedrückt. Entwickelt von Dr. Joseph Wolpe, bildet sie Streßwerte zwischen Null und Zehn oder Null und Hundert ab.

Traditionelle Chinesische Medizin (TCM): Sammelbegriff für eine breite Skala östlicher Heilverfahren wie Akupunktur und Kräuterkuren.

Verstärkte Polaritätsumkehrung: Ein spezielles Korrekturverfahren bei Polaritätsstörungen, wie sie manchmal während der Ausführung einer Klopfsequenz auftreten. Sie bezieht sich auf ein Polaritätsthema, das nicht vollständig korrigiert wurde.

Vielschichtige Emotionen: Emotionaler Leidensdruck, der auf verschiedenen Bewußtseinsebenen wahrgenommen wird. Ähnlich den Schalen einer Zwiebel können Gefühle in mehreren Schichten vorliegen, wobei nur das jeweils stärkste oder jüngste Gefühl wahrgenommen wird.

Zielemotion: Das spezielle Gefühl oder der emotionale Zustand, auf den eine Klopfsequenz abzielt.

Nützliche Adressen und Hinweise

Anregungen und Fragen richten Sie bitten an die folgende Adresse der Autoren. Dort erhalten Sie auch weiterführende Informationen:

Global Emotional Self-Management Systems™
Peter Lambrou, Ph.D. und George Pratt, Ph.D.
Scripps Memorial Hospital Campus
9834 Genesee Avenue, Suite 321
La Jolla, CA 92037, USA
http://www.gem-systems.com
Hier erwarten Sie (auf Englisch!) die neuesten Ergebnisse und weitere Informationen über ESM und energetische Therapien. Dazu finden Sie zusätzliche Ratschläge und Anleitungen sowie Tonkassetten, Kurse und andere Produkte und Dienstleistungen in Zusammenhang mit dem Emotionalen Selbstmanagement. Nehmen Sie über E-Mail Kontakt mit den Autoren dieses Buches auf und nutzen Sie die Links zu weiteren Websites.

Die nachfolgend aufgeführten Organisationen und Informationsquellen liefern Ihnen – zum Teil allerdings ebenfalls nur auf Englisch – weitere Hinweise zur energetischen Psychotherapie und verwandten Themen, die im vorliegenden Buch angesprochen wurden.

Energetische Psychotherapie

ACT (Akupressur, Chakra-Technik)
http://www.meridiantherapies.co.uk/phil.html
Diese Website enthält Informationen über verschiedene auf den Körpermeridianen beruhende Therapie-Varianten.

Association for Comprehensive Energy Psychology
1155 Camino Del Mar, Suite 516
Del Mar, CA 02014, USA
http://www.energypsych.org
Diese Organisation fördert die Anwendung energetischer Psychologie.

Attractor Field Therapy (AFT)
http://www.the-tree-of-life.com
Ein Ergebnis der bahnbrechenden Arbeiten von Dr. David R. Hawkins, dem Autor von *Power vs. Force: The Hidden Determinants of Human Behaviour.* Diese Website liefert Informationen über die Anwendung energetischer Prinzipien auf eine Vielzahl emotionaler und körperlicher Probleme.

Be Set Free Fast™
Dr. Larry Phillip Nims
1400 East Chapman Avenue
Orange, CA 92253, USA
http://www.members.aol.com.dnnn/whatisbsff.html
Eine hochspezifische energetische Therapiemethode zur Beseitigung der negativen emotionalen Wurzeln und selbstbeschränkenden Glaubenssysteme, die in unserem Unbewußten verankert und über besondere Energieschaltkreise »zusammengeschlossen« sind.

Callahan Techniques® Ltd.
78-816 Via Carmel
La Quinta, CA 92253, USA
http://www.tftrx.com
Die Callahan Techniques® der Gedankenfeld-Therapie bieten Informationen über Therapeutenausbildung, Forschung, Produkte und weitere Daten an.

EMDR
P.O. Box 51010
Pacific Grove, CA 93950-6010, USA
http://www.emdr.com
Informationen über Eye Movement Desensitization and Reprocessing (etwa: Desensibilisierung und Neuorientierung durch Augenbewegung), eine Therapieform, die zum Teil ähnliche Verfahren wie die energetische Psychotherapie benutzt.

Emotional Freedom Techniques™
Gary H. Craig
P.O. Box 398
The Sea Ranch, CA 95497, USA
http://www.net-energy.com/index.html
http://www.emofree.com
Eine vereinfachte Form der Gedankenfeld-Therapie. Craigs Website liefert eine eingehende Anleitung, wie man diese Technik in sein Leben integrieren kann. Mit dem »Pa-

lace of Possibilities« (Palast der Möglichkeiten) enthält sie auch eine ausführliche Sammlung von Aufsätzen, wie man richtig lebt und die Methoden der energetischen Psychotherapie nutzt, um unbewußte Erfolgshindernisse zu beseitigen.

Energy Diagnostic & Treatment Methods
Dr. Fred P. Gallo
40 Snyder Road
Hermitage, PA 16148, USA
http://www.energypsych.com
Umfassendes Angebot energetischer Psychotherapieverfahren und entsprechender Ausbildungskurse, aber auch allgemeine Darstellungen über Gedankenenergie-Therapien.

Tapas Acupressure Technique™
P.O. Box 7000-379
Redondo Beach, CA 90277, USA
http://www.tat-intl.com
TAT ist eine Technik zu beschleunigten Informationsverarbeitung, die sich zur Behandlung traumatischer Belastungen, allergischer Reaktionen und festgefahrener negativer Gemütszustände eignet. Sie baut auf der traditionellen chinesischen Medizin auf.

Thought Energy Synchronization Therapies™ TEST®
Dr. Greg Nicosia
4927 Centre Avenue
Pittsburgh, PA 15213, USA
Umfassendes Angebot energetischer Psychotherapieverfahren und entsprechender Ausbildungskurse, aber auch allgemeine Darstellungen der Gedankenenergie-Therapien.

Akupunktur/Akupressur

Acupressure Institute
1533 Shattuck Avenue
Berkeley, CA 94709, USA
http://www.healthy.net/acupressure
Das Institut bietet Interessenten aus aller Welt umfassende Ausbildung in Akupressur und anderen asiatischen Formen von Körperarbeit und Massage.

American Academy of Medical Acupuncture
5820 Wilshire Boulevard, Suite 500
Los Angeles, CA 90036, USA
http://www.medicalacupuncture.org

American Association of Oriental Medicine
433 Front Street
Catasauqua, PA 18032, USA
http://www.aaom.org

National Acupuncture & Oriental Medicine Alliance
14637 Starr Road SE
Olalla, WA 98359, USA
http://www.healthy.net.naoma

Akupunktur-Arzt
Deutsche Akademie für Akupunktur und Aurikulomedizin
http://www.akupunktur-arzt.de

Akupunkturwelt
http://www.akupunkturwelt.de
Diskussionsforum für Fragen und Antworten rund um die Akupunktur

Traditionelle chinesische Medizin – Akupunktur
http://www.akupunktur.ch
Homepage der SMS (Societas Medicinae Sinensis), Internationale Gesellschaft für chinesische Medizin

Kinesiologie

Edu-Kinesthetics, Inc.
P.O. Box 3395
Ventura, CA 93006-3395, USA
http://www.braingym.com
Zahlreiche Informationen über Kinesiologie in der Erziehung, wie sie von Dr. Paul E. Dennison praktiziert wird. Dazu gehören auch Beschreibungen seiner speziellen Übungen zur Behandlung von Legasthenie und anderer Lernstörungen.

Touch for Health® Kinesiology Association
11262 Washington Boulevard
Culver City, CA 90230, USA
http://www.tfh.org
Diese Vereinigung wurde für Ausbilder und Anwender der TFH-Technik in den USA gegründet und soll die Kinesiologie als alternatives Heilverfahren fördern. Hier finden Sie Informationen über Kinesiologie und den manuellen Muskeltest.

Institut für angewandte Kinesiologie IAK GmbH
Kurse und Seminare
Eschbachstraße 5
D-79199 Kirchzarten
http://www.iak-freiburg.de

Infoseite für Kinesiologen, ein Netzwerk für Therapeuten und Berater. Zum Nachschlagen für Interessierte:
http://www.kinesiologen.de

Homöopathie/Naturheilverfahren

Deutsche Gesellschaft für Klassische Homöopathie
Edelweißstraße 11
D-81541 München
http://www.dgkh-homoeopathie.de/
Informationen über die DGKH und über die klassische Homöopathie (Ausbildungsgang etc.)

American Association of Naturopathic Physicians
601 Valley Street, Suite 105
Seattle, WA 98109, USA
http://aanp.net
http://www.naturopathic.org
Informationen für Homöopathen und zum Thema Total Body Modification (Umfassende Körperbeeinflussung)

Journal of Naturopathic Medicine
http://www.healthy.net/naturopathicjournal

Nambudraipad Allergy Elimination Techniques
http://www.naet.com oder http://www.allergy2000.com
Ein interessantes Verfahren zur Beseitigung von Allergien und Toxinen.

Total Body Modification
Diese Methode zur Behandlung von Allergien und Chemosensibilität wurde von dem Chiropraktiker Victor Frank entwickelt.
http://www.healthypyramid.com/bio-energetic/tbmbrochure.html

Hypnose

American Psychotherapy and Medical Hypnosis Association
210 S. Sierra Street, Suite B-100
Reno, NV 89501, USA
http://members.xoom.com/Hypnosis
Dieser Berufsverband zur Förderung der ethisch fundierten Erforschung und Anwendung von Hypnose stellt ausgebildeten Klinikern, die Hypnose anwenden, einen Informationsdienst zur Verfügung.

Deutsche Gesellschaft für Hypnose e.V. (DGH)
Druffelsweg 3
D-48653 Coesfeld
http://www.hypnose-dgh.de

Hypnoseseminar
Schulung, Meditation, Selbsthypnose, Trancetechnik, Weiterbildung für Ärzte, Hypnotiseure, Psychologen
http://members.tripod.de/hypnose/

Biofeedback

Association of Applied Psychophysiology and Biofeedback
10200 West 44th Avenue, Suite 304
Wheat Ridge, CO 80033, USA

The Biofeedback Foundation of Europe (BFE)
P.O. Box 21
3440 AA Woerden, Holland
http://www.bfe.org
Mit Hilfe dieser Stiftung soll Biofeedback besser bekanntgemacht werden. Dazu veranstaltet sie Workshops und bildet Kliniker in der Anwendung von Biofeedback-Verfahren und der entsprechenden Technik aus.

Einführung in Biofeedback:
Schlaflabor der Universität Osnabrück
http://www.schlafmedizin.de/bio1.htm

Schwache Energien

Biomagnetic Technologies, Inc.
9727 Pacific Heights Boulevard
San Diego, CA 92121, USA
http://www.biomagtech.com
Hersteller des Magnetoenzephalographen (MEG), mit dem einzigartige Merkmale der Gehirnaktivitäten festgestellt werden können.

EM Radiation Protection
Advanced Living Technology
2442 Meade
Denver, CO 80211, USA
http://www.advancedliving.com
Vertrieb von Geräten der Clarus Systems Groups, mit denen sich die Auswirkungen der elektromagnetischen Strahlung auf den Körper neutralisieren lassen. Wie sich gezeigt hat, können diese Apparate die schädliche Wirkung der uns umgebenden elektromagnetischen Felder verringern oder aufheben, die zu Polaritätszusammenbrüchen bzw. -störungen im Energiesystem des Körpers führen können. Die Autoren haben die Geräte Q-Link und CLEARwave in ihrer Praxis mit bemerkenswert positiven Ergebnissen eingesetzt.

California Institute for Human Science
701 Garden View Court
Encinitas, CA 92024, USA
http://www.cihs.edu
Ein Zentrum für Fortbildung, Forschung und berufliche Ausbildung auf den Gebieten Allgemeine Psychologie, Human Science und klinisch-psychologischer Beratung. Gegründet wurde es von Hiroshi Motoyama, dem Erfinder des Geräts zur Messung der Meridianenergie.

Institute of Noetic Sciences
475 Gate Five Road, Suite 300
Sausalito, CA 94965, USA
http://www.noetic.org
Eine Forschungsstiftung, Ausbildungseinrichtung und Organisation, die sich der Erforschung des Geistes und des Verständnisses von Wissen und Bewußtsein widmet. Dazu gehören Forschungsvorhaben, die sich auf die Funktionen des Verstandes, der Wahrnehmungen, der Überzeugungen, der Aufmerksamkeit, des Willens und der Intuition erstrecken.

International Society for the Study of Subtle Energy and Energy Medicine
356 Goldco Circle
Golden, CO 80403-1347, USA
http://www.nekesc.org/~issem

Alternative Heilweisen

Ener-G-Polari-T Products, Inc.
P.O. Box 2449
Prescott, AZ 86302-2449, USA
http://www.energpolarit.com/Newsletter1.htm
Auf dieser Website finden Sie Informationen und Produkte, die auf der Arbeit von Wayne Cook basieren. Cook hat über dreißig Jahre lang die Energiefelder des Körpers und ihre Beziehung zur Gesundheit erforscht. 1964 entwickelte er eine Methode zur Verstärkung des natürlichen elektrischen Feldes des Körpers, die die negativen Auswirkungen der ungeordneten elektromagnetischen Strahlung neutralisiert. Die Übungen von Cook bilden die Grundlage für einige der Korrekturverfahren bei ESM, TFT und anderen energetischen Therapien.

EM Radiation Protection
Advanced Living Technology
2442 Meade
Denver, CO 80211, USA
http://www.advancedliving.com
Vertrieb von Geräten der Clarus Systems Groups, mit denen sich die Auswirkungen der elektromagnetischen Strahlung auf den Körper neutralisieren lassen. Wie sich gezeigt hat, können diese Apparate die schädliche Wirkung uns umgebender elektromagnetischer Felder verringern oder aufheben, die zu Polaritätszusammenbrüchen bzw. -störungen im Energiesystem des Körpers führen können. Die Autoren haben die Geräte Q-Link und CLEARwave in ihrer Praxis mit bemerkenswert positiven Ergebnissen eingesetzt.

Health World Online
Eine umfassende Informationsquelle für alternative Heilweisen.
http://www.healthy.net

HeartMath LLC
14700 West Park Ave.
Boulder Creek, CA 95006, USA
http://www.heartmath.com/welcome.html
Diese Forschungsstiftung und ihre Ausbildungsprogramme bieten Instrumente und Techniken an, mit denen sich Leistungsfähigkeit und schöpferische Kräfte steigern lassen. Das soll durch verbesserte Arbeitszufriedenheit, klarere Zielsetzung und größere Gesundheit erreicht werden; der Weg dorthin führt über eine Verringerung von Spannungen, »Burnout-Symptomen«, körperlichen Folgen von Streß und negativen Stimmungen.

The International Academy of Bioenergetic Practitioners
2160 West Drake Avenue, Suite A-1
Fort Collins, CO 80526, USA
http://www.iabp.net
Die Bioenergetik bildet eine Brücke zwischen konventioneller und komplementärer Medizin, da sie viele der gängigen Gesundheitsbereiche (und Wissenschaften) miteinander verknüpft und auch Kurse in chinesischer Medizin, Biofeedback, ganzheitlichen und Naturheilverfahren, Kräuterkuren, Homöopathie, Homöotoxikologie und gesunder Ernährung einschließt.

Kirlian-Photographie

Beispiele dieser Aufnahmetechnik sind auf folgenden Websites zu finden:
http://users.sti.com.br/mcsf/paine/.htm
http://www.cebunet.com/kirlian/index.htm
http://www.kirlian.de

Bildnachweis:

Wir danken für die Zurverfügungstellung der Fotos:
Marshall Williams, San Diego 78, 91, 115, 175–179, 220, 221, 295, 302, 303
Florentine Schwabbauer 134, 214, 216, 224, 270, 291
Volker Derlath 18, 56, 80, 160
Hansjörg Künzel 2

Bibliographie

Alman, Brian und Lambrou, Peter: *Selbsthypnose. Ein Handbuch zur Selbsttherapie.* 2. Auflage. Heidelberg: Carl-Auer-Systeme, 1996.

Baringa, Marcia: »Giving Personal Magnetism a Whole New Meaning.« *Science* vom 15. Mai 1992, S. 967.

Bassett, A.: »Therapeutic Uses of Electrical and Magnetic Fields in Orthopedics.« In: D.O. Carpenter und S. Ayrapetyan, Hrsg.: *Biological effects of electric and magnetic fields, Vol.2, Beneficial and harmful effects.* San Diego: Academic Press, 1994, S. 13-48.

Beck, Judith: *Praxis der Kognitiven Therapie.* Weinheim: Beltz, Psychologische Verlagsunion, 1999.

Becker, Robert O.: *The Body Electric.* New York: William Morrows, 1985.

– *Der Funke des Lebens* (Heilkraft und Gefahren der Elektrizität). Bern, München: Scherz, 1991.

– Interview im *Newsletter of the International Society for the Study of Subtle Energies and Energy Medicine 1,* Nr. 3 (1990); S 4-10.

Beinfield, Harriet und Korngold, Ephraim: *Between Heaven and Earth.* New York: Ballantine Books, 1991.

Benson, Herbert: *Beyond the Relaxation Response.* New York: Berkley Publishing Group 1984.

– *The Relaxation Response.* New York: William Morrow, 1975.

Bergman, Ronald L.: *Emotional Fitness Conditioning.* New York: Berkley Publishing Group, 1998.

Birkner, Kathrine M.: »Magnets, Nature's Healing Energy.« *MMRC Health Educator Reports* vom 31. Januar 1997, S. 13.

Blanchard, Kenneth H. und Bowles, Sneldon: *Gung Ho.* New York: William Morrow, 1997.

Bloxham, Jeremy und Gubbins, David: »The Secular Variation of the Earth's Magnetic Field.« *Nature* vom 31. Oktober 1985, S. 777-781.

Borysenko, Joan: *Feuer in der Seele.* Freiburg im Breisgau: Bauer, 1995.

Bowsher, David: »Physiology and Patho-Physiology of Pain.« *Acupuncture in Medicine: Journal of the British Medical Acupuncture Society,* 7, Nr. 1 (1990), S. 17-20.

– »The Physiology of Stimulation-Produced Analgesia.« *Acupuncture in Medicine: Journal of the British Medical Acupuncture Society,* 9, Nr. 2 (1991), S. 58-62.

Braden, Gregg: *Das Erwachen der neuen Erde.* Freiburg im Breisgau: Nietsch, 1999.

Brennan, Barbara: *Licht-Arbeit.* München: Goldmann Taschenbücher, 1998.

Brewitt, Barbara: »Quantitative Analysis of Electrical Skin Conductance in Diagnostis: Historical and Current Views of Bioelectric Medicine.« *Journal of Naturopathic Medicine* 6, Nr. 1 (1996), S. 66-75.

Burr, Harold S.: *Blueprint for Immortality: The Electric Patterns of Life.* Essex, England: Neville Spearman Publisher, 1972.

Byrd, Randolph C.: »Positive Therapeutic Effects of Intercessory Prayer in a Coronary Care Unit Population.« *Southern Medical Journal* Nr. 7 (1988), S. 826-829.

Callahan, Roger J.: *Leben ohne Phobie.* Freiburg im Breisgau: Verlag für angewandte Kinesiologie, 1995.

Callahan, Roger und Callahan, Joanne: *Thought Field Therapy and Tauma: Treatment and Theory.* Indian Wells, Calif.: Thought Field Therapy Training Center, 1996.

– »More Scientific Support - Psychotherapy and Deep Biological Change – Rouleaux and Callahan Techniques C.T.-T.F.T.« *The Thought Field 4,* Nr. 2 (1998), S. 5-6.

Campbell, John W. Jr.: »The Scientific Method.« *Bridges: Magazine of the International Society for the Study of Subtle Energy & Energy Medicine 8,* Nr. 3 (1997), S. 12-16.

Childre, Doc Lew: *Freeze Frame: Fast Action Stress Relief.* Boulder Creek, Cal.: Planetary Publications, 1994.

Cho, Z.H. et al.: »New Findings of the Correlation Between Acupoints and Corresponding Brain Cortices Using Functional MRI.« *Proceedings of National Academy of Sciences 95* (1998), S. 2670-2673.

Chopra, Deepak: *Die Körperzeit.* München: Droemer-Knaur, 1996.

Cofer, C.N. und Appley, M.H.: *Motivation und Emotion.* München: Juventa Verlag, 1975.

Collinge, William: *Subtle Energy: Awakening to the Unseen Forces in Our Lives.* New York: Warner Books, 1998.

Crain, William C.: *Theories of Development: Concepts and Applications,* 2. Auflage. Englewood Cliffs, N.J.: Prentice Hall, 1985.

Cousins, Norman: *The Healing Heart.* New York: W.W. Norton, 1983.

Damasio, Antonio: *Descartes' Irrtum.* München: DTV 1997.

Darras, Jean-Claude, Albarede, P. und de Vernejoul, Pierre: »Nuclear Medicine Investigation of Transmission of Acupuncture Information.« *Acupuncture in Medicine, Journal of the British Medical Acupuncture Society* vom 31. März 1993, S. 22-28.

Darwin, Charles: *Der Ausdruck der Gemütsbewegungen bei dem Menschen und den Thieren.* Nördlingen: Greno, 1986.

Dennison, Gail, Dennison, Paul und Teplitz, Jerry: *Brain Gym for Business.* Ventura, Calif.: Edu-Kinesthetics, 1994.

Dennison, Paul: *Befreite Bahnen.* Freiburg im Breisgau: Verlag für angewandte Kinesiologie, 1995.

Dennison, Paul und Dennison, Gail E.: *Personalized Whole Brain Integration.* Ventura, Calif.: Edu-Kinesthetics, 1985.

Diamond, John: *Die heilende Kraft der Emotionen.* Freiburg im Breisgau: Verlag für angewandte Kinesiologie, 1995.

– *Der Körper lügt nicht.* Freiburg im Breisgau: Verlag für angewandte Kinesiologie, 1995.

Dossey, Larry: *Wahre Gesundheit finden.* München: Scherz, 1986.

– *Heilende Worte: die Kraft der Gebete und die Macht der Medizin.* Sudergellersen: Martin, 1995.

– *Die Medizin von Raum und Zeit: ein Gesundheitsmodell.* Reinbek bei Hamburg: Rowohlt, 1987.

Durlacher, James V.: *Freedom From Fears Forever.* Tempe, Ariz.: Van Ness Publishing Co., 1994.

Eden, Donna und Feinstein, David: *Energy Medicine: Balance Your Body's Energies for Optimum Health, Joy and Vitality.* New York: Jeremy Tarcher/Putnam, 1999.

Ekman, Paul: *Gesichtsausdruck und Gefühl.* Paderborn: Junfermann, 1988.

Faust, Sylvain: »Acupuncture for Psychological Problems.« *Acupuncture in Medicine: Journal of the British Medical Acupuncture Society* vom 30. November 1991, S. 80-82.

Figley, Charles R.: Open letter to colleagues, 27. Juni 1995, Psychosocial Stress Research Program and Clinical Laboratory, Florida State University.

Flower, Robert G.: »Real Work on the Hard Problem.« *Frontier Perspectives 5*, Nr. 2 (1996), S. 38-41.

Fluhart, Karuna: »The Three Nervous Systems and Polarity Principles of Sattva, Rajas and Tamas.« *Ayurveda Today* vom 31. März 1996, S. 11.

Friedman, Howard, Becker, Robert und Bachman, Charles H.: »Geophysical Variables and Behavior: XXV. Alterations in Memory for a Narrative Following Application of Theta Frequency Electromagnetic Fields.« *Perceptual and Motor Skills* 60 (1985), S. 416-418.

– »Psychiatric Ward Behavior and Geophysical Parameters.« *Nature* vom 13. März 1965, S. 1050-1052.

Friedman, Howard S., Hall, J.A. und Harris, M.J.: *Die Selbstheilungskräfte der Psyche.* München: Heyne, 1993.

Friedman, Meyer, und Rosenman, Raymond H.: *Rette dein Herz.* Reinbek bei Hamburg: Rowohlt, 1985.

Gallo, Fred: *Energy Psychology: Explorations of the Interface of Energy, Cognition, Behavior, and Health.* Boca Raton, Fl.: CRC Press, 1999.

Gerber, Richard: *Vibrational Medicine.* Santa Fe, N.M.: Bear & Co, 1996.

Gerbode, Frank A.: *Beyond Psychology: An Introduction to Metapsychology.* 3. Auflage, Menlo Park, Calif.: IRM Press, 1995.

Goleman, Daniel: *Emotionale Intelligenz.* München: Hanser, 1996.

Goswami, Amit: *Das bewußte Universum.* Freiburg: Lüchow, 1995.

Green, Elmer: *Biofeedback – eine neue Möglichkeit zu heilen.* Freiburg im Breisgau: Bauer, 1999.

Greenspan, Stanley I.: *Die bedrohte Intelligenz.* München: Bertelsmann, 1999.

Gribbin, John: *The Search for Superstrings, Symmetry and the Theory of Everything.* New York: Little, Brown and Company, 1998.

Grof, Stanislav: *Die Welt der Psyche.* Frankfurt am Main: Krüger, 1997.

Groves, Philip M., und Rebec, George V.: *Introduction to Biological Psychology.* New York: William Brown & Co., 1988.

Hammerslough, Jane: »The Healing Touch.« *San Diego Union-Tribune* vom 5. Januar 1998.

Hawkins, David: *Die Ebenen des Bewußtseins.* Freiburg im Breisgau: Verlag für angewandte Kinesiologie, 1997.

Hou, T.Z. und Li, M.D.: »Experimental Evidence of a Plant Meridian System: V. Acupuncture Effect on Circumnutation Movements of Shoots of Haselus Vulgaris L. Pole Bean.« *American Journal of Chinese Medicine* 25, Nr. 3-4, S. 253-261.

Hover-Cramer, Dorothea und Shames, Karilee H.: *Energetic Approaches to Emotional Healing.* New York: Delmar Publishers, 1997.

Hsieh, C.Y. und Phillips, R.B.: »Reliability of Manual Muscle Testing with a Computerized Dynamometer.« *Journal of Manipulating and Physiological Therapeutics* 13, Nr. 2 (1990), S. 72-82.

Hugdahl, Kenneth: *Psychophysiology: The Mind-Body Perspective.* Cambridge, Mass.: Harvard University Press, 1995.

Hunt, Valerie: *Infinite Mind: Science of the Human Vibrations of Consciousness.* Malibu, Calif.: Malibu Publishing Co., 1996.

Ironson, G., Barr, T., Boltwood, M., Bartzokis, T., Dennis, C., Chesney, M., Spitzer, S. und Segall, G.M.: »Effects of Anger on the Left Ventricular Ejection Fraction in Coronary Artery Disease.« *American Journal of Cardiology* vom 1. August 1992, S. 281-285.

Jacka, Judy: *Healing Through Earth Energies.* Melbourne, Victoria, Austr.: Thomas C. Lothian Press, 1996.

Jacobson, Neil S.: »The Role of the Allegiance Effect in Psychotherapy Research: Controlling and Accounting for It.« *Journal of Clinical Psychology: Science and Practice* 6, Nr. 1 (1999), S. 116-119.

Kaplan, Harold I. und Sadock, Benjamin J., Hrsg.: *Comprehensive Textbook of Psychiatry/IV.* Baltimore, Md.: Williams & Wilkins, 1985.

Kenney, J., Clemens, R. und Forsyth, K.D.: »Applied Kinesiology Unreliable for Assessing Nutrient Status.« *Journal of the American Dietetic Association* 88, Nr. 6 (1998), S. 698-704.

Knave, B.: »Electric and Magnetic Fields and Health Outcomes – An Overview. Electric and Magnetic Fields (EMF): What Do We Know about the Health Effects?« *International Archives of Occupational and Environmental Health* 68, Nr. 6 (1996), S. 448-454.

Korn, Errol und Johnson, Karen.: *Visualization: The Uses of Imagery in the Health Professions.* Homewood, Ill.: Dow Jones-Erwin, 1983.

Korn, Errol, Pratt, George und Lambrou, Peter: *Hyper-Performance: The A.I.M. strategy for Releasing Your Business Potential.* New York: John Wiley & Sons,1987.

La Tourelle, Maggie: »Kinesiology: An Integrated Approach for Complementary Therapies.« *Positive Health* vom 30. November 1996, S. 41-45.

Lawson, Arden und Calderon, Lawrence: »Interexaminer Agreement for Applied Kinesiology Manual Muscle Testing.« *Perceptual and Motor Skills* 84 (1997), S. 539-546.

LeDoux, Joseph: *Das Netz der Gefühle.* München: Hanser, 1998.

Leisman, Gerald, Shambaugh, Philip und Ferentz, Avery H.: »Somatosensory Evoked Potential Changes During Muscle Testing.« *International Journal of Neuroscience* 45 (1989), S. 143-151.

Leisman, G., Zenhausern, Robert, Ferentz, A., Tefera, T. und Zemcov, A.: »Electromyographic Effects of Fatigue and Task Repetition on the Validity of Estimates of Strong and Weak Muscles in Applied Kinesiological Muscle Testing Procedures.« *Perceptual and Motor Skills* 80 (1995), S. 963-977.

Lemonick, Michael D. und Thompson, Dick: »Racing to Map Our DNA.« *Time Magazine* vom 11. Januar 1999.

Levy, Susan L. und Lehn, Carol R.: *Your Body Can Talk: The Art and Application of Clinical Kinesiology.* Prescott, Ariz.: HOHM Press, 1996.

Liangyue, Deng et al.: *Chinese Acupuncture and Moxibustion.* Peking: Foreign Languages Press, 1987.

Lipton, Bruce H.: Fractal Biology: *The Science of Innate Intelligence.* Santa Cruz, Calif.: N.P., 1998.

– »Nature, Nurture, and the Power of Love.« *Journal of Prenatal and Perinatal Psychology and Health* 13, Nr. 1 (1998), S. 3-10.

Macdonald, Alexander: »Acupuncture Analgesia and Therapy – Part 1.« *Acupuncture in Medicine: Journal of the British Medical Acupuncture Society* vom 31. Mai 1990, S. 8-12.

Manyande, Anne, et al.: »Preoperative Rehearsal of Active Coping Imagery Influences Subjective and Hormonal Responses to Abdominal Surgery.« *Psychosomatic Medicine* 57 (1995), S. 177-182.

Marcus, Paul: »Acupuncture in Modern Medicine.« *Acupuncture in Medicine: Journal of the British Medical Acupuncture Society* vom 31. Dezember 1992, S. 101-108.

Markovitz, J.H., Metthews, K.A., Kannel, W.B., Cobb, J.L. und D'Agostino, R.B.: »Psychological Predictors of Hypertension in the Framinham Study.« *Journal of the American Medical Association* 270, Nr. 20 (1993), S. 2439-2443.

McClelland, David C. und Krishnit, Carol: »The Effect of Motivational Arousal through Films on Salivary Immunoglobulin A.« *Psychology and Health* 2, Nr. 1 (1988), S. 31-52.

McCraty, Rollin, Atkinson, Mike und Tiller, William: »New Electrophysiological Correlates Associated with Intentional Heart Focus.« *Subtle Energies* 43, Nr. 3 (1995), S. 251-262.

Michaud, Louise Y. und Persinger, Michael A.: »Geophysical Variables and Behavior: Alterations in Memory for a Narrative Following Application of Theta Frequency Electromagnetic Fields.« *Perceptual and Motor Skills* 60 (1985), S. 416-418.

Miller, R.N.: »Study on the Effectiveness of Remote Mental Healing. The Holmes Center for Research and Holistic Healing.« *Medical Hypotheses* 8 (1982), S. 481-490.

Milton, Richard: *Alternative Science: Challenging the Myths of the Scientific Establishment.* Rochester, Vt.: Park Street Press, 1994.

Mitchell, E.D.: *Wege ins Unerforschte.* Freiburg im Breisgau: Lüchow, 1997.

Monti, D.A., Sinnott, D.C., Marchese, M., Kunkel, E.J.S. und Greeson, J.M.: »Muscle Test Comparisons of Congruent and Incongruent Self-Referential Statements.« *Perceptual and Motor Skills* 1999, Bd. 88, 1019-1028.

Motoyama, Hiroshi: Measurements of Ki Energy: *Diagnosis and Treatments.* Tokio: Human Science Press, 1997.

Myss, Caroline: *Geistkörper-Anatomie.* München: Delphi bei Droemer-Knaur, 1997.

Neergard, Lauran und Duerksen, Susan: »Offbeat Medicine Put to Serious Test.« *San Diego Union/Tribune* vom 11. November 1998.

Nordenstrom, Bjorn: »Electromagnetic Fields: Activation, Guidance, and Interferences of BCEC (Biologically Closed Electric Circuits).« *Acupuncture and Electro-Therapeutics Research* 23, Nr. 1 (1998), S. 84.

Omura, Yoshiaki: »Connections found Between Each Meridian (heart, stomach, triple burner, etc.) and Organ Representation Area of Corresponding Internal Organs in Each Side of the Cerebral Cortex; Release of Common Neurotransmitters and Hormones Unique to Each Meridian and a Corresponding Acupuncture Point and Internal Organ after Acupuncture, Electrical Stimulation, Mechanical Stimulation (Including Shiatsu), Soft Laser Stimulation or Qi Gong.« *Acupuncture and Electro-Therapeutics Research International Journal* 14 (1989), S. 155-186.

– »Meridian-like Networks of Internal Organs, Corresponding to Traditional Chinese 12 Main Meridians and Their Acupuncture Points as Detected by the ›Bi-Digital O-Ring Test Imaging Method‹: Search for the Corresponding Internal Organs of Western Medicine for Each Meridian – Part 1.« *Acupuncture and Electro-Therapeutics Research International Journal* 12 (1987), S. 53-70.

Padus, Emrika: *Positive Living and Health: The Complete Guide to Brain/Body Healing and Mental Empowerment.* Emmaus, Pa.: Rodale Press, 1990.

Patten, Leslie und Patten, Terry: *Der Strom des Lebens.* München: Knaur, 1990.

Penrose, Roger: *Computerdenken.* Heidelberg: Spektrum der Wissenschaft, 1991.

Pert, Candace B.: *Moleküle der Gefühle.* Reinbek bei Hamburg: Rowohlt, 1999.

– *Physicians' Desk Reference.* 52. Aufl., Montvale, N. J.: Medical Economics Data, 1999.

Pratt, George, Wood, Dennis und Alman, Brian: *A Clinical Hypnosis Primer.* New York: John Wiley & Sons, 1988.

»Precision Engineered Sound Waves Powerfully Focus Your Mind.« *Brain Wave Technology* vom 29. November 1998. www.brainsync.com

Rabasca L.: »Anger Caused by Violence May Hinder TV Viewer's Memory of Commercials.« *Monitor: American Psychological Association* vom Februar 1999. Bericht über Brad J. Bushman von der Iowa State University im *Journal of Experimental Psychology: Applied* 4, Nr. 4, S. 291-307.

Radin, Dean I.: »Possible Proximity Effective on Human Grip Strength.« *Perceptual and Motor Skills* 58 (1984), S. 887-888.

Radin, Dean I. und Rebmann, Jannine M.: »Lunar Correlates of Normal, Abnormal, and Anomalous Human Behavior.« *Subtle Energies* 5, Nr. 3 (1994), S. 209-238.

Redford, B. Williams, Lane, James D., Kuhn, Cynthia M., Melosh, William, White, Alice D. und Schangerg, Saul M.: »Type A Behavior and Elevated Physiological and Neuroendocrine Responses to Cognitive Tasks.« *Science* vom 29. Oktober 1982, S. 483-486.

Restak, Richard: *Geheimnisse des menschlichen Gehirns.* Herrsching: Pawlak, 1991.

Ritter, Malcolm: »Scientists Achieve a Quantum Leap that Einstein Believed Impossible.« *San Diego Union/Tribune* vom 11. Dezember 1997.

Resenfeld, Isadore: »Acupuncture Goes Mainstream (Almost).« *Parade Magazine* vom 16. August 1998.

Rossi, Ernest L.: *The Psychology of Mind-Body Healing.* New York: W.W. Norton & Company, 1986.

Rubik, Beverly: »Energy Medicine and the Unifying Concept of Information.« *Alternative Therapies in Health and Medicine* vom 31. März 1995, S. 34-39.

– *Life at the Edge of Science.* Philadelphia: Institute for Frontier Science, 1996.

Savitz, D.A.: »Exposure Assessment Strategies in Epidemiological Studies of Health Effects of Electric and Magnetic Fields.« *Science of the Total Environment* 168 (1995), S. 143-153.

Selye, Hans: *Streß beherrscht unser Leben.* Düsseldorf: Econ, 1957.

- Streß. München: Piper, 1988.

Shang, C.: »Singular Point, Organizing Center and Acupuncture Point.« *American Journal of Chinese Medicine* 17, Nr. 3-4, (1989), S. 119-127.

Shapiro, Francine und Forrest, Margot: *EMDM in Aktion!* Paderborn: Jungfermann, 1998.

Shealy, Norman C. und Myss, Caroline M.: »The Ring of Fire and DHEA: A Theory for Energetic Restoration of Adrenal Reserves.« *Subtle Energies* 6, Nr. 2 (1995), S. 167-174.

Sheikh, Anees A. und Korn, Errol R., Hrsg.: *Imagery in Sports and Physical Performance.* Amityville, N.Y.: Baywood Publishing Company, 1994.

Sheldrake, Rupert: *Das schöpferische Universum.* Frankfurt/M.: Ullstein, 1996.

– *Sieben Experimente, die die Welt verändern könnten.* München: Goldmann, 1997.

Siegel, B.: *Prognose Hoffnung.* Düsseldorf: Econ-und-List-Taschenbuch-Verlag, 1998.

Sloan, R.P., et al.: »Effects of Mental Stress Throughout the Day on Cardiac Autonomic Control.« *Biological Psychology* 4 (1994), S. 89-99.

Snellgrove, Brian: *Bilder der Aura. Das Praxisbuch der Kirlianfotografie.* München: Goldmann, 1998.

Srinivasan, T.M.: »Machines with Promise: Electromedicine.« *Bridges, Magazine of the International Society for the Study of Subtle Energies and Energy Medicine* 8, Nr. 4 (Winter 1997).

Stebbins, John: »Fundamentals of Electro-Acupuncture.« *Oriental Medicine Journal* vom 30. Juni 1996, S. 51-61.

Tart, Charles T.: »Subtle Energies, Healing Energies.« *Interfaces: Linguistics, Psychology and Health Therapeutics* 12, Nr. 1 (März 1985), S. 3-10.

Taylor, Kylea: *The Breathwork Experience.* Santa Cruz, Calif.: Hanford Mead Publishers, 1994.

Thaler, David S.: »The Evolution of Genetic Intelligence.« *Science* 264, S. 224-225.

Thompson, Dick: »Acupuncture Works.« *Time Magazine* vom 17. November 1997.

Tiller, William: *Science and Human Transformation: Subtle Energies, Intentionality and Consciousness.* Walnut Creek, Calif.: Pavior Publications, 1997.

Tiller, William A., McCraty, R. und Atkinson, M.: »Cardiac Coherence: A New, Noninvasive Measure of Autonomic Nervous System Order.« *Alternative Therapies in Health and Medicine* 2, Nr. 1 (Januar 1996), S. 52-56.

Valberg, P.A.: »Electric and Magnetic Fields (EMF): What Do We Know about the Health Effects?« *International Archives of Occupational and Environmental Health* 68, Nr. 6 (1996), S. 448-454.

Valjus, J.: »Health Risks of Electric and Magnetic Fields Caused by High Voltage Systems in Finland.« *Journal of Scandinavian Work, Environment, and Health* 22, Nr. 2 (April 1996), S. 85-93.

Vallbona, Carlos, Hazlewood, Carlton F. und Jurida, Gabor: »Response of Pain to Static Magnetic Fields in Post Polio Patients: A Double Blind Pilot Study.« *Archives of Physical Medicine and Rehabilitation* 78 (November 1997), S. 1200-1203.

Veith, I.: *The Yellow Emperor's Classic Internal Medicine.* Berkeley: University of California Press, 1966.

Veterans Administration Hospital, Syracuse, New York, and State University of New York Upstate Medical Center: »Psychiatric Ward Behavior and Geophysical Parameters.« *Nature* vom 13. März 1965, S. 1050-1052.

Walker, Michael M., Kirschvink, Joseph L., Chang, Shih-Bin R. und Dizon, Andrew E.: »A Candidate Magnetic Sense Organ in the Yellow-Fin Tuna, Thunnus Albaceres.« *Science* vom 18. Mai 1984, S. 751-753.

Wallis, Claudia: »Healing: A Growing and Surprising Body of Scientific Evidence.« *Time Magazine* vom 24. Juni 1996, S. 59-62.

Weil, Andrew: *Spontanheilung: Die Heilung kommt von innen.* München: Bertelsmann, 1995.

Weiss, D.S., Kirsner, R. und Eaglstein, W.H.: »Electrical Stimulation and Wound Healing.« *Archives of Dermatology* 126 (Februar 1990), S. 222-225.

White, George L., Egerton, Charles P. und Henthorne, Beth H.: »Health Effects of Electromagnetic Fields: Review of the Literature.« *Health Values: The Journal of Health Behavior, Education, and Promotion* 19, Nr. 3 (1995), S. 15-21.

Wilber, Ken: *Die drei Augen der Erkenntnis:* Auf dem Weg zu einem neuen Weltbild. München: Kösel, 1988.

– *Das Spektrum des Bewußtseins.* Reinbek bei Hamburg: Rowohlt, 1994.

Wilcher, C.C.: »Chronic Subluxation Complex.« *The Prover: The Journal of the Chiropractic Academy of Homeopathy* vom 30. März 1995, S. 27-38.

Wilford, John Noble: »New Data Supports Inflationary Big Bang Theory.« *San Diego Union/Tribune* vom 17. Februar 1999.

Wolf, Fred A.: *Der Quantensprung ist keine Hexerei.* Frankfurt am Main: Fischer-Taschenbuch-Verlag, 1990.

Wolpe, Joseph: *Psychotherapy by Reciprocal Inhibition.* Stanford, Calif.: Stanford University Press, 1958.

Wood, Clive: »Acupuncture, Chi and a Credible Model for Treatment.« *Acupuncture in Medicine: Journal of the British Medical Acupuncture Society* vom 30. November 1993, S. 90-94.

Wright, Susan M.: »A Validity of the Human Energy Field Assessment Form.« *Western Journal of Nursing Research* 13, Nr. 5 (1991), S. 635-647.

Wylie, Mary S.: »Going for the Cure.« *The Family Networker* (Juli/August 1996), S. 20-37.

Yerkes, R.M. und Dodson, J.D.: »The Relationship of Strength of Stimulus to Rapidity of Habit Formation.« *Journal of Comparative Neurology* 18 (1908), S. 459-482.

Zanakis, M.F.: »Regeneration in the Mammalian Nervous System Using Applied Electric Fields: A Literature Review.« *Acupuncture and Electro-Therapeutics Research* 13, Nr. 1 (1988), S. 47-57.

Register

F

G

H

I

J

K

L

M

N

O

P

70% aller Trennungen müssen nicht sein!

Ein Großteil der Trennungen ist vermeidbar, so lautet die brisante These des weltbekannten Familientherapeuten- und Psychologenpaars Shaaron & Steve Biddulph. Sie verstehen es, in ihrem neuen Buch nicht nur tiefgründig, sondern auch sehr praxisnah zu vermitteln, daß ein Großteil aller Ehen bzw. Beziehungen nicht scheitern müßten, wenn Lebenspartner die Kunst des Paarseins richtig erlernten.

Die acht Gebote für faires Streiten zeigen auf, wie man nicht destruktiv, sondern lösungsorientiert streitet. Anhand von Analysen und Checklisten kann der richtige Umgang mit Konflikten persönlich überprüft werden.
Man erfährt, wie wichtig es ist, seine Wünsche zum Ausdruck zu bringen, damit die eigene Persönlichkeit in einer Partnerschaft nicht zu kurz kommt.
Thema des Buches ist, daß die Partner einer Beziehung ihre wirklichen individuellen Bedürfnisse erkennen und dem ewigen Dilemma der »unerfüllten Träume« endlich ein Ende bereiten.
Ein erfrischendes Buch in typischer Biddulph-Manier, mit treffenden Comics und inspirierenden Fotos.

240 Seiten, Paperback, 13,5 x 21 cm, 16 Cartoons, 21 s/w Fotos
DM 36,00, SFr 33,00, ÖS 263,00, ISBN 3-89530-025-X

Positives Denken kommt oftmals gefährlichem Wunschdenken gleich!

Positives Denken will nicht selten lediglich die guten Nachrichten hören und birgt die Gefahr, die eigene Verwundbarkeit, Authentizität und Ganzheit zu verleugen.
Bestmögliches Denken setzt die besten Eigenschaften in jedem frei: Man fragt die besten Fragen, erhält die besten Lösungen and fällt die besten Entscheidungen in jeder Situation: »Hätt' ich doch nur« gehört endlich der Vergangenheit an.

Bestmögliches Denken kann jeder einsetzen. Es kommt nicht darauf an, in welcher Phase unseres Lebens wir uns befinden oder in welchen Umständen wir leben – durch Bestmögliches Denken können wir einfach das Beste aus unserem Leben machen. Wir entdecken sogar, was wirklich genau »das Beste« für uns wäre. Wir akzeptieren, was sich unserem Einfluß entzieht und optimieren das, woran uns liegt.
Die Australierin Rosalene Glickman hält einen Doktortitel der Psychologie, hat ein Lehrerdiplom und einen Abschluß in Betriebswirtschaftslehre. 1997 wurde Dr. Glickman auf der »National Business Women's Week« in Los Angeles als »Frau des Jahres« ausgezeichnet.
Sie zeigt, daß jeder sein Potential entwickeln kann.

236 Seiten, Paperback, 25 s/w Fotos, 13,5 x 21 cm
DM 36,00, ÖFr 33,00, ÖS 263,00, ISBN 3-89530-034-9

Das Buch, das eine Generation von Männern (und Vätern) verändern wird!

Das Buch beruht auf einer anschaulichen These: Die industrielle Revolution hat die Männer ihrer Väter beraubt, mit dramatischen Folgen für ihr Seelenleben und die innere Reifung. Anders als über Jahrtausende zuvor wachsen Jungen seit sieben Generationen ohne Mentoren, Initiationsriten und väterliche Führung auf – weil Männer aus Sozialleben und Erziehung weitgehend ausgeschieden sind.

Sieben Schritte sind zu tun, um Männerleben wieder lebenswert zu machen:

1. Das Verhältnis zum Vater bereinigen
2. Die Sexualität als mächtige Quelle des eigenen Wohlbefindens wiederentdecken
3. Das Verhältnis zum Partner auf eine gleichberechtigte Grundlage stellen
4. Sich aktiv an der Erziehung der eigenen Kinder beteiligen
5. Lernen, echte (Männer-)freundschaften zu begründen und zu erhalten
6. Eine Arbeit finden, die wirklich befriedigt
7. Den »wilden« Geist befreien und in die Freiräume von Spiritualität und Natur führen

288 Seiten, gebunden, 14,5 x 21,5 cm, 14 s/w Fotos
DM 36,00, SFr 33,00, ÖS 263,00, ISBN 3-89530-023-3

Einkaufszentrale der deutschen Bibliotheken:
»Ein wegweisendes Dokument.«

In sorgfältiger Analyse belegt Dr. Ty C. Colbert an Hand der wichtigsten wissenschaftlichen Untersuchungen, daß die heutige psychiatrische Praxis und Lehrmeinung auf falschen Voraussetzungen aufbaut, wenn sie nach biologischen oder genetischen Ursachen für »manisch-depressive Erkrankungen«, »Depression«, »Schizophrenie«, »Zwang« und »kindliche Verhaltensauffälligkeiten« sucht und diese medikamentös behandeln will.

Gegen die »Krankheitsbilder« der Psychiatrie setzt der Autor seinen Erklärungsansatz des »emotionalen Schmerzes«: Jeder Mensch reagiere auf Verwundungen seines Selbsts unverzüglich mit »Selbst«-Schutzmaßnahmen, um den Gemütsschmerz auszublenden. Die Ursachen des persönlichen Schmerzes aufzudecken, die Verwundung des Selbsts zu erkennen und zu integrieren, das ist der therapeutische Ansatz des erfahrenen amerikanischen Psychiaters. Dr. Colberts Buch macht Mut, daß es gelingen kann, den Teufelskreis der Traumatisierung zu durchbrechen.

364 Seiten, gebunden, 25 s/w Fotos, 15 Diagramme, 14,5 x 21,5 cm
DM 46,00, SFr 42,50, ÖS 336,00, ISBN 3-89530-015-2